G

咕噜
GuRu

韦森 著

社会制序的经济分析导论

第二版

SJPC
上海三联书店

韦森　汉族，籍贯山东省单县，经济学博士，教授，博士生导师，曾任复旦大学经济学院副院长多年，现为复旦大学经济思想与经济史研究所所长。

1982年获山东大学经济学学士学位后，曾在山东社会科学院《东岳论丛》编辑部做编辑工作数年，并被评为助理研究员。1987年受联合国资助，到澳大利亚国立大学国家发展研究中心留学。1989年获澳大利亚国立大学硕士学位。1995年在悉尼大学获经济学博士学位。2000年至2001年曾为剑桥大学经济与政治学院正式访问教授。2001年回国正式执教复旦大学经济学院。2006年曾为哈佛大学哈佛燕京学社短期高级客座研究员。2001年回国后，曾在复旦大学为研究生和本科生教授微观经济学、宏观经济学、制度经济学、比较制度分析等课程，多年来在复旦大学多次被学生评为最受欢迎的教师。

自80年代初以来，曾在国内外著名学术刊物上发表论文数十篇，并经常在国内外有影响的财经媒体和门户网站上撰写专栏文章、访谈和学术随笔。主要研究领域为制度经济学和比较制度分析，对哲学、伦理学、法学、政治学、人类学、语言学、社会学以及宗教神学等学科也有着广泛的研究兴趣。

主要学术著作：

《社会制序的经济分析导论》，上海三联书店，2001 年。

《经济学与伦理学：探寻市场经济的伦理维度与道德基础》，上海人民出版社，2002 年。

《文化与制序》，上海人民出版社，2003 年。

《经济学与哲学：制度分析的哲学基础》，上海人民出版社，2005 年。

《经济理论与市场秩序：探寻良序市场经济运行的道德基础、文化环境与制度条件》，格致出版社，2009 年。

《语言与制序：经济学的语言与制度的语言之维》，商务印书馆，2014 年。

《经济学与伦理学：市场经济的伦理维度与道德基础》，商务印书馆，2015 年。

《国家治理体制现代化：税收法定、预算法修改与预算法定》，商务印书馆，2017 年。

个人随笔集：

《难得糊涂的经济学家》，天津人民出版社，2002 年。

《经济学如诗》，上海人民出版社，2003 年。

《思辨的经济学》，山东友谊出版社，2006 年。

《市场、法制与民主：一个经济学家的日常思考》，上海人民出版社，2008 年。

《大转型：中国改革下一步》，中信出版社，2012 年。

《重读哈耶克》，中信出版社，2014 年。

《中国经济增长的真实逻辑》，中信出版社，2017 年。

《制度经济学三人谈》（韦森、汪丁丁、姚洋合著），北京大学出版社，2005 年。

一个新词犹如在讨论的园地里播下的一颗新的种子。

——维特根斯坦（Wittgenstein，1980，p. 3）[1]

[1] Wittgenstein L.，1980，*Culture and Value*，2nd ed.，ed. by G. H. Von Wright，trans. by Peter Winch，Oxford：Basil Blackwell.

第二版序言

知不知，尚矣；不知知，病也。

——老子《道德经·七十一章》

呈现在读者面前的这本小册子，初版于2001年，原稿是我1998年回国执教复旦大学经济学院为本科生所开设的“比较经济学”的授课笔记。1996年从澳大利亚悉尼大学获得经济学博士后，我即决定回国继续经济学研究或到大学执教。结果，1998年上半年，我应聘为复旦大学经济学院的副教授，随即自1998年9月回国开始了自己的教书生涯。

1998年9月到复旦任职后，院系安排我为世界经济系两个专业百余名高年级学生开一门“比较经济学”的专业必修课。应该说，在1987年出国前一直到在澳大利亚悉尼大学做经济学博士论文，自己都是在“比较经济学”这个领域中从事学习和研究的。故1998年回国后，学院和系里安排我教比较经济学，是合情合理的。但是，20世纪80年代后半期的世界的巨变，使我发现几乎无法按照当时国际上比较流行的基本“比较经济体制”教科书来教授这门课了。其原因是，1989年苏联的解体、东欧各国的转制，以及20世纪80年代开启的中国和越南的市场化改革，使中央计划经济这种自20世纪初在人类历史上出现后沿存了近70年的经济模式，几乎一夜间就变成了经济史学家们研究的“历史标本”了。这导致在全世界范围内一些比较经济学家突然发现，无法再进行“经济体制”的比较和研究了。这样，我回国还教什么呢！

从当代世界经济思想史的发展过程来看，自20世纪60年代到20世纪90年代，比较经济学在西方曾经繁荣过一段时期。但是，随着苏联的解体和东欧各国的转制，以及中国的市场化改革进程的开启，比较经济学或比较经济体制这门学科实际上在西方已经衰落了。后来由美籍日本经济学家青木昌彦（Masahiko Aoki）所试图开启的“比较制度分析”（Comparative Insitutional Analysis），这些年也没有真正兴盛起来。但是，由于在复旦大学经济学院的课程安排中总是还有这门专业必修课，我只得开始独立撰写与20世纪70～80年代在西方和中国大学中出现的比较经济体制的教科书不同的自己的教学阅读材料。于是就有了这本小册子。后来几年，我在复旦大学经济学院所教的比较经济学的内容，已很大程度上不再是这本书的内容了。但是，现在看来，这本书的内容还是有其独特的学术价值和自己的理论见解，故这次再版时还是花了一两个月的时间进行了一些修订。

另外，这里有必要向读者交代清楚的是，本书的书名最初定名为《社会制序的经济分析导论》，是因为我当时正在英国剑桥大学访学时，曾一度设想在未来的自己的研究过程中撰写一部三卷集的《制序论》：第一卷是设想在这本《导论》的基础上再写一本《制序论》，并初步规划第一卷叫《社会制序的型构》；第二卷叫《社会制序的构成》；第三卷《社会制序的变迁》，并且对每一卷当时自己都构思了一些章节和大致结构。但是，从2007年开始，笔者大量精力都投入到了中国现实改革过程中的关于“落实税收法定原则”的研究，以及《中华人民共和国预算法》的修订，并分散了一些精力关注中国改革过程和中国经济增长方面的一些现实问题。并且，在复旦大学做经济学院副院长的八九年间，行政事务繁忙，这个三卷集《制序论》的计划就搁浅了。其中第一部的部分手稿，将汇集到这本修改稿中，第三部《社会制序的变迁》变成了我后来“制度史和货币史的研究”，未来大部分将会构成我的下一部著作《从李约瑟之谜到大分岔》中的主要内容（书稿已经基本成型，待稍后出版）。

时间如箭。转眼到了快退休的年龄，但感觉自己的研究计划才刚刚开始。看来自己的研究与写作计划不能太“ambitious”。最合宜的和“feasible”的研究策略目前可能是不断缩小自己的研究范围，尽快和尽可能地把这些年自己所读的有限材料和自己所想、所思的东西记录下来，以为快速变化着的中国社会的未来发展，提供一点历史史料和一些“positive”的思想资源。

在这次修订版中，我尽量保持了《社会制序的经济分析导论》原书的结构，只是修改了一些觉得必须修改和有误识的地方，以期形成并清晰自己对人类社会大范围历史变迁过程的一些理论理解。从本书的整个结构来说，这次修订，我较大幅度地修改了第一章导言；基本上没动第二章；较大幅度地修改了第三章，其中主要是增加了对科斯在制度分析方面的回顾，删改了对诺思制度变迁理论的一些评述；而几乎重写了第四章。第三部分即第五、六、七章，基本上保持了第一版的原貌，而没做多少修改。尽管做了这些修改，但是自己觉得还是远远不够。如果时间允许，我觉得还是应该重新撰写另一本书。但是，在手头的研究项目和写作计划堆积如山的情况下，现在只好对自己的第一本小册子这样处理了。尽管时间仓促，自己还是感到，经过这次修订，还是有些理论增进的。如果说初版主要是基于前人的一些思想而作的一本“literature review”，那第二版则开启了对人类社会经济运行发展过程和机理的自己的思考。至于这些观点是否成立，以及书中部分或整本书是否有笔者的个人误识，就留待本书的读者去评批了。

是为第二版序。

2018 年 7 月 15 日谨识于复旦

2019 年 1 月 23 日修改

第一版原序

> 我们称之为“符号”“语词”“句子”的，所有这些都有无数种不同的用法。这种多样性绝不是什么固定的东西，不是一旦给定就一成不变；可以说，新类型的语言，新的语言游戏，会产生出来；而另一些则会变得过时，被人们遗忘了。
>
> ——维特根斯坦（Wittgenstein，1953，§23）

本书是旨在为经济学业内同行所撰写的一部学术著作，它亦可被作为大学经济学本科高年级学生和研究生学习目前中国国内通常所说的“制度经济学”课程的入门教学参考书。与市面上绝大多数经济学教科书有所不同的是，这本书的内容在很大程度上是作者独立思考的结果。这里首先要说明的是，这绝非出于笔者想刻意构建什么理论，而是国内、国际经济学界在社会经济现象的“institutional analysis”方面的进展之格局所迫的结果。因为，就笔者目前管窥所见，除了20世纪初美国经济学家康芒斯（Commons，1934）出版过*Institutional Economics*这样一部有教科书框架和规模的专著外，无论是在西方，还是中国，到目前还未见到更多的这方面较系统的教材。

值得注意的是，美国纽约大学的安德鲁·肖特（Andrew A. Schotter，1981）曾从现代博弈论的视角出版过一本*Economic Theory of Social Institutions*。美国约翰·霍普金斯大学的培顿·扬（H. Peyton Young，1998）教授最近也出版了一本以演化博弈论为研究视角研究“social conventions”[1] 的著作《个人策略与社会结构：制度的演化理论》。但是，从这两本书各百余页的规模来看，它们显然还不宜被用作国内所说的“制度经济学”的教材。冰岛大学的艾格特森（T. Eggertsson，1990）教授曾出版过一本名为*Economic Behaviours and Institutions*的经济学专著[2]。另外，自20世纪80年代后半期以来，西方学界陆续有几本研究“institutions”的专著出版（如Rutherford，1994；Aoki & Okuno-Fujiwara，1996；Aoki，1998；Grief，1998）；美国产权经济学家Furubotn和Richter（Furubotn & Richter，1991，1997）亦曾编辑过与“New Institutional Economics”有关的两本论文集。但是，综合观之，上述种种出版物均还不具备教科书式的架构，而只是一些研究专著和论文集。然而，一个令人困惑不解的事实是，尽管以科斯（Ronald Coase）教授的“交易费用”概念为分析轴心的现代“New Institutionalism”学派从60年代以来已经逐渐衍生成能与新古典主义主流学派相抗衡的蔚为壮观的一大学术流派，但迄今为止，还似乎没有听到在欧美和澳洲的大学里有经济学院或系所系统地开设

[1] 关于英文“convention和institution”一词的中译法，请参考本书第一章第1节的论述。

[2] 这本书被中山大学管理学院的吴经邦教授等人译为《新制度经济学》。但是，从该书的分析内容和覆盖范围来看，它还远非一本制度经济学的教科书。这也可能是原书作者定该书名为《经济行为与制度》而不是取中译名《新制度经济学》的原意。

"New Institutions"这门课程。至于说在中国国内大学的经济学院和系所中是否有人在讲述这门课，目前我在这方面所拥有的信息仍然甚少。这一态势就迫使笔者去做一些原创性的搜集、梳理和编撰工作，并在评介和审视在"Social Institutions"领域理论分析中的一些大"家"、名家和诸多论者的思想与创见的工作中，系统地整合出一本具有教科书分析框架的著作来。这就是呈放在读者面前的这本书。

事实上，本书的书稿也正是笔者根据自己在1998年和1999年下半学期为复旦大学经济学院世界经济系九六级和九七级本科生以及后来为硕士研究生班所开设的"比较经济学"课程的授课笔记而整理出来的。这里应首先感谢复旦经济学院世界经济系九六级（我的学生王勇和研究生赵冠弢——他们校阅了本书稿的大部分章节，并提出了不少修改意见，纠正了我的许多电脑文字输入错误）和九七级的百余位同学和九八级研究生班的30余位同学的支持与鼓励。在开始讲授这门课时，尽管我曾尽最大努力使自己的思路清晰，并尽量用一些浅白的语言来讲述自己抽象、灰色而可能是"woolly-minded"的思想，但在教学这门课初始的数周中，许多学生在上课时仍颇感费解和吃力。尽管如此，这三个班的绝大部分同学还是坚持听完了我的这门课，并且，每节课后同学们的激烈讨论与不断地发问，使我逐渐积淀了把这门课的授课笔记整理成一部教科书型著作的信心。所以，如果没有为这三个班的同学讲课而撰写授课笔记的压力，如果没有同学们挑战性的发难与发问，更重要的是，如果没有这近200名学生的赞许与支持的目光（加上有时的掌声），这本书里的许多思想可能会仅仅作为一些转瞬即逝的思想火花和潜隐意结而永远消失在笔者灰蒙蒙的思绪地层中了。正是这种讲课的压力，迫使自己利用笨拙的铅笔把闪烁于脑际的一些思想萤火捕捉下来。于是，就慢慢沉淀而成这本厚厚的书。正是出于这一原因，我在本书的扉页上注明，我要把自己的这第一本书（不包括我在澳大利亚悉尼大学经济学院用英文所作的博士论文），**“献给我教过、正在教和未来要教的学生”**。至于这本书本身是否究竟在人类身在其中的社会经济现象的理论理解和知识存量中有无边际增进，抑或只是一本厚厚的纯纸张和印刷资源的浪费，那只有留给读者们去评估了。

自1982年从山东大学毕业到1995年从澳大利亚悉尼大学获博士学位这一漫长的时间跨度里，我曾常常为发表一篇文章而沾沾自喜。因此也总是竭尽全力去写稿、投稿和发稿。但是，从90年代中期以来，我不知怎么形成一种怕发稿子、怕出书的心态。因为，在重读自己过去发表的一些文章时，自己常常有一种吞了一只苍蝇后的那种滋味：“你怎么能发表这样‘臭’水平的文章来?”正是基于这样一种心理，我自己常常对学生讲，如果自己发表的文章和出的书，不能在人类对社会经济现象理解的知识存量中哪怕只有点滴的“边际增量”，我宁肯把它压在抽屉里。这样，一方面可以避免纸张、印刷资源的浪费以及编辑们的人力资源浪费，也不会去贻误读者。另外，近年来在我心底常常泛起这样一种恐惧感：如果自己出本书、发篇文章却不能真正给读者一些有益的知识增量，因而在这个信息和知识“爆炸”的时代浪费了读者有价的（有时价值甚高）时间，那岂不是一种犯罪？正因为这一点，多年来我写稿子，总是改了又改，数易其稿，总是难过自己的关。

然而，这里不能不向读者说明的是，自从1998年9月初为学生们草撰这本书的授课笔记开始，到现在把它付梓出版，还只有短短年余的时间。这不能不说是极其仓促与草率的。之所以这么做，是因为我在1998年9月刚就职复旦大学经济学院后不久，曾读到哈耶克在《自由的构成》中的一段话，这段话使我茅塞顿开。在哈耶克（Hayek，1960，参中译本“原著者序”第2页）这本名著的“序言”里有这样一句话：“当一个人研究的问题属于那种有许多其他论者也正在积极探索的问题时，他如果在确信自己已无可修改其研究成果之后才将其作品付梓出版，那在我看来，这种做法多少是对他自己重要性的一种高估。”哈耶克的这句话，可谓是对我近些年来形成的上述心态的一种当头棒喝。也正是读了哈耶克的这段话，我方敢匆匆把这本书稿交付给出版社。正是因为这样匆匆付梓出版，书中的一些纰漏，尤其是一些思想欠缜密思考之处，定当不少。所以这里谨把本书这种不太成熟的“思想套餐”呈于读者品评。倘有评论、商榷、发难和批评，余将不胜感激。将来本书有机会再版时，这些评论、商榷、发难和批评，无疑会有益于笔者纠错。

这里有一点要先恳请读者原谅的是，有感于国人在翻译西方学术著作时在西人译名方面的混乱状态[1]，从这本书开始，我决定在

[1] 例如，同一个产权经济学的大师 Amen Alchian，竟被国内翻译界译成阿钦、阿尔钦、阿尔前、阿尔奇安、阿尔钱恩、阿尔恰、艾智仁、艾尔奇安、阿尔切安，等等十多个中译名——甚至还可能更多！在青木昌彦、奥野正宽（Aoki & Okuno-Fujiwara，1996）的《经济体制的比较制度分析》中译本第315页，出现了“威布伦”“柯蒙兹”这样不知是谁的美国制度经济学家（估计这里应是 Thorstein Veblen，国内一般翻译为“凡勃伦”；以及 John Commons，中文一般翻译为“康芒斯”。因为大家都是音译，这里谁又能责怪该书译者译得不对呢?)。在哈耶克的名著《致命的自负》（中译本为《不幸的观念》）中，同一个 John Mill，在前5章被译为“穆勒”，在后4章则被译为“米尔”。更有甚者，在 Jean Tirole 的那本名满国际经济学界的《产业组织理论》的中译本中，竟然出现了把作者本人的名字译成两个中译名“泰勒尔”和“蒂勒尔”的怪事（见该书中译本，第20页）。

引述西方学者的名字时，除了像笛卡尔（Rene Descartes）、休谟（David Hume）、亚当·斯密（Adam Smith）、伏尔泰（Volair）、卢梭（Jean-Jacques Rousseau）、马克思（Karl Marx）、韦伯（Max Weber）、胡塞尔（Edmund G. A. Husserl）、海德格尔（Martin Heidegger）、维特根斯坦（Ludwig J. J. Wittgenstein）、波普尔（Karl Popper）、哈耶克（Friedrich A. von Hayek）、布坎南（James M. Buchanan，Jr.）、科斯（Ronald Coase）和诺思（Douglass North）等这些中文翻译界已有大家所一致通用译名的西方思想界的大家与巨人外，其他西方一些论者则一律采取不翻译而直接标原文拼法。除了这样做之外，我实在想不出更好的处理办法。更何况随着现代电脑排版技术的普及，中西文文体的转换已经变得非常容易了。因此，我考虑在新的现代电脑排版的科技条件下，这种处理办法不会给辛苦的编辑们和忙碌的打字排版员们带来多大困难。这是我决定在自己今后著译中尽量采用西方作者直标原文这一处理办法的另一考虑。至于这一做法是否确当，也只有留给读者去评论和探讨了。

为了方便研究者“顺藤摸瓜”式地查找原文和发散性地拓宽研究文献，本书将在参考文献和一些注释中标出西文主要著作（主要是英文）原文的书名、文章标题和刊物名称，并在自己力所能及的情况下尽量标出原著的页码。对于限于国内的研究条件而做不到这一点的引文，我会在作者原书名后的括号中标上“见中译本第×页”的字样。另外，在这本书的论述中，在引述到一些学问或思想大家的重要著作的一些文句时，为了怕因中译的误译而误导读者，本书会较多地使用英文单词、词组、文句，甚至引述他们的整段英文原话。这样做对不大懂英文或英文水平较低的读者来说肯定会给他们带来一些困难。对于这些读者，我只能说一声“I am sorry”了。但是，就目前中国经济学家做研究的一般论者、研究生和本科高年级学生的英文水平来看，留一句半句英文不翻译（主要是因为难翻而怕翻译不准而贻误读者），可能更有利于这类读者更准确地把握西文原著者的原意。借用现代经济学的一句口头禅来说，这一做法是否是一种学术研究中的“帕累托增进”（Pareto improvement），那也只能静候本书付梓于世后，综合从读者那里来的反馈信息，方能进行评估。

美籍华人经济学家林毓生（1988，第387页）教授（曾师从哈耶克门下）曾在一篇文章中对牟宗三先生“喜欢自创名词”的做法略有微词。虽然林教授是我多年来极其敬重的一位思想家，但笔者对于林教授对牟宗三先生的这一批评有点感到不以为然。这并不是因为牟宗三多年来无论在学术上还是在道德人格上均是笔者所敬佩和喜欢的一位思想家，而是我发现自己多年来亦有一种“自创名词”的癖习（idiosyncrasy）。[1] 这主要是因为有些时候在捕捉和固化自己思想地层的一些思绪和意结时，以及沉思学术问题的一定层面上，常常感到自己脑子里所储存的中文或英文单词不够用，亦又是觉得从自己现有的词汇量中很难找出确当的词汇来把握或对指社

[1] 不知林毓生先生注意到了没有，他的老师哈耶克也有一种“喜欢自造名词”的“idiosyncrasy”。譬如，在《致命的自负》中，哈耶克（Hayek，1988，ch. 7）就根据德文的“makeharkeit”造了一个英文词“makeability”。在该书中，哈耶克（Hayek，1988，ch. 7）还与他的师友米塞斯（Ludwig H. E. von Mises）一样主张用一个词“Catallaxy”来指称经济学的研究对象，并说经济学不应该被称为“economics”，而应该被称作“Catallactics”。

会经济现象的实存中的一些对象（性），因而常常有刘禹锡的诗句“长恨语言浅，不如人意深”的感触。[1] 另外，在自己翻译一些外文文著时［尤其是像哈耶克和卡尔·亨利（Karl Henry[2]）这样的大思想家的文著时］，常常觉得现有的中文词汇中很难有对应的词来对译一些抽象的英文经济学或哲学原著中的术语（自己又往往不满足于一般英汉词典中的解释）。在这种情况下，我常常有一种原生的冲动去杜撰或生造一些中文名词来意指或涵盖社会经济实存中的一些客观对象性，或者来对译一些抽象的英文概念。久而久之，自己逐渐形成了这样一种“积习”。正是出于这一癖习，读者在阅读本书时，可能会不时发现一些生僻的或者从未见过的词组或术语。譬如，本书书名中的“制序”一词就是笔者在过去数年的时光里殚思竭虑地搜寻、反反复复地思考和苦思冥想地斟酌之后而自创的一个概念。至于这个概念比较明确的含义是什么，或者说这个术语的域界有多大，读者可能在读完了本书第一章后，方能有所理解。但是，基于读者开始阅读本书时作者应该尽可能地提供方便之考虑，这里只能先告诉读者这个词笔者是怎么把它“臆造”出来的。简单来说，本书所使用的“制序”一词，是把两个中文词“制度”和“秩序”相加而减去中间的“度”和“秩”二字拼合而成的。但是，“制序”这个词是否就等于中文的“制度”加“秩序”之意呢？我的回答是，可以说是，也可以说不是；或者精确地说，

［1］ 维特根斯坦（Wittgenstein，1967，§329）曾说：“当我用词语来思想时，除了语言表达之外并没有什么‘意义’呈现于我的思想之中：语言本身就是思想的载体。”

［2］ 一位著名的当代美国福音派神学哲学家。

大致可以说是这样，但严格来说又不是这样。[1] 至于说为什么这样说，也只能恳请读者耐心读完本书第四章后再做评判。

这里要指出的是，在林毓生（1988，第 387 页）批评牟宗三先生喜欢自创名词时，他在括号里加了这样一句话："在哲学上，他（指牟宗三——引者注）是一位有资格造名词的哲学家。"这句话使我惶悚不安。因为我深知，自己作为经济学领域探索着的一位资历甚浅的"student"，实在不具备像牟先生那样一位学问大家和哲学家所具备"自创名词"的资格。然而，自己觉得实在无法奈何自己。因为，如上所述，自创经济学名词，是自己从 80 年代初刚从大学本科毕业开始发表文章时就逐渐养成的一种"怪癖"，真可谓是"积习难改"。在 1986 年发表在《经济研究》上的一篇争议很大的文章中，我就自创了"实所有制"和"虚所有制"概念［那篇文章指出，在中央计划体制中的"全民所有制"实际上是一种"虚所

［1］ 至于说笔者为什么煞费苦心地生造出"制序"这个中文词，只要回顾一下韦伯（Max Weber）以手稿的形式留给人类思想库中的《经济与社会》的巨大遗稿中的一个例子就够了。在这部规模巨大的遗稿中，各章原来均无标题和小标题（见：甘阳，1998，第 4 页）。在德国学者约翰内斯·温克尔曼（Johannes Winckelman）所编的该书德文版第二部分，Winckelman 为该部分第一章第一节所加的标题为"法律制度与经济制度"。而在美国著名的韦伯专家 Guerther Roth 所编的该书的英文版中，他为同一节所加的小标题则把它译为"法律秩序和经济秩序"（参林荣远翻译的韦伯的《经济与社会》上卷和甘阳、李强所编的韦伯的《经济、诸社会领域及权利》的中译本）。这里显然是出在与英文"order"所对应的德文词"Ordnung"上。这个词通常被翻译为中文的"秩序"，但无疑它也有中文"制度"的含义。这也从一个侧面说明，在西方诸文字中，"social orders"（德文对应词是"Gesellschaftordnung"）和"social institutions"两个词的含义有许多交叉和重叠之处。经反复推敲，笔者认为，德文的"Gesellschaftordnung"亦应该被确当地翻译为中文的"社会制序"。读者也许会从这一个侧面理解为什么笔者在本书中贸然造出"制序"一词的因由了。

有”，即无人真的所有（见：李维森，1986）]。在悉尼大学所做的博士论文中，笔者曾一下子自创了一串英文概念，如“quasi-firm”（亚厂商）、“administratively controlled economies”（行政控制经济）、“pure adminstration”（纯行政——相对于“完全竞争的市场”）和“semi-market”（准市场），等等（Li，1995）。出于这种多年来积久而成的癖习，尽管在写作本书时，笔者曾尽自己的最大努力使这种自创名词的积习“最小化”，但是，可能仍会有一些自造的术语在本书的理论思维行程中泛现出来。至于是否经由这些自造术语的帮助能使我们（最起码我自己）对社会经济现象的理论把握更切近一步，这个问题就留给读者读完本书后去评说了。但是，我这里要说明的是，对笔者这种不断地自创名词的做法以及本书中自创的一些名词，读者、论者和研究者的任何发难和批评，我均是敞开心扉欢迎的。

最后要说的是，这本著作之所以能够得以写出并付梓于世，也是与当时远在南半球澳洲的拙荆、犬子嘉和爱女哲轶的理解、认可与支持分不开的。当笔者在澳洲近10年寒窗后刚找到一份稳定的职业并靠银行按揭在悉尼买了一幢居所而有了一个“home”后不久，出于内心骚动不安的“学术召唤”，自己竟毅然决然丢舍当时在澳洲无工作的妻子和两个正在上大学的子女只身回国就职复旦大学，在上海的一个29平方米左右的复旦大学凉城单元宿舍中过着康德式的蛰居生活。照他人看来，这无疑是极悖常理的。然而，庆幸的是，也正是在这种康德式的独居沉思环境中，才有可能把自己在澳洲杂乱阅读的一些多门学科的知识原料统放入一个“坛子”里，在一种似我非我的灰蒙蒙的抽象思维中，从这些杂乱的知识原料中整理出自己的一点思路。因此，如果说这本书还不是笔者的“*pièce de rèsistance*”（法语，“工作的主要项目”之意）的话，它至少也是笔者在家人和自己的学生们支持与理解下尽己所力进行艰苦思维的“constellation”（“情义丛”）。故也许这里只有引用马克斯·韦伯（Weber，1998b，第49页）在其《以学术为业》的著名讲演中的最后一段话，方能表达笔者在生活和思维探索道路上的双重艰辛中写作这本书的体验：“我们应当去做我们的工作，正确对待无论是为人处世还是天职（calling）方面的当下要求。如果每个人都找到了握着他的生命之弦的心魔，并对之服从，这其实是平实而简单的。”

是为序。

韦森2000年5月9日谨识于上海杨浦未名斋

目　录

第一篇　绪论

人类理性非常喜好建设，不止一次地把一座塔建成了以后又折掉，以便察看一下地基如何。

——康德（Kant，1983，p. 4）

第一章
导言：我们要研究什么？

概念引导我们进行探索。

——维特根斯坦（Wittgenstein，1967，§570）

思想通过词而获得确定性，与此同时，它便被套上了一定的桎梏。

——洪堡特（Humbodt，2001，pp. 20～21）

1.1 对研究对象的初步把握以及对与研究对象相关联的几个中外文词的语义和语源的考究

哈耶克（Hayek，1937，1988）曾一再主张，经济学家们应该经常尽可能地挑选出一些学术界有争议的专门术语，如实地追究它们到底是怎么回事。哈耶克的这一劝诫，对人类社会经济现象的理论分析是十分重要的。因为，就一门社会科学（尤其是理论经济学）的一些专门（或者说“核心”）术语来说，如果不对其进行穷其究竟的推敲与探析，往往会造成整门学科理论分析的“缺碘症”[1]。可能正是因为这一点，西方一位著名的实证主义法学家奥斯汀（J. L. Austin，1956～7，p. 8）曾主张，我们“不仅仅要盯住词……而且也要领悟到这些词所意指的实存”，因为，我们正是通过“对词的清晰理解来明晰我们对现象的认知”。

然而，困难在于，在经济学或其他社会科学中，一些概念和术语（词）是像黑格尔（Friedrich G. F. Hegal）所说的那样，只有在理论思维的逻辑行程中方能得以把握和理解。因此，这往往会使哈耶克等学者所主张的对某一门社会科学的专门术语的穷根溯“意”地探索之努力，并没有多少效果。更有甚者，在西方社会中曾有这样一种说法：“只有在经济学家们不试图去界定（define）他们所研究的现象时，方能理解这些现象。”（Lewinsky，1913，p. 5）[2] 这句话无疑是颇有道理且寓意甚深的。这实际上也提醒我们，在对一些理论经济学的术语穷其究竟地探析词义的“阈界”与“较精确”的含义之前，要对进行这种探析的做法本身有所慎思。

尽管如此，在进行一门理论经济学的逻辑分析和理论建构之前，不是像Lewinsky和罗素所说的那样去靠定义把握和界定一些

[1] 这里借用一个医学术语。据说，“缺碘症”会损害婴幼儿的脑发育，造成其智能、体能的低下。

[2] 这一箴言与维特根斯坦（Wittgenstein，1921，§3. 144）在其《逻辑哲学论》中所说的“情况可以描述，但不能命名”的意思在精神上颇有相通之处。甚至就连英国大哲学家罗素（Bertrand A. W. Russell，曾为维特根斯坦的老师）也曾说过：“事实是不能被定义的，但我们可以说事实是使命题真或假的东西，以此来解释我们所指的是什么。”（参见：Wittgenstein，1921，中译本，第6页）

社会实存或事态（state of affairs），而是像哈耶克（Hayek，1988）在其晚年之作《致命的自负》中所做的那样，殚思竭虑地去追究这门学科所研究的一些中心术语究竟是怎么一回事，也许是我们的理论建构所必须要做的事。这也是做经济学学问的一项基本功。

在当今世界上的经济学诸多学科中，所谓的“制度经济学”（在英文中对应的是“institutional economics”）都已成了一门显学。然而，无论是在当代西方经济学界，还是在中国经济学界，对什么是均质欧洲语（Standard Average European Language）[1] 中的“institutions”，相应的，什么是汉语中的“制度”，在每个经济学家的思想中，却似乎都是“一头雾水”。在经济学家们各自的具体使用和理论建构中，每个人使用这个均质欧洲语中的“word”和中文的“词”时，其实际含义也差异甚大。由于作为当今世界诸多经济学学科中的一门理论经济学，“institutional economics”要研究“institutions”这一人类社会所独有现象和实存，本书旨在从理论经济学的进路并从思辨哲学的理论层面探究并廓清均质欧洲语中的

---

[1] 这是美国著名语言学家沃尔夫（Benjamin Lee Whorf，1998，中译本，第124页）所使用的一个专门词组，用以指以拉丁语为共同先祖的英语、德语、法语和欧洲其他一些语言。由于“institution”这个词在这些均质欧洲语中均存在（拼写法稍有些变形），我们可以把它视为西方人或西方文化中的一个共同概念。认识到这一点是十分重要的。因为，正如下面我们将要指出的那样，把握一个词的相对较精确的含义，我们不能只考虑从词典的定义出发，而要从使用这一词的语言社群中的实际用法来入手。这样，必须放在一定的语言共同体文化背景和沿流中来理解这个词词义的演变。正如英国著名人类学家马林诺夫斯基（Malinowski，1923，p. 309）在“原始语言的含义问题”一文中所言：“一个单词的意义，不能从对这个单词的消极的苦思冥想中得出，而总是必须参照特定的文化而对单词的功能进行分析中推测出来。”

“institution”概念所涵指的现实对象性，进而探讨其型构（formation）过程和生成机制，辨析和分梳（unmuddle）这一概念与伦理、文化和语言等概念的相互关系。

对均质欧洲语（主要是英文）中的“institution”这个词，中国学术各界翻译得很不一致。在中国经济学界，大家一般不假思索地把它翻译为“制度”。在当今中国语言学界（如姚小平、顾曰国教授）和哲学界（如童世骏、陈嘉映教授），学者们则一般把“institution”翻译为“建制”。另外值得注意的是，在索绪尔的《普通语言学教程》(第三度讲授的中译本中，我国语言学界的专家张绍杰教授将所有的“social institutions”翻译为“社会惯例”，相应地将所有的“convention”翻译为“规约”。华东师范大学的杨国荣（2002）教授甚至在他的《伦理与存在》一书中把“institutions”全部翻译为“体制”。另外值得注意的是，尽管著名美国社会学家帕森斯（Talccot Parsons，1949，pp. 399～408）在其《社会行动的结构》的第10章中有一节专门谈到“institutions”的功用，并且此书基本上是在中文的“制度”的含义——即支配人们社会行动的规范性约束规则体系——使用这个概念的，但中译本的译者却在这里将这个词翻译成“定则”。对“institution”一词的这些不同的译法，一方面说明了我国学术各界对这个均质欧洲语中的概念的不同把握，另一方面也表明了其他哲学社会科学学界对经济学界笼而统之、含而混之地将它翻译为“制度”这一做法的怀疑。正如笔者近几年在自己的著述中一再指出的那样，以拉丁语为共同祖先的均质欧洲语中的“institutions”一词，有多种含义。除了“组织”“机构”，以及中文中的“制度”之外”［当代著名语言哲学家塞尔

(John R. Searle)和著名经济学家诺思(Douglass North)以及哈耶克(F. A. von Hayek)基本上是在中文"制度"含义上使用"institutions"一词的],这个词还意涵"习惯"(usage)、"习俗"(custom)、"惯例"(practice,convention)、"规则"(rule),以及中文的"建制"和"制度"(英文中含义较对应的词为"constitution")、法律(law)、法规(regulation),等等含义。梁实秋主编的《远东英汉大辞典》(中国台湾1974年版)对这个词释义中,就非常清楚准确地把这个词的多重含义标示出来了:除了中文的"组织、机构、创立、设立、制定、知名人士"等词义外,这个词含有"惯例""风俗""制度""法规""法律"等义。近些年来,笔者一再指出,把"institution"翻译为"制度"是不合适的,会造成并已经造成中国经济学界的一些理论话语(discourse)问题和混乱。这本小册子就是要致力于在当代已全球化了的社会科学(包括经济学)的话语环境中探索、辨析、分梳、廓清(clarify),以求从整体上"抱握(统悟)"[这个词是从当代英美一位大哲学家怀特海(Alfred N. Whitehead)在其巨著《过程与实在》中,所专用的英文"prehension"一词翻译过来的,其意为:在其自身整体多样性的各种内在联系中领悟、抓住和掌握[1]]均质欧洲语中,"institution"一词所涵指和意表的社会实存(reality),从而为未来自己要进行的相当于英文表达法的"economic

[1] 在怀特海(Alfred N. Whitehead,1929)这部著作的中译本中,"prehension"被翻译为"摄入"。我觉得把它翻译为"摄入"是不合适的。因为中文的"摄入"一词显然与怀特海在使用这个词时所实际含有的"在其自身整体多样性的各种内在联系中领悟、抓住和掌握"的意思相去甚远。

analysis of institutions”的工作奠定知识论与概念理解和统悟的理论基础。

为了在中文语境中初步把握我们所要研究的对象的大致规定性，我们有必要先从语源学上做一些词义辨析和概念分梳，然后才能在理解一致性的基础上进行论说、诠释和对话。这一做法，符合当代著名英国语言哲学家、牛津日常哲学学派的领袖人物奥斯汀（John L. Austin）的主张（Austin，1970，p. 182）：“我们不但要盯住词（或“意义”，或其他什么东西），而且也要领悟这些词所涵指的实存（reality）：我们正是通过对词的清晰理解来明晰我们对现象——尽管不是最后确定的——的认知。”

因为中国经济学界一般不假思索地把均质欧洲语中的“institution”一词一律翻译为“制度”，为了澄清这一译法是否合适和是否确当并进一步明确知道我们将要研究什么，这里首先让我们考证一下中文中的“制度”一词词义在历史上的演变过程，然后再来考究一下均质欧洲语中“institution”一词的语源史及其词典上所界定的含义。

现在先让我们再来考究一下中文的“制度”一词的含义及其在汉语语言沿革史中词义的演变过程。首先，从汉语语源学上来看，在古代汉语中，制度最初的基本含义大致相当于现代汉语中的“法律约束”或“法制”。从字源上来看，在《易传·系辞上》有言：“制而用之谓之法。”由此看来，在先秦时代的《易传》中，“制”即与“法”相连，大致与“法”同义。后来，东汉许慎在《说文解字》中解释道：“制，裁也。从刀，从未。未，物成，有滋味，可裁断。一曰：止也。”从许慎的解释中，我们可以看出，“制”在古汉语中的主要有“裁断”和“禁止”的意思。对于“度”，许慎的解释更简单：“度，法制也。”由此看来，“制”和“度”这两个古汉字原来的含义均与“法制”密切相关，差不多同义。从笔者目前所能查到的中国古代文献来看，最早把“制度”合并起来组成一个词，也是《易·彖传》中。在《彖传论》（下）释节卦时说：“节以制度，不伤财，不害民。”从这里我们也可以看出，春秋战国时期前后的中国哲人（曾有一段时间人们都以为孔子为《易传》的作者）所使用的“制度”，显然也是指某种正式约束规则或“法制”和“法度”。在《左传·襄公二十八年》中则曰：“且夫富如布帛之有幅焉，为之制度，使无迁也。”这里的“制度”，显然也是指制定规章和法规。另在《中庸·二十八章》中，子思说得更明确：“非天子，不议礼，不制度，不考文。”这里哲学家子思是在动词意义上来使用“制度”一词的，在现代汉语的意义上即“制定制度”，并且照子思看来，“制度”，即创立法度。另外，从这一段话中，我们也可以解读出，依照哲学家子思的说法，作为法度的“制度”是区别于“礼”的，并且只有皇帝才能制定“制度”。另外，在《商君书·壹言第八》中也有一种说法，“凡将立国，制度不可不察也”，这里商鞅把制定规则作为建立国家过程中必须予以仔细考究的事。在《汉书·严安传》中亦有言：“臣愿为制度以防其淫。”这里制度，我们也只能理解为“约束”和规制准则。到了宋朝，政治家和思想家王安石在《取才》中则说：“所谓诸生者，不独取训习句读而已，必也习典礼，明制度。”王安石这里所用的制度，与子思在《中庸》中使用的制度，显然是同一个意思。从古代人使用“制度”一词的含义及其沿革中，我们可以非常清楚地体会到，“制度”，即是“正式约束”“制裁”“规制”，因而基本上意同于我们今天“法律”或“法制”以及现代汉语中的“规章”“规程”等，而且并没有我们今天所使用的“建制”意义上的“制度”，更没有下面我们将马上谈到的当今人们所使用的意识形态化的“社会制度”中“制度”的含义。

通过追溯“制度”一词在汉语演变史沿流和承传下来的含义，再反思今天人们对现代汉语中“制度”一词的使用，就会发现，古汉语中“制度”的本来含义也一直涵衍到今天人们的实际使用中。《现代汉语辞典》中所说的“制度”的第一重含义，即“大家共同遵守的办事规程和行动准则”，显然就直接承传了“制度”古汉语的原有含义。但现代汉语中“制度”的第二重含义——“制度是指在一定历史条件下形成的政治、经济、文化等方面的体系（如含有很强意识形态分类成分的资本主义制度、社会主义制度、封建宗法制度等）”——是从什么时候形成的？从谁那里先开始这样使用的？现在我们却无从可考。但有一点可以肯定，这一古汉语中的“制度”一词被用在整个社会统治方式上而被称作“社会制度”，是“五四运动”以来随白话文运动和中国社会的革命意识形态化交织过程的一个结果。

对汉语的“制度”一词有了上述理解后，让我们再来考察一下英文“institutions”的含义。在考究它之前，先让我们考究一下与中文“制度”一词对应翻译有关的另外三个英文概念。这三个英文概念分别为“regime”，“system”以及“constitution”。[1]

首先，让我们来考究一下英文中的“regime”这个词的中译法。按照《牛津高阶英汉双解词典》的英文解释，“regime”这个词有两重含义：第一重含义是“method or system of government”；第二重含义是“prevailing method or system of administration（eg. business）”。请注意，这两种含义实际上是重叠的。因为这两重解释均使用了“method”和“system”，并且在英文中“government”和“administration”本来意思就非常相近，因而二者常常是通用的。只不过在有些语境中，前者所意指的范围更大一些，即从一个国家政权整体上来意指其统治形式和方式，而后者有时则是指在一个国家内部的某个组织或机构的管理和控制的“整体治式”，因而又可以把“regime”相应地翻译为“政体”“政权”和“政治制式”等。

比较《现代汉语词典》中所给出的“制度”两重含义中的第二种含义的“制度”——即意识形态化的“社会制度”五种划分法（即原始社会制度、奴隶制度、封建制度、资本主义制度、共产主义制度）中的“制度”——与英文“regime”一词的两重含义，我们会发现，用现代汉语中的意识形态化“（社会）制度”来对译英文的“regime”一词是恰当的，即是说，英文的“regime”第一重含义恰好对应中文中的“制度”的第二重含义（即“社会制度”含义中的“制度”）。因此，我们这里权且把这种意义上的“制度”

［1］ 随着我们的理论话语的展开，我们将会逐渐意识到，真正接近中文中的“制度”概念的，是英文中的“constitution”一词，或更精确地说，中文中的制度，大致对应两个英文词“constitution”和“institution”所涵指的现实对象性即概念含义的“交集”，即含义的交叉和重叠之处。

称作“大制度”，或称为“意识形态划分法的‘制度’”。然而，这里如果我们仔细思考一下，就会发现，中文中的作为在一个团体、组织或机构中为大家所共同遵守的办事规程和行动准则意义的“制度”（我们可以把这种含义的“制度”称为“小制度”，或“制度规则”），反过来在英文中却难能发现现成的“vocabulary”来较为精确地对译它（正如下面我们将要指出的那样，英文的“constitution”一词的多重含义中的一种，能大致与中文的“规章制度”含义的“制度”相重合）。正因为这一点，北京外国语学院英语系编写的《汉英词典》中，中文“规章‘制度’”中的“制度”翻译为“rules and regulations”，是十分恰当的。然而，如果我们再稍加细微思考，也会发现，在上面所提到的“regime”的第二重含义与中文的“规章‘制度’”中的“制度”（即种种“小制度”）也不相对应。因为，如果要把英文“regime”一词的第二重含义翻译为中文的话，我们似只能把它译为“治理方式”“管制方式”“行政管理方式”，或简称“治式”。

现在让我们来探究一下英文中的“system”一词的含义。大家知道，“system”这个英文词的含义比较简单，它有中文的“系统、体系、制度、体制、方法”等义。所以，这里我们就没有必要再追究其英文解释了。但是，具体到比较经济学这门学科来看，现在我们也不知道在中国从哪位学者那里开始，把“comparative economic systems”翻译为“比较经济体制”[1]。在比较经济学领域里探索了

[1] 美国比较经济学家格鲁奇（Allen G. Gruchy，1977）的 *Comparative Economic Sysytems* 一书（这本书的第一版为 1966 年），最初在 1985 年（转下页）

多年，笔者目前仍然拿不准究竟是把“comparative economic systems”翻译为“比较经济体系”好，还是把它翻译为“比较经济体制”较好些。因为，这门学科本身就是拿一个国家、一个经济或一个社会的整体，和另外一个国家、经济和社会的整体相比较。从这种意义上来说，把它翻译为“比较经济体系”更合适。特别是在比较经济学以“ism（主义）”为比较范型（prototypes）的早期发展阶段上，更是如此。然而，从这门学科的具体比较手段和方法来看，它侧重于比较不同经济体系中的资源配置方式。单从这一点来说，把它翻译为比较经济体制还是有一定道理的。另外，从这门学科自 20 世纪 50 年代正式成型到目前渐于式微这一整个演进过程来看，可以认为，在其早期发展阶段上，把它译为“比较经济体系”比较合适。到这门学科 70 年代以后的晚期发展阶段上，则把它译为“比较经济体制”更合适些。

这里有一点还需要说明的是，“system”这个英文词在英语国家的实际应用中，常常有中文“制度”的含义，尤其是在法学家、社会学家和经济史学家那里。譬如，不但在 19 世纪的英国著名法律史学家梅因（Henry S. Maine，1874，1875）那里常用“system”来指称“法律制度”，在马克斯·韦伯（Max Weber）的《经济通史》中，常常用这个词来指称欧洲中世纪的封建制度，即使在当代激励经济学或企业理论的理论文献中，经济学家们所常使用的

（接上页）被翻译成中文时，书名就被翻译为《比较经济制度》。这说明，当时“体制”这个词在中文中还不是太流行。从目前所能见到的最早由威廉姆·洛克斯和韦尔登·霍特（William N. Loucks & J. Weldon Hoot）在 1938 年出版的 *Comparative Economic Sysytems* 一书（这应是最早的一本比较经济学的教科书?），一般学界也把它翻译为《比较经济制度》。

"incentive system"也一般相当于中文的"激励制度"，而不宜被翻译为"激励体制"。在西方比较经济学界中，"regime"和"system"这两个词更常常是通用的。这主要是因为英文的"system"一词本身就有现代中文里意识形态化的制度划分意义上的"制度"一词的含义。正是因为这一点，西方比较经济学家们经常使用"socialist regime"和"socialist economic system"，并且在使用上，这两种说法的含义和边界完全重合。这也说明，兴起于20世纪50年代末、七八十年代臻于鼎盛时期，90年代趋于衰微的西方比较经济学从本质上来说就是比较"socialist regime"和"capitalist regime"这两大（社会）基本"制度"范型的。

再来看英文的"constitution"一词。这个词在英文中也有多重含义。除了"宪法、宪政、宪章、构成、组织、建构"，以及"国家、政府和社团的体制"等含义外，英文的"constitutions"还有现代中文中的"章程、法规、法律、法令以及政令"等含义。另外特别值得注意的是，在《管理困境：科层的政治经济学》一书中，美国经济学家米勒（Gary J. Miller）教授曾大量使用企业内部的"constitution"一词，并把它定义为"科层式企业中用以界定产权的institutional rules and norms"（Miller，1992，中译本，第14～15页）。在翻译这部著作时，笔者方开始认识到，这几年在自己的文著中所理解的"制度"，可能比较切近于米勒教授这里所使用的英文"constitutions"一词的含义。因为，从米勒教授的实际使用中，我们知道，在科层式企业内部显然是没有中文中的"宪政""宪章""宪法"等概念所对应的意思，而在米勒教授的实际使用中，他显然又不是指企业内部的"（组织）构成"。因此，单从企业或组织内部的“constitutions”来看，这个英文概念大致相当于中文本来意义的规章制度含义的“制度”。相应地，英文的“constitutionalization”一词，我们在这本书中把它确当地翻译为“制度化”。

最后，让我们来考究英文中的“institution”这个令人特别麻烦和头痛的词。与“regime”和“system”这两个词相比，“institution”这个词有很大不同。因为，尽管“regime”和“system”这两个词的含义及规定性的边界有相互交叉之处，但二者各自的含义和规定性还是比较明确和凸显的。但“institution”这个词就完全不同了。其规定性非常模糊，其含义也令人很难把握。也正是因为这一点，我们难能像诺思（North，1990）那样靠定义的方法来把握这个概念的规定性。否则的话，我们就可能落入20世纪初西方一位叫J. Lewinsky的论者所说的经济学研究中的一个“陷阱”[1] 中去。另外，正如曼海姆（K. Mannheim，1960，p. 245）所指出的那样，在较全面和较切近地把握我们所要考察的对象之前，“我们应当首先意识到这样一个事实：同一术语或同一概念，在大多数情况下，由不同境势中的人来使用时，所表示的往往是完全不同的东西”。[2] 根据曼海姆的这一提醒，为了较清楚地

---

[1] 在20世纪初出版的《产权的起源与村社的形成》那本小册子中，J. Lewinsky（Lewinsky，1913，p. 5）写道：“只有在经济学家们不试图去界定他们所研究的现象时，方能理解这些现象。”根据这一认识，我们把经济学家试图靠定义把握和界定一些社会实存或社会事态（state of social affairs）的做法和努力称作“Lewinsky陷阱”。在本书第三章的分析中我们会知道，实际上诺思一生均处于这一“Lewinsky陷阱”中。因为，只要一谈到“institution”时，诺思总是先给这个概念一个定义，然后再展开他的论述。

[2] 事实上，正如我们在以下三章中将要辨析的那样，三位诺贝尔经济学奖得主哈耶克、科斯和诺思所使用的“institution”一词，所涵指的现实对象性实际上也是不同的。哈耶克倾向于把他的社会分析的对象理解为一种“order”（转下页）

把握英文“institution”一词所涵指的社会实存到底是什么，并廓清这一均质欧洲语中的概念的阈界，进而找出它的中文确当译法，我们还不得不从词源上追溯这个词是如何型构而成的，并随之较细密地考究一下这个概念的确切含义。

在对标识我们所要研究对象和目标的词的词源和词义进行繁琐细密的探索和考究之前，也许有的读者会提出这样一些问题：有没有必要煞费精力地从语源上详尽地追溯和辨析“institution”一词的含义及其历史演变过程？社会科学中的概念的含义说到底不是作者一个自我定义问题和学界社群对一种定义的大多数的“一致同意”（consensus）和“约同”（agreement）么？与这一认识相关联，也许有的论者会认为，既然目前中国经济学界已习惯于用“制度经济学”这一术语，那么，只要给“制度经济学”中的中文“制度”一词一个大家都能接受的定义，经济学界就可以在此基础上进行理论对话和讨论问题了，因而没必要细抠概念和审视“institution”一词的翻译是否确当诸如此类的问题。应该说，这种认识并没有意识到作为一种理论经济学科的“institutional economics”发展的根基层面的问题，因为，事实恰恰在于无论在中国，还是在西方，在经济学界还没有达致对“institution”这个概念理解上的“一致同

（接上页）（秩序），科斯则把“institution”视作一种“建制结构”（有点接近英文的“structural arrangement”或“configuration”，即“构型”），而诺思则把“institution”视作一种“约束规则”——用诺思本人的话来说，“institutions are rules of game”。由此看来，诺思心目中的“institutions”，大致相当于米勒教授所使用的“constitutions”，因而比较接近从古汉语中沿流下来的“制度”一词。也正是因为这一点，在本书谈到诺思的“institutional change”的概念时，我们仍然使用“制度变迁”。因为，诺思心目中的“institutions”，恰好对应汉语中本来意义上的“制度”一词的含义。

意”和“约同”，而这恰恰是到目前为止，“institutional economics”还没有形成像微观经济学和宏观经济学那样，有一个成熟的理论框架的根本原因之所在。另外，在当今世界的各门科学和社会科学均在加速全球化的大趋势和话语语境中，我们毕竟是在一个国际经济学界所一致认定的一个同一名字的“institutional economics”或“economic analysis of social institutions”这样一个领域中探索，而不管人们如何理解“institutions”这个源自拉丁文的词的含义。由于我们与国际同行一同在当代社会科学全球化的话语语境中研究和探索“institutions”这样一种人类社会所独有的现象[1]或者说社会实存，如果我们对“institutions”这个国际经济学界所通用概念所涵指的对象性或者说社会实存本身就不清楚，如果像目前这样差不多每个经济学家都对之有个人的理解的话，我们又如何在国际国内业内同行间进行理论对话和讨论问题？又怎能期望确定我们的研究范围并在此基础上展开理论话语和进行学科理论框架的建构？进一步思考，如果我们对“institutions”这一学科的核心概念的理解都不清楚，不知其所以然，那么，我们又如何像美国斯坦福大学的青木昌彦（Aoki，2001）和格雷夫（Avner Greif，1998）那样，去比较“institutions”？事实上，不但在中文语境中，大多数学者对汉语中的“制度”不假深思，并对西方文字中的“institutions”概念所涵指的社会实存到底是什么，本身更不清楚；而且在世界上，就连

[1] 至于说为什么说“institutions”是人类社会所独有的一种现象，这主要是因为人在使用语言，而其他动物可以鸣叫和发出声音，其声音也包含一定“信号”和“信息”，但其他动物群种并不能用语言来制定行为规则。我们将在以后讨论当代语言哲学家 John Searle 的哲学时再详细说明。

说英文、法文、德文等西方语言的大多数经济学家，对“institutions”这个概念也似乎不加深究，也是模模糊糊、所见各异。也正是因为这一点，到目前为止，在所谓的“institutional economics”这个研究领域中还没有形成或出现一个大家所一致同意的理论框架和体系。即使在世界上在这个领域中有几部学术专著（如 Schotter，1981；Eggertsson，1990；North，1990；Furubotn & Richter，1991，1997，1998；Rutherford，1994；Aoki & Okuno-Fujiwara，1996；Aoki，2001；Grief，1998；Young，1998），各位作者的每部著作的研究范围、理论框架、分析内容，甚至话语方式，也差异甚大。由此看来，从语源和语义上详尽和精密分梳、廓清以从整体上抱握“institution”这一概念的含义，不仅对以西方语言撰写的这一领域的学术专著的翻译，以及中国自己的经济学学科建设来说，都意义深远，而且就世界范围的“institutional economics”这门理论经济学科的建设和发展来说，也是一项必须要做的工作。

现在，就让我们追溯一下均质欧洲语中“institution”这个词的词源并进一步分梳和廓清它的含义。按照多卷本《牛津大辞典》的解释，“institution”这个词的词根“institute”是从拉丁语“instĭtūtum”和“instituĕre”来的。作为一个名词，“institute”意涵：“purpose, design, established”等意。而作为动词，它有“to set up, establish, found, appoint, ordain, arrange, order; to introduce, bring into use or practice; to order, arrange, put into form, frame”等义[1]。当“institute”

[1] 从这里，我们也可以理解为什么诺思（North，1978，1981，1987，1990，1993）一提到“institution”，就说它们是人为“devised”或“created”出来的了，也可以理解为什么一生坚持其自发社会秩序理论的哈耶克十分讨（转下页）

变为一个抽象名词“institution”之后，其基本含义有：“the giving of form or order to a thing; orderly arrangement; regulation; the established order by which anything is regulated; system; constitution; an established law, custom, usage, practice, organization, or other element in the political or social life of a people; a regulative principle or convention subservient to the needs of an organized community or the general ends of civilization”等义。正因为“institution”一词有着如此宽广、模糊且非常抽象的种种含义，从15世纪以来，西方学者往往把习惯（usage）、习俗（custom）、惯例（convention）、传统（tradition）、社会规范（norm），等等都包含在“institutions”这个词中。例如，德国著名的社会学家马克斯·韦伯（Weber，1976）在其巨著《经济与社会》中，就曾使用过“conventional institutions”和“legal institutions”两分法。由此看来，韦伯显然是把惯例视作为一种“institution”的。诺思也在一个较为模糊含混的含义上使用“institutions”一词，尽管诺思本人在靠定义把握“institution”一词时尽量想明晰他自己的思想和理解。例如，在许多地方，诺思（North，1981，中译本，第225～226页）曾把“institutions”定义为“一系列被制定出来的规则，守法程序和行为的道德规范”。这里诺思把“道德规范”包括进“institution”中去，显然有些失之过宽。对于这一点，我

（接上页）厌并尽量避免使用“institution”这个词的原因了。因为，一旦使用这个词，就很难逃掉这个词本身所含有的“建构”（to set up）或“建立起来”（established）的含义，从而很自然地会落入哈耶克所批判的法国建构理性主义（constructivist rationalism）的巢臼或圈套中去了。

们会在本书第三篇的论述中详细讨论和展开。

既然英文和西方语言中“institutions”有如此宽广、模糊和复杂的含义[1]，用现代汉语中的意识形态化的“制度”概念（“社会制度”含义中的“制度”）来对译它，显然是不合适的。而现代汉语中的狭义的“制度”(即一个组织、团体或社群中为大家所制订出来并要求大家共同遵守的办事规程和行动准则含义的“制度”）又涵盖不了英文“institution”一词如此宽广的含义。[2] 因此，我们不得不寻找其他的中文词来对译它。

在理解和抱握西方文字中的“institution”一词的多重含义时，有一点特别值得我们注意的是，除了“established order by which anything is regulated”这一基本含义外，这个词还含有“orderly arrangement”这重含义。而“orderly arrangement”，又接近涵指汉语中的“(组织机构中的）建制”一词。与这一含义相关联，“institution”一词又常常指组织机构本身。譬如，在英文的日常语境中，一所大学、一个研究所、一家医院、一个教会，甚至一个国家机关和市政委员会，均可以被称为一个“institution”。从这种含

[1] 对于这种意涵的“institutions”，我们在本书下面的论述中，有时称为第一种含义的“institutions”。在这种意涵上，西方一些论者（如：Douglass North）也使用“institutional arrangement”一词。

[2] 因为，无论是在古汉语的意义上，还是在现代汉语的意义上，中文的“制度”一词显然不包含作为一种社会事态（state of social affairs)、人们行动的秩序（order）和行为的常规性（regularities）的习惯（usage)、习俗（custom）和人们行事方式（practice）的意思的，尽管可以像诺思和目前我国的许多经济学家那样，可以将它作为一种非正式约束的“惯例”(convention)，相应地理解为一种中文的“非正式制度”。其实，细想起来，“非正式制度”本身就是一个似是而非的说法。从古汉语的角度看，“制度”一词就是指正式约束和规制，那么，既然是“非正式”，焉能有“制度”?

义上来说，“institution”是指一种有形有体、有建筑物和设备，并且有人在其中活动而这些人遵守着某些活动规则和行动程序的组织机构。[1] 这里尤为值得我们注意的是，正是因为英语本身的语言特点，使讲英语的人区分不开作为一种有建筑物并有人在其中存在和活动的机构的“institution”，和作为一种事态、建制和约束规则的“institution”。这是英语作为一种特定语言，影响、型塑、决定和制约讲英语的人的思维这样一个深层次的问题。可能正是因为这一点，英语世界里研究“institution”的经济学家，如康芒斯（John Commons）、诺思（Douglass North）和英国当代著名经济学家霍奇逊（Geoffrey Hodgson）等，基本上无法区分作为一种有实体的组织机构的“institution”，和作为一种事态、一种非正式和正式约束规则的“institution”。而这又恰恰是在讲英语的国家中，大多数经济学家、社会学家（如 Anthony Giddens）和其他论者对“institution”概念所涵指的社会实存，各有自己的理解的一个主要原因。

美国一位语言学家卡罗尔（John B. Carroll），在为美国另一位著名语言学家沃尔夫（Benjamin L. Whorf）所编的文集撰写“前言”时，特别指出，与霍皮语（Hopi）自动把对土地、房屋的“占有”（occupancy）和占有的地方，与用于这块地方所做的事情区别开来不同，讲英语的人则把二者混为一谈。例如，在讲英语人的心目中，“学校”既是一个机构（institution——这里的“institution”

[1] 在本书以下的论述中，我们称这种含义上的“institution”为“第二种含义的制序”。在这种含义上，西方一些论者有时也使用“institutional apparatus”（建制机构）这样的词组。

显然是在“the established order by which everything is regulated”这种“抽象”含义上使用的)，也是一幢（或一系列）建筑（见：Whorf，1956，中译本，第 18 页）。从卡罗尔和沃尔夫的这一洞见中，我们会进一步发现，正是英语思维本身的问题，英语中的“property”一词，既是指作为一种抽象存在的权利即“产权”，又是指有物质形体或实体的“财产”或“财物”。在英语中还有其他许多类似的例子。从这里我们也会进一步认识到，从语言中的词所指的现实对象性是什么这样一个本体论思考的层面；进一步，在语言与思维的相互关系的认识论思考的层面上；再进一步，从对语言和人们用词（wording）行为本身对人们思维和认识的制约的反思这一语言哲学的层面来看问题；就会发现，西方学术界对“institution”本身理解上的所见各异及其有关争论，原来缘起于英语语言本身。在英语中是如此，在汉语中自然也不例外。正因为这一点，美国语言学家沃尔夫（Whorf，1956，中译本，第 28 页）警示人们：“我们一生一直在不知不觉中被语言的诡计欺骗，语言结构的诱导使我们只能按某种既定的方式感知现实。”他又接着指出：“一旦意识到这一诡计，我们就有能力以一种新的眼光来看世界。”

这里还要指出的是，除了我们上面所考究的两重含义外[1]［许多经济学家，如美国经济学家康芒斯（Commons，1934）就区分不

---

［1］ 正如我们在上一段的论述中所指出的那样，这两重含义只有依据我们的汉语思维才能区分开来。如果一个人只会讲英语，他就难能辨别和区分出来这两重含义。这正是英语世界里研究“institutions”的经济学家们，如康芒斯（John Commons）和英国当代一位经济学家霍奇逊（Geoffrey Hodgson）等，基本上区分不开作为一种有实体的组织机构的“institution”，和作为一种事态、一种非正式和正式约束规则的“institution”这两重含义的深层语言和文化的原因。

开上述这两种含义的“institution”]，“institution”在英语世界的语境使用中，还有其他多种多样的含义。例如，如果一家企业在金融市场上市，而另一家银行、财团或信托公司购买了这家企业的股票，那么，这一银行、财团或信托公司就被称为“institutional investor”，即“法人投资者”。这里，“institution”显然就是意指“法人”。除此之外，“institution”在英文中还被常常用来指某个人或某些人的职位。譬如，在克林顿（Bill Clinton）的性丑闻被吵得沸沸扬扬期间，美国媒体就经常使用“the institution of presidency”一词。这里的“institution”显然就是指总统职位。另外，据美国经济学家丹尼尔·布罗姆利（Daniel W. Bromley，1989，参见：中译本，第49页）说，在英语世界里，人们的婚姻也常常被称作一种“institution”。甚至，在英语世界的一些非正式活动和场合，一些名人、逸士也常常被称作“an institution”。

对英文的“institution”一词作了上述繁复细密的语义考察，就自然进入当代语言哲学中的词与物、指称（refer to）与意义（meaning）、能指（significant）与所指（signifié）这些语言哲学的争论中去了。稍有些当代西方哲学知识的人都会知道，在维特根斯坦的晚期哲学阶段，他彻底推翻了自己早期逻辑哲学中的精美的奥古斯丁（Saint Aurelius Augustinus）式的图式论［即语言中每一个词（概念）都标示着现实中的一种对象（性），因而二者有着一一对应关系］，从而把语言视作一种“游戏”（即“game”）。维特根斯坦（Wittgenstein，1967，§43）有一句名言：“一个词的意义就是它在语言中的用法。”维特根斯坦的这句话，说白了，就是说：与其繁复迂回地去考究一个词（概念）的含义，还不如去看人民大众在日常生活中是如何使用这个词的。具体到“institution”这个英文词本身来说，与其去苦思冥想地领悟和揣度那些获诺贝尔经济学奖的经济学家们是如何界定这个词的，还不如去看看英语世界里的人民大众是如何使用这个词的。[1] 谈到这里，使我们想到*Shorter Oxford English Dictionary*（相当于我们的《新华字典》）对“institution”这个词的界说：“an established law，custom，usage，practice，organization。”（从上面的论述中我们可以知道，这个定义实际上取之于多卷本《牛津大辞典》中的一意）这个解释最简单，却一下子道出了这个英文词的最基本含义。如果我们把这一定义拆解开来，并沿着构成这诸多含义的词序从后面往前看，也许更能体悟出这一“大众使用法”之界说的精妙。在这一界说中，“an established organization”很显然是指上面所说的“institution”的第二种含义，即组织机构的意思。依此类推，我们可以把它理解为一种行事方式（practice）、一种习惯（usage——请注意，这里并不是指英文中作为一种人们行事的心理定势的“习惯”，即“habit”）、一种习俗（custom）、一种法律（law——即从古汉语中沿传下来的“制度”一词的本来含义）。然而，这里的问题是，即使单从这一“大众使用法”来看，用中文的“制度”一词来对译“institution”也是不合适的。如果说，即便是中文的“制度”一词能涵盖英文“institution”一词法律层面的含义的话，它却囊括不了其“practice”“usage”“custom”等含义。此外，人们社会活动与

[1] 奥地利著名法学家汉斯·凯尔森（Hans Kelsen，1949，p. 4）亦曾主张：“对一个概念下定义的任何企图，必须要将表示该概念的这个词的通常用法当作它的出发点。”

交往中的种种行事方式、习惯和习俗等只是一种事态、一种情形，或者按哈耶克的术语来说，是一种“自发社会秩序”，但并不是一种业已确立、建立或制定出来的“办事规程和行动准则”，以及从古汉语中沿存下来的“约束”“制止”“制裁”“规制”“禁止”等含义上的“制度”。正是因为这一点，经过多年的反复考虑、推敲和斟酌，笔者自 2001 年回国以后，在许多文著中，均提出了“制序”这个概念，并建议用这个新造的词对译均质欧洲语中的“institution”一词。如果我们使用“制序”这个词，一方面可以较精确地对译这个词在西方语言中的“the established order by which anything is regulated”（这一解说译成中文，即为“在其中所有事物均都被调规着的一种建立起来的秩序”，因而我们可以把它理解为“由规章制度调节和规制着的秩序”）[1] 这一基本含义，又能涵盖均质欧洲语中“institution”一词的多种含义。因为，“制序”一词中的“制”，我们可以把它理解为“建制”“制度”和“规制”和“约束”等多重含义，而其中的“序”又可以把它理解为“秩序”，从而把西方语言中“institution”一词中所包涵的“practice”“usage”“custom”等多重含义囊括其中。另外，一旦如哈耶克所理解的那样，在制度规则的基础形成、建立或维系了某种社会秩序，

[1] 如果直译，这一定义只可以译为中文的“建制”，如果我们在中文中把“建制”理解为“建立起来的秩序”的话。而这种“建制”意义上的“institution”，恰恰就是科斯所理解的中文意义上的“生产的制度结构”。另外，这一定义恰恰又与哈耶克在《法、立法与自由》中所主张的“行动的秩序”是建立在“规则系统”基础之上的这一洞识不谋而合。到这里，也许读者能明白近几年我为什么一再坚持要把“institution”翻译为“制序”（即制度规则调节着的秩序）的缘由了。

这种制度调规着的秩序，会使有着这种秩序的组织呈现出某种结构（structure）或构型（configuration）；而这种由规则调控着的秩序，又自然投射在组织结构和构型上，从而使该组织（包括社会）成为一种“建制”，从而“制序”一词又可以非常自然地将科斯（Ronald Coase）的从“生产的建制结构”（institutional structure of production）的角度所理解的“institution”这重含义，内嵌其中了。因而可以说，“制序”一词可以非常自然地将中文和西方文字中的“（社会）秩序”“建制”和“制度”的多重含义，浑然一体地内涵其中，因而非常精确、确当和自然地涵指和对译均质欧洲语中的“institution”一词，从而将在中文意义上研究“制序”和在西方语言语境中研究“institution”完全同一起来。这是笔者近些年来坚持主张用“制序”一词来对译西方语言中的“institution”一词的主要理由。

另外，用“制序”来对译均质欧洲语中的“institution”一词，一方面可以避免常常发生的与现代中文意识形态化的“社会制度”一词中的“大制度”（regime）的“剪不断、理还乱”式的混淆，另一方面又能较好地涵盖英文“institution”一词宽泛灵活的多重含义。这里需要指出，这种把两个词相加而“留头留尾去中间”造新词的做法，其实并不是笔者的首创。稍为熟悉当代宏观经济学的人都会知道，在当代西方经济学的专业术语中，就有“滞胀”（stagflation）这一新词汇，而“滞胀”，即“停滞”和“通货膨胀”现象并存的一种宏观经济状态，就分别来自“stagnation”（停滞）和“inflation”（通货膨胀）。因为在 20 世纪 60 年代后，“增长停滞”和“通货膨胀”同时构成了西方主要工业国家尤其是美国的一种持存的经济状态，且为了论述的方便，西方当代经济学家早已普遍接受了“stagflation”（滞胀）这一新词。[1] 也许大多数人还不知道，就连中文词汇中的“菩萨”二字，也是把两个词相加而“留头留尾去中间”的做法拼造出来的。据我国著名社会语言学家陈原（2000，第 304 页）先生考证，“菩萨”二字，源出梵文“Bodhísattva”，这个词组曾被翻译为“菩提萨埵”，后来略去了第二和第四两个字，形成了后来人们常用的“菩萨”这个词汇。尽管构成“菩萨”这两个中文字都有语义，但是否“菩萨 = 菩 + 萨”呢？显然不是。事实上，“菩萨”成了一个独立的专用名词，相应地，“菩萨”一词变成了中国佛教信徒以及百姓心目中的一位具有超凡法力的善者——即善良、慈祥，且有权势、法力无边、救苦救难的一位神仙的象征。而

[1] 这里谨提请读者深思的是，在西方文字体系中，尤其是在英语（以及德语）中，几乎每年都有大量的新词出现，从而使英语成为一个“活”的、开放的体系，这主要是与英文和其他西方书面语是一种字母拼写文字有关。相比之下，我们的汉语则显得僵硬、保守和死板得多。譬如，在现代汉语中，除了一些外来词如“巴士”（bus）、“的士”（taxi）、“酷”（cool）这些外来音译词，以及随着一些新事物的出现而出现的一些新词，如“彩电”“空调”“家电”“乡镇企业”“入世”，等等之外，与英语和其他西方拼音文字相比而言，现代中文中出现新词的速度非常慢（也许一些语言学家对这一判断持疑义）。中国人著书撰文，似乎总是喜欢引经据典，总是用现有的词汇造句。因此，即使一个新词被某个作者造出，也难能为他人所接受，更难能通过报刊杂志和出版社的文字编辑们的关（好像编辑们的第一项任务就是从现有中文词典上查对有没有一个现成的词）。由于中文如语言学家徐通锵（1998）和潘文国（2002）教授所认为的，是一种“字本位”的语言体系，如果说在现代汉语中造新词困难，造字无疑就更困难了。这一点现代汉语还不如古代汉语，古代汉语还是一个“活”的开放的体系。譬如，按照许慎《说文解字》对“字”的解释，“字，孳也”，即不断地孳生增加。然而，不知从哪一天开始，汉字好像突然停止孳生了（从《康熙字典》开始?），现代汉语的这一特征，不但束缚华人的思想，甚至从某个方面讲，导致大多数中国人趋于思想保守，也使汉语本身成为一个相对封闭的体系，较难适应现代科技的飞速发展和社会运作的日益多样化，从某种程度上妨害甚至制约了华人的思维创造力。

这种老百姓心目中的“菩萨”与“Bodhisattva”这一词汇原来的专门指称的语义已远离，蜕变得几乎成了另一种含义。同样的，笔者近年来在一系列著作中主张的“制序”一词，是否就是“制序＝制度＋秩序”呢？显然也不是。尽管笔者所使用的“制序”一词，既包涵着汉语中本来就有的“法制”“法度”“制裁”“规制”“规章”“约束”“禁止”等含义的中文的“制度”的意思，也包含着“建立起来的人们社会和社群生活的秩序”的含义，但这并不意味着“制序”就等于“制度”和“秩序”二者的简单相加。究竟“制序”的含义是什么，也许只有等待读者读完整本书后，方能对笔者的理解有个把握。但是这里我可以首先告诉读者，理解了笔者所使用的“制序”这个新中文概念，也就对均质欧洲语中“institution”的概念，有一个较切近、较精确和较全面的抱握了。笔者所造出的“制序”这个概念，就是涵指并期望其能完全对应均质欧洲语中的“institution”这一概念的宽泛解释，或者说，二者的边界和含义完全重合。

通过对均质欧洲语中的“institution”的含义的考究，从而我们能对现代汉语尤其是当今中国思想界所常用的中文中的“制度”，有较为切近的理解。什么是制度？现在看来，制度就是人类社会生活中的（正式）规则（formal rule）中秩序和秩序中的规则。换句话说，人类社会生活中的秩序中所映现的规则，和在规则调规下的秩序的整合体，就是制度。[1] 事实上，经过多年反复揣度，我觉得，

[1] 柯武刚和史漫飞（Wolfgang Kasper & Manfred E. Streit，1998，参见：中译本，第 35 页）也基本上是在“规则”的意义来理解“institution”的：“‘institutions’是人类相互交往的规则。……‘institution’和‘rule’（转下页）

西方一些论者如经济学家哈耶克、肖特（Andrew Schotter，1982），政治学家罗尔斯，以及语言哲学家塞尔（John Searle），就是在中文“制度”意义上使用“institution”这个词的，而科斯偏重于“建制”（对应着中文“制度”含义）的“序”意涵在使用“institution”这个词，诺思则偏重于在“制”（即中文“制度”一词中“规则”和“约束”含义）的意涵方面使用“institution”一词。但无论是哈耶克、罗尔斯、塞尔，还是科斯和诺思，他们均没有在均质欧洲语的大众流行用法上，即“institution”的宽泛含义（包括“习惯、习俗、惯例、法律、宪制”等含义）方面，来使用“institution”一词。由此我们也可以区分出西方语言中两种含义的“institution”：狭义的“institution”，即一些学者所用的“institution”，是指“作为规则中的秩序和秩序中的规则这一综合体”来说的；而广义的“institution”，包括凡勃伦和康芒斯，则是在宽泛的意义上使用“institution”一词，而宽泛的“institution”是指业已建立起来的“习惯”“习俗”“惯例”“法律”“组织机构”，等等这些“包罗（人类社会中的）万象”的含义。后一种含义——即宽泛含义的“institution”，几乎等于哲学家维特根斯坦（Wittgenstein，1953）在《哲学研究》中所提出的“生活形式”（Lebensformen）的概念了。因此，我把这种宽泛意义的“institution”，仍翻译为“制序”。但对狭义的“institution”，按照目前中国经济学界的通行做法，译为“制度”（即规则中的秩序和

（接上页）这两个词在本书中可以互换使用。”就我目前的理解，我基本上是在正式约束规则上来理解中文的“制度”。而在这个意义上，“制度”恰好相等于柯武刚和史漫飞所理解的均质欧洲语中的“institutions”这一概念。

秩序中的规则综合体），则未尝不可。但把“institution”翻译为“制度”，必须把这里的“制度”，与英文“regime”对应的制度区别开来。换句话说，在当今经济学的话语语境中，我们需要对中文的“制度”进行“祛意识形态化”，从中国现代革命时期所使用的意识形态化的“制度”——即奴隶制度、封建制度、资本主义制度、共产主义制度，等等——话语体系中走出来，返回到古汉语表述的“制度”的含义中去。如上所述，古汉语的“制度”，或者说汉语本来含义的“制度”，用现在汉语来表述，就是指“人类社会生活中，（正式）规则中的秩序和秩序中的规则的综合体”。而这种狭义的均质欧洲语中的“institution”概念，和汉语本来含义的“制度”，以及与英语的“constitution”一词的概念，在某些方面又是相同和相通的。

1.2　有没有必要在中文中新造“制序”一词？

自拙作《社会制序的经济分析导论》2001年初版以来，笔者从国内学术界的同仁和朋友以及自己的学生们那里，不断接到一些反馈意见。除了少数经济学界的前辈和自己的学生外[1]，较多的反馈意见是，英语中“institution”一词本身就是一个多意词，且中国经济学

［1］ 2001年10月在西安召开的“第二届中国经济学年会”的“制度经济学”分组会议上，当笔者宣讲参会论文后，一位德高望重的经济学界的老先生曾呼吁：“如果大家觉得韦森提出的这个概念有道理，我们就要采用。”反过来说，中国经济学家张曙光教授在为笔者的《语言与制序》（韦森，2015）所写的书评中，则提到，笔者提出“制序”这个概念，实在没有必要。

界早已比较一致地将其翻译为“制度”了，故没有必要生造出“制序”一词，来取代经济学界已普遍接受并应用的“制度”一词。[1]在写作《语言与经济学的制度分析》（韦森，2004）的小册子时，笔者也深深认识到，尽管一种语言本身是个变动不居——像洪堡特（Humboldt，1836，中译本，第56页，§12）所认为的那样，语言绝不是结果［Werk（Ergon）］，而是一种创造活动［Thätigkeit（Energeria）］——的东西，但在任何一个社会的某一历史时点上，一种语言以及其中所包含的词汇，又构成了一个惯性甚大且固化和型塑人们思想的体系。尤其是在汉语语境中，更是如此。因此，笔者深知自己接受他人一种新的学术观点尤其是一个新词的困难，从而也深深理解，他人接受自己的理论论说的困难，进而也从来不试图劝说他人（包括自己的学生）接受自己的观点。

在一种几乎是自言自语的思境中独立探索，笔者也经常自问：硬造出“制序”这个中文概念，是否有必要？在近几年的讲课和学术交流中，也不断收到自己的同事、学术友人和学生们的善意劝说：“如果把你理论话语中的‘制序’改为‘制度’，可以更有利于

［1］ 这种建议显然有一定的道理。但是既然在西方语言中“institution”本身就是一个多义词，可根据不同情境中的不同用法，把它翻译为“制度”“机构”“组织”“职位”“名人”等。但问题是，在“制度”意义上的“institution”也有不同理解，比如，个人的“habit”、群体的“custom”，以及作为非正式约束的“convention”和“practice”，是不是“institutions”？或者是不是应该包括在“institutions”之中？在西方社会中，不同的哲学家、社会学家、政治学家和经济学家就有不同的理解。就后一种意义上来说，如果相信不包括，那就直接将其翻译成“制度”就可以了。如果承认“institutions”包括个人“habit”“usage”和群体的“custom”，以及作为非正式约束的“convention”和“practice”，则把它翻译成“制度”就有问题，那自然也就有必要造一个新词来对译它了。

传播你的思想。"[1] 同事、友人和学生也提出，无论"制序"，还是"制度"，反正都是同一回事，只不过是个"名称"或"叫法"的不

[1] 也许这些朋友和同学注意但并没有意识到，2001 年从剑桥大学访学归来后，在我的所有文章和著作中，以及在本书中，我一直没有放弃使用"制度"和"制度化"这些汉语词汇，只是各有所指而已。实际细想一下，这里问题还在于，东西方的语言和东西方不同社会的长时期语言变迁中，人们采用不同的词汇和语句来描述和认识世界这一差异化问题。比如，在英语世界中，有"uncle"和"aunt"两个词汇，分别指谓亲属，如"伯伯、叔叔、舅舅、姑夫、姨夫"和"伯母、婶母、姑母、姨母"；但是，在英语中，并没有如同汉语中，有分那么清楚的"伯伯、叔叔、舅舅、姑夫、姨夫"和"伯母、婶母、姑母、姨母、舅母"的专门词汇。甚至在英语中，只有"brother""sister"，而没有"哥" "弟"和"姐""妹"的概念，更没有中文的"爷爷""奶奶"和"外公""外婆"的概念，而只用一个词"grandfather"和"grandmother"，统称"爷爷"和"外公"，以及"奶奶"和"外婆"。英文的"institution"概念，实际上也是如此。仔细想一下，就会发现，在"均质欧洲语"中的"institution"概念，在中文中实际上并没有对应的词。正如在中文中，我们有"爷爷""外公"和"奶奶""外婆"，却没有笼而统之的"grandfather"和"grandmother"概念一样。在西方社会，人们把"习惯""习俗""惯例""法律""制度""组织""机构""婚姻""名人"，等等统称为"institutions"，尽管把这些笼统地翻译为"制度"显然是不够的，会失之于过宽，但是否造一个中文词来统称？这个问题实际上牵涉到是否应该来造一个词，来对译"uncle""aunt""brother""sister"和"grandfather""grandmother"一样。在语言分析的这个层面上，实际上还牵涉理论研究的问题和现实是什么的问题。在以后的分析中，我们会发现，连哈耶克和诺思这类大师级的思想家，实际上也困惑于这种语言概念的表达和使用。在之后的分析中，我们会提到，哈耶克晚年曾明确表示，他不愿用"institutions"一词，而把他所要论述和分析的经济社会总体称作"经济秩序"（economic orders）和"人类合作的扩展秩序"（the extended order of human cooperation）；而诺思教授一生大部分时间都是在研究"social institutions"，但到晚年，他和一些合作者如瓦利斯以及温格斯特（North, Wallis & Weingast, 2006），却又一同回到了哈耶克的用法，把人类社会发展阶段分为三种"social orders"："原始社会秩序"（the primitive social order）、"受限进入秩序"（limited access orders）与"开放进入秩序"（open access orders）。正如在本书第四章我们所要讲到的，因为人类进入文明社会后，不像自然界和其他动物世界，仅仅有"genotype"（基因型）和"phenotype"（现象型）的"秩序"，还有人的理性"博弈"和语言的建构在其中的"orders of human societies"，因而似乎更合宜地要用"制序"，而不是"秩序"。

同而已。在这些善意的劝说中，我也一度反问自己，并征求自己的学生和友人的意见：“我是否应该放弃‘制序’这一概念?”在人们（尤其是中国经济学界的论者）使用中文的“制度”一词时，由于其词义本身就非常宽泛和不确定（故有“难得糊涂的制度”之说），甚至有些学者在使用这个中文词时，根本就不思考和深究它涵指的到底是什么。我曾一度考虑，不如采取一种“乱中求定”的语言使用策略，仍然用“制度”来涵指英文中的“institution”这一“word”所代表的社会实存。譬如，由于英文的“institution”本身一词就是多义的，在英语世界的学者、论者尤其是所谓的“new institutionalists”（国内一般将这个经济学流派翻译为“新制度学派”）中，缺乏统一的理解。我完全可以分别以作为“秩序”的“制度”、作为“规则”的“制度”，以及作为“建制”的“制度”这三重含义，来涵指我所理解的“institutions”。因此，我也曾考虑，如果把本书的书名改为《社会制度的经济分析导论》而不是《社会制序的经济分析导论》，估计学界的许多同仁会感到更“舒服”些，更容易解读和接受我的理论话语（discourse）。

到底是“制度”? 还是“制序”? 这是我这几年一直思考的问题。大致了解了西方文字中“institution”一词的宽泛含义，以及汉语“制度”一词在汉语语言演变过程中的沿革过程，读者也许就能明白笔者在最近几年艰苦的理论探索中，一直坚持把均质欧洲语中的“institution”译为“制序”的原因了。但是，考虑到当前中国经济学界——尤其是制度经济学界——已习惯用“制度”，再考虑到读者对新造词的可接受度，不少朋友和学生们建议我还是在中文译稿把“institutions”翻译为“制度”而不是“制序”。故而，近两年我一直深陷于语言哲学与语言学的实际研究和思考的痛苦中，并深深体悟到，在一定历史时期，语言（包括其中的词汇）一旦形成，就是个惯性很大的系统。近来更加困惑：是用新造的“制序”的“瓶子”装本来就应该装入的更多的“酒”，还是通过拉伸本来就含混和颇有伸缩弹性的“制度”的“酒瓶”，装“新酒”（习惯、习俗、惯例）？最近与经济学界的同仁交流后，我深感后一条进路显然更轻省些。于是，我一度产生放弃“制序”这个概念的念头，而沿用中国经济学界所通用的“制度”来对译均质欧洲语中的“institution”。

在考虑要不要把均质欧洲语中多义的“institution”一词，翻译为“制序”一词时，实际上遇到两种语言翻译时，要不要总是新造词汇来对译另一种语言中的一个多义词的问题（在日语中，由于很多新词就是英语词的发音的“记号”，就在很大程度上避免了这个问题）。譬如，中文中的一个“礼”字，就有英语中的“etiquette”“decorum”“protocol”“rites”“propriety”“ceremony”“rule of conduct”“courtesy”“politeness”等多重含义。那么，是不是就应该在英语中造出若干新词，来对译汉语中的“礼”字的概念呢？还是直接把它音译为“li”？当我考虑到这个问题时，我真的犹豫，是否应该放弃自己前几年所自造的“制序”一词了。

这里应该指出，尽管本书第一版就是旨在分梳、廓清，以致从整体上抱握什么是均质欧洲语中的“institution”，并且提出了与哈耶克、科斯、诺思对“institutions”的用法均有所不同，这一个人的理解——即把“social institutions”视作一个从个人的习惯（usage）到习俗（custom），从习俗到惯例（convention），从惯例到（法律或其他正式）制度（constitution）这样一个动态的逻辑发展过程，并且在随后的《经济学与伦理学：探寻市场经济的伦理维度与道德基础》（韦森，2002）和《文化与制序》（韦森，2003）两本小册子中，努力辨析道德规范和文化与"institutions"的关系；但是，直到我开始撰写《语言与制序》，并致力于弄清后期维特根斯坦哲学中的"语言游戏"与"生活形式"这两个概念及其相互关系时，并且在梳理乔姆斯基、塞尔、克里普克与维特根斯坦的商榷时，我才真正把握了均质欧洲语中"institutions"概念的大致规定性，从而才真正有信心地决定：**坚持使用"制序"这个概念**。

非正式的规则（即 informal rule）中的秩序如英文的"惯例"（convention）还是不是一种"institution"？作为一种社会事态和人们行为常规性（regularity）"习俗"（custom）还是不是一种"institution"？如果照博弈论制度经济学家肖特（Andrew Schotter，1982）在《社会制度的经济理论》中对"convention"和"institution"的博弈论语言程式型的定义，以及按照当代著名语言哲学家塞尔（Searle，1995，pp. 87～88）在《社会实在的建构》一书中的看法，[1] 不能典章化和法典化（codified）的习俗还不是

[1] 在这部语言哲学学术专著中，塞尔特别指出，看是否有真正的"制度事实"（institutional facts）的出现之关键，在于我们能否将习俗或惯例的规则明确地法典化（codification）了。他具体举例道，如产权、婚姻、货币这些社会现象，显然已被法典化为法律，因而是"institutions"。但一些如约会、鸡尾酒会、朋友关系，则没有被法典化，因而还不能算作"制度事实"。塞尔的这一见解实际上意味着，能够并实际上已被典章化和法典化了的"custom"（习俗）和"convention"（惯例）才构成了"institutions"（制度），否则，就只是"习俗"和"惯例"而已。从塞尔的这一研究进路中，我们也可以清楚地解读出，他本人所理解的"institutions"，也恰恰相等于古汉语中本来含义的"制度"。

“institution”的见解，一种“convention”没有反映在普通法的案例程序中和变成制定法的法律条文规定时，显然还不是一种“institution”。但是，如果按照韦伯的两分法即“conventional institutions”和“legal institutions”，“convention”就是一种“institutions”。如果我们按照韦伯的处理法，亦即西方国家的大众使用法，把“institutions”翻译为中文的“制度”就有问题，而如果按照肖特（Schotter）、塞尔（Searle）、哈耶克（Hayek）、罗尔斯（Rawls）、科斯（Coase）和诺思（North）的实际用法，是大致可以把“institutions”翻译为中文的“制度”的。

1.3 比较经济学的困惑及其理论分析“集中意识”的转移

从当代经济学的发展史来看，自20世纪50年代以来，比较经济学（comparative economics）在当代经济学的“理论世界”中逐渐发展成一个独立的学科。自70年代中后期到80年代末，这个学科臻致其鼎盛时期。在这一时期中，比较经济学这一研究领域中出现了许多有学术分量的专著和论文。西方当代不少大师级的经济学家如萨缪尔森（Paul Samulson）、哈耶克（Friedrich Hayek）、阿罗（Kenneth Arrow）、森（Amartaya Sen）、莫里斯（James Mirrlees）、斯蒂格利兹（Joseph Stigliz）以及马斯金（Eric Maskin），等等，亦曾涉猎这一领域的某些研究议题，并发表了许多增进人类经济理解知识存量的学术文著。然而，随着80年代末苏联的解体、东欧各国社会制度的遽变，以及中国经济改革向深层推进，90 年代之后，“行政控制经济的古典模式已成了经济学家们（尤其是比较经济学家们）研究的历史标本了”（韦森，1999，第 22 页）。随着这一人类世界历史格局的转变，加上 20 世纪 90 年代以来世界经济体系一体化的加速，比较经济（体制）学在国际上作为一门学科，其研究对象中随之失去了比较范型（prototypes）的一半，即难能或者说已没有多大理论与现实意义进行任何“体制范型”比较了。

当然，应该看到，从 70 年代起，一些比较经济学家曾试图努力打破这门学科早期发展阶段上的，以“主义”为现实范型的比较方法，并试图建立与这种“主义”比较框架不同的“范式体系”[1]。譬如，同时在 1976 年出版的，在比较经济学界影响较大的，由美国经济学家纽伯格和威廉姆·杜夫（Egon Neuberger & William Duffy，1976）合著的《比较经济体制：决策研究》以及 John Montias（1976）的《经济体系的结构》两部著作，就表露了比较经济学家们试图打破这种“主义”比较范式体系，进而建立某种新的分析体系的努力。前者试图从“决策结构—信息结构—动力结构”这种新“三位一体”（trinity）的研究视角，跳出以前那种简单

[1] 严格来说，按照库恩（Thomas Kuhn，1962）对“范式”的理解，在经济学中基本上有两套“范式”：一是劳动价值论为基础的古典经济学，二是以边际分析为主要特征的新古典经济学，而当代经济学中的奥地利学派“Austrian Econonomics”尽管有自己的分析框架和概念，但其大部分经济学概念与观点实际上已经被现代主流经济学所吸收进去了。然而，就比较经济学本身作为一门学科，从它多年来所有的论述语言、方法和专门术语来看，把它看成是一套“亚范式”似能说得过去。故这里我们使用“范式体系”一词来涵指这种“亚范式”。但这里必须指出，这里所借用的“范式”二字与经济学作为一门学科本身所具有的两大“范式”并不是一回事。

的“集权的中央计划经济”与“分权的市场经济”的比较框架；而后者则侧重于从经济组织内部的决策方法和程序的理论透视，来建立一套新的比较经济学的理论体系。在20世纪苏联、东欧制度遽变之后，英国一位比较经济学家David Conklin（1991）也在一本比较经济学的教科书中，试图从自由企业、价格机制、政府补贴、税制安排、非价格控制以及公共企业六个方面比较不同社会的资源配置体制。

然而，尽管这些比较经济学家在各自的主观思径取向上，想努力跳出比较经济学古典范式体系的那种“主义”式的比较，但如果细读这些著作，就会发现，在这些比较经济学家的理论解释背后，仍然是以当代世界中“行政控制经济”与“自运市场经济（self-functioning market economies）”[1] 为两大基本比较范型的。20世纪90年代前人类社会的世界格局就是如此，因之这些比较经济学家们不可能闭上眼睛去比较某些理论虚构的资源配置方式。种种比较经济学领域的教科书和研究专著，只不过是用不同的理论“标尺”去“丈量”当代人类社会现实中曾存在着（过）的这两大资源配置范型而已。

可是，自20世纪90年代后，比较经济学作为一门理论经济学整体上所面临的问题是，其理论比较的现实对象范型之一半，已消逝于行政控制经济各国的经济改革的历史进程之中（如果说目前它还在人类社会中存在，也只是存在于朝鲜和古巴这些封闭的

---

〔1〕 这两种实际的资源配置方式过去被意识形态化的社会科学解释贴上了“社会主义制度”与“资本主义制度”的意识形态标签。

“小社会”中），从而比较经济学家还比较什么就成了一个现实的问题。比较经济学的这一窘境和大多数比较经济学家随之产生的迷茫心态，清楚地从美籍南斯拉夫比较经济学家**休伊特**（Ed Hewett）的一句话中反映出来。在 1989 年 12 月召开的世界比较经济学协会执行委员会的一次会议上，作为这一委员会的主席**休伊特**开头就说了一句话：“现在我们都成历史学家了！”（引自 Bonin，1997，p. 2）

在比较经济学这种世界范围的窘境中，学科的旗舰刊物《比较经济学杂志》的新任编辑 John Bonin 在 1997 年第一期开篇就发表了一篇题为《比较经济学之“过渡”》的文章。文章的基调反映了世界比较经济学界所普遍存在的这种迷茫心态。在这篇文章中，虽然 Bonin 并没有明确表明比较经济学界今后应着力研究和比较的各种“social institutions”，但他在文中所引用的该刊创刊编辑、兼世界比较经济学协会的前主席 John Montias 的一句话却引人深思（见 Bonin，1997，p. 1）。

在上面我们所提到的那本《经济体系的结构》一书“序言”中，蒙蒂亚斯（Montias，1976，p. xi）说：“尽管‘institutions’这个词并没有在本书中出现，但读者会看出，我是从比较的角度来研究制序经济学的。”那么，为什么他没有在该书中使用这个词呢？蒙蒂亚斯自己附带解释道：“这主要是因为我不能给它下一个精确的定义，以致于在我试图为经济体制分析所新创的建构性词汇中无法把它放进去。”从这段话来看，蒙蒂亚斯早在二十多年前就曾设想并主张比较经济学应致力于“social institutions”的经济分析。但这里需要指出的是，尽管蒙蒂亚斯在世界比较经济学领域是一位学术地位甚高的理论经济学家，他的《经济体系的结构》一书无疑也是20世纪六七十年代比较经济学的经典著作之一，但从整体上来判断，还不能说这本书已达到了经济学的“insitutional analysis”阶段。尽管如此，蒙蒂亚斯早在二十多年前就看出，并致力于从比较的角度研究制序经济学，不能不说是甚有远见且睿智的。

面临整个学科的迷茫窘境，世界上许多比较经济学家转而开始教研其他相关或相近研究领域，如“过渡经济学”（economics of transition），等等。在此态势下，美国斯坦福大学的青木昌彦教授发起并组织了一个以斯坦福为核心的世界多国经济学论者的研究团队。自90年代初以来，这个研究团队逐渐开拓出了“comparative institutional analysis”这一新的研究规划，并在此研究基础上编撰了数部研究专著（参 Aoki & Okuno-Fujiwara，1996；Aoki et al.，1997；青木昌彦，1997；Aoki，1998）。这一研究团队，数年来一直以东亚诸经济形态为现实分析范型，致力于促成比较经济学研究的“集中意识”从“体制研究”向“institutional comparason”的转移与过渡。然而，从这个研究团队所编撰的《经济体制的比较制序分析》和《政府在东亚经济发展中的作用：比较制序分析》这两部著作来判断，尽管他们根据过去数十年东亚诸经济的实际运作进行了回顾与分析，在许多方面推进了比较经济学的理论分析深度，并拓宽了研究视野，但不能不说，这一研究团队，至少在目前，还没有完全摆脱传统的经济体制比较的“范式体系”的巢臼。因为，从这两本书的整体分析和所解释的内容来看，与其说他们从新制度学派和博弈论的视角比较各种“institutions”，不如说他们仍然在比较不同（尤其是东亚诸经济）的资源配置方式。似乎这主要是由于该研究团队目前还不太清楚“institutions”这一概念的内涵和其所意涉的社会现实对象性是什么，以及这一概念的意域边界到底有多大，从而还不能把“习惯、习俗、惯例”和其他诸种“非正式约束”（North，1990），以及各社会的文化传统、伦理规范、宗教信仰、意识形态以及民族 ethos[1]，等等，对社会制序的型构、驻存和变迁的影响“内生地”（endogenously）整合进他们的理论分析和数学建模中去，也因而仍然像蒙蒂亚斯二十几年前那样，仍然没能把“institutional analysis”真正融入他们为比较经济学所致力建构的新

[1] 英文中“ethos”一词也像“institution”一样是一个很难把握和翻译的概念，在中文中似乎还没有一个现成的词来对应翻译它。《牛津字典》对它的解释是“characteristic spirit，moral value，ideas or beliefs of a group，community or culture”。从这种解释中，我们可以体会到，这是一个只能意会但却难能言传的概念。正因为如此，港台一些学者根本就不意译它，而是直接把它音译为“以扫”。笔者揣摩，这个词最切近的中文译法似应是“精神气质”或“精神特质”。譬如，日本这个民族的“ethos”就非常明显。同样，同讲英语的英国人和美国人“ethos”亦有鲜明的差别和区别。我们中华民族的“ethos”虽然不像日本民族的“ethos”那样凸显，但总有我们的“ethos”。否则，人们就难能理解为什么一些细心的“老外”往往一眼就能判断出你是中国人、日本人或韩国人，尽管我们都是黄皮肤的亚洲人。另外，细想一下，也可以认为，尽管是在同一民族之内，由于地域不同，生活方式、商业和经济的交往形式的不同，以及长期内，不同的社会治式对生活的影响等原因，不同的社群亦会形成不同的“ethos”。譬如，如中国内地人就有内地人的“ethos”，香港人有香港华人的“ethos”，台湾华人（尤其是年轻一代台湾人）也有他们的“ethos”。更进一步思考，也可以发现，即使同在中国内地并同在一种社会制度中生活和交往，难道广州人没有广州人的“ethos”，上海人有上海人“ethos”？而这在不同地域生活的社群、社会中的人们的“ethos”与他们身在其中的习俗、惯例以至整个制序的关系是什么？这显然是一个极有意义的研究课题。因此，研究一个民族的“ethos”与一个社会的种种“institutions”的关系，将是社会制序的理论分析的一项不可或缺的任务。以青木昌彦为代表的“比较制序分析”和斯坦福团队的“比较制序分析”，目前都还没有完全超脱传统的经济体制比较的“范式体系”的巢臼，在很大程度上是因为他们还没有做到这一点（尽管他们可能已注意到这一点）。

的理论框架之中。[1] 这亦即是说，从整体上来判断，尽管斯坦福研究团队吸纳了新制度学派（“New institutionalists”）多年来在产权和交易费用研究方面的理论成果，并大量运用了博弈论，尤其是演化博弈论（evolutionary game theory）这一现代分析工具，其自 80 年代后半期才从西方学界萌生到 90 年代中后期逐渐成型。但是，至少从目前这个研究团队已发表和出版的文著来看，他们所建构的“comparative institutional analysis”框架，与传统的比较经济学的架构基本上还属于同一范式体系。

世界比较经济学界在该学科的迷茫窘境中，沿各种研究方向在目前所做的种种努力，从某种程度上验证了当代世界经济学大师萨缪尔森（Samuelson，1976，p. 11）所说的一句至理名言：“在一定程度上，我们都是先入之见的俘虏。替代一种错误的旧理论，与其说它不符合事实，不如说由于一种新的理论的最终出现。”这里需要说明，我们在此引用萨缪尔森的这句话，丝毫没有低估比较经济学经典范式体系的理论意义，更没有任何贬低数十年来比较经济学家们在人类对自身活动与交往所呈现出来的社会现象的理解上的理论贡献之意。并且，我们认为，不管经济学其他学科中的论者如何看待，

[1] 值得注意的是，斯坦福大学的另一位学者 Avner Grief（1994，1998）近几年所独自开拓出的“historical and comparative institutional analysis”，即 HCIA 分析框架，却引起了业内同行的密切关注。应该说，从一个较广的文化、传统和历史的探讨视角，并运用现代博弈论的分析工具，Grief 从对史实（历史上 Gennoa 和 Maghribi 商人的行为事态与 market institutions 之原初型构的关系）的比较和研究中，真正拓入了经济学的 HCIA 分析，并在人们对自身身在其中的经济社会体制及其变迁的认识上的知识存量中增加了其研究的理论边际增量。

比较经济学家们（包括西方和东方的）对当代人类社会进程与进步的理论贡献，绝不亚于（虽然我们不能说大于）其他任何经济学领域的探索者的工作。如果没有比较经济学家们数十年来追根溯源的理论探讨，可能就没有中国、苏联和东欧各国的经济改革，或者至少可以说，这些国家的经济改革的实际进程就没有这么快的推进。

就目前世界范围的体制或制序分析的整体态势来看，要实现经济学思考“集中意识”从“体制比较”向“制序分析”的转移，困难之处至少在目前还不是经济学分析方法和新的分析工具的应用（以青木昌彦为代表的斯坦福比较制度分析的研究团队的工作就证明了这一点），也似乎并不在于在社会制序分析的某个“探索方向”上的理论突破（如以科斯为代表的以“交易费用”和“产权分析”为轴心的新制度学派的工作），困难之处在于致力于这一领域研究的许多学界论者，目前还似乎把握不了研究对象“institutions”这一概念本身的规定性是什么，以及其规定性的边界到底有多大。更深一个层面的问题是：人之理性的能力与包括习惯、习俗、惯例和法律制度的种种“social institutions”（制序）这一概念所涵指的社会现实对象性的关系到底是怎样的？

毫无疑问，如果梳理不出上述种种问题的较为明确的洞见和理解，要真正进入社会制序的经济分析，并欲建构出其“分析”甚至“比较”的新的范式体系，不能不说仅是一种乐观的愿望，或者有可能只是在做一种“功效甚微”的工作。[1] 正是出于这一判断，本

---

[1] 这里需要说明，我们这样说并不否认或低估诸多经济学家从不同的研究视角或“切入点”探讨社会制序内部构成的某个方面（如新制度学派的“交（转下页）

书并不奢求能真正进入社会制序的经济分析，而只是旨在通过对前人的理论发现和学理推进的评述与作者个人的思考，能为这一分析“清扫一下场地”，“理一理进路”，并在有可能的情况下为这一新的分析范式的理论建构“搭一搭脚手架”。这正是本书被定名于《社会制序的经济分析导论》的原因之所在。

1.4 社会制序的经济分析在目前中国社会格局中的理论意义

在20世纪八九十年代之交，整个人类社会经历着巨大历史变革的同时，互联网的世界范围的迅速扩展所引致的信息时代的来临，也进一步促进了世界经济的一体化进程。中央计划经济诸国向市场经济资源配置体制过渡，互联网经济的形成以及世界经济一体化的加速，这一切均标示着哈耶克（Hayek，1988）所辨识出来的“人类合作的扩展秩序”（the extended orders of human cooperation）已跨越国别并冲破地域疆界，在世界范围里迅速扩展开来。这一新的世界历史进程，使世界上各主要“开放社会”[1] 的工商体制、金融和信用制序安排、资本的流动及商品的贸易形式，以及政府对经

（接上页）易费用”“产权分析”“外部性”，以及“市场与科层”的“二分选择”，及博弈论制序经济学家近些年来对习俗与惯例生发机制的颇有成效的探索，等等）的理论意义。毫无疑问，诸多经济学家对社会制序内部各个构成部分或层面的探索，正是为这一新的范式体系的型构而正在做的方方面面的努力。按照库恩（Thomas Kuhn）的见解，目前比较经济学领域的这种态势恰恰正孕育着理论范式体系的更替（Kuhn，1962）。

[1] 这里我们借用当代著名哲学家、哈耶克的友人波普尔（Popper，1957）的一个术语。

济的调控手段和方法，等等，在全球范围内趋于规范化。这也实际上意味着，当今人类诸社会的资源配置方式方面的差异正在减小(如果还不能说是“趋同”的话)。在这种新的世界格局下，那种以“主义”为对象范式“丈量标尺”的比较经济学陷于迷茫并渐于式微，自当是势之必然。在此态势下，一些比较经济学家转而探索并致力于比较不同社会的具体经济制序，亦是逻辑之必然和理性之选择。

另一方面，在当代经济学的诸多领域中，始发于科斯交易费用学说和阿尔钦（Armen Alchian）的产权分析的经济学，又在该领域的诸多经济学家的共同推进下，自20世纪五六十年代以来一枝独秀，并从80年代开始已发展为国内所说的“新制度经济学”这一蔚为壮观的大学派。经济史学家诺思吸纳和融合了新古典主义经济学的分析范式与新制度经济学的理论成果，在其新经济史的分析与建构中又开拓出自己的制度变迁理论。作为诺贝尔经济学奖得主之一，诺思的这种新经济史理论，又反过来强化了经济学家们研究“social institutions”的意识，并进一步推进了理论分析的边界。

从国内方面来看，近几十年来，伴随着网络信息时代的来临和世界经济一体化进程的加速，中国经济体系亦逐渐进行着一种行政控制经济的“解构”（deconstruction）[1] 和“转型”（transformation），而伴随着这一过程的是市场自发力量和秩序在中国经济体系内部的生

[1] 这里我们借用德国哲学家海德格尔（Martin Heidegger）和法国哲学家Jacques Derida所常用的一个术语（德文为“Destruktion”，法文为“Déconstruction”）。这里只取其“解除结构”之意。

长、发育和扩展。同时，世界范围内的比较经济学家的迷茫与学科的渐于式微，以及“New Institutional Economics”的兴起，自然促成了中国经济学界理论思考的“集中意识”从“体制研究”向“制序分析”的转移。

这里我们必须谨记的是，尽管从整体上来看，中国理论经济学界的“主流意识”已超越了“体制研究”阶段而进入“制序分析”阶段，但自70年代以来中国的比较经济学家们所做的艰苦理论探索功不可没，无疑应该永志于史。因为，正是许许多多的比较经济学家的艰苦的理论探索，一个观点才逐渐成了中国的政治企业家（political entrepreneurs）以及社会各阶层绝大部分人的共识，这就是：市场资源配置方式才是中国唯一有效率的体制选择。也正是随着这一共识在中国社会内部的确立，中国经济体系近些年来才能比较顺畅地进行着从那种以中央计划的名义，其实是通过政府的行政控制机制进行资源配置的体制，向自我运行的市场资源配置方式的过渡。随之，中国的比较经济体制（学）也辉煌地、光荣地完成了其历史使命。

然而，必须看到，尽管四十余年的中国经济改革采取了一种渐进性改革的进路，整个社会的资源配置体制从行政控制经济向自运行的市场经济的急遽转变，也不可避免地会给中国社会内部带来一定的“失范”（anomie）[1]。亦即是说，随着过去那种行政控制经济体制下，刻意设计和建构出来的资源配置形式和种种具体的制度

[1] 这里我们借用著名法国社会学家涂尔干（E. Durkheim，1984）的一个概念。在社会学中，“失范”意指社会秩序的失衡和道德规范的紊乱。

(rules and regulations) 逐渐地解构或自发地弥散，随着一些与市场运行相“共生的”(symbiotic) 的经济秩序 (economic orders) 的自生自发地生长、发育或者说型构，中国社会内部出现了某些具体经济制序和道德规范的失衡、紊乱和无序，仍然是中国经济改革所必须支付的转型成本。尽管伴随着种种社会“失范”现象，中国经济改革中内生于市场运行过程中的种种新的经济秩序的型构与扩展，却恰恰构成了经济学家们所说的，目前中国社会变迁过程的现实特征。概言之，如果把社会经济制序作为我们探索方向的指向目标和理论研究的现实对象的话，可以认为，目前中国社会内部，由行政控制经济模式所残留的人为刻意设计的“制”的方面在逐渐解构，弱化和消弭，而内生于市场运行中，自生自发地形成的“序”(如市场习俗和工商惯例) 的方面却在生长与扩展。中国社会内部的这一格局和经济社会发展的这一现实态势，促使经济学家们通过引介当代经济学诸多学科的理论成果，去思考、研究社会制序的经济分析领域中的种种理论和现实问题。也正是从这一视角来判断，就中国经济社会变迁的现实过程来说，社会制序的经济分析或者说社会经济制序的理论分析，可能比其他经济学科有更切紧的现实意义。形象一点说，社会制序的经济分析应该从已跑了相当大一段路程的比较经济体制学手中接过接力棒，毫不犹豫并尽其所力，把中国经济理论的探索推进到更深的层面，以增加人们对自身身在其中的作为一种社会实存的社会经济制序的理解方面的知识存量中的“边际”增量。这就是当代中国经济学之命运，也是中国经济学家们当前的历史使命。

最后需要指出的是，尽管以“交易费用”和“产权分析”为其理论分析的“集中意识”来处理的新制度经济学，到目前为止已取得了巨大的理论进展，无疑，这一学派的理论探索大大增进了人类对社会经济现象的理解，但新的社会制序的经济分析不应宥于这一研究阈界，仅着力于沿这一维探索方向进行边际理论推进。另外特别值得意识到的是，新制度学派的“产权理论”和“交易费用”分析，在精神底蕴上，与比较经济学经典理论体系中的计划［从某种意义上这里可以把它视作新制度学派所理解的“科层”（hierarchies）］，与市场的资源配置选择和激励经济学（economics of incentives）中的“机制设计”是“灵犀相通”的。譬如，新制度经济学派中的“科斯定理”，恰恰在新古典主义的理论分析和传统的比较经济学的理论建构之间，架设了一座互相沟通与对话的“理论之桥”。因此，中国的社会制序的经济分析，在目前似应更加注重以哈耶克为代表的奥地利学派的分析进路，从而更加着力于研究和探析社会制序中自发秩序的生发、型构、驻存与演进的路径和机制。这也就是说，社会制序的经济分析的理论任务，至少在目前，既不应该像传统的比较经济学家们所理解的那样，进行“体制方案规划”和“激励机制设计”（现在西方一些比较经济学家，甚至一些新古典主义经济学家目前仍然在做这种“徒劳无功”或“功效甚微”的工作），也并不是向政府的政治企业家提供某种“制度设计”［像青木昌彦等人（Aoki，*et al.*，1997）所理解的那样］，而是在于提醒和告诫世人，应该注重培养、保护和促进内生于市场发育进程中的种种自发社会秩序的型构和扩展。这种抽象的纯理论研究，不应也不必企求为政府的政治企业家们提供某些“制度创新”的

“理论依据”或“设计方案”，而只在于增进人类对自身社会经济活动所产生的诸种社会经济现象，以及不同国家经济与社会发展道路的理解。

第二篇　理论研究进路的历史回顾

苏格拉底认为，承认我们的无知（ignorance）乃是开启智慧之母的开端。苏氏的这一名言对于我们理解和认识社会有着深刻的意义，甚至可以说是我们理解社会的首要条件；我们逐渐认识到，人对诸多有助于实现其目标的力量往往处于必然的无知之中。

——**哈耶克**（Hayek，1960，p. 22）

第二章
社会制序的经济分析的起源与进展：从亚当·斯密、门格尔到哈耶克

我认为十八世纪以来，哲学和批判思想的中心主题一直是，依然是，而且我预期将继续是：我们所运用的这种理性究竟是什么？它的历史效果是什么？它的局限和危险是什么？

——福柯（转引自，王治河，1999，第 98 页）

2.1 社会制序的经济分析的起源：从苏格兰道德哲学家、亚当·斯密、门格尔到哈耶克

关于社会制序的经济分析的起源问题，学术界至今争论不清。有的论者认为，最早对社会经济现象进行理论分析的应该说是美国"old institutionalist"学派的创始人凡勃伦（Thorstein Veblen）。而其他论者则认为，社会制序的经济分析应该说起源于马克思。这些论者认为，马克思的《资本论》等许多著作，严格来说就是社会制序的经济分析。应该说，后一种说法也不怎么准确。因为，最早建立社会经济制序的理论分析体系的是亚当·斯密（Adam Smith）。

由此也可以说，社会制序的经济分析应起源于斯密。但是，如果我们把社会制序的经济分析看作是研究人们的社会经济活动的常规性的一门社会科学，而种种实在的社会制序，无非又是在人们的社会经济过程中呈现出来的，行事方式、事态、秩序以及其内生的形式和人们经济博弈的规则。那么，我们则可以说，对社会制序的经济分析是与经济学的诞生而同时诞生的。换句话说，在人类历史上，谁最早进行了经济学的研究，社会制序的经济分析就应该说从他那里开始。

追溯西方经济学说史的沿革，可以发现，在斯密之前，苏格兰道德哲学家休谟（David Hume）、弗格森（Adam Ferguson）就对社会制序进行过深入思索，并有许多精彩的论述。譬如，在《人性论》中，休谟（Hume，1890，p. 484）就曾提出，正义的规则或财产原则可被称为“自然法则”，它们可以是人为的（artificial），但并不是任意的（arbitrary）。弗格森（Ferguson，1767，pp. 187～188）在其《文明历史随笔》中也认为，国家等社会形式是人类行为的结果，而不是设计的结果。他说：“社会形式的起源是模糊不清且确无定论的。早在哲学出现以前，它们产生于人的本能，而不是人的思索（speculations），……我们把它们归为先前的规划，它们只有在经历了才会被知道。人类的任何智慧都无法预见到。”弗格森（Ferguson，1767，p. 187）甚至还认为，“国家的建立是偶然的，它确实是人类活动的结果，而不是人类设计的结果”。这些苏格兰思想家的早期著作中，已闪烁出这样的思想：人类赖以取得成就的诸种实在的社会制序，是在没有先前计划和某种指导思想的预设下所自然产生出来的。它们内生于人们的经济活动与交往之中，反过来又规约或者说规制着人们的社会活动，发生着作用，但是，它们并不是人类刻意设计的结果。

休谟和弗格森这些苏格兰道德哲学家的关于社会制序型构的思想，亦在同时代的经济学家斯密（休谟的友人）那里得以发扬光大，并被他天才地运用到其对社会经济现象的理论分析中去。斯密所提出的在经济学说史上具有划时代意义的“看不见的手”的伟大原理，就是这些苏格兰道德哲学家的社会制序型构思想，在经济学中的最绝妙的体现。在《国富论》中，斯密（Smith，1880，参：中译本，下卷，第 27 页）指出，由于人“管理产业的方式目的在于使其生产物的价值能达到最大程度，他所盘算的也只是他自己的利益，在这种场合，像在许多场合一样，他受着一只**看不见的手**所引导，去尽力达到一个并非他本人想要达到的目标。这并不因为事非出于本意，就对社会有害。他追求自己的利益，往往使得他能比他真正出于本意的情况下更有效地促进社会的利益”。这就是世人所知的斯密在《国富论》中所提出的“看不见的手”著名论述。然而，一个鲜为人知的事实是，斯密的“看不见的手”的伟大原理，并不仅仅只是在斯密的这本经济学巨著中提出来的。在《道德情操论》中，斯密也阐发了他的“看不见的手”的伟大思想。因为《道德情操论》（第一版于 1759 年出版）的出版早于《国富论》（第一版于 1776 年出版），甚至有可能斯密最早是在《道德情操论》中提出“看不见的手”的经济学原理的。由于目前我们暂且无法查到《道德情操论》第一版英文原文（中译本根据该书 1883 年第六版译出），我们还不能确知这一点。在《道德情操论》中，当谈到富人出于自私和贪婪的天性以及其贪得无厌的欲望来雇用千百人为自己劳动时，斯密（Smith，1976，pp. 184～185；参：中译本，第 230 页）说：“他们还是同穷人一样分享他们所作一切改良的成果。一只**看不见的手**引导他们对生活必需品作出几乎同土地在平均分配给全体居民的情况下所能作出的一样的分配，从而不知不觉地增进了社会利益，并为不断增多的人口提供生活资料。”

除了上述这一“看不见的手”的伟大原理外，斯密还在他的这本传世佳作《道德情操论》中提出了他的第二经济学原理。这里我们权且称之为“斯密的‘棋子’原理”。并且，对理解人类社会制序的演化变迁来说，这一“棋子”原理的参考意义，绝不亚于他的“看不见的手”的第一原理。斯密（Smith，1976，pp. 233～234；参：中译本，第 302 页）说：“在政府中掌权的人（the man of system），容易自以为非常聪明，并且常常对自己所想象的政治计划的那种虚构的完美迷恋不已，以致不能容忍它的任何一部分稍有偏差。他不断全面地实施这个计划，并且在这个计划的各个部分中，对可能妨碍这个计划实施的重大利益或强烈偏见不作任何考虑。他似乎认为它能够像用手摆布一副棋盘中的各个棋子那样容易地摆布偌大一个社会中的各个成员；他并没有考虑到：棋盘上的棋子除了手摆布时的作用外，不存在别的行动原则；但是，在人类社会这个大棋盘上，每个棋子都有它自己的行动原则……”

从斯密有关“看不见的手”和“棋子”原理的论述中，可以看出，人类社会的种种经济制序，并不是像一般人所想象地那样条理井然的，以及是由人类理性构设或设计的产物，而是人类行动的结果。正如与斯密及其同时代的思想家的直接传人 Francis Jeffery（1807，p. 84）所指出的那样，斯密及其苏格兰道德哲学家的理论发现，“解决了这样一个问题，即被人们认为是极其有作用的种种实在制度，乃是某些显而易见的原则经由自生自发且不可抗拒的发展而形成的结果——并且表明，即使那些最为复杂、表面上看似乎出于人为设计的政府规划，亦几乎都不是人为设计和政治智慧的结果。”

这里需要指出，当代许多经济学家（包括西方和东方的）均误认为当代经济学的主流经济学派的“理性经济人”假定，是源出于斯密的以个人主义为基石的经济自由主义，甚至认为斯密及其信徒发明了“经济人”这个可怕的字眼。一些论者还认为，斯密及其信徒的结论是完全根据现代经济学的理性行为的假设所得出来的。然而，正如哈耶克（Hayek，1949，p. 11）所独具慧眼地辨识出的那样，“斯密及其信徒们根本没有作此假定。要说他们认为，懒惰、目光短浅、恣意挥霍是人的本性，只有通过环境的力量才能迫使人经济地或谨慎地调整其手段来实现其目标，或许更符合事实”。哈耶克（Hayek，1949，p. 20）还指出，斯密等人倡导的是“努力使人们通过追求自己的利益尽可能对他人的需要作出贡献，不仅仅产生了‘私有财产’的一般原则，而且还有助于我们确定不同种类的产权的内容”。基于上述洞识，哈耶克（Hayek，1949，p. 12）认为，“斯密及其同时代的人所倡导的个人主义的主要价值在于，它是使坏人所造成的破坏最小化的体制。这种体制的功能并不取决于它是为我们所能发现的一些好人操纵着，亦不取决于所有人将来都比现在变得更好，而是利用人们的多样化和复杂性来发生作用……”哈耶克还发现，尽管洛克（John Lock）、休谟（David Hume）、弗格森（Adam Ferguson）、斯密（Adam Smith）、柏克

(Edmund Burke) 和曼德维尔 (Bernard Mandeville) 等英国古典经济学家认为，人类社会的种种制度既不是出于人们的设计，其演进与变迁也不是人们所能控制的。但是，他们绝非像许多现代经济学家所误认的那样，主张彻底的自由放任 (*lassez faire*)。正如哈耶克所辨识出的那样，英国古典经济学家要比其后的批评者更确当地知道，只有“构设良好的制度”的演进，才成功地将个人的努力引导到了有益于社会目标的实现方面。因为，在这些制度的演进过程中，“主张利益及其分享利益的规则和原则”才得到了彼此协调 (Burke 语，引自 Hayek，1960，p. 60)，因此，英国古典经济学家的人类社会经济制序演进论，只是试图告诉人们，“某些制度安排是以什么样方式引导人们最佳地运用其智识的，以及如何型构制度，才能使不良之徒的危害减至最小限度” (Hayek，1960，p. 61)。

值得注意的是，除了苏格兰道德哲学家和英国古典经济学家外，生活于与亚当·斯密同一时代但一生几乎未走出东普鲁士的一个小城哥尼斯堡的哲学巨人康德，也在社会制序的理论分析方面阐发过许多深刻的理论洞识。并且，在社会制序生发与型构的机理的认识上，康德曾得出了与苏格兰道德哲学家和英国古典经济学家几乎同样的结论。在 1784 年发表的一篇重要论文中，康德指出，不应该认为单个人会有什么有理性的目的；愚蠢、幼稚的虚荣、怨恨和毁灭欲往往成为人的行为的动机。可是，如果撇开这些东西，那么，在历史的总进程中就可以体察出整个人类所共有的理性的目的。就这个意义而言，人的自然禀赋 (它旨在运用人的理性) 并不是在个人身上而是在人类的整体中得到充分发挥。因此，康德

（Kant，1996，参：中译本，第2页）指出："当每一个人都根据自己的心意并且彼此互相冲突地在追求着自己的目标时，他们却不知不觉地是朝着他们自己所不认识的自然目标，作为一个引导在前进，是为了推进它而在努力着；而且这个自然目标即使是为他们所认识，也对他们是无足轻重的。"康德的这一段论述，显然与斯密关于"看不见的手"的原理在精神上完全一致。并且，我们不得不承认，康德这里的论述要比斯密更精彩、更深刻。基于对人类社会制序生成和演变的这一理论洞识，康德（Kant，1996，参：中译本，第206页）又在1783年发表的一篇文章中极其深刻地指出："人类及其规划却仅仅是从局部出发，并且只不过是停留在局部上，全体这样一种东西对他们是太大了，那是尽管他们的观念能够、而他们的影响却是不能达到的，尤其是因为他们在他们的规划上互相冲突，很难出于自己本身的意图而在这上面联合一致。"康德的这段话，读来又与本书后面将要引述到的，哈耶克在60年代之后的有关社会经济秩序的生发与型构的许多论述，有一种似曾相似之感。可能正是出于这一点，哈耶克（Hayek，1973，p.6）才认为，"自休谟和康德之后，思想几无进展，从而我的分析将在很大程度上是在他们停止的地方对他们的观点予以恢复"。之所以如此，是因为哈耶克（Hayek，1978，p.77）认为，"正义行动规则的目的性，是由休谟所揭示的，尔后又得到康德最为系统的发展"。

苏格兰道德哲学家、斯密及其他英国古典经济学家，以及康德在社会制序的理论分析方面的自由主义的传统，在奥地利学派那里得到进一步的弘扬和发展。从奥地利学派的开山掌门人门格尔（Carl Menger）的一些论述中，可以清楚地看出这一点。

照门格尔看来，种种社会制序是从无数的经济当事人在追逐各自的自身利益所形成的“自私的交往”中生发出来的。它们是人类行动的产物，但不是“集体设计”的产物，也不是人们在公共意志指导下建立的。譬如，在其《经济学与社会学问题》中，门格尔（Menger，1883，p. 147）就曾明确指出：“那种服务于公众福利并对其增进有着极其重要意义的制序，是在无旨在建立他们的共同意志下产生出来的。”门格尔继续说道：“理论社会科学，尤其是理论经济学的最重要的问题的解决，乃是与对‘有机’产生的社会制序的起源与变迁的理论的理解密切相关的。”门格尔还明确认为，各种社会制序，与语言、法律和市场秩序一样，是适应性演进（adaptive evolution）以及人之努力和历史发展所非意设的结果（unintended result）（参：Menger，1883，Book 3，Appendices I，III）。对此，哈耶克曾在晚年评述道，门格尔的“有关制度自发产生的观念，比我阅读过的任何其他著作都阐述得更加精彩”（引自Kresge，1994，p. 49）。

门格尔关于社会制序自发产生（spontaneous generation）的思想，经这一学派的另一重要思想家米塞斯（Ludwig von Mises）的承传[1]，到哈耶克那里得到了全面的宏扬与光大。自 20 世纪 40 年代起，经过数十年不懈的努力，哈耶克逐渐建构了他博大精深的

［1］受英国费边社会主义的影响，哈耶克早年曾是一个社会主义者。只是在读了米塞斯在 1922 年出版的《社会主义：经济学和社会学的分析》一书并受其影响，才改变了他早年的费边主义倾向。因此，哈耶克在为米塞斯 1978 年再版的这本书所写的序言中承认：“《社会主义》一书在当时震惊了我们整整一代人，而且我们只是渐渐地和痛苦地才相信了这部论著的核心命题。”（参：邓正来，1998，第 169～170 页注 1）

“自发社会秩序”（spontaneous social orders）[1] 的理论体系。而这一“自发社会秩序”，在哈耶克（Hayek，1988）晚年的著作中又逐渐演变成为“人类合作的扩展秩序”（the extended orders of human cooperation）[2]。尽管哈耶克的这一“自发社会秩序——扩展秩序”的思想无论在东方和西方还较少有人真正把握和赞同，但是，当代世界学界所公认的一个事实是，哈耶克的这一博大的理论体系，极大地丰富和推进了人们对人类社会现象的理解。

在当代西方经济学的学术殿堂中，哈耶克是一位举世公认的博达通雅、独辟蹊径的思想大师。[3] 这位曾被凯恩斯（J. M. Keynes）誉为“欧洲最杰出的头脑糊涂的（woolly-minded）经济学家”的哈耶克（参：林毓生，1988，第337页），思想深邃繁复，研究领域广袤（横跨经济学、哲学、法学、政治学、伦理学以及社会学等领域）。也曾被西方学界公认为“赢得了在经济学界自亚当·斯密以来，最受人尊重的道德哲学家和政治经济学家的至高无上的地位”（Blaug，1985，p. 87）。因而被人们称之为“缔造了自由世界经纬”的大师。哈耶克之所以赢得巨大的世界性声誉，并不在于他

[1] 哈耶克的“spontaneous order”概念，严格来理解的话应翻译为“自生自发秩序”。但是为了论述和使用的方便，这里把它翻译为“自发秩序”，从而把“自生”包含在“自发”之中。细想起来，中文的“发”亦涵盖“生”的意思。但反过来，“生”却不涵盖“发”的意思。故把它翻译为“自发秩序”。

[2] 探讨哈耶克“人类合作的扩展秩序”思想，显然又是一件极其艰难和极有理论意义的工作。

[3] 这里要说明，笔者这里并没有忘记国内同行的提醒：“哈耶克只是西方经济学殿堂中的一家之言。”——缪尔达尔（Gunnar Myrdal）、科斯、诺思、默顿（Robert Merton）、斯科尔斯（Myron Scholes）与哈耶克一样同获诺贝尔经济学奖，难道不最明显地说明了这一点？

于1974年获诺贝尔经济学奖，而是在于他对人类社会制序的深刻理解与分析，在于他那为其自己独到的学术见解而一生持之以恒、不懈努力的一贯性。正如西方一位论者戈登（S. Gordon，1991，p. 290）在评价哈耶克的政治经济学时所指出的那样，“哈耶克比罗尔斯（John Rawls）、弗里德曼（Milton Friedman）、熊彼特（Joseph A. Schumpeter）或克拉克（J. Clark）更重要，甚至比任何以经济学为基础对政治哲学给出综合论述的学者更重要，当然，在这些学者中，奈特（F. Knight）可能是个例外”。从戈登的这段论述中，我们也可以体悟出哈耶克在西方学界中的崇高地位了。

然而，尽管哈耶克思想博通深邃、包罗广阔，在西方学界闻名遐迩，但他却又似阳春白雪、曲高和寡。[1] 到目前为止，西方学界（尤其是在新古典主义主流学派占支配地位的经济学界）中真正理解和把握哈耶克思想脉络的人并不多。凝聚了哈耶克（Hayek，1988）终生学术探索之思想精华的巅峰之作《致命的自负》，还静静地存放在为数不多的西方大学的图书馆中，而较少有人问津和评述，就足以说明这一点。近些年来，随着中国经济改革和中国经济学术的深层推进，哈耶克的学术思想也开始被译介到中国学界中来（参：汪丁丁，1996；邓正来，1997，1998）。哈耶克的名字在中国经济学文献中出现的频率也逐渐多了起来。但是，在当今中国经济改革的社会方维中引介和审视哈耶克的学术思想，在目前还不能不说是一项初步的探索性工作。

---

[1] 在他晚年的一次访谈录中，哈耶克（Hayek，1994，p. 143）自己亦承认：“很多经济学家均倾向于把我看成是一个（行）外人（outsider）。”

2.2 哈耶克的“自发社会秩序”理论及其概念的基本含义

在自20世纪60年代撰写的多部著作中，哈耶克一再指出，“自发社会秩序”是他的自由主义社会理论的“核心概念”。哈耶克（Hayek，1967，p. 71，p. 162）认为，“社会理论的整个任务，乃在于这样一种努力”，即在理论上重构存在于社会现象中的各种自发秩序。在我们能较全面地把握哈耶克的自发社会秩序理论之前，首先会遇到的问题是，哈耶克的“自发秩序”概念所涵指的社会对象性是什么？应该说，要弄清这个问题，是一项非常麻烦和极其困难的事。因为，在他的许多著作中，尤其是在他的六七十年代以来的多部著作中，哈耶克在许多地方从不同的侧面和不同的视角论述和使用这一概念。这就给后人理解和把握这一概念造成了很大的困难。

单从语义的角度来理解，哈耶克（Hayek，1967，pp. 33～53）认为，他的“自发秩序”可以用“自我生长的秩序”（self-generating order），“自组织秩序”（self-organizing order）诸概念来代替。哈耶克在某些情况下亦用希腊语“cosmos”来意指这种自发秩序，并称之为“成长的秩序”（a grow order）或“内生秩序”（endogenous order）[1]（Hayek，1967，pp. 35～37）。哈耶克（Hayek，1960，p. 160）也曾指出，他的“自发秩序”亦同于波兰

[1] 与之相对应，哈耶克（Hayek，1973，pp. 35～54）用希腊语“taxis”来指称“人造秩序”（a made order）或“外生秩序”（exogenous order）。照哈耶克看来，这种“人造秩序”是一种建立在命令与服从的科层结构之上并由外生力量所刻意建造的“具体秩序”（concrete order）（参：Moldofsky，in Hayek，1989，p. 101）。

尼（Michael Polanyi）的“多元中心秩序”（polycentric order）[1]。

在对哈耶克的“自发秩序”概念的语义做了简单追述之后，让我们再来看一下哈耶克为什么提出这一概念。按照哈耶克的解释，他提出“自发社会秩序”的理念，是为了解决经济学中的一个难题，即人们在社会交往尤其是在市场活动中，知识的运用和信息的利用问题，亦即为了“解释整个经济活动的秩序是如何实现的：在这个过程中运用了大量的知识，但这些知识并不是集中在单个人脑之中的知识，而仅仅是作为不计其数的不同个人的分立的知识而存在”（Hayek，1967，p. 92）[2]。哈耶克还认为，早在控制论产生两百年前，经济学已经理解这种“自我调控系统”的秩序的本质。在这种自我调控的系统中，分立的个人之间行为的某些常规性（regularities）和约束（restraints）导致他们在一个包罗万象的秩序（a comprehensive order）中互相调适。因此，哈耶克（Hayek，1978，p. 11）认为，“这种引致对超过任何人所能掌握的信息的利用的秩序是不可能被发明的”。

---

[1] 反过来，波兰尼（Michael Polanyi）亦认为，他的“多元中心秩序”也就是“自发秩序”。他说：“当秩序是通过允许人们根据自己自发的意图彼此交互作用只服从公平与适用于所有人的法律而取得的时候，我们便在社会中拥有了一种自发秩序的系统”（参：Polanyi，1951，p. 159）。

[2] 这也说明，哈耶克自 20 世纪 60 年代后提出的“自发社会秩序”，是他在 30 年代就开始思考的“经济学与知识”的理论问题的一个必然的逻辑结果（参：Hayek，1947）。他于 1945 年在都柏林大学的著名的“个人主义：真与伪”讲演中，哈耶克（Hayek，1947，p. 8）就清楚地表露了他的自发社会秩序理论的早期雏形：“我们在人类事务中所发现的绝大部分秩序都是个人活动的不可预见的结果，这种观点与把所有可发现的秩序都归结为刻意设计的观点的区别，可以从 18 世纪的英国思想家的真正个人主义和笛卡尔学派的所谓的‘个人主义’的鲜明对比中看出来。”

从知识的运用和信息的利用出发，哈耶克（Hayek，1960，pp. 58～59）指出："在各种人际关系中，一系列具有明确目的的实在的制度（positive institutions）的生成，是极其复杂但却又条理井然的。然而，这既不是什么设计的结果，也不是发明的结果，而是产生于诸多未明确意识到其所作所为会有此结果的人的各自行动。"在哈耶克（Hayek，1960，pp. 56～67）看来，这种在人们的社会交往的行动过程中经由"试错过程"（trial and error procedure）和"赢者生存"（the survival of the successful）的实践以及"积累性发展"（cumulative growth）的方式而逐渐形成的种种制度，就是"自发秩序"。他还认为，"这种显见明确的秩序，并非人的智慧预先设计的产物，因而，也没有必要将其归于一种更高级的、超自然的智能设计；……这种秩序的出现，实际上还有第三种可能，即它乃是适应性进化的结果"（Hayek，1960，p. 59）[1]。

尽管哈耶克强调，自发社会秩序是人们在社会交往中的相互调适中生成并经由一个演化过程而扩展的，但他认为，这种社会秩序的演化型构论，与社会达尔文主义的那种简单地照搬达尔文的"生物进化论"到社会科学研究中的分析理路，是有区别的。哈耶克明确指出，生物学中的"自然选择""生存竞争"和"适者生存"等观念，在社会科学领域中并不适用，"因为在社会演化中，具有决定意义的因素并不是个人生理的且可遗传的特性的选择；而是经由

[1] 请注意，哈耶克在这里是混合使用"positive institutions"和"orders"这两个词。通观整个《自由的构成》一书，哈耶克还是大量使用了"institutions"一词，并且较多地把它与法律结合起来使用，甚至使用了"instituted law"（Hayek，1960，p. 58），且哈耶克基本上是在中文"正式制度"含义上使用"institutions"一词的。

模仿成功有效的生活形式和习惯所作出的选择。……一言以蔽之，就是通过学习和模仿而传播沿续下来的整个文化的遗产”（Hayek，1960，p. 59）。因此他也认为，“自发秩序的型构，乃是这些要素（指社会秩序中行动着的个人——引者注）在回应他们的即时环境时遵循某些规则的结果”（Hayek，1973，p. 43）。从这一点出发，哈耶克（Hayek，1978，p. 11）甚至认为，所有人们所能刻意设计以及能够和已经创生出来的东西，“也只不过是在一个不是由他们所发明的规则系统中怀着改进现存秩序的目的而进行的”。

哈耶克萌发于20世纪40年代有关“经济秩序”（economic orders）的思想，在20世纪六七十年代被重新诠释为“自发社会秩序”（spontaneous social order），到了20世纪80年代，这一理念则被进一步精细发展和阐释为“人类合作的扩展秩序”（the extended order of human cooperation）。在《致命的自负》一书第一章中，哈耶克（Hayek，1988，p. 14）就指出：“亚当·斯密首先洞察到，我们碰巧找到了一些使人类的经济合作井然有序的方法，它处在我们的知识和理解范围之外。他的‘看不见的手’，大概最好已被描述为一种看不见的或难以掌握的模式。”哈耶克进一步解释道：“现代经济学解释了种种扩展秩序如何能够得以产生的原因，以及它自身如何形成了一个信息的收集过程，从而能够使广泛散布的信息公之于众，并使其得到利用，这些信息不用说任何个人，即使是任何中央计划机构，也是无法全部知道、拥有或控制的。”

对于内涵着经济增长的斯密型动态机制的市场秩序是如何扩展的这一问题，哈耶克（Hayek，1988，p. 16）解释道：“扩展秩序当然不是一下子出现的；这个过程与它最终发展出的世界范围的文明所能给予人的提示相比，其持续时间要长得多，它所产生的形态变异也要大得多（大约用了几十万年而不是五六千年的时间）；市场秩序只是相对晚近的产物。这种秩序中的各种结构、传统、制度和其他成分，是在对各种行为的习惯方式进行选择中逐渐产生的。”从哈耶克的这一论述中，我们可以清楚地解读出，在哈耶克看来，市场秩序只是他心目中的人类合作的扩展秩序的一种形式，并且可能是最后或最高形式。哈耶克进一步指出：“这些新的规则之所以得以传播，并不是因为人们认识到它们更为有效，或者能估计到它们会得到扩展，而是因为它们使遵守规则的群体能够更成功地繁衍生息，并能够把外人也吸收进来。”在其后的分析中，哈耶克（Hayek，1988，p. 31）又指出：“不管多么缓慢以及受着怎样的阻碍，有秩序的合作毕竟在不断扩展，普遍的、无目标的抽象行为规则，取代了共同的具体目标。”

上面我们初步梳理了哈耶克在“自发社会秩序”的型构方面的论述，从而对哈耶克“自发秩序”概念中的“自发”（即生发与演化）的层面有了初步的领悟。进一步的问题是，在哈耶克的理论中，他所经常使用的社会秩序、经济秩序、自发秩序和扩展秩序中的“秩序”一词本身所涵指现实对象性又是什么？毫无疑问，要弄清这一问题，是一项更加困难的任务。因为在哈耶克数十年的著书生涯中，除了使用上述诸概念外，他还经常使用“市场秩序”“道德秩序”和“法律秩序”等概念。他甚至“woolly-minded”地把组织、政府、社会等都视作“秩序”。此外，他还经常把“制序”（institution）、“规则”（rule）、“习俗”（custom）、“惯例”

(convention)、“传统”(tradition)和“常规性”(regularity)等词混合在一起，使用“秩序”这一概念，使其阈界和含义变得非常复杂，令人难以把握。就连他本人也承认这一点。例如，在《致命的自负》中，哈耶克说：“像近似等价词‘系统’、‘结构’以及‘模式’一样，秩序概念也很难把握。”他还指出，应该区分两种不同却又相关的秩序概念。他认为，作为动词或名词，“‘秩序’既可用来描述对对象或事件进行排列和分类的精神活动的结果，……又可用来描述对象与事件所假设具有的或在某一时刻被赋予的有形安排(physical arrangements)。从拉丁语表示规则的‘regula’一词所源生出的常规性和秩序，不过是要素之间同类关系的时空特征”(Hayek，1988，p. 15)。尽管哈耶克做了这种解释，但究竟什么是他自发秩序中的“秩序”，显然仍十分抽象而令人难以把握其精确意阈。

可能是预计到他人对其“自发社会秩序”理论中“秩序”概念理解和把握上的困难，也可能是因为哈耶克自己在梳理自己的思想与分析理路，他在1973年出版的《法、立法与自由》第一卷第二章中，就对“秩序”概念进行了深入的探讨界说。根据康德的“秩序亦即常规性的整合”的思想，哈耶克(Hayek，1973，p. 36)把“秩序”界说为“一种事务的状态，在这种状态中，各种各样的要素之间的关系极为紧密，以至于我们可以根据整体中某些时空部分的认知，去形成对其余部分的预期，或者至少是有机会被证明正确的预期”。在《自由的构成》中，哈耶克也曾把“秩序”界说为社会生活中的一种一贯性和恒常性。他说：“所谓社会的秩序，在本质上便意味着个人的行动是由成功的预期所指导的，这亦是说，人们不仅可以有效地使用他们的知识，而且还能够极有信心地预见到他们能从其他人那里获得的合作”（Hayek，1960，p. 160）。根据哈耶克许多著作中的不同解释，我们可以体察到，在大多数场合，哈耶克把自发秩序理解为社会成员在相互交往中所保持的，并非他们有意建构的一种行动的状态，一种在他们的行动和交往中所表现出来的常规性和划一性（uniformity）。而“这种行动的常规性并不是命令或强制的结果，甚至常常也不是有意识地遵循众所周知的规则的结果，而是牢固确立的习惯和传统所导致的结果”（Hayek，1960，p. 62）。

值得注意的是，在《哲学、政治学、经济学和观念的历史新研究》中，哈耶克（Hayek，1978，p. 9）曾进一步指出：“人们的常规性行为并不必然意味着秩序，而只有某些人的行为的常规性才导致整体的秩序。因此，社会秩序是一种实际的事态（a factual state of affair）[1]，而有别于人们的行为的常规性。它必须被定义为一种特定状态（condition），在这种状态下，人们能根据他们各自的专有知识而形成对他人的行为的预期。这种预期通过使人们的行动的相互调适成为可能从而被证明是正确的。”哈耶克的这一大段对社会秩序的详尽的界说，显然已接近维特根斯坦在其早期哲学阶段上对世界本质的理解。也正是从这一点出发，笔者经反复琢磨而认为，根据维特根斯坦《逻辑哲学论》中的一个中心概念的含义来理解，哈耶克所使用的“社会秩序”“经济秩序”“自发秩序”和“扩

[1] 值得注意的是，早在1883年，门格尔就在其《经济学与社会学问题》一书中使用“客观事态”（objective state of affair）一词（参：Karl Menger，1883，p. 140）。波兰尼（Polanyi，1951，p. 159）亦把“秩序”理解为“state of affair”。

展秩序”中的“秩序”概念所涵指的客观对象性，即是在人们的社会活动与交往中所呈现出来的，是一种普遍的、类似的以及持存反复的“原子事态”（Sachverhalt）（见：Wittgenstein，1921）[1]。或者反过来说，“秩序”就是指人们在社会活动与交往中所呈现出来的无数“原子事态”中的普遍的和延存的同一性。也正是从这一点出发，我们把哈耶克的自发社会秩序和人类合作的扩展秩序中的“秩序”理解为：人们在其社会活动与交往中一个个原子事态以一定的有序方式结合起来的整体，以致从某种程度上也可以把“秩序”理解为诸多类似的或相同的原子事态所组成的结构本身（亦是说，哈耶克所说的社会秩序是由人们在其社会活动与交往中所呈现出来的

---

［1］ 从罗素开始，维特根斯坦的“Sachverhalt”概念在英语世界中被译为“原子事实”（atomic fact）。罗素对维特根斯坦的“Sachverhalt”概念的理解是“不包含有本身是事实的种种部分的”“一个事实”（Russell，1921），故把它译为“atomic fact”。但后来的一位学者 Erik Stenius（1960）考证，罗素等人把“Sachverhalt”译为“原子事实”是不妥帖的。他认为，按照德文原意，这个词应该被翻译为“事态”（state of affair——同哈耶克——引者注）。Stenius 认为，由于维特根斯坦的这个“事态”有一个个的、基本的和不可再分之意，他主张应把“Sachverhalt”译为“原子事态”［an（atomic）state of affairs］。这里，我们采用了 Stenius 的译法。另外，英国著名的 Routledge & Paul 出版社在 20 世纪 60 年代后出版的维特根斯坦《逻辑哲学》的新英文译本中，这个词也一律被译为“原子事态”。至于“事态”与“事实”（“事实”一词，维特根斯坦在《逻辑哲学论》中用的是“Tatsache”）的关系，可以说，事态之实际存在（发生）和不存在（不发生）即是事实（参：韩林合，2000 年，第 37 页）。在《逻辑哲学论》中，维特根斯坦有时也使用“Sachlage”一词。在 C. K. Ogden 的《逻辑哲学论》英译本中，只有“Sachlage”被译为“事态”，而“Sachverhalt”则被翻译为“原子事实”。从德文的构词上来看，“Sache”意为“物、东西、事件、事情、财物”等，而“verhalten”则由“态度、表现、处于……情况、情况是……”等义；而德文的“lage”，则有“位置、环境、情况、状况、状态、景况、处境、状态”等义。经反复琢磨，我觉得在中文中，“Sachverhalt”应被翻译为“原子事态”，而“Sachlage”则应被翻译为“情况”，而只有“Tatsache”才应该被翻译为“事实”。

诸多原子事态所构成）。[1]

上面我们只是探讨了哈耶克“自发社会秩序”理论中的“秩序”概念的基本含义，即作为人们社会活动与交往中所呈现出来的实际事态中的一种常规性，一种我们从维特根斯坦本体论哲学所理解的诸多“原子事态”中的普遍性、同一性、延续性或驻存性。除了这一社会秩序的基本含义之外，哈耶克还经常在其他意涵上使用“秩序”这一概念。譬如，哈耶克（Hayek，1967，p. 67）曾说：“个人行为的规则系统与个人依据它们行事而产生的行动的秩序，并不是同一事情，这个问题一经得到陈述，就应当是显而易见的，即使这两种秩序在事实上经常被混淆。”根据这一段论述，哈耶克的《自由的构成》的中译者邓正来先生曾把哈耶克所使用的“社会秩序”“自发秩序”和“扩展秩序”中的“秩序”分解为两重含义的秩序：一是作为一种事态、一种情形、一种原子事态的持存同一性的秩序；二是作为“个人行为的规则系统”的秩序[2]。他说，哈

[1] 具体来说，从横向上（即在同一时点上）来看，在一个社群或社会中，普遍存在的类似的或相同的许多单元事态构成了一种“秩序”。纵向上（即在一定的时序中）来看，在一个社群或社会中，一定的时间跨度中持续存在或者说重复出现的一种单元事态亦构成了一种“秩序”。同样从纵横两方面来看，在一个社群或社会内部，普遍存在的、相同的、类似的单元事态的重复、延续和持存，更构成了一种“社会秩序”，而这种由许多同一的、普遍的、相同的或类似的单元事态所构成的秩序之延续、驻存、演化、扩展和生长，就构成了哈耶克晚年所说“人类合作的扩展秩序”。

[2] 邓正来（1997，第29页）认为，哈耶克的“自发社会秩序”概念的两重含义分别是：“一是作为进行个人调适和遵循规则的无数参与者之间活动网络的秩序（或称为行动结构）；二是作为一种业已确立的规则系统的秩序。”值得注意的是，邓正来先生得出哈耶克“自发社会秩序”两重含义，以之为根据的哈耶克（1967，p. 67）的一段话，显然是他理解错了，并且明显有些误译了。哈耶克的这段原话是：“个人行为的规则系统与个人依据它们而行事而产生的秩序并（转下页）

耶克"实际上明确表达了这样一种观点，即自发社会秩序的行动结构乃是经由参与其间的个人遵循一般性规则并进行个人调适而产生出来的作为一种结果的状态，而这就意味着这些行为规则系统早已存在并已有效了一段时间。因此，自发秩序的行动结构在这里显然并不意指行为规则系统本身"（邓正来，1997，第29页）。

值得注意的是，尽管哈耶克在《哲学、政治学和经济学研究》以及《法、立法与自由》中一再指出，人们"行动的秩序"与包括法律规则在内的"个人行为的规则系统"密切相关，但他显然区分了"社会秩序"与"规则系统"。换句话说，从哈耶克的本意来理解，作为人们社会活动与交往中的一种实际事态的"社会秩序"概念，与规约人们行为的规则系统并不是一回事。譬如，在1973年出版的《法、立法与自由》中，哈耶克在谈到规则系统与自发秩序的关系时就曾指出："这里我们必须弄清，虽然一种'自发秩序'所依赖的诸种规则也可以自发地产生，但这并不必总是如此。毫无疑问，尽管人们遵循那些不是刻意制定而是自发产生的规则从而一种秩序会自发地型构而成，人们亦会逐渐地学会去改进这些规则，但至少可以认为，一种自发秩序的型构完全依赖于那些刻意制定的规则。因此，必须把作为结果的秩序（resulting order）的自发特

（接上页）不是同一种东西，这个问题一经得到陈述，就应当是显而易见的，尽管这二者（请注意这里哈耶克不是使用"这两种秩序"，而是使用"这二者"——引者注）在事实上常常被混淆。"从这段话中，根本看不出哈耶克有两种含义的"自发社会秩序"的意思。并且，哈耶克还接着这句话，在括号中批评一些律师特别"倾向于"用"法律秩序"来称谓这二者的做法。由此且从哈耶克著作中的其他论述来判断，他并没有把"个人行为的规则系统"视作一种"社会秩序"。因此，把哈耶克的"自发社会秩序"分解为"两种不同类型"或"两重含义"，似乎有些欠妥。

征，与建立在其上的规则的自发的起源区别开来；并且，一种被视为自发的秩序亦可能是建立在那些完全是刻意设计结果的规则之上的。”（Hayek，1973，pp. 45～46）在《致命的自负》中，哈耶克（Hayek，1988，p. 19）也曾更明确地指出：“规则自身就能组织（unite）一种扩展秩序。”从这些论述中，可以清楚地看出，照哈耶克的本意来看，尽管他认为自发秩序或者说扩展秩序，是建立在自发地产生或者刻意地制定的规则系统之上的，但社会内部的规则系统（其中包括法律规则，但不尽如此。[1] 参：Hayek，1973，p. 46）与社会秩序并不是一回事。从这种意义上来理解，哈耶克著作中的“社会秩序”“经济秩序”和“自发秩序”诸概念中的“秩序”一词的含义，更接近目前比较经济学家们所理解的“体制”（systems）[2]、“结构”（structures）和“模式”（patterns）（参：Hayek，1973，p. 35；1988，p. 15）。哈耶克对社会秩序的这种理解，也可以从他的其他许多论述中看出来。譬如在《法、立法与自由》

[1] 按照哈耶克自己的解释，“某些法律规则（并不全部，甚至只是其中一部分）是刻意设计的产物，而大部分道德和习俗的规则则是自发生成的”（Hayek，1973，p. 46）。

[2] 据哈耶克（Hayek，1973，p. 155）说，他“之所以重新采用‘秩序’这个颇令人讨厌的词，最初完全是出于方法论上的考虑”。原因是因为他认为，“如果社会现象除了经由刻意设计出来的以外，就不会显现出秩序的话，有关社会的理论科学也就的确毫无立足之地了，而且一如人们时常主张的那样，所存在的也只是心理学上的问题了”（参：Hayek，1952，p. 39）。哈耶克还注意到，在 20 世纪六七十年代后，一些论者时常在他是使用“秩序”这一术语的那种意义上使用“system”（中文含有“体系、系统、体制、制度”等意）这一术语。然而，哈耶克（Hayek，1973，p. 155）仍然认为，“‘秩序’仍不失为一个较为可取的术语。”哈耶克（Hayek，1973，p. 15）甚至认为，“‘秩序’乃是我们用以描述复杂现象的最为妥适的术语，尽管‘体系’、‘结构’或‘模式’等术语偶尔也可以用来代替‘秩序’一词”。

第一卷中，哈耶克（Hayek，1973，pp. 46～47）在谈到小范围的组织与整个社会范围内部的合作（collaboration）时说："家庭、农场、工厂、厂商、公司和各种协会，以及包括政府在内的各种公共机构诸种组织，**整合成一种更全面的自发秩序**。甚至可以为这种自发的综合秩序保留'社会'这个概念，以至于我们可以把它与存在其中的有组织的小的团体区别开来。"从这一论述来看，哈耶克甚至在广义上把自发的综合秩序视同"社会"这一概念。[1]

值得注意的是，哈耶克在这种意义上使用"社会秩序"或"行动秩序"时，他从本体论上把它理解为一种"抽象存在"。譬如，在《法、立法与自由》中，他明确指出："……人们无法根据任何特定的可观察到的事实来界定该秩序，而只有根据那个经由细节或点滴的变化而得到维续的抽象关系系统才能界定这个秩序。……这种行动的秩序并不是某种可见的或可以感觉到的东西，而是某种只能够从心智上加以重构的东西。"（Hayek，1973，p. 104）应该说，哈耶克把社会秩序或行动秩序理解为一种抽象存在，无疑是正确的。但他把秩序本身理解为一种不可视见和不可感觉的某种"玄之又玄"的东西，显然有些失之偏颇。因为，至少在某种程度上，或者说至少某些"具体秩序"是可视得见和可感知得到的东西。譬如，如果在英国任何一个城市，你会发现所有车辆均靠左行驶；在

---

［1］ 根据 Archbiship Whately 的思想，哈耶克在他晚年的许多著作中一再把这种作为结果的自发秩序称为"Catallaxy"，是他根据古希腊语"Katalassein"所造的一个新词（参：Hayek，1967，p. 167；1979，pp. 107～132；1988，pp. 111～112）。譬如，在《法、立法与自由》第二卷，哈耶克（Hayek，1976，p. 109）说："从而经由人们在市场中依据财产法、侵权法和契约而行事所产生的特定的自发秩序就是'Catallaxy'。"

美国和欧洲大陆，你又会发现所有车辆均靠右行驶。这显然是两种不同的“行动（交通）秩序”。这些行动秩序难道不在某种程度上可以说是可视得见和可感知得到的社会实存？即使我们按哈耶克的想法，划分广义的“整体秩序”意义上所理解的“自发的市场秩序”和人们刻意理性设计及建构的“人造秩序”，尽管这两种整体的社会秩序无疑均是一种抽象存在，但其作为由人们的社会活动所表现出来的种种“事态”的“整合”，难道不也是经由人们所观察得到的社会中种种事态而经由人们的心智“重构”出来的东西？人们的行动秩序，作为一种“事态”中的同一性和持存性，无疑是一种抽象存在。但这并不否认它们的可见性和可感知性。这正如尽管“红”作为一种颜色只是一种“抽象存在”（或者说它不是一种“自在的对象”），譬如它只存在于苹果上、旗帜上、花朵上，等等，但这并不意味着，人们就不能视见和感知到“红”。尽管“红”一词是对表呈于某些客观对象的、某种同一或相似的颜色的“心智的重构”，但这种“心智的重构”最初显然还是源自人们对客观事实的观察。由此也可以推知，即使像哈耶克本人所提出并倡导的“人类合作的扩展秩序”，也是经由人们（包括哈耶克本人）对大量人们活动与交往中的种种“事态”观察后而“心智重构”和“心智整合”的一个概念。因之，哈耶克把“社会秩序”或“行动秩序”视作不“可见”或不“可感觉得到”的这种认识，本身就有问题。这是在我们把握和理解哈耶克的“自发—扩展秩序”概念的规定性时，所不能不意识和醒悟到的问题。

2.3 哈耶克"自发—扩展秩序"理论的知识论基础

从上面的分析中，我们可以看出，尽管哈耶克在其数十年的卷帙浩繁的著作中，在许多场合把社会经济秩序划分为自发生成的及人们刻意设计和建构的秩序，但他一生不遗余力地主张和倡导这种自发的社会经济秩序，并对那种"人造秩序"和"设计的秩序"无时无处不表现出一种深恶痛绝的态度，并尽其所力加以抨击。例如，在20世纪40年代出版的他的成名作《通向奴役之路》和他的三四十年代出版的论文集《个人主义与经济秩序》中，哈耶克（Hayek，1944，1949）就已经阐发了这一思想。在他如日中天时出版的《自由的构成》中，哈耶克（Hayek，1960，p. 61）也明确指出："大凡认为一切有效的生活形式都产生于深思熟虑设计的人，大凡认为任何不是有意识设计的东西都无助于人的目的的人，几乎必然是自由之敌。"在他辞世前出版的最后一部著作《致命的自负》中，哈耶克（Hayek，1988）又继续对那种对社会经济秩序进行整体设计和建构的做法进行抨击，并大声疾呼，那是一种理性的"致命的自负"（fatal conceit）。

正是因为这一点，就使一些人（尤其是那些不能真正理解哈耶克的分析理路和思径取向的人）把主张个人主义和经济自由主义的哈耶克冠之以"社会经济研究中的自然主义者"。有人甚至把哈耶克误认为一个反理性主义者[1]。这不能不说是对哈耶克的一种误解。

---

［1］ 哈耶克自己有时也这样自我标榜。他称自己在一系列著作中所阐发的观点采取了一种"反理性主义的立场"。但哈耶克不承认自己的研究是非理性主义（irrationalism）和神秘主义（参：Hayek，1960，p. 69）。

可能是因为哈耶克估计到他在数十年内所一贯坚持的自发社会秩序理论建构的思想取向，会被他人指责为反理性主义或非理性主义，在他 1949 年出版的《个人主义与经济秩序》，1960 年出版的《自由的构成》，1967 年出版的《哲学、政治学和经济学研究》，1973 年至 1979 年出版的《法、立法与自由》三卷，1978 年出版的《哲学、经济学、政治学和历史观念的新研究》，以及 1988 年出版的《致命的自负》等著作中，他一再对自己的这一理论的知识论基础进行解释，并对经济与社会分析中的理性、理性主义以及理性的功能与限度反反复复地进行探讨和阐述。他还在 1965 年发表的《理性主义的种类》，1978 年发表的《建构主义的谬误》一文，以及到 20 世纪 90 年代后才收入《哈耶克全集》第二卷的《理性的使用和滥用：科学的反革命》等文著中，对人的理性和理性主义进行多维地、深入地探讨与论述。

在本章第一节的分析中，我们已经指出，哈耶克的思想方法论主要来源于苏格兰道德哲学家和英国古典经济学家的社会理论，以及康德的法哲学、道德哲学与认识论[1]。这里亦要指出，与哈耶克

[1] 康德思想对哈耶克的影响相当复杂。据哈耶克自己说，他从未仔细地研究过康德，因此“对康德的一手文献实在知之甚少”，但他又说：“我却不得不承认，我通过间接的方式受到了康德的很多影响。”（参：Hayek，1994，pp. 139～140）很显然，哈耶克之所以能接受康德的思想，从而把康德哲学视作他的思想方法论的主要来源之一，看来还主要是因为在哈耶克和康德在对人的理性的能力的理解上有一种选择性的“亲和力”。按照哈佛大学的政治哲学教授卡尔·弗里德里克（Carl Friedrich，1949）的理解，康德的“三批判”宏大哲学框架所最终关注的是，“探索怎样可以限制人们对理性的无限能力的信仰。因为，从霍布斯到伏尔泰，对理性能力的无限性的信仰，恰恰构成了欧洲各国‘开明专制’政治制度的哲学基础”。从这一点来看，哈耶克终其一生在批判的法国式的建构理性主义方面所做的种种努力，恰恰继承了休谟和康德的传统与批判精神。只有理解了这一点，我们才能理解为什么哈耶克（Hayek，1973，p. 6）说“自休谟和康德之后，思想几乎毫无进展，从而我的分析将在很大程度上是在他们停止的地方对他们的观点予以恢复”这句话。

处于同一时代的一些哲学家以及哈耶克自己的友人波普尔（Karl Popper）、波兰尼（Michael Polanyi）和维特根斯坦（Ludwig Josef Johann Wittgenstein）也对哈耶克的演化理性主义（evolutionary rationalism）[1] 的认识论立场有一定的影响（严格来说，他们的影响是相互的）[2]。另外，值得注意的是，除了苏格兰道德哲学家、英国古典经济学家和康德、门格尔、米塞斯这些西方思想家之外，哈耶克又显然受东方古代思想家尤其是中国的老子和孔子的思想的影响。譬如，哈耶克于 1966 年 9 月在 Mont Pelerin 协会东京会议上所做的《自由主义社会秩序诸原则》的讲演中曾引用的《老子》中的一句话，从这一点就可以看出。在这一著名讲演中，当谈到他的“自发—扩展秩序”理论时，哈耶克说：“难道这一切如此不同

[1] 在《法、立法与自由》中，哈耶克亦承认这种演化理性主义亦即波普尔的“批判理性主义”。与之相对，他称法国式的建构理性主义为“天真的理性主义”（Hayek，1973，p. 29）。

[2] 哈耶克、波普尔和波兰尼之间的相互影响，在这三人的各自的著作中，以及研究这三个人的一些文献中随处可见。但从笔者所读到的文献管窥所见，维特根斯坦哲学对哈耶克的影响，则可能像康德哲学对哈耶克社会思想的影响一样不太明显，尽管从现存的文献中我们已知道哈耶克和其表兄维特根斯坦非常熟悉。单从哈耶克于 1942 年在 *Economica* 发表的《科学主义与社会研究》一文中所提出的“就人之行动而言，事物乃是行动之人所认为之物”（Hayek，1942，p. 278）这一主张来看，显然有维特根斯坦早期逻辑哲学的“影子”。另外，在哈耶克 20 世纪 60 年代所写的《规则、感知和可认知性（intelligibility）》一文中有下面一段话：“我们将视作出发点的最为显著的现象事例，乃是小孩以符合语法规则和习惯语的方式运用语言的能力，然而这些语法规则和习惯语则是他们所完全不意识的。”接着，哈耶克还举了雕刻、骑自行车、滑雪或打绳结等例（Hayek，1967，p. 43）。从这段话和哈耶克所举的例子中，我们均可以体察到维特根斯坦晚期哲学（即其《哲学研究》阶段）的主张和论述风格。从这里我们也可能间接地推断维特根斯坦哲学对哈耶克的社会思想之型构的影响。这里还应该指出的是，尽管哈耶克曾受维特根斯坦哲学的影响，但他并不尽同意维特根斯坦的哲学见解。本书“第一版原序”中的哈耶克引语的观点，显然就是对维特根斯坦哲学所发的。请参考本书“第一版原序”第 8 页注［1］。

于《老子》第57章的诗句：'我无为也，而民自化，我好静，而民自正'?"（引自Liggio，1993）正如哈耶克所说，《老子》的这句话，代表了他整个深邃繁复的"自发社会秩序"理论的精髓。从这里，我们可以清楚地看出老子的无为思想对哈耶克的影响[1]。另外，在其晚年的颠峰之作《致命的自负》第七章，哈耶克也曾引用了孔子的两句话，并把其中的一句话作为这一章的画龙点睛的引语（Hayek，1988，pp. 106～119）。从中，我们也可以判断出哈耶克的确曾受中国古代思想家的一些影响。

尽管哈耶克并没有明确说明（但有提到），作为他的知识论基础的主要来源的苏格兰—英国经验哲学的演化理性主义，可以溯源到西方文化两大源头[2] 中的神本主义，即基督教精神（这里并不否认作为哈耶克知识论基础主要思想来源的哲学家休谟在宗教问题上是一个不可知论者，哈耶克本人亦是如此）。这种肇端于希伯来文化的基督教精神，承认上帝[3] 的绝对和人的理性的有限性，这就与发源于古希腊罗马文化的人本主义（国内学者大都把它译为人文主义）的法国式的建构理性主义形成了鲜明对照。这种肇端于古希腊罗马文化中的人本主义，光大于文艺复兴，并经由笛卡尔所首

---

［1］ 实际上，这里哈耶克误读了中国古代思想家的思想。因为从本质上来讲，整个哈耶克的"自发—扩展秩序"的思想，所主张的实际上是人类社会中的市场经济，他把这种有交换和交易的市场经济称作"人类合作的扩展秩序"。而整个老子《道德经》所描述的理想社会则是没有市场交易的自然经济。

［2］ 关于西方文化的两大源头以及经数千年来延存下来的西方文化中神本主义（theism）与人本主义（humanism——过去通常被译为"人文主义"）两大潜流的对峙与纠葛，请参阅李维森（1992）的文章，尽管笔者现在已扬弃了该文中对华夏文化批评较多的诸多观点。

［3］ 即康德所认为的从本体论、宇宙论和自然神学（physicotheological）的路径均不能证明的海德格尔所理解的"道"。

创，经由启蒙运动的思想家伏尔泰（Voltair）、孔多塞（A. Condorcet）、大百科全书学派和卢梭（J. J. Rousseau）、重农学派以及孔德（Auguste Comte）[1] 所宏扬光大的法国式的建构理性主义[2] （constructive rationalism，参：Hayek，1973，1978。哈耶克晚年亦把这种法国式的建构理性主义简称为建构主义，英文为“constructivism”，见他的“建构主义的谬误”一文）认为，人的理性具有至高无上的地位，因而，人们凭借自己的理性，可以通过契约的形式来建构社会政权、经济制度和社会的资源配置方式即经济体制（economic systems）。与肇端于古希腊罗马文化并浸淫着人本主义精神的法国式的建构理性主义截然相反，从苏格兰启蒙思想家、斯密、门格尔到哈耶克所承传下来的这一演化理性主义的思想源流则认为，个人理性在理解它自身的能力方面有一种逻辑上的局限，这是因为它永远无法离开它自身而检视它自身的运作。另一方

[1] 实证主义（positivism）的鼻祖。单从这一点也可看出弥漫于西方当代经济学界的分析精神底蕴中的工具理性主义（instrumental rationalism）与法国式的建构理性主义的同源关系。

[2] 尽管哈耶克在许多著作中对基于笛卡尔传统的法国式的建构理性主义进行过许多抨击和批判，哈耶克还明确说明他自己和波普尔的分析理路主要来自英国经验哲学中的自由理论传统（Hayek，1960，pp. 54～58；1978，62；1988，ch. 1），但他对建构理性主义和演化理性主义的划分，实际上并不是以国别为标准的。譬如，在《自由的构成》第四章，哈耶克就指出，孟德斯鸠（Montesquieu）、贡斯当（B. Constant），尤其是托克维尔（A. Tocqueville），就比较接近英国的演化理性主义的分析传统；而英国的边沁（J. Bentham）、霍布斯（T. Hobbes）以及葛德文（W. Godwin）等人，则比较接近法国式的建构理性主义的传统（Hayek，1960，pp. 54～57）。另外，哈耶克还指出，黑格尔、马克思以及法律实证主义者则沿这种法国式的建构理性主义的文化传统走得最远。哈耶克（Hayek，1967，pp. 93～94）还较准确地洞察出，甚至连康德也没有完全逃脱卢梭和法国理性主义的致命的引诱力，以至于不得不承认，像他这样最伟大的哲学家的某些观点也带有某些“建构主义的气味”。

面，个人理性在认识社会制序方面也存在极大的限度。这是因为个人理性乃是根植于由行为规则所构成的社会制序之中的，因而人的理性无法摆脱生成和发展它的传统与社会，而清醒地、无偏颇地审视和评估那种理性人自身身在其中的传统与社会[1]（参：邓正来，1997，第13～14页）。正是因为这一点，哈耶克指出："那种认为人作为一种存在可凭借其理性而超越他所在的文明的价值观并从外面或一个更高的视角来对其作出判断的空想，只能是一种幻觉。我们必须知道，理性自身也是文明的一部分。我们所能做的只能是拿一个部分去应对其他部分。就是这个过程也会引发持续不断的互动，以至于在很长时间里可能会改变整体。但是在这一过程的任何一个阶段，突发式或完全重新建构整体是不可能的。因为我们总是要应用我们现有的材料，而这些材料本身就是一种演化过程的整体的产物。"（Hayek，1978，p. 20）

出于这种英国经验哲学的演化理性主义的分析传统，哈耶克认为，他的自发社会秩序思想的理论建构，绝不是轻视理性，更不是主张人的理性在社会秩序的型构、演化与变迁过程中毫无作用和无所作为；恰恰相反，哈耶克认为，人的理性在人们的社会活动与交往以及在社会经济秩序的型构、演化和变迁中具有极重要的、建设性的使命。他说："勿庸置疑，理性乃是人类所拥有的最为珍贵的秉赋。我们的论辩只是旨在表明理性并非万能，而且那种认为理性能够成为其自身的主宰并能控制其自身的发展的信念，却有可能摧

［1］ 哈耶克（Hayek，1978，p. 20）在《建构主义的谬误》中说："理性不得不在价值间的相互调适中证明自身，从而不得不从事最为重要但不很受欢迎的任务，即指出我们思想与情感中的内在矛盾。"

毁理性。我们所努力为之的乃是对理性的捍卫，以防理性被那些并不知道理性得以有效发挥作用且得以持续发展的条件的人滥用。”（Hayek，1960，p. 69）哈耶克（Hayek，1960，p. 69）还进一步指出：“我们所主张的，并不是要废除理性，而是要对理性得到确当控制的领域进行理性的考查。”换句话说，哈耶克认为，人类的最高理性，也就是人们能够清楚地认识到自己理性的有限性。[1]

正是基于对人的理性的这种理解，哈耶克一生不遗余力地对那种滥用理性，刻意设计和建构整体社会经济体制的做法进行抨击；另一方面，他也从知识论基础上与这种以人为设计社会经济体制为方法论基础的努力（即法国式的建构理性主义）进行角力。这种肇端于笛卡尔，光大于伏尔泰、孔多塞、大百科全书学派、重农学派、卢梭、孔德，并经由苏联行政控制经济的思想脉络而承传下来的建构理性主义，他称其为一种“天真幼稚的（唯）理性主义”。他毫不含糊地声明，这种“天真幼稚的理性主义将我们当下的理性视作一种绝对之物，而这正是我们的观点所严加反对的”（Hayek，1960，p. 69）。也正是出于对自发社会秩序的这种演化理性主义的理解和对人的理性的认识这一点，哈耶克（Hayek，1960，p. 70）对他一生的努力与工作做了如下康德式的总结：“在我们力图改善文明这个整体的种种努力中，我们还必须始终在这个给定的整体中进行工作，旨在点滴建设，而不是全盘的建构，并在发展的每一个阶段中都运用既有的历史材料，一步一步地改进细节，而不是力图

[1] 其实，老子在两千多年前就体悟到这一点。在《道德经》第 73 章，老子曾说，“知不知，尚矣。不知不知，病矣”，就表明了这个意思。

重新建设这个整体。”

2.4 哈耶克演化理性主义的分析理路与当代中国社会及其经济改革的历史行程

在对从整体上设计和建构社会经济体制的做法以及其方法论基础即建构理性主义进行尖锐且深刻的抨击的同时，哈耶克发展并进一步弘扬了源自英国自由主义传统的演化理性主义，并在此知识论基础上建构了他的自发社会秩序理论的宏大分析框架。尽管直到目前为止，无论在西方还是东方学界，甚或在世人中，鲜有对哈耶克的这一自发社会秩序理论以及其社会经济分析中的演化主义的分析理路真正领略和予以认同（Barry，1979，1988；Butler，1983；Moldofsky，1988；Gray，1988；Vanberg，1986；Birner & Ziip，1994；汪丁丁，1996；O'brien，1997；邓正来，1997，1998），但这一理论及分析理路对人类社会历史进程洞悟之深，意义之远，世界历史已经并将继续给予其公正的评说。更为重要的是，从哈耶克的这一理论和分析理路出发，反思当代中国社会尤其是四十余年来的经济改革的历史行程，对理解和引导未来中国社会发展的思路选择，不无良益。

首先，纵观20世纪初开始的行政控制经济世界范围的巨大社会工程试验，以及从20世纪60年代以来苏联、东欧各国和中国的经济改革的延革史，均令人难以置疑地证明，哈耶克从其自发社会秩序理论的演化理性主义的分析理路出发，对这种人为刻意设计并力图从整体上建构社会经济秩序的做法的种种批评，不幸言中。在苏联已建构并实行了这种行政控制经济模式，而中国和东欧各国在20世纪四五十年代，在为建构和引进这种资源配置模式进行艰苦卓绝的努力，在西方学界中对这种资源配置模式的响应者和同情者甚众。其中包括熊彼特（Joseph Schumpeter）、琼·罗宾逊（Joan Robinson）、陶普（Maurice Dobb）、卡莱茨基（Michael Kalecki）、里昂惕夫（Wassily Leontief）、柏格森（Abram Bergson）、米德（James Meade）、兰格（Oskar Langer）以及康托洛维奇（L. V. Kantorovich）等这些睿智的经济学家，甚至包括如阿罗（Kenneth Arrow）这样的当代经济学一代宗师。在当时经济学界那样一种时尚潮流中，唯有哈耶克独具慧眼、惊世骇俗地大声疾呼：不要走那条路，那是一条非效率之路，那是一条"通向奴役"之路！当时，哈耶克是那样的孤寂，又是那样的率直。正是因为哈耶克的这种率直，他常常被冠之以"极端的经济自由主义者"，并被人们误认为是极端的保守主义者。因之，他又常常被一些人称为马克思主义和行政控制经济模式的死敌。尽管如此，哈耶克一生从未退缩过。在数十年中，他一直坚持不懈地抨击这种出于理性的自负而人为刻意地从整体上设计和建构"人造"社会经济秩序的做法，并在他学术生涯的一切场合弘传他的自发社会秩序思想。然而，这位20世纪的经济社会思想巨人，却在有生之年未能看到东欧各国的社会体制的巨变和苏联的解体，以及中国改革的巨大成功。仅从这一点来说，像中国、俄罗斯以及独联体和东欧诸国这些曾经实行过"行政控制经济"这样一种"人造"或"刻意整体建构"的社会经济秩序的国家中的经济学家们，更应该重视和批判地审视哈耶克的经济思想以及其学理分析理路。

第二，中国自1978年以来四十余年的经济改革的巨大成就和其闪亮的历史轨迹，尤其是中国在改革初始阶段上农村改革的巨大成功，从某种程度上可以说是哈耶克所洞察出来的自发社会经济秩序的型构机制及其背后的逻辑力量的一个印证和展开。众所周知，中国前十年改革的举世瞩目的成就，是以农业改革的巨大成功为起始点并以此为基础而展开的。正是农村改革的巨大成功，才为中国全面的经济改革（包括所谓的城市改革）铺平了道路，打好了基础，或者说创造了宽松的改革环境。相比之下，俄罗斯和其他独联体诸国的经济改革之所以陷入目前的困境，就在于它们没有像中国这样，有一个自发蕴生、逐渐演化并迅速扩展的农业经济体制的巨大成功在前面铺路。然而，这里的问题是，为什么在中国前十年改革期间，农业改革获得了如此辉照日月的伟大成功？一个众所周知的答案是，中国农村成功地生发和扩展开（并不完全是"推行"）了土地承包责任制。进一步的问题是，这种土地承包责任制是中国经济学家们所刻意设计出来的"经济秩序"吗？不是。它是中国政治企业家的"制度创新"的结果吗？也不是。任何稍有点中国经济改革历史知识的人均会晓得，中国农村土地承包责任制的出现，继而型构中国农业的一种经济体制范型，完全是基层农民顶着各级政府的压力，在经济学家们的冷嘲热讽和品头论足下自发地型构，并在全国范围扩展开的[1]，或者用哈耶克术语来说，中国农村的土地

[1] 安徽省凤阳地区小岗村的基层干部为"自发"实行土地承包责任制而歃血为盟的可歌可泣的故事，就说明了这一点。

承包制完全是一种“自生自发地型构与扩展的”社会经济秩序。但从这一视角来思考，可以认为，哈耶克的“自发社会经济秩序”的理论与分析理路，并不仅仅是欧美近现代市场经济型构、演化、扩展和变迁历史进程的学理归纳与理论抽象，而是中国这样经数十年“推行”与“建设”而僵化了的行政控制经济，向一种充满生机活力的市场经济秩序过渡的历史行程的理论再现。另外，值得一提的是，在20世纪80年代中国经济改革的历史过程中，政府的政治企业家所提出的“摸着石头过河”的改革思路，其英文的确当翻译似应是“trail and error procedure”。而这一改革思路的精神底蕴，恰恰又似与哈耶克一生尽其所力所弘传的，人在社会经济秩序的型构、演化与变迁（包括改革）中的理性的有限性这一理论洞识是相通的。亦即是说，在当今中国经济体制的演化与变迁中，仍有人们（包括政治企业家们）理性不及的诸多因素与方面。

第三，从20世纪90年代初到90年代中后期中国经济经历的高速增长，亦可以被视作哈耶克所洞察出来的，“自发社会秩序”之型构的逻辑力量的现实展开。从90年代初到90年代后期，中国经济保持8%以上的一个速率在高速增长。这是一项举世瞩目的成就。甚至直到在亚洲金融风波和经济衰退的冲击下，中国经济仍然保持了一个7%以上的高速增长率。[1] 这一速率曾使一些西方局外人（包括经济学家们）困惑不解。但是，这里有这样一个问题：90年代初到90年代中后期中国经济高速增长的动力源在哪里？如果

---

[1] 毋庸置疑，近一两年中国经济增长的速率，在很大程度上是由政府的凯恩斯式的扩张性财政政策（“扩大内需”）所支承和引致的。

沿着这条思路向深层推究，我们首先就会梳理出，这种中国经济高速增长的新动力源并不在于农业。因为中国农业在90年代前的土地承包责任制这种自发经济秩序的型构与扩展中已把其巨大的生产潜能发挥（或者说“爆发”）出来了。且近几年中国农业（狭义的农业）基本上保持在一个较稳定生产水平上。这种中国经济增长的新动力源也不是来自国有企业。一个世人皆知的事实是，近几年中国国有企业的亏损面持续扩大，国有企业给国家财政所增添的包袱越来越重，并给银行业所造成的呆账、坏账和死账的数额也在越来越大。因此，很显然，从90年代初到90年代中后期，中国经济高速增长的新动力源亦不是来自国有企业这一领域。并且，假如中国经济的这个“篮子”里没有“亏损国有企业（尤其是中小国有亏损企业）”这些棘手的“烂土豆”，90年代以来中国经济增长的速率要高得多，因为这些亏损国有企业拖了经济增长的后腿。那么进一步问题是，这一时期中国经济高速增长的动力源自何处？统计资料表明，除了巨额的外资流入和三资企业外，90年代以来中国经济高速增长的动力源主要来自个体经济、自营经济、外资企业和各种各样的非国有经济。而这诸种个体经济、自营经济（或按哈耶克晚年的说法，称为“专有财产”[1] 经济）、外资企业，是在政府放宽政策、减少管制，从而为之创造了一个型构与扩展的宽松环境的社会条件下，

[1] 哈耶克（Hayek，1988，ch. 2）在晚年曾提出，“私有财产”不是一个确当的称谓。他主张用梅因（Henry S. Maine）所使用过的“专有财产”（several property）来取代“私有财产”这一名词（Maine，1875）。但是，到目前为止，可能还很少有人注意和真正领悟哈耶克的这一理论洞见的含义、意旨及其理论意义。

自生自发地型构与发展起来的。[1] 这一部分经济形式的生发与成长，就构成了这一时期中国经济高速增长的“发动机”或者说“火车头”。这种种个体经济、专业财产经济和乡镇企业经济的生长与发育，无疑又是哈耶克所辨识出的“自发社会经济秩序”之型构机制背后的逻辑力量在当今中国社会转型过程中的现实展开。

第四，综观四十余年来中国经济改革的历史轨迹，可以看出，这一跨度颇长的改革时期本身，似可以归纳为中国社会经济体系内部的自发型构的社会经济秩序（包括上面提到的农业土地承包责任制，以及近些年作为中国经济高速增长的动力源的各种个体经济、专有财产经济和乡镇企业经济以及其他城市的自发新型构的种种经济形式）的出现、型构、成长和扩展，而过去的行政控制经济时期为人们所刻意设计出来的社会经济秩序，经历了衰微、缩小和消散这样一种历史过程。简单来说，中国经济改革的三四十年的延革史，就是哈耶克所辨识出的“自发社会经济秩序”在中国经济体系内部的型构与扩展史，也是人为刻意设计的（包括在改革过程中，为中国经济学家们理论的“体制模式设计”和政府的政治企业家们的“体制创新”）的诸种“人造秩序”，被实践“证否”（falsifications）与“驳回”（refutations）的历史。邓小平和中国经济改革的政治企业家们的一个巨大历史功绩，就在于他们放开了政府对中国经济体系内部的这诸种控制、管制与压制，为自发社会经济秩序创造了一个宽松的型构与扩展的社会环境，从而没有像在“文革”之前和之

[1] 正如哈耶克（Hayek，1988，p. 79）所说，“秩序之所以称心合意，不在于它使一切各就其位，而在于它创造着前所未有的新力量”。

中那样把它们作为“资本主义的尾巴”割掉。

最后需要指出的是，从其演化理性主义的分析理路和自发社会秩序的型构思想出发，哈耶克对人类社会现象和历史进程的理解是独到的，无疑也是深邃的，然而，和任何一个思想家一样，哈耶克本人也有其理论局限和研究视角的盲点。譬如，作为一个自发社会秩序型构与扩展的理想主义者，哈耶克似乎没有考虑到的一点是，为当代著名的文化人类学家格尔茨（Clifford Geertz，中译本，1968）所辨识出来的人类社会体制变迁过程中的“内卷”（involution）问题。事实上，最早提出人类社会演化过程的“内卷”问题的，并不是格尔茨，而是康德。譬如在其《判断力批判》一书中，康德（1790，英译本，p. 309；中译本，第 279～280 页）就提出了他的“内卷理论”(involutionstheorie)[1]，他还非常明确地把这种“内卷理论”与“演化理论”（evolutionstheorie——即人们所说的“进化论”）相对照，并把这种理论称为“锁入理论”(die Theorie der Einschachtelung)[2]。

[1] 在韦卓民先生的《判断力批判》的中译本中，这个复合德文词被误译为“进化论”(参韦译本，第 85 页)，而在邓晓芒教授的中译本中，这个复合词被译为“退行论”(参邓译本，第 280 页)。

[2] 在韦卓民先生和邓晓芒的中译本中，这个词组均被翻译为“套入理论”(参卓伟民，中译本，第 85 页；邓晓芒，中译本，第 280 页)。在沃纳·普卢哈尔(Werner S. Pluhar，1987，p. 309）的英译本中，这个词组被翻译为“(the theory) of encapsulation”。应该说，普卢哈尔把德文的“Einschachtelung”翻译为英文的“encapsulation”，是非常到位的。因为英文“encapsulation”有中文的“包装、包裹、包缠、卷进”等义，笔者认为还是应该把这个词翻译为“锁入理论”比较切近康德的原意。很显然，康德这里所说的“内卷”和“锁入”，早就预言了后来布莱恩·阿瑟（Brian W. Arthur）和诺思等经济学家到 20 世纪 70 年代才提出的“锁入效应”(lock-in effect)。这说明，康德比格尔茨和诺思早近二百年就提出了人类社会变迁中的“演化”（evolution）、“内卷”（involution）和“锁入效应”(encapsulation，lock-in effect）等问题。

那么，什么是康德和格尔茨所理解的“内卷”？要理解这个词，看来还要与西方文字中的另外两个相关的词放在一起相比较，才能较准确地把握它的含义。香港中文大学张小军博士（张小军，1998）曾提出，在人类社会体制的变迁中，有三种“路径力量”（他称之为三种“路神”）在起作用：“revolution”（革命）、“evolution”（演化）和“involution”（内卷）。由于在人类历史发展到20世纪时出现的“行政控制经济”的资源配置方式，是经由“revolution”（革命）这一“路径力量”而设计和建构出来的，国人对这个词的体验与认识已比较深刻，这里亦毋须赘言。而哈耶克的自发社会秩序之型构的分析理路与思径取向，又可以用“evolution”（演化与进化）这个词来概括和形容。但是，第三个词“involution”（内卷或内缠）[1]，则迄今还未引起经济学家们尤其是经济学家中的体制分析学派（institutionalism）的重视。笔者初步认为，如果把“involution”这一由康德和格尔茨所早就辨识出来的“路径力量”引入对人类社会经济秩序沿革过程的审视与思考中，可能会开辟出与哈耶克大相径庭的一种理论视景来。

这里首先我们来考究一下“involution”这个英文词的含义。从英语和英汉词典的解释来看，“involution”是由“involute”一词抽象化而来的名词。而“involute”本身既是一个形容词，又是一个动词，还是一个名词。作为形容词，它含有“错综复杂的”“纠缠不清的”“内旋的”“卷起来的”和“内卷为螺旋形的”等含义。作

[1] 尽管诺思的制度变迁理论中的“锁入效应”（lock-in effect，参：North，1990）与之相近，但二者完全不是一回事。

为动词，它又有“（叶片）内卷”“卷起”“恢复原状”“内旋”“衰退”和“消散”等含义。而一旦“involute”抽象化为名词而成为“involution”，这个词就有了“内卷、内缠、错综复杂、纠缠不清，纠缠不清的事物，复杂的事物”，以及“退化”和“复旧”等含义。由于把 involution 这个词放在社会体制的变迁中来使用其含义本身就是这样“错综复杂”，令人难以把握，目前似还找不出一个较确当的中文词来对译它。笔者揣摩，要比较精确和清楚地把握在人类社会秩序的变迁中“involution”这一“路径作用”的含义，只有把它与“revolution”和“evolution”另外两种路径力量放在一起，方能理解。

简单来说，革命（revolution）可以说是一种间断性的、突发式或者说剧烈的社会制度（regime）的改变与更替，即从一种社会制度跳跃式地改变为另一种社会制度。而演化（evolution）则是指一种连续的（往往是缓慢地）、增进性的（incremental）、发散性的或沿革式的社会变迁。与前两者相对照，内卷（involution）则可以被理解为，一个社会体系或制序在一定历史时期中，在同一个层面上内卷、内缠、自我维系和自我复制。如果这样来理解和把握“内卷”这个词，就可以清楚地看出，作为一个社会体制变迁的理想主义者，哈耶克的“自发社会秩序”这一演化主义的分析理路，显然不能解释人类社会体制变迁中的内卷这一现象。也许这是哈耶克并没有深入思考的一个研究盲点。因为，如上所述，哈耶克的经济思想与学理分析理路，一方面来自苏格兰道德哲学家和英国古典经济学家的演化理性主义的分析传统，并受到中国的老子的“无为”思想的影响；另一方面，亦是他对在近数百年来欧美（尤其是英国）

市场经济的型构与变迁过程的历史观察和抽象（在这一点上哈耶克同于诺思）的结果。正是从这一研究思路和历史观察的理论思考出发，哈耶克得出了自发社会秩序必定是（?）最优的社会经济秩序的结论。然而，哈耶克在从此一维分析理路的学术探索中，似并未认真考虑和深入探究这样一种世界历史事实：为什么他的“人类合作的扩展秩序”［其最成熟的范型是布罗代尔（Fernad Braudel，1982，1982a，1984，1997）所理解的“资本主义市场经济”[1]］，没有在数千年的中国和其他东方社会中自生自发地型构出来？换一种问法，为什么在中国数千年的社会生活形式的延续过程中，并没有多少演化[2]，而在很大程度上只是在同一种社会生活形式的层面上“involute”？即：不是演化式或增进性地前进，而只是在那里无休止地内卷、内缠、内耗和自我复制？这一现象可能是哈耶克的自发社会秩序的分析理路所解释不了的。[3]

当然，毋庸置疑，哈耶克曾考虑到了中国封建社会的长期停滞这一点，并对此做过一些研究。譬如，在《致命的自负》中，哈耶

[1] 值得一提的是，哈耶克在《致命的自负》第七章曾考证，直到1867年，马克思还不知道“资本主义”一词（Hayek，1988，p. 111），尽管现在我们已知道，马克思在此之前早就使用了“资产阶级”“资本”和“雇佣劳动”等相关的概念。

[2] 这里亦要指出，世界历史亦证明，即使一种社会制序按哈耶克的分析理路自发地演化与扩展，但它不一定只向最优的方向演化。它亦有可能向坏的方向演化与衰退。古巴比伦难道不就是在一种荒淫腐败中自生自发地灭亡了？“革命”这一“路径作用”也是如此。它即可以以正的方向推动社会进步，也可从逆的方向致使社会倒退。这方面的例子更是不胜枚举。

[3] 从某种程度上哈耶克意识到这一点。譬如，在《法、立法与自由》中，他在谈到“自发生成”的法律时曾说：“鉴于各种原因，自生自发的发展过程可能会陷入一种困境，而这种困境则是仅凭自身的力量所不能摆脱的，或者说，至少不是它能够很快加以克服的。”（Hayek，1973，p. 88）

克就似乎认为，中国政府的强大的科层建制有效地压抑了自发社会秩序的生发与扩展。在谈到罗马的衰落时，哈耶克曾指出，为了让人相信自己更为聪明、更有智慧，为了不让社会生活形式任意发展，政府迟早要滥用自己的权力，压制它们原先曾尽力保护的自由和个人的创造力。他进一步指出："如果说罗马的衰落并没有永久终止欧洲的演化过程，那么亚洲（后来还有中美洲）的类似开端则是因强大并有效地压抑了私人的创造力的政府（这种政府类似于欧洲中世纪的封建建制，但权力却大大超过了后者）而中途夭折。在这些情况中，中华帝国最为引人瞩目。在那里，当'国难'再起的时期，当政府的控制暂时被削弱的时候，向文明和复杂工业技术的大踏步迈进就会发生。但是，这些反叛行为，或者说，这些脱离常规之举，总是被执迷于刻板保守传统秩序的国家的威能所绞杀。"（Hayek，1988，pp. 32～33）根据李约瑟（Joseph Needham，1943，1954）的研究，哈耶克（Hayek，1988，p. 45）认为，在中国历史上，"政府总是试图维系那样一种完美的秩序，以至于任何革新都是不可能的"。

然而，进一步的问题是，即使我们同意哈耶克的上述判断，即在中国数千年的历史长河中，家、国一体化的"超稳定的宗法同构体"（金观涛、刘青峰，1992）抑制和遏杀了中国社会内部的自发社会秩序的型构与扩展，从而导致中国的社会生活形式只能在那里内卷、内缠和内耗，而不能演化，那么，为什么在古埃及、古以色列、美索不达米亚，美洲印第安人、澳洲土著人和非洲土人的一些部落，以及太平洋诸岛国的史前文明社会等世界上绝大部分地区，均不能自生自发地型构并演化出来哈耶克所提出的"人类合作的扩展秩序"来呢？看来哈耶克"自发社会秩序"理论以及他后来的

“扩展秩序”的思想均解释不了这一点[1]。因此，如果把“内卷”这一路径力量引入对人类社会生活形式的理论分析中，将会开辟出与作为社会经济体制演化的理想主义者的哈耶克不同的理论视景来。

把“内卷”这一研究思路与哈耶克的自发社会秩序理论同时引入到对人类社会制序的理论分析之中，我们初步得出以下一些理论断想：人类社会的经济制序，可以是经由自生自发的路径生发与演化而来，也可以经由人们刻意整体设计与建构出来。社会经济秩序所依之为据的社会规则系统（种种具体“制度”[2]，其中主要为法律制度）尤其是如此。在任何现实社会中，可能是自生自发的社会秩序与刻意设计的制度并存，并且二者经常交织与卷缠在一起，难分难解、难以分辨。然而，世界历史尤其是20世纪在世界范围所进行的行政控制经济的社会工程的巨大历史实验，以及中国计划经济时代、俄罗斯、独联体和东欧各国经济改革的经验证明，那些人为理性刻意设计的社会经济制度，大多数是无效率或低效率的。同样，自生自发的社会经济秩序也并不一定像哈耶克所相信的那样，就是有效率的或者说是最优的。但是，经过对世界史实的观察与反思，我们可以认为，那些高效率的社会经济制序大都是经由自生自发的路径而型构、演化和扩展而来的。正是从这一理论视角出发，我们认为，自生自发的路径，可以但不一定会产生出有效率或高效

[1] 同样，诺思（North，1981，1990）的“制度变迁理论”以及其中的“锁入效应”的理论洞识也解释不了这一点。

[2] 这里是在中文语境下，团体、组织、社群或社会内部所明文制订的“要求大家共同遵守的规程和行动准则”的含义上，来使用“制度”（其英文对应词应是“rules and regulations”）一词的。从这个意义上来理解，作为与哈耶克所理解的“社会规则系统”同义的种种“制度”，显然是社会制序（social institutions）的重要组成部分。

率的社会制序。社会经济制序可以在那里自发地向高效率的资源配置方式演化与扩展，也可以在那里自生自发地内卷、内缠和内耗，即不断地在同一个层面上自我复制。然而，在现实中，正如自发社会秩序和人造社会秩序犬牙交错、互补共存一样，这种“evolution”和“involution”两种路径力量，也可能是“我中有你，你中有我”，从而二者难分难解。因此，在现实中，可能是呈现螺旋式的演化这样一种社会变迁路径。一个社群或一个社会制序是向前演化与扩展，还在同一个层面上无休止地内卷、内缠和内耗，可能取决于由雅斯贝尔斯（Karl Jaspers，1951）、帕森斯（T. Parsons，1951，1959）、萨顿等人（Francis X. Sutton，*et al.*，1956）、格尔兹（Geertz，1973），以及英国著名法学家哈特（H. L. A. Hart，1972）等学者所一致辨识出来的，社会体系内部的“张力”（strains）[1]，以及由

[1] 社会内部的“张力”是一个很难把握的概念。萨顿等人（Sutton，*et al.*，1956，pp. 307～308）认为，社会内部的张力与意识形态有关：“意识形态是对社会角色的定型的张力（the pattened strains）的模式化的反应。”按照格尔兹（Geertz，1973，pp. 210～207）的理解，这种社会内部的“张力”“既是指个人的紧张状态，又是指社会的错位（societal dislocation）状况”。因为，格尔兹认为，“张力理论（the strain theory）的出发点是一个明确和清晰的理念：长期的社会不良整合（the chronic malintegration of society）。没有哪种社会安排能完全成功地应付其必须面对的功能问题。它们都被一系列无解的二律背反所困扰：自由与政治秩序、稳定与变迁、效率与人道、精确性与灵活性，如此等等”。根据雅斯贝尔斯的《现代的人》一书、萨顿等人的《美国工商业信条》一书第 15 章，以及格尔兹的《文化的解释》一书第 8 章的论述，我们可以进一步领悟出，这些学者所说的社会内部的“张力”，大致是指在人们解决种种社会功能问题尤其是在社会生活形式变迁中的一种牵制力量。或者反过来理解，社会内部的“张力”是从各自定位于一种无形的社会网状结构中的人（们），在其行事、应付种种社会功能问题（如格尔兹所列举的种种无解的二律背反）时的“无可奈何”“身不由己”和“无能为力”中体现出来。从这一点来看，“张力理论”可能比“利益理论”更能解释当前中国经济改革和生活形式变迁的现实格局。这个问题显然有待于进一步探讨。

阿瑟（Brian W. Arhtur，1988，1989）、诺思（North，1990）所辨识出来，经由制度变迁中“路径依赖”（path dependence）所延存下来的制度安排中的政府建制。如果社会内部变迁的张力较大，并且如哈耶克（Hayek，1988）所认为的那样，有一个强势且自以为聪明和智慧的政府及其建制，随着时间的推移，这个社会将在同一种社会制序的同一个层面上自我复制与内卷。如果一个社会内部的变迁张力较小，以及有一个能保护自发社会秩序的型构并能为其扩展拓宽发展空间的弱势政府，这个社会制序就会向前演化与扩展。毫无疑问，研究和探析这两种路径力量之间的错综复杂的关联机制与机理，将是一项颇有分析意义的理论工作。

第三章
美国的制度学派：
从凡勃伦、康芒斯到科斯和诺思

人类为自己已经建构了好像是自己设计的世界而自豪得意，亦为自己没能把它设计的更好而自形惭愧，现在，它就要再来一次设计了。

——哈耶克（Hayek，1988，p. 67）

3.1 美国“old institutionalists”的兴起：从凡勃伦到康芒斯

在上章的论述中，我们已经指出，从对经济学中对社会制序进行理论分析的实际内容来判断，可以说社会制序的经济分析是与经济学的诞生而同时诞生的。然而，经济学家把种种社会制序作为分析与理论建构的主要任务尤其是作为自己分析的“集中意识”，单从这一点来看，我们还不能不说社会制序的经济分析始于美国“old institutionalists”（国内一般翻译为“老制度学派”或“旧制度学派”）的创始人凡勃伦（Thorstein Veblen）。

凡勃伦（1857～1929）出生于美国明尼苏达州的一个挪威移民

家庭。在大学期间，凡勃伦曾从师于美国边际效用学派的首领克拉克（J. Clark）。大学毕业后又进入耶鲁大学研究院。后来，他曾任教于康奈尔大学、芝加哥大学和斯坦福大学。凡勃伦（Veblen，1899）的成名作是《有闲阶级论：制度的经济研究》。后来他又出版了《企业论》（1904）和《现代文明中科学的地位及其他论文》（1919）等几本著作。

在20世纪初，凡勃伦的“institutional analysis”曾在美国学界引起了广泛的注意与争论。这主要是因为凡勃伦从经济学、人类学、文化史、生物学和宗教等视角，海阔天空地漫谈经济和社会问题时所蕴涵的思想火花所引致。在20世纪二三十年代，美国许多经济学家都自奉为凡勃伦的信徒。从而“old institutionalists”在30年代后成了美国经济学界的一大学派，其中包括以研究美国货币史和经济周期理论而著称的美国经济学家米契尔（Wesley Clair Mitchell，1874～1948）。

照凡勃伦看来，经济理论分析应该要研究人类社会经济生活在其中得以实现的各种“institutions”。他认为，“institutions”的根源是人们的思想和习惯，而思想与习惯又是源自人的本能。所以种种“institutions”归根到底是受本能支配的。他还认为，本能确立了人类行为的最终目的，因之个人和社会行动均是受人的本能支配和指导的，而理性只不过是为达到人之目的的一种手段。个人在社会活动中逐渐形成思想和习惯，进而形成“social institutions”。各种“social institutions”产生之后，就是对人类活动发生约束力，进而本能所产生的目的就在已形成了“institutions”中得以实现。凡勃伦又进一步提出，对社会经济生活和“institutions”起决定性作用的本能可分为三类：（1）父母的天性；（2）工作本能；（3）随便的好奇心。

那么什么是“institutions”呢？在《有闲阶级论》中，凡勃伦（Veblen，1899，p. 109）说：“‘institutions’实质上就是个人或社群（community）在某些关系或某些作用方面的流行思想习惯（prevalent habits of thoughts）；而在社会发展的某一时期或某一阶段上由种种有效的“institutions”整体所构成的生活规划（scheme of life），从心理学的角度来讲，可以广义地把它归结为一种流行的精神态度或一种流行的生活理论。而就其一般特征来说，这种精神态度或生活理论又可以最终被归结为一种流行的类型。”凡勃伦（Veblen，1899，p. 193）还认为：“如果任何社群的结构是由所谓的‘economic institutions’所构成，就可以被视作一个工业或经济机构（mechanism）。这些‘institutions’就是这一社群在与其生活在之中的环境的接触中继续其生活进程的习惯方法（habitual methods）。”[1]

既然种种“social institutions”是从人的本能所支配的社会行动中所逐渐形成的思想和习惯演进而来，它们就不可能被根本地改变（在这一点上凡勃伦有些接近苏格兰思想家、门格尔以及哈耶克）。凡勃伦进一步认为，生物界的生存竞争与优胜劣汰的规律同样适用于人类社会。因之，凡勃伦认为，“institutions”的演进过程

[1] 受凡勃伦对“institutions”理解的影响，美国另一位老制度经济学家米契尔（Wesley Clair Mitchell）认为，“institutions 仅仅是一个习惯用语，用来指那些普遍存在的、高度标准化的社会习惯中较为重要的习惯”（Mitchell，1950，p. 375）。

与自然淘汰过程应该是一样的。他说："人类在社会中的生活，正同别种生物的生活一样，是生存的竞争，因此是一种淘汰适应过程；而社会结构的演进，却是'institutions'上的一个自然淘汰过程。人类'institutions'和人类性格的一些已有的与正在取得的进步，可以概括地认为是出于最能适应的一些思想习惯的自然淘汰，是个人对环境的强制适应过程，而这种环境是随着社会的发展、随着人类赖以生存的'institutions'的不断变化而逐渐变化的。"（Veblen，1899，p. 188；参：中译本，第138页）凡勃伦（Veblen，1899，p. 189）还认为，如果一个社会是由不同的民族单元（ethnic elements）所混合组成，在社会生活的一个时期，一个民族就会取得统治地位。因此，在任何一个时期所存在的种种"social institutions"，总是会使某一些性格类型（type of character）比其他性格类型更为有利于生存和统治，"而这样汰存下来的人，在继续保持和弘扬光大过去遗留下来的'institutions'时，将在很大程度上按自己的爱好来改变这些'institutions'。"凡勃伦（Veblen，1899，pp. 190～191）进一步说："今天境势通过一个淘汰的、强制的过程型塑明天的'institutions'，以致对人们在事物认识上的习惯观念发挥作用，从而改变或强化他们从过去遗留下来的观点和心智态度。"从凡勃伦的这些论述中可以看出，尽管凡勃伦也像休谟、斯密和门格尔那样，认为作为人身在其中的种种环境的诸种实在"institutions"是逐渐生成和渐进演变的，但这里凡勃伦也较明显地显露出人类可以按照自己偏好来改变"social institutions"的看法，这就与苏格兰道德哲学家、英国古典经济学家和奥地利学派的社会秩序演化型构论在分析精神上有些细微差别。

在“social institutions”的经济分析上，凡勃伦的一个非常重要的理论贡献，尽管迄今还不大引起人们重视，就是他对人的本质的理解，照凡勃伦看来，在现实生活世界中的人，是“一台高速的苦乐计算器，他游移不定，像一个汇集了无数相同幸福感的欲望之球，种种刺激因素驱使他乐此不疲，但却始终完整无损。他既无前因也无后果。他是一种孤独、特定的人类材料。除非有某种冲击力迫使他朝这个或那个方向运动，不然就处于稳定的均衡状态。他在要素空间中自行其是，围绕着他自己的精神轴心进行匀称旋转，直到力的平行四边形把他击败。于是他又顺着合成力的方向运动。一旦冲击力消失，他就会静止下来，又像以前那样成为一个不受外界影响的欲望之球”（引自 Lukes，1973，中译本，第 127 页）。

这里需要进一步指出的是，在凡勃伦的一些著作中，他在对“social institutions”型构与变迁的路径的理解上表达了一些更接近休谟、弗格森、斯密、门格尔和哈耶克分析理路的洞见。譬如，在 1919 年出版的《合法利益与普通人》一书中，凡勃伦（Veblen，1919，pp. 9～10）曾明确地说：“随着习惯的进一步改变，那些难能评估且构成过时的法律和习俗系统的关系、惯例、要求权和特惠权，也将不可避免地受到检视，并根据同一套新的有效性原则而被修改和调整……”在 1923 年出版的另一部较重要的著作《缺位产权》一书中，他则更明确地指出，一些商业“新秩序”的出现，即是“许多如此微小变化的汇聚——或正在汇聚的结果，是环境的改变而不是理性设计所带来的结果，甚至这里也许根本不存在主要行为者对结果的任何预见”（Veblen，1923，p. 329）。

凡勃伦所开创的美国“institutional analysis”学派，在康芒斯

(John Commons) 那里得到了继承和光大。康芒斯的理论探讨，影响了后来美国经济学中的许多流派，包括产权经济学、“neo-institutionalism”、“new institutionalism”（国内一般翻译为“新制度经济学”）和法律经济学，等等。

康芒斯（1862～1945）出身寒微。19 世纪末他曾在俄亥俄州的一个印刷厂做工。每周工作七天，每天工作十二小时。后来康芒斯曾任教于约翰·霍普金斯大学，并担任过美国货币协会会长和币制委员会主席。除了 *Institutional Economics: Its Place in Political Economy*（中译本被翻译为简称《制度经济学》）（Commons，1934）一书外，康芒斯还出版了《财富的分配》（1893）、《美国产业社会史料》（1910）、《美国劳工史》（1918）、《资本主义的法律基础》（1924）以及《集体行动的经济学》等著作。《制度经济学》则是他的经济学理论的代表作。

康芒斯对“institutions”的理解，是与他对人类经济活动的三种划分分不开的。他认为，经济活动可以分为三种交易：买卖交易（bargaining transaction）、管理交易（managerial transaction）和配额交易（rational transaction）。康芒斯（Commons，1934，参：中译本上册，第 86 页）解释道：“买卖交易通过法律上平等的人们自愿地转移财富的所有权。管理交易用法律上的上级命令来创造财富。配额交易则由法律上的上级指定，分派财富创造的负担和利益。”[1] 康芒斯认为，这三种类型的交易合在一起，构成经济研究中的“运行中的机构”（mechanism）。他说：“这种运行中的机构有

[1] 根据康芒斯的这一分殊，许多论者把他视作现代比较经济学的创始人。

业务规则使得它们运转不停；这种组织，从家庭、公司、工会、同业协会，直到国家本身，我们称之为‘institutions’”[1]。很明显，康芒斯这里所说“institutions”，显然不是在“institutions”的第一重含义上，指作为一种“事态”、一种“情形”以及一种已型构而成或建立起来的，人们的社会“博弈规则”意义上的“institutional arrangement”，而是指“institutions”的第二重含义，即按我们今天的分殊的那种作为种种组织机构的“institutional apparatus”（建制机构）[2]。

在20世纪30年代，康芒斯就意识到把握“institutions”这个词非常困难，他自己明确承认，如果对所谓的“institutional economics”规定一个范围，颇为困难。因为“institutions”这个名词意义就不确定。康芒斯（Commons，1934，参：中译本上册，第86～87页）说：“有时候一种‘institutions’似乎可以比作一座建筑物，一种法律和规章的结构，正像房屋里的居住人那样，个人在这个结构里活动，有时候它似乎意味着居住人本身的‘行为’。”显然，这里康芒斯所理解的作为人们行为的样式的“institutions”，就与哈耶克所理解的作为一种结果、一种情形和一种人们行事中所呈现出来的诸多“原子事态”中的同一性的社会秩序的含义非常接近。

从“institutions”是人的行为的一种状态出发，康芒斯

［1］ 康芒斯这里所理解的“institutions”，显然域界近同于哈耶克所理解的最广义的“social orders”。并且与哈耶克一样，康芒斯区分不开“组织”与法律规则“制度”。

［2］ 很显然，由于英语语言本身的缘故，康芒斯本人这里还区分不开作为“约束规则”的“institutions”和作为组织机构的“institutions”。

（Commons，1934，参：中译本上册，第87页）又进一步指出：“如果我们要找出一种普遍原则，适用一些所谓属于‘institutions’的行为，我们可以把‘institutions’理解为‘集体行动控制个体行动’。”他还认为，“集体控制采取一种禁例的方式”，禁止某些行为，规定“个人能、不能、必须这样、必须不这样，可以、或者不可以做。他‘能’或者‘不能’，因为集体行动会或者不会帮助他；他‘必须这样’或者‘必须不这样’，因为集体行动会强迫他；它‘可以’，因为集体行动会准许他并且保护他。他‘不可以’，因为集体行动会阻止他。”（Commons，1934，参：中译本上册，第88～89页）因此，康芒斯（Commons，1934，参：中译本上册，第92页）归纳道，“institutions”的最简单的定义就是“集体行动拟制，解放和扩张个体行动”。

应该说，康芒斯在“social institutions”的理论分析方面的主要贡献，并不在于他对“institutions”的这一理解，而在于他对从个人习惯（usage）、习俗（custom）、惯例（convention）、先例（precedent）到法律制度这一逻辑演进历程的精确分析。因此，笔者认为，这是康芒斯在“social institutions”的经济分析上的理论贡献的精华所在。因为，只有较清晰地把握了种种实在“social institutions”内部的逻辑演进历程，进而才能对“social institutions”的本质和构成有较为准确的理解。但是，这里须指出的是，康芒斯本人认为他对习惯、习俗、惯例、先例和制度的论述是零散地分布在他的数百页的《制度经济学》之中的，但他本人对这一逻辑历程的描述并不十分明朗或者说“凸显”。但是，从康芒斯的整个论述中，我们还是可以归纳出这一逻辑历程的。

与哈耶克一样，康芒斯的许多思想亦源于休谟。从休谟出发，康芒斯区分了习惯与习俗。他还批评了休谟区分不开习惯与习俗，进而他自己努力对这二者作了区分。在此基础上，康芒斯对习俗有许多精彩的论述。譬如，康芒斯（Commons，1934，参：中译本上册，第 285 页）曾指出："种种习俗起源于过去。可以在过去改变，并且现在还在改变。"他还认为，"习俗也是一种预期，即根据经验预期某些惯例将来会重复，这一点使习俗具有集体行动的力量，它可以使个人行动不得不符合一致的标准。"

在对习惯与习俗的区分以及对习俗的上述理解的基础上，康芒斯还区分了习俗与惯例（由于我们将在本书第五章和第六章系统地探讨康芒斯对习惯与习俗，以及习俗与惯例的区分，这里我们就不再引述康芒斯本人在这方面的论述）。进而，康芒斯还在他的 *Institutional Economics* 的后半部分，从法律的经济分析的视角对"social institutions"进行了大量探讨。但是，尽管康芒斯本人是一个法律经济学家，他又在对从习惯到习俗、到惯例、到先例、到法律制度这一逻辑发展进程论述中列举了大量的精彩例子，但是他本人对这一思想还未理论化地凸显出来。譬如，康芒斯（Commons，1934，参：中译本下册，第 367 页）说："习俗改变，司法当局的习惯假设也跟着改变。我们曾把导致个人行动的诱因区别为个人的和集体的。个人对个人的诱因，我们简单地称为'诱因'。至于集体行动的诱因，我们称为'制裁'。诱因是个人的劝说、压迫、命令，它们使交易进行到最后的结果。制裁是集体的诱因，他要求个人使自己的行为符合别人的行为。两者以同样的习惯假设为基础。可是，后者是'institutions'的意义。'institutions'是集体的行动，它诱发个人的行动。'institutions' 和制裁是多种多样的，并且在文明的历史上不断地变化，但是他们共同的一般原则是习俗和从而产生的习惯假设。" 从这里可以看出，康芒斯隐隐约约地表达出了从习惯到习俗、到惯例、到法律制度这一演进行程。

从康芒斯的 *Institutional Economics* 一书的整体理论分析来看，早期的美国 "old institutionalists" 显然和哈耶克一样，从苏格兰道德哲学家和英国古典经济学家那里，直接汲取了大量理论营养。从这点上来说，美国的 "old institutionalists" 与哈耶克在某些方面思想同源。然而，与哈耶克那种极其执着甚至有些偏执地坚持自发社会秩序之型构的演进理性主义的分析进路有所不同，凡勃伦尤其是康芒斯更看重人的理性和政治机构在决定个人的习惯、集体的习俗、商业惯例以及法律制度以至整个社会中的作用。譬如，不论如何解释，康芒斯（Commons，1934，参：中译本上册，第 87 页）对 "institution" 的理解，即 "集体行动控制个人行动" （collective action in control of individual action），本身从某种程度上就意味着 "institution" 是某种社会集体行动的有目的的产物。另外，值得注意的是，在评述斯密的 "看不见的手" 的原理时，康芒斯（Commons，1934，参：中译本上册，第 195～196 页）认为，市场秩序并非只是看不见的手的结果，也 "是集体行动实际从利益冲突中创造利益的相互关系的产物"。康芒斯还认为，如果斯密认识到这一点，"他一定会发现，不是一只看不见的手在引导个人的利己心走向公共的福利，而是那看得见的普通法庭的手在采取当时和当地的良好习俗，使一些顽强不驯的个人必须遵守，符合休谟所谓的 '公共效用'，在这种集体行动控制而又同时解放和扩张个人行动的

‘institution’的历史范围内，他一定会发现为什么在18世纪的英国，人类会达到能够说‘这是我的，那是你的，我愿意以此换彼’的阶段。”根据康芒斯的这段对斯密的评述，我们可以用现代博弈论的语言说，斯密认为人们通过无意识的非合作博弈自发地生发市场秩序，而康芒斯则认为，具有合作博弈性质的集体选择过程中的个人相互作用，亦产生市场秩序和保护私有财产的法律制度。可能正是因为这一点，当代美国经济学家肖特（Andrew Schotter，1981，pp. 3～4）把以康芒斯为代表的美国“old institutionalists”与以门格尔所首创的奥地利学派，视作社会制序的经济分析中的两条分析理路。康芒斯这种工具理性主义（或者按哈耶克的说法，称为“建构主义”）的潜隐思径取向，也可在他下面这句话中显露出来：“不管个人怎样想法如何，最有势力的‘social institutions’（请注意，这里“institutions”显然是指即“机构、组织和个人”，因为正如我们在第一章所考究的那样，英文的“institution”一词有时指机构、组织、个人和职位——引者注）通过集体行动决定什么是合理的东西。达到这些决定的程序，我们称为‘政治’。”（Commons，1934，参：中译本下册，第438页）

这里应该指出的是，尽管康芒斯认为“institutions”是“集体行动控制个体行动”，但这种理解，与从笛卡尔学派，经由大百科全书学派、孔多塞、卢梭、孔德等法国思想家的一脉承传，再经由马克思和苏联社会主义思想家的发扬、变异和强化而传存下来的建构理性主义，是有重大区别的。正如哈耶克所尖锐地批评的那样，这种法国式的建构理性主义的逻辑结果，是人为地刻意设计整个社会经济体制的理论模式，然后通过“革命”这一路径力量或政权的强制能力，把这种理论模式强制地对象化于社会实存中去，从而从整体上建构出一种人为的、靠行政命令来运作的社会经济体制模式。因此，其最终结果必然是人为刻意整体设计的行政控制经济。单从这点上来说，我们毋宁认为美国的老制度学派尤其是康芒斯，更接近奥地利学派的演化自由主义的分析理路。康芒斯的这种从个人习惯到集体的习俗，从而到商业惯例，到解决法律纠纷时所出现的先例，然后再到整个社会的制度这一逻辑演进行程的理论洞识，一方面源自苏格兰和英国古典思想家的自由主义的分析传统，另一方面又显然来自他本人对英美社会从 17 世纪以来的市场经济型构的现实过程的观察。从这点上来看，康芒斯与哈耶克所说的那种人类合作的扩展秩序的思想渊源和现实观察，基本上是重合的。因之，可以说，康芒斯与门格尔以及哈耶克在理论分析的精神底蕴上有着许多共同点。

3.2 科斯的“交易费用经济学”与法律的经济分析

与康芒斯在 20 世纪 30 年代出版他的影响了一代人的《制度经济学》（1931）的同时，一个年轻的英国经济学人罗纳德·科斯（Ronald Coase），对人类社会如何组织生产、如何进行经济活动，开始了自己的独特经济分析。科斯 1910 年 12 月 29 日生于伦敦郊区的威尔斯登（Willesden），1929 年 10 月进入了伦敦经济学院（LSE）学习商科。1931 年，21 岁的科斯通过了伦敦经济学院的终考，并因在期末考试中获得了优异的成绩而被授予了该大学的“卡塞尔奖旅行学金”（Cassel Travelling Scholarship），随之在美国游学一年，考察了现代市场经济中生产组织形式。在这一年的美国游学期间，科斯构思好了他后来获得诺贝尔经济学奖的主要论文《企业的性质》，并于1937年发表在伦敦经济学院颇具影响力的《经济学人》（*Economica*）杂志上。

如果今天考察科斯的“交易费用经济学”，我们会发现他的理论分析与康芒斯的经济学分析有某些理论关联之处。上面已经指出，康芒斯明确将交易（transactions）作为他的经济学分析的基本单位。康芒斯区分了三种类型的交易：买卖交易（bargaining transaction）、管理交易（managerial transaction）和配额交易（rational transaction）。而这里康芒斯所说的买卖交易和管理交易，显然就是现代市场经济中的市场和企业两种类型的生产的资源配置形式。由此科斯从什么是企业（firm），为什么在现代经济社会中存在企业问题开始，开启了他对人类社会如何组织生产，以及人类社会的法律制度与经济运行过程之间关系的理论分析。

在《企业的性质》一文一开始，科斯就指出，为了方便定义企业，首先要考虑经济学家通常是如何看待经济体系（economic system）这一问题。根据当时一位经济学家阿瑟·萨尔特爵士（Sir Arthor Salter）的一段话：“正常的经济体系自行运转。就其目前运行而言并不处于中央控制之下，所以也无需中央监视。全部人类活动范围和人类需要借助一个自动的、富于弹性的和反应灵敏的过程，供给根据需求调整，同时，生产根据消费调整。”据此，科斯发现，“经济学家们视经济体系由价格机制协调，同时社会不再是一个组织，而是一个有机体。经济体系会‘自行运转’，但这并不意味着没有个体计划。这些个体计划从事预测，并在各种方案中进行选择。这是经济体系井然有序的必要条件”[1]。但是，科斯却发现，这只是描述了一幅不完整的现代经济体系的运行图景。因为，在任何现代市场经济中，均存在企业。“在企业内部，消除了这些市场交易，取代充斥交易的复杂市场结构的是企业家，也就是指挥生产的协调者。”（Coase，1937，pp. 387～388）由此科斯认为，企业的明显的标志是对价格机制的取代，是以命令而不是以价格作为其协调手段。科斯发现：“当企业家组织额外的交易（也可以是由价格机制进行协调的交换交易）为企业家所协调时，企业的规模就会扩大。反之，当企业家放弃组织这些交易时，企业的规模就会缩小。”（Coase，1937，p. 393）因此，科斯认为，市场经济中的企业只是人类社会市场交换中“无意识合作的海洋中屹立的有意识的岛屿，宛如牛奶中凝结的奶油块”，是经济中作为替代价格机制和节约市场运行费用的一个装置。因此科斯认为，“只有研究企业内部组织费用和市场交易费用变化的影响，才能解释企业扩大或缩小的原因。”（同上，pp. 388～389）

乍看来，年轻的科斯在当时提出他的交易费用经济学来论证在市场经济中为什么会存在企业，似乎只是在研究企业的纵向一体化（integration）和纵向分解（disintegration）问题，但实际上，这一研究实际上也牵涉到经济体制比较以及中央计划经济的可行性问题了。因为在俄国十月革命后，列宁曾主张采用计划命令而不是以价

[1] 这里科斯实际上引用了哈耶克 1937 年发表在伦敦经济学院的《经济学人》上的一篇文章《经济思想的趋势》一文中的观点（参：Hayek，1937），从中我们可以清楚地看出早年的科斯受哈耶克思想的影响。

格体系作为协调和分配资源的手段，从而让苏联经济像一个大工厂那样运行。这种中央计划经济体制，当时就受到米塞斯和哈耶克的批判，认为它是一种低效率和不可行的资源配置形式。20世纪以苏联为代表的中央计划经济国家的70多年的实验，以及后来苏联的解体和东欧各国的转制，也充分表明了这种资源配置形式的低效率和非可行性。

以论述市场经济中企业的性质和企业为什么存在作为其经济学分析的逻辑起点，在二十多年后发表的《联邦通讯委员会》（Coase，1959）一文中，科斯又初步论述了私有财产的市场经济是人类社会最优的资源配置体制的思想，明确提出，“从原则上来看，我们所寻找的解决方案将会在私有财产制和价格机制能够运转自如的条件下得到，或更明确地说，资源配置（resources allocation）应该由市场的力量来决定，而不是政府决策的结果。”（同上，p. 18）在此认识的基础上，科斯达至了“对权利的界定是市场交易的基本前提”这一重要思想。并由此得出了他的法律经济分析的基本观点：“一旦当事人的法律权利得以确立，在谈判可能导致成本是值得付出的情况下，当事人是可能在法律规则内为更改权利安排而进行谈判的。”（Coase，1959，pp. 26～27）这些观点，实际上与上一章哈耶克所提出的在社会的抽象规则及法律制度约束中，人们的自发选择会导致产生最优的资源配置的思想相一致。这也就奠定了他在1960年发表在《法与经济学杂志》上的《社会成本问题》一文中所提出的被斯蒂格勒（Stigler，1989）称作“科斯定理”的思想。

对于制度经济学中的“科斯定理”，国际经济学界尤其是新制度经济学家已有数种表述了。在后来成为经典的这篇著名文章中，科斯原初的表述是这样的：在市场经济存在负外部性（extanelities）的情况下，“有必要知道损害一方是否对其产生的损害负责。因为，没有这种初始的权利界定，就不存在能使权利加以转让和重组的市场交易。然而，如果我们假设价格体系的运行是没有成本的，则（使产出价值最大化的）最终结果将不受法律状况的影响”（Coase，1960，p. 8）。根据这一表述，斯蒂格勒在他的《价格理论》一书中把它归纳成了“科斯定理”：“科斯定理断言，在完全竞争的条件下，私人成本与社会成本将会相等。”（Stigler，1966，p. 113）

当代经济学中对于“科斯定理”的各种表述中，最接近科斯的理解是一位叫 D. H. Regan（Regan，1972，p. 427）的一段表述：“在一个完全竞争、完全信息、零交易成本的世界中，经济中的所有资源配置都将是有效率的，那些对外部性成本初始影响进行管制的法律规则不会对结果产生任何影响。”[1] 对于这一解释，科斯做了进一步的申辩：“零交易费用的世界经常被人们说成是‘科斯世界’（Coasian world）。没有什么比这更加离谱了。这个‘科斯世界’是现代经济学理论的世界，正是我希望说服经济学家们离开的世界。”（Coase，1988a，p. 174）科斯指出，“在考察零交易费用时，我的目标并非要描述这一世界中的生活将会是怎样的，而是要提供一个简单的框架（a simple setting）来进行分析。更为重要的是，要解释交易费用在构成经济系统的制度形成（the fashioning of the insitutions）中所要发挥的和应该发挥的基础性作用”（Coase，

[1] Regan 的这一规范性的复述也比较接近科斯的原话：“如果我们假设价格体系的运作没有成本，最终结果（最大化生产的价值）将与法律状况无关。”（Coase，1960，p. 8）

1988，p. 13）。这样，科斯教授就把他所提出的市场经济中的交易费用概念与法律制度联系起来了。

由此，科斯把构成现代市场经济社会中“三位一体”（trinity）的企业、市场和法律视作为现代社会经济系统运行的基础。科斯还认为，除非把制度框架引入经济学的分析，否则将无法理解现代经济系统的运行。对此，在1977年发表在《经济学探索》（*Economics Inquiry*）杂志上的一篇评论亚当·斯密的《国富论》的文章中，科斯明确地说：“经济学家们倾向于认为，亚当·斯密仅仅是在提倡价格体系，但通读过《国富论》后，我们会发现，他是在讨论价格体系运行所依赖的合宜的制度框架……”他显然认为，对这些制度问题的讨论，是经济学家的研究工作中正确且重要的一部分——正是这一点把斯密的方法与很多从那时起就开始存在的方法区别开来（Coase，1977，p. 320）。在1991年获得诺贝尔经济学奖的演说中，科斯又进一步说明：“由于交易赖以发生的制度背景（institutional setting）会对生产的激励和交易的费用产生影响，因此，对经济学家而言，如果没有具体说明有关制度背景就来讨论交换过程，那是没有任何意义的。我认为，这一点正逐渐得到人们的认可，当前所发生的东欧事件也使这一点变得非常清楚了。”[1]

[1] 在晚年，在科斯回忆他的“企业的性质”和“社会成本问题”时，他又一次讲述市场交易的费用与社会制度安排的关系，说他并不是要改变整个经济学理论分析的框架：“然而，事实是，我在写这些文章时，心中并没有这样的总体目标，我在第一篇文章（即“企业的性质”——引者注）使用了交易费用，是为了表明，如果在分析中不考虑交易费用，企业就没有存在的意义；而在另一篇文章（即“社会成本问题”——引者注），我是要指出，如果不把交易费用引入分析，就所要研究的一系列问题而言，法律就没有任何意义。尽管这两篇文章的论证结构是相似的，但交易费用概念所要解决的问题却相当不同。回顾过去，我认（转下页）

(Coase，1992，p. 718）科斯还进一步提出，离开法律制度就没有市场可言，因而对整体的经济分析都必须基于这一认识——法律结构决定经济绩效，“个人所拥有的权利，包括他们的义务和特权，在很大程度上是由法律所决定的。因此，法律制度（legal system）将会对经济系统的运行产生巨大影响（profound effect），甚至可以说在某些方面控制了它的运行”（Coase，1992，pp. 717～718）。

科斯在20世纪30～60年代所创立起来的交易费用经济学和法律的经济分析，使他获得了1991年的诺贝尔经济学奖，也极大地影响了作为经济史学家和理论经济学家的道格拉斯·诺思。自20世纪70年代，诺思和其他经济学家提出了他的制度变迁理论，这也使诺思在1994年与福格尔（Robert Forgal）共同获得了诺贝尔经济学奖。

3.3 诺思的“制度变迁”理论

诺思于1920年生于美国麻省，1942年和1952年分别获加利福

（接上页）为‘企业的性质’对经济学最重要的贡献，也许应当被认为是将交易费用概念明确地引入了经济学的分析。但改变经济理论的特质（character of economic theory）并非我原来的目标。”（1988b，p. 34）在其后的论述中，科斯又进一步解释道：“我们可以想象，就像宇宙中的星系由原始物质组成一样，在决定交易费用（transaction costs）和组织费用（organization costs）相互关系的各种力量的影响下，生产的制度结构得以形成。这些内在关系极为复杂，包括我如前所说的定价行为（pricing practices）、合约安排以及组织形式。我在写作‘社会成本问题’时，才开始意识到，所有这些关系均受法律状况的影响，因此法律也需要在分析中加以考虑。我相信，只有把这些相互关系纳入一个理论框架，我在‘企业的性质’一文中所使用的分析进路才具可操作性。”（Coase，1988b，p. 47）

尼亚大学伯克利分校的经济学学士和博士学位，毕业后曾留校任教。后来，诺思又曾任教于华盛顿大学、赖斯大学和剑桥大学。1982 年，诺思重新回到华盛顿大学执教，在该校经济系任卢卡斯（Henry R. Lucas）法律与自由讲座教授。诺思的主要著作有：《1790 年至 1960 年美国经济增长模型》（North，1961）、《昔日美国的增长与福利：新经济史》（1966）、《制度变迁与美国的经济增长》（Davis & North，1971）、《西方世界的兴起》（North & Thomas，1973）、《经济史中的结构与变迁》（1981）、《制度、制度变迁与经济绩效》（1990）、《理解经济变迁过程》（2005）以及《暴力与社会秩序》（2009）等著作。1993 年，诺思与福格尔（Robert Forgal）一起获诺贝尔经济学奖，以表彰他“用经济理论和数量方法来解释经济和制度变迁而在经济史方面的新研究”。

在较详细探讨诺思的制度变迁理论之前，先让我们来看一下他是如何来定义“institution”一词的。应该说，从 70 年代末以来，诺思在界定“制度”一词的含义方面是比较一致的，这正如哈耶克在界定他的“社会秩序”概念数十年基本不变，二者颇有相似之处。

在《经济史中的结构与变迁》中，诺思（North，1981，参：中译本，第 225～226 页）说：“制度是一系列被制定出来的规则、守法程序和行为的道德伦理规范，它旨在约束追求主体福利或效用最大化利益的个人行为。”在 1990 年出版的其代表作《制度、制度变迁与经济绩效》中，诺思（North，1990，p. 4）又指出：“制度界定（define）和限定（limit）个人的选择集。”“制度包括人所发明设计的型塑人们交往的所有约束。”诺思认为，这诸种约束包括正式约束和非正式约束。正式约束则包括人所发明设计的规则；非正式约束则包括惯例、行为准则，等等。诺思（North，1990，p. 6）还进一步认为，“一个社会的制度的主要功用在于通过建立一个人们交往的稳定的（但不一定是有效率的）结构来减少不确定性。但是，制度的稳定性绝不意味着它们不变化。从惯例、行为准则（codes of conduct）、行为规范（norms of behavior），到成文法、普通法（common law）和个人之间的契约，所有这些制度不断地演进着，从而不断地改变着对我们来说可行的选择”。

从目前我们所读到的诺思的所有文著来看，他对“制度”所作的最详尽的定义，是在1993年发表的一篇题为《制度变迁的理论》的文章中。在这篇文章中，诺思（North，1993a，p. 62）说：“制度是人所发明设计的对人们相互交往的约束。它们由正式的规则、非正式的约束（行为规范、惯例和自我限定的行为准则）和它们的强制性（enforcement characteristics）[1] 所构成。简单来说，它们是由人们在相互打交道过程中的强制约束的结构组成。制度所强加的约束目标和个人在‘institutional setting’中选择的同一性的程度，取决于其强制的有效性（the effectiveness of enforcement）。这种强制的有效性的实施一方面来自甲方（the first party）（自我限定的行为准则），另一方面来自乙方（the second party）（报复），以及/

[1] 诺思这里使用的“enforcement characteristics”是一个很难用准确的中文词汇来把握或对译的英文词组。这里可以把它简洁地译为“强制性”，又可把它直译为“实施特征”。但我揣摸，诺思这里所使用的这个词组实际上涵指这样一种社会现实对象性：正式规则和非正式约束在社会现实中得以实现的一种社会机制或一种社会过程，或者更精确地说，它是指介于一种社会机制和社会过程中间的一种社会状态、一种现实情形和现实结果。维特根斯坦（Wittgenstein，1921，§4. 1221）曾说：“一种事实的内部属性，我们也可以管它叫这种事实的特征。”这里，维特根斯坦实际上是说属性亦同于特征。

或者源自第三方（the third party）（即由国家的社会制裁和强制实施）。制度是通过交易费用（transaction cost）和转形（生产）费用（transformation costs）（与所用技术一起）来影响经济实绩的。”在1994年发表的一篇题为“Institutions and Economic Performance”一文中，他又进一步指出：“由规则，行为规范和它们得以实施的方式所组成的制度，提供了一个经济中的机会集合，这种集合决定了内在于组织之中的某些有目的的活动。”（North，1994，p. 242）值得注意的是，在1994年获诺贝尔经济学奖之后，诺思（参：North，1995，p. 2）在北京大学中国经济研究中心成立大会上的讲演中，又进一步说：“制度是社会博弈的规则，是人所创造的用以限制人们相互交往的行为的框架。如果说制度是社会博弈的规则，组织就是社会博弈的玩者。”

到了晚年，诺思对他所说的“制度框架”做了进一步清楚的说明。在2005年出版的《理解经济变迁过程》一书中，诺思（North，2005，p. 49）明确地说明：“制度框架（institutional framework）由三部分所构成：界定和汇总政治选择的政治结构，界定正式激励的产权结构，以及经济中的非正式激励包括规范（norms）和惯例（conventions）的社会结构。”在后面的分析中，诺思（North，2005，p. 52）进一步指出：“一个社会的正式制度结构（institutional framework）是由广义的界定人们进行有意识政治和经济博弈的结构的宪法框架（the constitutional structure）所构成。”[1]

［1］ 从诺思的这些表述中我们可以进一步理解，他所讲的“institutional structure”恰恰是指现代中文中的“制度结构”。

“经济博弈中的正式规则是由政治组织（the polity）来界定和实施的，因而是决定经济绩效的首要因素。从广义上来说，正式的经济规则包括界定所有权、使用权和收入权的财产权利，以及由各种法律和条例所界定的各种资源和资产的转让权。”（North，2005，p. 57）

在对诺思本人对制度概念的理解与界说作了上述简单的回顾之后，让我们继续探析他的制度变迁理论。这里首先要指出的是，诺思的制度变迁理论，是建立在他那气势恢宏的对历史史实（严格来说西方市场经济演变史）的研究基础之上的。诺思首先是一个经济史学家，然后才是一个理论经济学家。也正是因为诺思是以一个经济史学家的审视的目光来研究和重新解释西方经济史，然后再从经济史的研究中归纳和升华出其经济理论，才使他既是一个理论经济史学家，又是从事经济史研究的理论经济学家。

在理论地审视和分析西方经济史，并通过这种历史的分析而升华出其制度变迁理论的思想行程中，诺思以三大理论为基石来建构他的分析框架。这三大理论分别是：第一，描述一个经济体系中激励个人和集团的产权理论；第二，界定实施产权的国家理论；第三，影响人们对“客观”存在变化的不同反应的意识形态理论（参：North，1981，中译本，第 7 页）。诺思在《西方世界的兴起》（以下简称《兴起》）、《经济史中的结构与变迁》（以下简称《变迁》）以及其思想集大成的《制度、制度变迁与经济绩效》（以下简称《绩效》）三部著作中一再表露，这三大理论构成了他制度变迁理论的三块基石。然而，值得注意的是，尽管诺思并没有明确表述，但从他的许多文章和著作中我们均可以解读出，节省交易费用——尤其是作为社会行动的个人、组织特别是组织或企业内部的以及政府机构中的经济和政治企业家为节省交易费用而诉诸的种种努力——是制度变迁的动力源这一分析理路，是诺思制度变迁理论的核心思想。从这个意义上来看，诺思自己的制度理论受科斯交易费用经济学的影响甚巨、至深。

首先，让我们来看诺思的制度变迁理论中的产权理论。受科斯、阿尔钦（Alchian）和张五常的影响，诺思把产权分析以及私有财产制度的型构视作他的制度变迁理论的第一块基石，以致他在《变迁》中某处把制度甚至理解为产权本身（North，1981，参：中译本，第 89 页）。正是出于这一考虑，在这本书的“序言”部分，诺思一开始就指出，他所要做的工作是要为分析经济史实提供一个新的框架。他指出，从斯密的《国富论》以来，专业化与劳动分工曾是许多经济学家理论分析的中心问题。然而，他批评道：“经济学家们在建构他们的模型时，忽略了专业化和劳动分工所产生的费用。这些交易费用是决定一种政治和经济体制结构的制度基础。”（North，1981，参：中译本，第 1 页）这样，诺思的从经济史的角度对制度的分析，开门见山地就把人们思路引导到现代产权经济学的中心问题上来。

众所周知，自从 20 世纪 30 年代科斯（Coase，1937）发表了《企业的性质》以来，经过当代产权经济学家阿尔钦（Armen Alchian）、德姆塞茨（Harold Demsetz）、张五常和巴泽尔（Yoram Barzel）等学者数十年的集体努力，在 80 年代之前在西方经济学界已成为颇受人瞩目的一大学派。近些年来，这一学派经由奥利弗·哈特（Oliver Hart）和杨小凯等人数学模型化的理论推进，经济学的产权解释本身变得越来越精细化了。从科斯开始的产权的经济分析理路的一个主旨，就在于从理论上对以下问题进行解释：在社会经济活动中，人们降低交易费用的努力所衍致的组织规模的决定、市场与科层（hiearachies）选择，以及制度的演进与变迁的内在机理。严格来说，诺思本人在产权的经济分析的理论建构方面并没有什么推进。尽管如此，他富有成效地把这种产权经济分析的理论成果应用到对西方经济史的宏观分析框架之中。因此，在《兴起》一书开篇第一章中，诺思首先就说，他这本书的中心问题就是“有效率的经济组织是经济增长的关键；一个有效率的经济组织在西欧的发展正是西方兴起的原因之所在”（North & Thomas，1973，参：中译本，第5页）。他进一步指出：“有效率的组织需要在制度上作出安排和确立产权，以便造成一种激励。”引致人们在经济活动中追求自身利益最大化，从而来促进经济增长和社会制度的变迁。从斯密的“看不见的手”原理出发，诺思认为，为私有产权所界定的有效率的经济组织，把社会成员鼓动起来，去从事有益于社会的活动（同上，第7页）。在《变迁》中，诺思又进一步阐发了这一思想。基于他与Thomas在《兴起》中的分析理路，诺思认为，较充分界定的产权改善了17、18世纪西方市场经济发展初始阶段上的要素和产品市场，其结果是，“市场规模扩大导致了更高的专业化分工，从而增加了交易费用”。继之而来的是“组织的变迁旨在降低这些交易费用，结果是市场规模扩大以及发明的产权得到更好的界定，从而在创新[1]收益率提高的同时，创新成本得到根本性的

[1] 诺思这里所说的“创新”，显然是指“技术创新”，而不是指“制度创新”。

降低”。诺思认为，正是这一系列相互促进、相互关联的组织形式和制度安排的变化，为西欧的科技和工业革命铺平了道路（North，1981，参：中译本，第 180 页）。

值得注意的是，诺思这一研究思路与马克思对近现代西方社会经济的演变史及其内在动力机制的理论认识形成了鲜明的对照。在马克思的分析理路中，技术变化引致了欧美生产方式变化，而生产方式的变化又不能在当时的市场组织形式和制度安排中充分实现。这样马克思就预言了要由一个充满生机活力的新兴阶级去改变整个社会制度安排，从而建立一种新的社会制度。说到底，如果说马克思的分析理路是旨在解释生产技术和科技革命是当时西方社会内部冲突和变迁的动力源的话，那么，诺思的分析理路则恰好相反。诺思认为，西方以充分界定的私有产权为主要特征的制度安排的社会过程，才是西方近现代的科技革命和生产技术突飞猛进以及西方世界兴起的根本原因。用中国学界传统的浅白语言表达方式来说，单从欧洲近代市场经济形成与变迁的历史过程来看，马克思认为是生产力决定了生产关系；而诺思则认为是生产关系决定了生产力。

诺思的制度变迁理论的另一理论基石是他的国家理论。以诺思（North，1981，参：中译本，第 17 页）自己的话来说，“理解制度结构的两个主要基石是国家理论和产权理论”。他认为，“因为是国家界定产权结构，因而国家理论是根本性的。最终是要国家对造成经济增长、停滞和衰退的产权结构的效率负责。因而，国家理论必须对造成无效率产权的政治——经济单位的内在倾向作出解释”。基于这一认识，诺思（North，1981，参：中译本，第 17～18 页）提出：“至少就建立理论的起点来说，把国家理论从产权的交易费用方法中独立出来是十分有用的。”

那么，诺思的国家理论的基本思想是什么呢？按照诺思（North，1981，参：中译本，第21页）的解释，理解国家关键在于它“为实行对资源的控制而尽可能地利用暴力”。因此，离开产权，人们很难对国家作出有效分析。出于其新古典主义的“理性经济人”的分析精神，诺思认为，具有一个福利或效用最大化的统治者的国家模型，具有三个基本特征：其一是统治者在与选民的交换过程中，国家为取得收入而向选民提供“保护”和“公正”的服务；其二是国家统治者为达到国家收入最大化而为每一个社会集团设计产权；最后是由于国家组织者总是面临其他国家和现存社会中可能成为未来统治者的个人的潜在竞争，因此，统治者垄断权力的程度是各个不同选民集团替代度的函数（North，1981，参：中译本，第23～24页）。

从这三个基本假定出发，诺思提出，国家所提供的基本服务是社会博弈的基本规则。它们包括：一、以规则和条令形式建立一套行为约束机制；二、设计一套发现违反和保证遵守规则和条令的程序；三、明确一套能降低交易费用的道德与伦理行为规范（North，1981，参：中译本，第18页）。基于这一认识，诺思更明确地指出：“国家基础结构的创立是旨在界定和实施一套形成产权结构的竞争与合作的基本规则（即在要素和产品市场上界定产权结构），以保证统治者租金的最大化。”（North，1981，参：中译本，第20～33页）

在以上的分析中，我们简单地综述了诺思制度分析理论中两大基石即产权理论和国家理论。现在让我们再来评析一下诺思的制度变迁理论的第三块基石即意识形态理论。

在探析诺思的制度变迁理论的基石之一的意识形态理论之前，有一点需要特别指出的是，尽管诺思经济思想主要源自新古典主义主流学派的分析精神，以及以交易费用为核心的产权经济分析的理论成果，但他又反过来对二者进行了反思性的批评。他指出，一个有关制度变迁的动态理论，如果仅囿于严格的对个人的有理性活动的新古典主义的经济分析的巢臼，人们就无法理解和说明“无论是在资源的现代配置还是历史变迁能力上存在着无数困境”（North，1981，参：中译本，第 51 页）。

从这一认识出发，诺思也指出，尽管马克思主义的分析理路亦涉及产权、国家和意识形态三大理论基石，但无论是马克思主义论述方法，还是新古典主义的分析理路，均没有解决甚至没有考虑到“搭便车”（free rider）的问题。而这个问题是解释团队行为的关键。也正是从这一理论反思出发，诺思认为，制度分析也必须建立在对意识形态的理论思考的基础之上。因为，任何一种成功的意识形态，必须克服“搭便车”问题。其基本目的就在于促进一些群体不再按有关成本与收益的简单享乐主义的个人计算来行事。诺思认为，这正是各种主要意识形态的一个中心问题。因为，他认为，“在缺乏意识形态的约束时，约束行为的考核费用就会非常之高，以至于使新的组织形式无法生存”（North，1981，参：中译本，第 190 页）。反过来，如果社会中的个人行为受一套习惯、准则和行为规范协调时，当人们认识到每个人的生活均是由共同知识来指导并且这些知识本质上是理论性的时候，“意识形态就努力使个人和团体行为方式理性化”（North，1981，参：中译本，第 52～54 页）。从这一点出发，诺思提出要注重意识形态的以下三个方面：第一，意识形态是一种节约机制，通过它，人们认识了自己所处的环境，并被一种“世界观”所引导，从而使决策过程简单明了；第二，意识形态不可避免地与个人在观察世界时对公正所持的道德、伦理的评价相互交织在一起。这种情形明显地意味着有一种关于可能的非此即彼选择观念——即在常常相互对立的意识形态中作出选择；第三，当人们的经验与其思想不符时，他们就会改变其意识形态。这大约就是诺思制度变迁理论的第三块基石——意识形态理论的主要观点。

以产权理论、国家理论和意识形态理论这三大基石为支柱，从20世纪80年代以来，诺思把历史史实叙述和经济理论分析整合在一起，逐步建构起一个气势恢弘的制度变迁理论框架。下面我们就来爬梳一下诺思的制度变迁理论的基本内容以及其内在的逻辑结构。

首先，让我们来考察一下诺思本人是如何来看待“制度变迁”的。应该说，在英文中，“change”一词的本来含义是“变化”和“改变”，并没有多少中文中“迁”即“演变”或“进化”的意思。但是，在诺思的制度分析的理论框架中，他曾明确指出：“制度提供了人们相互影响的框架，它们建立了构成一个社会，或更确切地说一种经济秩序的合作与竞争关系。”从这一理解出发，诺思明确地表明，在他自己的论述中，“结构”一词是指“framework of institutions”，而“‘change’一词是指制度的创立、变更以及随着时间的变化而被打破的方式”（North，1981，参：中译本，第225页）。

那么，进一步的问题是，制度变迁的动力源自何处？这种制度变迁路径的轨迹又是怎样的？这是我们研究诺思的制度变迁理论必须要遇到的两个问题。

首先，让我们检视一下诺思是如何阐释制度变迁的动力机制的。在北京大学中国经济研究中心成立大会上的讲演中，诺思（North，1995，参：中译本，第 2 页）提出，他的制度变迁理论，有五个论点。其中第一点就是，在稀缺经济和竞争的环境下，制度和组织的连续交互作用是制度变迁的关键之所在。在《变迁》中，诺思（North，1981，参：中译本，第 66 页）说："历史上的知识存量的积累在很大程度上是不可逆转的，但人类经济的进步却不是这样。毋庸置疑，政治经济单位时兴时衰，整个文明更是如此。以上两个方面的截然不同，清楚地表明了一个重要观点：正是组织的成功或失败决定着社会是进步还是倒退。"

从这一认识出发，在《绩效》一书的开篇第一章，诺思（North，1990，p. 7）就自我表白道，在《变迁》中，他放弃了制度的效率说，转而认为，"统治者为了他们自己的利益来设计产权，并且交易费用致使一些典型的非效率的产权普遍存在。"诺思还指出，在这本书中，他提出了阿尔钦（Alchian）的经济组织的进化论[1] 问题，但没有找到答案。因为，他感到解释一些非效率的制度的驻存几乎是不可能的。譬如，下述诸种问题如何回答："为什么竞争压力不能消除诸种无效率的制度？为什么在一些停滞经济中

[1] 阿尔钦的"组织进化论"是他于 1950 年发表在美国的《政治经济学杂志》上一篇题为《非确定性、进化与经济理论》的文章中提出来的。按照阿尔钦的解释，所谓经济组织的进化，是指在一个相当长的历史时期中，一些非效率的组织或制序会被社会进程所淘汰（weeded out），而一些有效率的组织或制序会存留下来。因此，这将导致更有效率的经济、政治和社会组织形式的逐渐进化。（参：Alchian，1950）

政治企业家们不能快速竞相推出成功的政策？我们又怎样来解释在历史长河不同阶段的经济绩效巨大差异？”诺思认为，这些问题的解答，“有赖于对制度和组织的关系中的差异作出解释。因为，制度和组织之间的相互作用决定了制度变迁的方向。”（North，1990，p. 7）

从这一思路出发，在1993年发表的两篇文章中，诺思（North，1993a，1993b）又进一步指出，制度变迁理论的建模，要求对变迁的主角（agents）、来源（sources）、过程和路径分别进行梳理。诺思（North，1993a，p. 63）首先指出，制度变迁的主角是组织内部的决策者，即经济或政治的企业家。因为，“这些企业家的主观洞察（subjective perception）（即心智模型——mental model）决定了他们的选择”。[1] 诺思接着指出，制度变迁的来源则在于这些企业家所洞察到的机会。这些机会抑或源自外在环境的变化，抑或出自这些变迁的主角在给定的心智结构条件下对学习知识和技能的要求。因此，诺思认为，刻意的制度变迁是诸多企业家在对改变种种制度框架在各种边际上的成本评估之后所产生的结果。他说：“企业家将对在现存制度框架下重立契约所可能获得的益处进行评估，并把此益处与把这种资源用于改变既存制度框架所获益

[1] 很显然，尽管我们还不能从诺思在这里的论述中推断他的这一见解是否直接来自熊彼特的企业家的创新理论，但毫无疑问，诺思的上述观点与熊彼特的经济制度变迁的动因就在于持续的交换过程的演变，而企业家是组织和技术创新的主角的理论洞识在精神上是一致的。另外，从诺思（North，1990，pp. 75～82）在《绩效》一书中曾引述到熊彼特（Schumpeter，1934）的《经济发展理论》一书中所提出的技术创新的观点，我们也可以推断诺思确实曾受过熊彼特的影响。另外，从诺思（North，1993c，p. 2）为诺贝尔奖委员会所写的“自传”中，我们也曾发现，诺思本人明确承认：“我曾受过熊彼特的强烈的影响。”

处相对比。”以此来决定制度变迁的成本，并进一步作出是否进行制度变迁的决策（North，1993a，p. 63）。

这样，诺思认为，正是作为组织决策者的经济和政治企业家对上述目标的追求，导致了组织的最大化行为，进而引致了组织与制度的相互作用，从而，“组织也在逐渐地改变着制度结构”（North，1990，p. 73）。除了这种渐进的制度变迁路径外，诺思认为还有一些间断性的或突发式的制度变迁。例如，诺思（North，1990，p. 89）在《绩效》一书中曾指出：“战争、革命、入侵和自然灾害，均是这种间断性的制度变迁的原因。”

基于对制度变迁过程尤其是对渐进性的制度变迁路径的这种理解，诺思在 20 世纪 90 年代以后发表和出版的一系列文著中，一再提出他的制度变迁中的“路径依赖”（path dependence）这一观念。从诺思的这些文著中可以确知，他的制度变迁理论中的“路径依赖”思想，主要来源自保罗·大卫（Paul David，1985）和布莱恩·阿瑟（W. Brian Arthur，1988，1989，1994）。所谓制度变迁中的“路径依赖”，是从诺思所思考的如下问题中衍生出来的，即为什么一些无效率的制度能在一定历史时期中驻存？为什么一些无效率的制度不能在社会的演进过程中被自发地淘汰掉？诺思在北京大学中国经济研究中心成立大会上的讲演中所提出的一条最简单的解释是，当一种社会制度演进到一定的阶段，总是受其既存的文化、传统、信仰体系等因素的制约。另外，组织和制度的交互作用也往往产生出某种组织和某种特定的制度共生的“锁入效应”（lock-in effect）。这种种因素往往导致一种或某种低效率制度的自我维系机制（self-reinforcing mechanism）。根据另外一位经济学家阿瑟（Arthur，1988，1989）关于技术变迁的观点，诺思（North，1990，p. 94）认为，这种制度中的自我维系机制可能会像在技术变迁中的路径作用一样导致如下结果：一、多种均衡，即可能存在许多解而结果又不确定。二、可能的非效率，即一些高效率的制度可能因为一些历史原因而未能被采纳从而替代一些非效率的制度。三、锁入，即一旦一个社会被锁入一个均衡点，就很难从中摆脱出来。四、路径依赖，即一些小的事件或随机环境的结果决定某一些特定的解，而这些特定解一旦形成，就导致一种特定的制度变迁路径。

从这一研究思路出发，诺思（North，1990，p. 95）进一步辨析出决定制度变迁路径的两种力量：其一是收益递增；其二是交易费用甚高的不完备市场。诺思认为，如果没有收益递增而市场又是完全竞争的，制度问题就变得无所谓了。但是，如果有收益递增问题，制度问题就变得非常重要了。[1] 因为这决定了经济发展的长期路径。但是，在收益递增的条件下，如果市场竞争是完全的，或者说在交易费用近乎于零的情况下，收益递增本身并不必然意味着制度变迁中的“锁入效应”的存在，从而社会变迁的长期路径就很可能会导向高效率的体制。然而，如果收益递增和不完备市场二者同

[1] 这里，诺思并没有进一步展开解释“收益递增”与“制度变迁”的内在关联机制与传导机理。但从经济学上我们自己可以进一步推断，有“收益递增”存在，就有政治的或经济的企业家“寻租”（rent-seeking）的机会，从而这些政治的或经济的企业家就有可能通过维系和保持某种制度安排来继续“寻租”。当然，他们也可能通过设计某种制度安排来创造其“寻租”的机会。“收益递增”与制度变迁之间的关系，在 W. Brian Arther's 1994 年的《收益递增与路径依赖》一书中，才专门讲述清楚了（参：Arthur，1994），但显然在 20 世纪 80 年代，诺思还没清楚地论述到这一点，而只是一种理论猜测。

时存在，那就有可能使一些无效率的制度长期驻存，从而产生锁入效应。基于上述理论洞识，诺思解释道，有一些对生产活动无激励效应的制度，这些初始制度安排中的收益递增特征将衍生出一些维系现存制度约束的组织或利益集团。这些组织和利益集团将按“他们的利益来决定政治（进程）”（North，1990，p. 99）。

谈到诺思制度变迁理论中的“路径依赖”，我们又不能不注意到诺思制度变迁理论的另一个“面相”即“制度创新”（institutional innovations）。尽管在诺思的几本著作中他使用到“制度创新”的地方并不多，但是如果忽略了这一点，我们就不能把握和较清楚地梳理出诺思制度变迁理论的精神底蕴。

这里首先让我们来看诺思是在什么场合和从什么角度来使用“制度创新”这个词的。在1993年发表的那篇文章中，诺思（North，1993a，p. 66）指出：“经济史中的成功故事告诉人们，制度创新降低了交易费用，允许人们从贸易中取得更大的收益，因此允许了市场的扩张。”但他补充道：“这种种制度创新在很大程度上并没有创造出新古典主义模型中的有效率市场的必要条件。”然而，这种“制度创新”本身是指什么呢？诺思并没有进一步说明。但是，在《变迁》一书中，诺思（North，1981，参：中译本，第190～191页）曾指出，欧美第一次产业革命中的政治和经济的变化，“创造了非人格化要素市场和产品市场，并打破了旧的意识形态。工厂的法则（即使行为规范化和奖惩化）已通过对新组织形式的合法化进行投资而被提供了。产业革命是以建立新的社会规范和伦理规范的持续努力为特征的”。这里，诺思无非是在具体说明产业革命时期欧美社会中的“制度创新”的实际过程。

除此之外，诺思似乎并没有对制度创新的内涵和机制做更多的解释与探究。然而，值得注意的是，在《变迁》一书中，诺思（North，1981，参：中译本，第32页）提出："制度创新来自统治者而不是选民。这是因为后者总是面临着搭便车问题。对统治者来说，既然他没有搭便车问题，他就要不断进行制度创新以适应相对价格的变化。因此，劳动更加稀缺的土地与劳动相对稀缺性的变化就会促使统治者变革制度以适应当地增加劳动的租金。只要劳动的机会成本不变（即其他统治者潜在竞争不存在变化），这些创新就会实行。"从这段话中可以看出，在诺思看来，在20世纪80年代，诺思教授还是从新古典主义经济学的统治者利益最大化和科斯教授法律制度是为节约市场的交易费用的思路，来认识人类社会制度变迁的，从而认为制度的发明与创新，不是像斯密和哈耶克所理解的那样，来自市场过程中的自发秩序的生成，而是来自统治者、政治的和经济的"企业家们"的理性计算和心智建构。[1]

3.4 诺思的"制度变迁"理论演进发展的五个阶段

在上一节的分析中，我们对20世纪80年代诺思制度变迁理论中所潜含的工具理性主义的精神底蕴，以及建构理性主义的思径取

---

[1] 这主要是因为尽管诺思教授对西方社会经济史和制度史做了几十年的研究，他并没有深入研究西方社会的法制史，并没有从西方法律制度的演变与市场经济的发展的相互关系中来思考西方社会的制度变迁。这一点，到晚年他和瓦利斯和温格斯特写作《暴力与社会秩序》时，才稍微有一些转变。

向进行了辨析。这里需要进一步指出的是，诺思分析理路中的建构理性主义的思径取向，主要是在20世纪80年代初所出版的《变迁》一书中较明显地昭示出来。自80年代中期以来，随着诺思对制度探究和思考的深入推进，他开始逐渐扬弃这一著作中所凸显出来的建构理性主义的分析理路，并在90年代以来的文著中，逐渐采取了社会制序经济分析中演进理性主义的进路。换句话说，十年的探索与沉思，使诺思本人从某种程度上自我超越了他在《变迁》阶段上的，一些建构主义颇浓的分析进路和理论洞识，从而发生了一定程度的"理论转向"，以至于他在1990年出版的《绩效》和其后的文著中，基本上采取了制度的经济分析中演进理性主义的立场。经过诺思的这一理论进路上的"U-转向"（U-turn），使得他在晚期的学术著作中，在学术观点和分析进路上与哈耶克数十年来所一直奋力坚持的"自发制度"的型构思想开始部分地趋同与重合。

诺思的制度变迁理论演进型构进程中的分析进路的这一较明显"U-转向"，可以从他于1987年发表在《经济探索》（*Economic Inquiry*）上一篇题为《制度、交易费用与经济增长》的文章中体察出来。在这篇学术分量甚重的文章中，诺思提出了许多原创性的观点，并从节省交易费用与文化、习俗以及传统的关系的"切点"出发，探讨了传统社会（包括东亚诸社会）与西方发达成熟的市场经济中的交易费用的高低对经济增长的影响。正是从这篇文章中，诺思开始超越和改变他在《变迁》中那种简单地甚至有些生硬地，运用新古典主流经济学中工具理性主义的分析精神来研究人类社会的变迁过程。从诺思的下面一大段论述中，我们可以较清楚地看出这一点。在这篇大致处于《变迁》（1981）和《绩效》（1990）这十年时间跨度正中间的重要论文中，诺思（North，1987，p. 422）说："理解制度以及制度变迁之困境（dilemma）的关键就在于人们能认识到，他们生活在其中的那些构成行为准则和规则的东西仅仅是在一个长时期中逐渐演进的（will only gradually evolve over a lifetime）。制度分析从根本上来说并不是研究博弈规则，而是研究个人对这些规则的反应。尽管这些规则可以即时改变（may change overnight），但个人对规则变化的反应却是一个极其复杂和缓慢的适应（adapt）过程。规则的变化要求规范、惯例和非正式准则的演进。"诺思的这段话非常精彩，其理论洞识也颇令人信服。从这段话中也可以看出，诺思在对制度变迁过程的理解与认识上，已与哈耶克的演进理性主义的分析进路比较接近。

诺思制度变迁理论型构行程中所发生的这种分析进路的"U-转向"，也可以从他的《绩效》中体察出来。在这部集诺思制度变迁理论思想之大成的著作中，他一方面坚持在他80年代初之前所形成的"制度发明创造说"，另一方面又在阐释制度变迁过程中开始表露演进理性主义的分析进路。譬如，在这部著作中，诺思（North，1990，p. 16）曾说："制度并不一定，甚至一般并不会一经创造出来就有社会效率；相反，它们（至少正式规则）是被创造出来，以服务于那些能有权力设计新规则的人的利益。"从这里可以非常明显地看出，诺思在这部著作中仍然坚持他在《变迁》中的观点，即认为制度是人们根据有权力设计规则的人，根据自己的利益刻意设计和创造出来的东西。在这部著作的其他地方，只要一提到"制度"概念本身的规定性，诺思也一再坚持表明它们是人们"设计”和“创造出来”的东西。

然而，在谈到制度变迁的路径时，尤其是在谈到制度中的非正式约束的演变路径时，诺思基本上采取了一种演进理性主义的分析进路，从而趋同于斯密和哈耶克在社会秩序（social order）的经济分析中的思径取向。譬如，在这部书的“导言”中，诺思（North，1990，p. 6）说：“制度变迁是一个复杂的过程，这是因为变迁在边际上可能是规则、非正式约束，以及其实施特征的种类和成效的变化之结果。此外，制度变迁更典型的是渐进性的而非间断性的。如何以及为什么制度变迁是渐进性的？为什么甚至连间断性的变迁（如革命与战争入侵）从来并非完全间断性的？这主要是因为非正式约束在社会中嵌存（imbeddedness）的结果。尽管正式的规则可以因为政治与法律的决定而在一夜之间发生变化，但是体现于（embodied）习俗、传统和行为准则中的非正式约束与刻意的政策相比，更难以改变（impervious）。这些文化约束不但把过去与未来连接起来，而且是我们理解历史变迁之路径的关键。”从诺思的这一大段表述中，可以看出，至少在对非正式约束（或诺思所说的“文化约束”）的变迁路径的理解上，他基本上采取了一种与哈耶克的演进理性主义非常接近的思径取向。

正是从非正式约束的变迁过程主要是“渐进性”的（North，1990，pp. 83～89）这一观点出发，诺思在这部书中谈到制度变迁的路径时，一开始较多地使用“evolve”“evolution”“marginal adjustment”以及“incremental”这类字眼。也可能正是从非正式约束的变迁路径主要是渐进性的这一点出发，诺思甚至最后认为，人类社会的整个制度变迁过程亦应是一种渐进性的和演进性的。这可以从诺思（North，1990，p. 68）的下述一大段表述中反映出来："只有当一些人为了满足自己的利益并有足够强大的'讨价还价'的力量来改变正式规则时，才会有正式的制度框架的变化。"他又说："同时，正式的和非正式的约束的复杂性使得（institutions）可能是在特定的边际上连续和渐进地变迁。这些在正式规则和非正式约束上的小的变化可能将在长时期中逐渐改变制度框架，以至于使之演进出与初始不同的一套选择。"

随着诺思这种从80年代初之前的制度分析中的建构理性主义的思径取向，向演进理性主义的分析进路这一"U-转向"的完成，使他在国家的起源的认识上也产生了不同洞见。例如，在谈到制度的实施特征时，诺思（North，1990，p. 59）说："第三者的强制性意味着国家作为一种能监督（monitor）产权和契约有效实施的强制力量的诞生。但是就我们目前的知识来说，还没有人知道这种实存是如何被创造出来的。"很显然，诺思在20世纪90年代的理论洞识非常接近弗格森和哈耶克对国家的起源问题的理解。

诺思的制度变迁的经济分析进路中的这一"U-转向"是如何发生的？要弄清这个问题，我们也还要从诺思本人的解释中寻找答案。在《绩效》一书中，诺思（North，1990，p. 52）在谈到他于1973年出版的《兴起》和1981年出版的《变迁》两书时解释道，在《变迁》中，他修正了他自己在《兴起》中的观点。这里他是指在《兴起》中他采取了阿尔钦（Alchian）的那种组织与制度进化论的乐观主义的观点，即认为，市场竞争和经济当事人追求个人收入最大化的努力，会自动导致那种低效率的组织和产权安排的消亡，取而代之的是效率更高的经济组织和产权形式。在《变迁》中，诺思扬弃了或者说修改了这一观点，开始思考一些社会中低效率产权形式的驻存的原因和社会机理。诺思认为，在一个社会的一定历史时期中，一些非效率的经济组织和产权安排之所以驻存，是因为统治者有时并不会宣布和实施有效率的规则来激恼（选举）权力甚大的选民。因为这些有效率的规则可能与这些选民的利益有冲突，或者是因为在某种产权安排中监督、度量和征收税款的成本太高，以至于这些统治者从一些低效率的产权安排中，比在高效率的产权形式中能征得更多的税收。诺思认为，这是国家统治者维持一些低效率的产权安排，而不采取高效率的产权形式的根本原因。

值得注意的是，在对他自己从《兴起》到《变迁》的这一分析理路的重大修正之后，诺思（North，1990，p. 52）又接着补充道，“This argument is an improvement over efficient argument but needs amplification”。这句话翻译成中文是什么意思呢？诺思表明，与他在《兴起》中所持的 Alchian 式的那种“产权效率说”比较起来，他在《变迁》中所提出的“产权非效率说”，或者说“低效率产权驻存说”是一个很大的理论改进。

概言之，从 1973 年出版《兴起》，到 1981 年出版《变迁》，再到 1990 年出版《绩效》，在其制度变迁理论的演进行程中，诺思实际上在不断修正自己的认识：在《西方世界的兴起》中，诺思认为，经济当事人追求自己利益的最大化及其市场竞争，可以导致高效率的产权安排和制度取代低效率的产权形式和制度安排。但在《经济史上的结构与变迁》中，诺思放弃了经济组织和产权安排效率说，认为统治者出于个人利益最大化的考虑，可以决定保持或维系一些低效率的产权形式或制度安排。也正是在这第二阶段制度分析中，诺思主要还是从新古典经济学的统治者利益最大化来设计和改变制度的视角，来理解人类社会制度的变迁。在这个阶段上，他认为，国家的统治者和政治企业家，可以根据自己收入或利益最大化的考虑，任意发明、设计、制造、决定、选择和界定产权形式以及国家的建制形式，甚至决定、建立和选择道德准则、社会规范以及意识形态，等等。但是，差不多经过另一个十年的研究和沉思，到了《绩效》阶段，诺思在对制度变迁路径的理解上，最后基本上采取了与哈耶克和奥地利学派趋同的，演进理性主义的分析立场。

是什么因素促成诺思完成了在其制度变迁的路径上，采取了演进主义进路的转向？他本人没有明确解释，我们不能妄加推测。这里的问题是，是否诺思在80年代中后期曾受过哈耶克思想的影响？在《绩效》中，诺思只在一处提到哈耶克，我们还不能做这样的判断。诺思教授2004年在复旦大学与笔者的私下交谈中，他承认哈耶克对他影响甚大，并说他与哈耶克的私人友谊甚笃。他告诉笔者，他很熟悉哈耶克的思路，并告诉我一个小故事，说他的《西方世界的兴起》出版后，哈耶克曾打电话给他，对他表示欣赏，并在他家里住三天，他们还一起去钓鱼。由此看来，诺思肯定受哈耶克的一些影响，另外，从诺思在《绩效》所说的一段话中，我们也可以断定，他在后期的制度变迁理论中所采取的演进理性主义的分析理路，确实受到哈耶克思想的一个现代演进博弈论诠释者——萨格登（Robert Sugden）——的影响。诺思曾在《实绩》中引用过萨格登（Sugden，1986）的一段话，就可以证明这一点。

在谈到制度中的非正式约束时，诺思（North，1990，p. 41）发问道："我们如何来解释非正式约束的出现和驻存呢？对于这种约束的形成的最流行亦是最简单的解释就在于解决种种协调问题的惯例：‘它们是一些从来未有意识地设计但遵守它们又符合每个人的利益的规则’（这里诺思是引自萨格登于 1986 年出版的那本题为《权利、合作和福利的经济学》一书第 54 页的一句原话——引者注）。”从这里我们可以推断，可能正是因为在 20 世纪 80 年代后期吸收了萨格登这样的演进博弈论制度经济学家和哈耶克“自发社会秩序”理论的现代诠释者的思想之后，[1] 诺思开始转变他在对制度概念本身的理解上，以及对制度变迁路径认识上的那种由统治者根据自己的利益最大化的考虑来设计社会制度的新古典主义经济学的制度变迁观点，从而基本上在对制度本身建构主义的理解的基础上，形成了对制度变迁路径的演进理性主义的理解，因此，在 90 年代后的文

［1］ 萨格登（Robert Sugden）本人的学术见解，集中体现在他于 1989 年发表的一篇题为《自发秩序》的文章的结论中：“人类事务的秩序，是可以以惯例（convention）的形式自生自发地生发出来的。它们是一些自我维系的行为模式，即它们能自我复制。尤其是作为市场运行必不可少的前提条件的财产规则，亦是可以从这种路径演进而成的。这些规则既不是任何集体选择的结果，亦不是那种经典博弈论所运用的抽象理性分析的结果。在经典博弈论中，个人被模型化为具有无限的演绎和推理能力，但缺乏想象力和常人的经验。所以至少在这个意义上讲，惯例不是我们的理性的产物。”萨格登还进一步指出：惯例“这些行为模式也并不必然是有效率的。这些行为模式之所以演进，是因为它们较之其他模式能更成功地复制自己。如果说它们具有任何目的或功能的话，那就仅仅是复制而已。它们不服务于任何统领（overarching）全社会的目的。因之，一般来说，是不能根据那种视社会有一总体目标或福利函数的道德体系，来对这些行为模式作出判断的。我们所遵循的惯例对我们有道德约束力。但尽管如此，这是因为我们的道德信仰亦是同一演进过程的产物”（Sugden，1989，p. 97）。从萨格登的上述这一大段见地甚深的论述中，可以看出，在对社会制序型构与演进的认识上，萨格登与诺思在《变迁》中所彰显出来的建构理性主义的分析理路及理论见解是格格不入的，甚至可以说是截然相反的。诺思能在 80 年代后期吸纳萨格登的学术观点并将之运用到他的《绩效》的理论分析中去，自然不能不对他本人 90 年代的制度变迁的路径的理解产生一定影响。

著中，他较多地使用“evolve”“evolution”“incremental change”等字眼。

在1990年的《绩效》出版之后，完成了在制度的本质的建构性的理解基础上，对制度变迁路径采取一种更加演进性的研究进路，这之后的90年代后期，他又继续努力推进对交易费用与制度的相互关系的研究，并进一步研究了人类社会制度变迁的终极原动力。在2005年出版的《理解经济变迁过程》一书中，诺思进一步理论化地阐述了他的制度变迁理论。在这本小册子中，诺思（North，2005，pp. 59～60）指出：“制度博弈的规则，组织是参与者（players）；二者的相互作用型塑了制度变迁。”他还接着指出：“制度是人类给自身的相互作用所施加的约束。这些约束……界定经济中的机会集。组织则是由某些有相同目标的人所组成。企业、工会、合作社都是经济组织；政党、参议院、管制机构等则是政治组织；宗教团体、俱乐部等则是社会组织的例子。制度矩阵提供的机会决定了将要产生的组织类型，当组织中的企业家面临来自稀缺经济世界中普遍存在的竞争时，他们就可能引致改变规则的制度变迁。当他们发现新的或已经变化的机会时，就可能通过以下两个方式引致制度变迁：一是改变规则（或者直接改变政体，或通过经济和社会组织间接地施加压力）；二是有意（有时是偶然地）改变规则的类型或实施的有效性，或改变制裁或其他非正式约束实施的有效性。”在此理解的基础上诺思（North，1995，见2005，p. 59）给出了他的人类社会制度变迁的“五个命题”：

1. 在存在稀缺的经济背景中，制度与组织之间的连续的相互作用，因而竞争是制度变迁的关键。

2. 竞争迫使组织不断地对技能和知识进行投资以维持其存续。

个人和其组织获得的技能和知识的类型将型塑人们关于机会和选择的不断演化着的感知（perception），这将渐进性地改变制度。

3. 制度框架提供了激励，这些激励决定了哪些技能和知识能够带来最大收益。

4. 感知是从参与者的心智构型（mental constructs）中获得的。

5. 范围经济（economies of scope）、互补性和制度矩阵的网络外部性使得制度变迁主要是渐进性的，并具有路径依赖特征。

如果说人类社会的制度变迁大都是如此进行的，那么，制度变迁的最终动力源是什么？到了晚年，诺思教授达致了与哈耶克在《通往奴役之路》《自由的构成》和《法、立法与自由》中所表达出来的一个同样的判断，人类社会制序的变化，尤其是其中的制度规则的变化，主要取决于人们的信念。譬如，在这本书的“序言”中，诺思就明确地指出：“经济变迁是一个过程。……与达尔文的进化论相反，人类演化变迁的关键在于参与者的意向性（intentionality）。达尔文进化论中的选择机制并非由有关最终结果的信念所决定。与之相反，人类的演化是由参与者的感知（perceptions）所指导的。选择和决策是根据这些感知所作出的，这些感知能在人们追求政治、经济和社会组织的目标的过程中降低组织的不确定性。经济变迁在很大程度上是一个由参与者对自身行动结果之感知所塑造的一个有意识的过程。感知来源于参与者的信念（即他们对行动的结果的理论），这些信念常常被与人们的偏好混为一谈。”在第二篇的“导言”中，诺思又指出：“对理解经济变迁过程的基础最关键的是信念（beliefs），包括个人的信念和形成信念体系的共享信念。”这种解释简单明了：“我们所构建并试图去理解的这个世界是人类心智的构建物。”(North，2005，p. 83) 为什么会是如此？诺思在第 5 章解释道：“信念体系和制度框架之间有着密切联系。信念体系是人类存在场景之内在表诠 (internal representation) 的对象化。[1] 种种制度是人类施加给人类存在场景以产生合意结果的结构。因而，信念体系是内在表诠，制度则是这种表诠的外在显现。”(North，2005，p. 49) 到这里我们会看出，在晚年，诺思几乎达致了与哈耶克一生所信奉的“观念的转变和人类意志的力量，塑造了今天的世界” (Hayek，1944，p. 47)，“每一种社会秩序都建立在一种 ideology[2] 之上” (Hayek，1976，p. 54)，这样的差不多的人类社会变迁的基本认识[3]。

---

[1] 诺思的这句话非常抽象和难以翻译为中文，原文是：“Belief systems emody the internal representation of the human landascape.”

[2] “ideology”这个英文词之前通常被翻译为“意识形态”，哈耶克的关门弟子林毓生先生则主张用“意蒂牢结”来对译这个概念。

[3] 在这部著作中，诺思多次提到哈耶克，并且多是用肯定的观点讲到哈耶克的理论见解。这可能主要是因为，哈耶克和诺思这两位诺贝尔经济学奖得主的大师级经济学家生前私交甚笃，另一方面也可能是因为我 2001 年在剑桥大学访学期间撰写的一篇关于《论诺思的制度变迁理论》的长篇英文论文刺激了诺思，使诺思晚年更注重关注哈耶克的思想了。因为，在那篇英文长文中，我花了很大篇幅用哈耶克在《自由宪章》中所批判的建构理性主义的“制度设计论”，来批评诺思在 20 世纪 80 年代所表现出来的，基于新古典理性经济人最大化的理论推理而提出的，统治者设计和建构种种制度的“制度设计论”。2001 年春天我从剑桥回来后，曾把这篇文章寄给了诺思 (大约在 2002 年上半年)，他回邮件也说收到了，之后就没有了下文。故在 2004 年诺思访问复旦大学期间，当我和诺思先生第一次见面时，他就对我说：“你还用哈耶克的观点批评我，但你知道我和哈耶克是好朋友吗?”他还告诉我，在哈耶克 1976 年获得诺贝尔经济学奖之后，还到诺思在伊利诺伊的农场中住了 3 天，他们还去钓鱼了。诺思教授还告诉我，他正在写一本书，回答我在那篇长文中对他的批评。后来到 2005 年，就由普林斯顿大学出版了他这本《理解经济变迁过程》一书。故我一直相信，是我在那篇长文中对诺思的 20 世纪 80 年代末的著作中所表现出来的“建构主义的制度设计论”的批评，促使他写了这部《理解经济变迁过程》一书。

3.5 晚年诺思的人类社会秩序发展的三个阶段的理论[1]

在有文字记载的数千年人类社会历史上，文明兴衰、王朝更替、国兴国败。尽管在古代和前现代人类社会历史上一些王国、帝国、部族均有内部交换以及跨地区、跨国界的商品贸易发生，各国和疆域上有生产技术和生产方法的进步，也有一定时期的经济增长乃至短时期的经济繁荣，但整体看来，人类诸社会历史上充满了战争、入侵、内乱、政变、杀戮、革命、饥荒、自然灾害乃至经济停滞。直到18世纪初，全世界所有国家几乎无例外地都陷入了“马尔萨斯陷阱”（the Malthusian Trap）式的经济停滞之中[2]。只是到18世纪后半期，随着英国、欧洲大陆国家和北美民族国家形成后，市场经济的发展、海外贸易的扩展，尤其是第一次和第二次工业革命的发生与推动下，才在西方国家出现了较快的经济增长，而世界其他地区的绝大多数国家，却仍然处在传统社会自然经济的缓慢发展和经济停滞之中。于是就出现了人类社会近代以来的经济增长中

---

[1] 这一节的主要内容来自笔者为诺思、瓦利斯和温格斯特的《暴力与社会秩序》一书中译本所写的序言。

[2] “马尔萨斯陷阱”（the Malthusian Trap）这个经济史学家所常常喜欢用的词，就笔者管窥所见，好像是法国历史学家布罗代尔（Fernand Braudel）较早使用的。当然，这个词与英国古典经济学家马尔萨斯（Thomas R. Malthus）的人口论密切相关。在《资本主义的动力》的讲演中，布罗代尔（Braudel，1997，参：中译本，第68～69页）曾说：“在18世纪之前，人口体系被困在一个几乎不可捉摸的圈子里。当人口数量刚要触及圈子的周边，几乎马上就出现退缩。恢复平衡的方式和时机并不缺乏：匮竭、灾荒、饥馑、生活困苦、战争，尤其是种种疾病。”根据这一点，经济史学界一般把人类前现代社会的长期存在的人口数字增长达到一定界限就自动萎缩的某种社会安排，称作“马尔萨斯陷阱”。

“大分岔”[the great divergence，参：彭慕兰（Kenneth Pomeranz，2000）]现象。进入了20世纪，西方世界的兴起和经济的快速增长，并没有给世界带来和平，总体上并没有增进人类的福祉。一些先后经济起飞的经济体如西方各国和东亚的日本，为争夺殖民地和世界霸权，把世界拖入了导致上亿人员伤亡的两次世界大战。在两次世界大战期间，世界性经济大危机又席卷了整个资本主义世界，导致整个西方国家的工业生产下降40%，失业人口达到3000多万，世界贸易总额也减少了2/3。直到20世纪50年代初，西方国家才从1929～1933年的大萧条中复苏出来，真正开始一波快速的经济增长。随后，日本、东亚四小龙国家和地区才真正开始各自的经济起飞，而直到20世纪后半叶乃至21世纪初，世界上才有另外一些新兴市场经济国家和地区，以及后来的中国和印度等少数发展中国家的较快经济“追赶”（catch-up）。尽管如此，直到今天，世界上大多数发展中国家仍然纠结于各自国内的制度安排、文化传统以及诸多经济和社会问题，只有较缓慢的经济增长，从而与西方发达国家的差距不是在缩小，而是在拉大。[1]

人类社会近代乃至到当代历史上不同国家经济发展上的这种“大分岔”现象到底是如何发生的？其原因是什么？人类社会正在向哪个方向演化发展？什么才是人类社会最合意的经济、政治与社会体制？人类社会的经济制度与政治制度关系到底是怎样的？制度

[1] 按照林毅夫（2012，第32页）教授的研究，在第二次世界大战后，在西方国家之外全世界只有13个国家和地区出现了较快的经济增长，包括博茨瓦纳、巴西、中国大陆、中国香港、中国台湾、印度尼西亚、日本、韩国、马来西亚、马耳他、阿曼、新加坡和泰国。

变迁与经济增长的关系到底是怎样的？在回答这些宏大的历史与现实问题上，且不说从17世纪到19世纪，就有许多伟大思想家如托马斯·霍布斯（Thomas Hobbes）、约翰·洛克（John Locke）、大卫·休谟（David Hume）、亚当·斯密（Adam Smith）、伊曼努尔·康德（Immanuel Kant）、让-雅克·卢梭（ean-Jacques Rousseau）、卡尔·马克思（Karl Marx）等曾给出许多理论论述，到了20世纪，也有社会学家马克斯·韦伯（Max Weber）、桑巴特（Werner Sombart）、经济与政治思想家弗里德里希·哈耶克（Fridreich A. Hayek）、经济史学家卡尔·波兰尼（Karl Polanyi）、政治哲学家约翰·罗尔斯（John Rawls）、经济学家曼瑟尔·奥尔森（Mancur Lloyd Olson，Jr）、政治学家保罗·肯尼迪（Paul Kennedy）、历史学家大卫·兰德斯（David Landes）以及彭慕兰（Kenneth Pomeranz），等等许多社会科学家和思想家也给予了多种多样的经济学、社会学、政治学、社会史、经济史、政制史，乃至跨学科的理论探讨和解释[1]，出版了各种文字的大量专著。在人类进入了21世纪的“理性社会”后，这些宏大的历史与现实问题似

---

［1］ 在这方面，马克斯·韦伯的著作有《经济与社会》（上海人民出版社2010年出版）、《新教伦理与资本主义精神》（广西师范大学出版社2010年出版）、《经济通史》（上海译文出版社2006年出版），桑巴特著有《现代资本主义》（商务印书馆1958年出版），哈耶克有《通向奴役之路》（中国社会科学出版社1997年出版）、《致命的自负》（中国社会科学出版社2000年出版），卡尔·波兰尼有《大转型：我们时代的政治与经济起源》（浙江人民出版社2007年出版），罗尔斯有《正义论》（中国社会科学出版社2009年出版），奥尔森有《国家的兴和衰》（上海人民出版社2007年出版）、《权利与繁荣》（上海人民出版社2005年出版），兰德斯有《国富国穷》（新华出版社2001年出版），肯尼迪著有《大国的兴衰》（国际文化出版公司2006年出版），彭慕兰有《大分流：欧洲、中国及现代世界的经济发展》（江苏人民出版社2003年出版）。

乎仍然挥之不去，且到目前仍然争论不休。道格拉斯·C. 诺思（Douglass C. North）、约翰·约瑟夫·瓦利斯（John Joseph Wallis）和巴里·R. 温格斯特（Barry R. Weingast）三位作者于2009年在英国剑桥大学合作出版的《暴力与社会秩序：诠释有文字记载的人类历史的一个概念性框架》，也正是要为这些宏大的世界历史与现实的问题，给出他们自己的一些新解释。

自20世纪80年代起，诺思、温格斯特和瓦利斯就多次进行合作研究，并共同发表过一些学术文章。他们一起从暴力与社会秩序关系的理论视角，研究人类社会大范围和长时段的社会变迁，最早发表的成果，是他们于2006年在美国国家经济研究局的《工作论文》（*NBER Working Paper Series*）：《诠释有记载的人类历史的一个新概念框架》。从2006年到2007年间，他们三位曾在美国马里兰大学、斯坦福大学、世界银行、耶鲁大学、哈佛大学等高校和研究机构宣讲过这一长篇论文，并于2007年1月在乔治·梅森大学的马凯特斯中心（Mercatus Center）为此专门召开了两天讨论会，随后又以该中心的《工作论文》的形式重新发表了这篇长文。之后，在2007年9月世界银行的《工作论文》系列中，诺思又与瓦利斯、斯蒂芬·B. 韦伯（Steven B. Webb），以及温格斯特一起，发表了《发展中国家的受限进入秩序：对发展问题的新研究》一文（North，Wallis，Webb & Weingast，2007）。这两篇长篇工作论文，已经基本上构建了《暴力与社会秩序》的概念体系和理论框架。到2009年，他们三人合作的这本专著由英国剑桥大学出版。

在前两篇长篇工作论文和这部著作中，诺思及其合作者以他们自己新近创出来的几个概念和跨学科的宏大叙事方式，试图用“以论释史”的方法，揭示自有文字记载以来的人类社会发展的一般法则，讨论并反思了人类诸社会向现代化国家转型过程中的纠结、问题和机理。就此而论，这是一本雄心勃勃的著作（a very ambitious book），显然也是一本指向未来的理论论著。其写作宗旨，如果说不是在为世界上一些发展中国家和仍处在社会转型之中的国家未来的经济与社会发展“开药方”的话，至少他们是想以史为鉴、以据说理，向世人标出一块他们所认为的通向未来人类理想社会的路标。

该书的三位作者，诺思教授为名满世界的新制度经济学和经济史学的大师、1994 年诺贝尔经济学奖得主、美国华盛顿大学圣路易斯分校奥林·斯潘塞（Spencer T. Olin）讲座教授；温格斯特则是世界著名的政治学家，曾任美国斯坦福大学政治学系系主任多年，现任国际新制度经济学社主席（the president of ISNIE）；第三位作者瓦利斯是一位宪政经济史学家[1]，曾任马里兰大学经济系系主任，也是这部著作的主要撰写者。

在 2006 年、2007 年发表的两篇长篇工作论文和 2009 年出版的这本专著中，诺思及其合作者提出，在人类历史上曾存在过（着）三种社会秩序：“原始社会秩序”（the primitive social order）、“受限进入秩序”（limited access orders）与“开放进入秩序”（open access orders）。他们还认为，理解人类社会近现代发展的关键在于弄清从“受限进入秩序”向“开放进入秩序”的转型。因为，在第

[1] 在 2010 年我邀请瓦利斯教授来复旦大学教授一门“汇丰讲堂”的短期课程期间，一次带他与学界朋友一起吃酒，他向一位朋友自我介绍说：“I am a historian of constitutional economics.”

二次世界大战后，只有少数国家完成了这一社会转型，且这些国家无一例外都是政治上开放和经济上发达的国家（参：North，Wallis & Weingast，2006，p. 72）。他们还认为，“原始社会秩序”是指人类以狩猎捕鱼和采集野生食物为生阶段的早期社会；而“受限进入秩序”在人类历史上已经存在了 1 万多年，并且目前世界上大多数国家仍然处于这个社会发展阶段。他们认为，与“受限进入秩序”相匹配的政治体制是一种“自然国”（natural states）。[1] 他们还认为，迄今为止，世界上只有一些少数国家发展到了“开放进入秩序”，而与这种“开放进入秩序”相匹配的政制形式则是一种稳定的宪政体制（a system of constitutional government）。

在这些新近发表和出版的文著中，诺思及其合作者还对他们所认为的“受限进入秩序”以及“开放社会秩序”的各自特征及其运作机理，分别做了一些描述和分析。他们的研究发现，在“受限进入秩序”以及与之相匹配的“自然国”中，政治与经济紧密地绞缠在一起（intimately intertwined），国家设定受限的进入而创造经济租，而这些租金又被社会的精英阶层（elites）用来支撑现存政治制度（regime）和维系社会秩序。因而，在这种具有“受限进入秩序”的“自然国”中，政治体制对经济体制而言不是外生的，因为在经济中政府是一个首要的和最重要的参与者；同样，经济体制对政治体制

[1] 诺思和他的合作者（North，Wallis & Weingast，2007，pp. 70～71）还明确地解释说：“我们之所以把这种受限进入的秩序的政治与经济结构称作‘自然国’，原因是：它是人类社会的自然形式。”他们还认为，这种“受限进入的社会秩序”作为人类社会的一种“默认选择”（default option），并在历史上已经存在了 1 万年。他们甚至认为，“自然国中任何东西都是自然的。并且，由于自然国不是病态的，政策药方将是无用的”。

来说也不是外生的，因为正是“经济租的存在建构了政治关系”（North，Wallis & Weingast，2006，p. 14）。正因为这样，“受限进入的社会秩序”的特征是不断创生出有限地进入一些有特殊价值的权利和活动的特权，而这些特权又为国家内部的一些政治和军事精英及其集团所维系和享有，从而“产权的发生和法律制度亦为精英的权利所界定”（North，Wallis & Weingast，2006，p. 32）。这样的社会安排，必然导致在这种“自然国”中“国家控制贸易”（同上，p. 33）。由于在这种“受限进入的社会秩序”中，“一个自然国的维系并不依赖于非精英阶层（non-elites）的支持，他们并不能有效威胁国家和特权阶层”的统治，反过来他们也“无法信任国家所作出的保护他们权利的承诺”。由此，诺思及其合作者（North，Wallis & Weingast，2006，p. 71）发现：“由于自然国具有建立在排他（exclusion）、特权、租金创造之上的内在力量，它们是稳定的秩序，因而，要完成其转型极度困难。”尽管如此，诺思及其合作者还是相信，依照他们的理论分析框架，从长期来看，任一个国家都不可能在缺乏进入政治组织的情况下来保持经济的开放进入，或者换句话说，经济中的竞争必然要求政治上的竞争，因而那种“开放进入经济组织”与“受限进入政治组织”的这种失衡体制格局不可能永远维系下去（见诺思、瓦利斯、温格斯特为他们的《暴力与社会秩序》中译本所撰写的前言）。由此他们（North，Wallis & Weingast，2006，p. 15）认为，尽管这种自然国“能提供一种长时段的社会稳定，并能为经济增长提供某种环境条件，但是总存在蕴生社会动乱的可能性”，从而“暴动和内战经常是一种可能的结果”。

值得注意的是，在这本著作中，诺思、瓦利斯和温格斯特也提出了一个特别深刻的观点：尽管在具有“受限进入秩序”的“自然国”中可以像“开放进入秩序”一样有法律，甚至有“法治”（the rule of law）[1]，但是，这些法律和“法治”只对一些社会精英来说才有实际意义。正如秘鲁制度经济学家德·索托（de Soto，2000）在《资本的秘密》一书中所发现的那样，在当今许多第三世界国家中，亦即在诺思、瓦利斯和温格斯特这里所说的“受限进入秩序”中，普通民众实际上是享受不到一些法律、制度和特权组织（如豪华俱乐部）的好处的，因为，同样的法律和制度“在受限进入秩序中与在开放进入秩序中的运作是不同的”（North，Wallis & Weingast，2006，p. 27）。诺思及其合作者认为，正是这一区别，使得经济学家们在对制度的经济绩效影响方面的经验研究中陷入了极大的困惑：为什么同样的法律和制度在不同国家和社会中有不同的社会功能和社会作用？为什么有些法律和市场制度在一些国家和社会中作用良好，而在另一些社会中就不怎么工作？为什么形式上相同或相类似的制度，在不同社会体制中的经济绩效不同？很显然，照诺思、瓦利斯和温格斯特看来，这主要仍在于社会秩序是“受限进入的”，还是“开放进入的”。对此，诺思、瓦利斯和温格斯特（North，Wallis & Weingast，2006，p. 46）曾明确地表示：“答案在于开放进入和竞争：所有这些机制在开放和竞争存在的条件下，在运作上会有差异。自然国受限进入并排斥竞争者。这使一些组织的

[1] 很显然，诺思和他的合作者这里还没有区分开“the rule of law”与“rule by law”。而“the rule of law”才是真正的“法治”，相当于他们所理解的“开放进入秩序”；而后者大部分还落在“rule by law”的社会发展阶段，即法律和司法程序实际上还只是统治者治理社会的一个工具。

形成变得非常困难，以至于使那些能协调民众反对政府的组织极大地受限。”相反，在一个“开放进入秩序”中，“政治竞争实际上要求众多大的、复杂的和良好组织的利益群体的存在，以至于不论在任何政治制度存在的条件下，他们均能有效地相互竞争”（North，Wallis & Weingast，2006，p. 38）。由此，诺思、瓦利斯和温格斯特（North，Wallis & Weingast，2006，p. 39）得出了如下一个尤其重要的结论：“只有在经济竞争存在且复杂的经济组织出现的前提条件下，可持续的竞争民主才有可能。”

近些年，在国际上不断有新的关于人类社会大范围、长时段制度变迁的理论与著作出版问世。这本专著无疑是其中之一。除了这本2009年出版的《暴力与社会秩序》外，2012年，三位作者与另一位世界银行的研究人员斯蒂芬·S. 韦伯一起，在剑桥大学出版社又出版了一本后续著作：*In the Shadow of Violence*：*Politics*，*Economics*，*and the Problems of Development*（Cambridge：Cambridge University Press）[1]。2012年，目前如日中天的另一位美国制度经济学家阿西莫格鲁（Daron Acemoglu）也与他多年的合作者罗宾逊（James A. Robinson）一起，出版了一本有关人类社会大范围、长时段制度变迁研究的新著：*Why Nations Fail*：*The Origins of Power*，*Prosperity*，*and Poverty*（New York：Crown Publishers）。这些长时段、大范围制度变迁史的新著的出版，无疑也意味着世界各国都面临着自己内部的问题，都需要考虑各国自己未来的选择。

---

［1］ 这一新书的最后出版英文书名，与瓦利斯传来的“中译本引言”中他们的原书名有些差别。

第四章
博弈、秩序、规则与制序

我们的悖论是：没有任何行动的方式（Handlungsweise）能够由规则加以确定，因为每种行动的方式都可以依据规则而得出。

——Ludwig Wittgenstein（1953，§201）

4.1 哈耶克的“social orders”、科斯的“institutional structure of production”、诺思的“social institutions”以及中文“社会制序”概念的确立

在以上两章的分析中，我们分别追溯和爬梳了人类社会变迁的经济分析，从苏格兰道德哲学家到奥地利学派的演进理性主义的理论进路，以及美国制度经济学学派的理论分析，并着重引介和评述了哈耶克和诺思这两大思想家，对人类社会变迁分析中的理论洞识以及各自的分析理路。在这一章中，我们将对社会制序的理论分析中的这两条探索进路进行综合评估，并从中得出我们的一些猜想。

首先，我们将对哈耶克在其著述中所常使用的“social orders”

和诺思在其著述中所常使用的“institutions”进行比较和探微，以期在这种比较和探微中进一步“逼近”（approach）我们所要考查的，作为内在于胡塞尔（Husserl，1938）所理解的“生活世界”（Lebenswelt）[1] 中“生活形式”（Lebensformen）（维特根斯坦语）[2] 的“社会制序”概念。换句话说，通过对前两章的文献综述和理论探索的综合与总结，我们希望能在本篇的结束章中，厘定作为一种理论思维的社会制序的经济分析所要研究的核心概念的大致规定性。在此基础上，我们将对社会制序的经济分析所研究的现实对象性进一步的“逼近”与“切入”的进路，谈一些初步的断想与猜测。

在第二章的分析中，我们对哈耶克在其著述中所常使用的“social orders”概念进行了引介、探微和爬梳。从这些分析中，我们已经初步知道，哈耶克在其著作中所使用的“social orders”概

---

［1］ 按照胡塞尔（Husserl，1938，参：中译本，第 193 页，第 58～64 页）的理解，“生活世界”是作为一切概念活动的前提，是人们生活在其中并构成人们认识作用和一切科学规定之基础的“前理论”（pre-theoretical）、“前科学”（pre-scientific）和“前给与”（pre-given）之“自在”，并构成人之经验判断之“基底”的东西。

［2］ 根据维特根斯坦（Wittgenstein，1967）使用“生活形式”的情况来判断，他所使用的“生活形式”，是指在特定历史背景下流行的，以特定的、历史的继承下来的风俗、习惯、礼俗、传统和制度等为基础的人们的行为方式或思想方式的总体或局部。像胡塞尔一样，维特根斯坦（Wittgenstein，1967，参：中译本，第 344 页）亦把“生活形式”理解为人们“必须接受的和给定的东西”。但是，如果我们把维特根斯坦的“生活形式”与胡塞尔的“生活世界”放在一起来理解，我觉得与其把这种维特根斯坦所理解的作为“总体”或“局部”的“生活形式”，“化约为”或者说“等同于”胡塞尔所理解的“生活世界”，不如把它理解为胡塞尔所说的“生活世界”中，人之活动结果的社会实存的“形式”或“式样”。如果这样来理解维特根斯坦的“Lebensformen”的话，我们似可把它们理解为，作为种种“自在”的（总体的和局部的）“social institutions”。

念中的“orders”，远比中文中的“秩序”一词的含义要广得多。因为，照哈耶克看来，他所使用的这种“spontaneous social orders”，不仅包括人们社会交往中的常规性、恒常性，以及作为一种状态、一种情形、一种维特根斯坦所理解的诸多“单元事态”中的同一性和驻存性，而且他有时亦可把组织、政府和社会等视作“社会秩序”（Hayek，1973，pp. 35～54）[1]。尽管如此，从哈耶克许多晚期著作中的大量论述来看，只有作为一种人们在团体、组织、社群和社会的活动与交往中所型构而成的，有条不紊的结果、状态和情形的事态［即邓正来（1997，第29页）所理解的“无数参与者之间互动网络”的“行动的结构”］，才真正具有我们中文中的“秩序”的含义。这也是哈耶克所使用的“社会秩序”概念的原初含义。而哈耶克在他的《哲学、政治学和经济学研究》等著作中所说的“个人行为的规则系统”，实际上就是他所理解的但非常不愿使用的一个英文概念“institutions”（参：Hayek，1960，p. 33，注15）[2]，即中文中，作为组织、团体、社群与社会中的人们，通过社会博弈中自发型构而成或刻意制定出来的，要求大家遵守的办事规程与行为规则的种种“制度”(其中当然首要包括“法律制度概念”这一概念在英文中论者多用“legal system”，而不是“legal institutions”）

［1］ 譬如，哈耶克（Hayek，1973，p. 47）说：“我们称为‘社会’的自发秩序，也无须具有一个组织所通常具有的那种明确的边界。”但哈耶克（Hayek，1973，p. 51）同时又“woolly-minded”地说，“把组织视作自发秩序的要素，是不无道理的。”

［2］ 下面我们会专门谈到哈耶克的有关论述。

概念。[1]

然而，如果按哈耶克晚年所使用的较广含义的“社会秩序”概念（如在《致命的自负》中所使用的“人类合作的扩展秩序”），从而把“秩序”理解为一个社会整体的“系统”“结构”“模式”，以致“社会”本身的话，他所使用的这种广义的“社会秩序”显然已比较接近哲学家维特根斯坦在《哲学研究》等著作中所理解的人类的“生活形式”[2]。而这种广义的“社会秩序”显然是建立在哈耶克本人所说的抽象规则之上并把种种规则的“系统”内在于这种“社会秩序”之中的一种“抽象实存”。换言之，照哈耶克看来，作为一种社会博弈过程自发结果的事态的“秩序”与作为人们自发型构与建立起来的种种“institutions”（规则系统）二者并不是一回

---

［1］ 这里需要指出的是，当哈耶克使用“规则系统”（或译为“规则体系”）时，他实际上是指“法”和“法律”。譬如，在《法、立法与自由》中，当他说“内部规则”时，他似乎是在指拉丁文“Jus”意义上的“法”；而当他使用“外部规则”时，又大略是指拉丁文意义上的“Lex”，即在司法领域中各种具体制定出来的“法律”。在这一点上，哈耶克有些接近他时常对之略有微词的奥地利实证主义法学家凯尔森（Hans Kelsen）的理解。譬如，在其著作《法与国家的一般理论》中，凯尔森（Kelsen，1949，p. 3）曾把“法”理解为人们行为的一种“order”［这里，只能按其英文的“system of rules and procedures”含义把它理解为“规则（体系）”］。按他自己的解释，这种“order”“是许多规则的一个体系。法并不是像有时所说的，是一个规则，它是具有那种我们理解为体系的统一性的一系列规则”。另外，英国一位法理学家 Frederick Pollock（1929，p. 8）也曾说：“在某个特定国家中现行有效的规则的总和，不论它采取什么特殊形式，用通常的话来讲，就是我们所理解的法律。”从这些法学家的论述中，我们也可以反证哈耶克所说的“规则系统”大致是指法律（制度）。

［2］ 譬如，在《法、立法与自由》第一卷中，哈耶克（Hayek，1973，p. 20）曾说：自发社会秩序“并不把它们自己强施于我们的感觉，而必须通过我们的智力去探寻它们。我们无力洞知……这种有意义的行动的秩序，而只能通过心智去探究各种存在要素间的关系的方式来重构它们。”从这里可以看出，哈耶克对“自发社会秩序”对象性的理解，已非常接近维特根斯坦对“生活形式”概念的规定性的理解。

事，尽管他认为在种种作为社会博弈的结果的“自发社会秩序”在其型构与扩展的初始阶段上，要建立在自发地产生或刻意地制定的规则系统之上（Hayek，1973，pp. 45～46）。因之，依照哈耶克的分析理路，可以认为，一旦人类合作的扩展秩序在一个社会或者世界范围内扩展开来，即型构而成作为社会本身实存的“整体秩序”（Hayek，1973，p. 10），这种作为一个整体的社会秩序，显然又必然把种种具体的规则及其系统“内在化”于它的构成之中。这一点，哈耶克在《自由的构成》《哲学、政治学和经济学研究》以及《致命的自负》中均有较明确的表述。譬如，在《哲学、政治学和经济学研究》中，哈耶克（Hayek，1967，p. 71）说：“一个群体中的整个行动秩序，远不只是个人行动中可遵循的常规性的总和，而且也不能将之化约为这些常规性。”之后，他还主张，要“对那些由规则加以界定的个人行为的常规性与人们遵循某些人类的规则而产生的整体秩序进行明确界分”（Hayek，1976，p. 111）。在《致命的自负》中，当哈耶克（Hayek，1988，p. 16）谈到扩展秩序不会在瞬间产生但最终它又要演化为世界范围的整体时，他又说：“随着各种习惯模式的选择，各种结构、institutions、传统，以及秩序的其他成分逐步形成。这种规则将向四处扩展。”从这些论述来看，在其晚年，哈耶克显然是把他所说的“整体秩序”视作一个“社会系统”的，从而他亦把“institutions”视作这种作为“整体秩序”的人类合作的扩展秩序中的构成成分的。另外，在《法、立法与自由》第一卷第一章，哈耶克（Hayek，1973，pp. 1～34）曾多次并列使用“institutions”和“practices”，以及“institutions”和“usages”这两对词，而按我们现在的理解，哈耶克这里所使用的

“practices”和“usages”，显然是意指他原初意义上的诸种“自发秩序”，即作为人们行事的常规性的“行动的秩序”。由此可以认为，哈耶克基本上是在狭义上把“institutions”理解为他所常使用的“规则系统”的。而哈耶克所理解的这种作为种种“抽象规则”的“institutions”，又恰恰对应中文中“狭义”的“制度”（即在一个社群或社会中人们被要求遵守的行事规章和行动准则）。

其实，在20世纪60年代，哈耶克本人亦大多是在这种狭义上使用“institutions”一词的。譬如，在《自由的构成》中，当谈到“我们并不知道其起源及存在理由的传统、习俗、业已发展起来的种种‘institutions’和规则”时，哈耶克（Hayek，1960，pp. 62～63）就认为，它们作为人们行事的方法与工具，“是透过长期的试错演化而逐渐形成的，且构成了我们所承袭的文明。”从哈耶克这里的论述中，我们可以体察到，在他看来，通过长期的试错、演进与积累性发展而逐渐形成的人们的习惯、习俗、惯例、传统［哈耶克把它们视作自愿性规则（voluntary rules）］、“institutions”（哈耶克似把其视作强制性规则，即“coercive rules”）与道德规则（rules of morality）一起，构成了他所理解的“整体社会秩序”或“所承袭的文明”主体。由此来看，“institutions”这一概念在哈耶克那里所涵盖的域界要比作为社会整体本身的“overall orders”要小得多。即他认为，“institutions”只是与行事方式（practices）、习惯（usages）、习俗（customs）、惯例（conventions）、传统（tradition）以及道德规则并列而内在于社会“整体秩序”中的一个“子集”。亦即是说，照哈耶克看来，“institutions”这一概念本身并不包括习惯、习俗、惯例和道德规则。由此来说，哈耶克所理解的

"institutions"正好与中文狭义的"制度"相对应，即它基本上是指种种约束着人们行事与交往的规则与办事规程。如果这样来分疏哈耶克的"自发社会秩序"概念，可以认为，其广义的作为社会本身的"整体秩序"概念，包括两个方面或者说两个层面的含义：其一是狭义的秩序，即在人们的社会博弈中所自发型构而成的作为种种事态、情形的人们行事的常规性；其二是作为种种规则和正式约束及其系统的种种"制度"。因之，如果把哈耶克著作中的广义的"social orders"（这个广义的"social order"最确当的德文对应词应该是"Gesellschaftordnung"[1]）理解甚至翻译为"社会制序"（即

---

[1] 在林荣远先生所翻译的韦伯的《经济与社会》一书中，德文词"Gesellschaftordnung"一律被翻译为"社会制度"。很显然，这主要是因为德文"Ordnung"本身就有中文中的"制度"和"秩序"双重含义。实际上，即使在英文中，"order"一词本身也具有中文中"制度"的含义。譬如，按照《新牛津英汉双解大辞典》对"order"的解释，这个单词在英语中本身就有"a particular social, political or economic system"的含义。在这个词这种含义的例释中，该词典就有"the social order of Britain"，并接着用中文具体解释为"英国的社会制度"。德语的"Ordnung"和英语的"order"的这种含义，尤其是德语的"Gesellschaftordnung"和英语的"social orders"这两个词组的这重含义，常常被中国的学者所忽视。结果，在哈耶克晚期著作——如 *The Constitutions of Liberty*（Hayek，1960）和 *Law, Legislation and liberty*（Hayek，1982）等著作中，以及在诺思、瓦利斯和温格斯特的 *Violence and Social Orders*（North，Wallis and Weingast，2009）及其后来的几本著作中大量使用的"social orders"概念，均被翻译为"社会秩序"，今天看来，这种直译法是有问题的。因为无论是哈耶克、米塞斯、诺思、瓦利斯、温格斯特这些思想家在使用"social orders"这一概念，绝不是在中文的"社会秩序"（反义词是"social disorder"）概念上使用的，而是指一种"a particular social, political or economic system"。从现有的汉语词汇中，我反复琢磨，即使把哈耶克、诺思等学者中的"social orders"翻译为中文的"社会制度"，实际上也比翻译为"社会秩序"（反义词是"社会无序"和"社会动乱"）更接近作者的原意。从这一点来推测，把德文词"Gesellschaftordnung"和英文的"social orders"，均翻译为中文的"社会制序"，是再恰当不过了。因为，我们的新组合词"制序"恰恰综合涵盖了德文"Ordnung"一词中的"制度"与"秩序"两个层面的含义。反过来说，我们所使用的中文的"社会制序"一词，又（转下页）

"制度"与"秩序"含义的整合），看来并无不妥之处。

当然，我们也应该注意到，在哈耶克数十年的著述生涯中，他也曾在许多地方把"social orders"和"institutions"这两个概念在同义上混合起来使用。尤其是在《自由的构成》第四章，哈耶克在许多地方几乎不加任何区别地交替使用这两个概念，并多次指出，"institutions"本身既不是人的智慧预先设计和发明的结果，其演进和扩展也不是人所能控制的，而是自发型构、积累性发展和适应性进化的结果。从哈耶克的一些论述来看，他显然经常把"institutions"在某种意义上完全等同于"social orders"。因之，我们把哈耶克本人所理解并使用的这种广义的"institutions"视同于他所提出的"social orders"，在一些地方把它转换为中文的"制序"，也似乎可以。

另外一点必须引起我们注意的是，哈耶克在其许多著作中主要使用"orders"，而不是使用"institutions"，显然是经过缜密的考虑的。譬如，在《自由的构成》中，哈耶克（Hayek，1960，p. 33）就曾使用"自发型构"（spontaneous formation）一词。哈耶克还接着在注脚中说："使用'formation'一词，比'institution'一词更妥切"。在《科学的反革命》一书中，哈耶克（Hayek，1952，1979，p. 83）

（接上页）恰恰对应了德文中"Gesellschaftordnung"和英文"social orders"一词本来的含义。因为，人类社会中"制度"和"秩序"，不像自然界和其他生物和动物界中的"秩序"（orders）一样，是有着人类的意志建构和规则约束的意思在其中，是由惯例和制度规则所调规着的秩序，是一个社会运作的系统和体系。因而，使用"社会制序"这个概念，看来是再恰当也不过了，这个词既区别自然界和生物与动物界的"自然秩序"，又区别于中文中不发生社会动乱和混乱无序（disorders）的"社会秩序"一词的含义。

还专门探讨过这一问题。[1] 很显然，哈耶克之所以这样做，是因为“institution”一词的原形动词“institute”本身就有“establish”和“set up”等含义。而哈耶克一生所深恶痛绝和极力反对的，就是那种认为人能通过自己的理性之力，刻意地设计和建构“合理的”社会经济运行的秩序和资源配置方式的观点和做法。因此，单从英语语境和英语语言本身的思维结构来看，一使用“institutions”这个词——正如诺思把它作为其理论建构的中心范畴一样——很容易使人们自然联想到它们是人们“established”“devised”和“created”，从而很容易滑入他所理解的社会经济现象理论分析中的建构主义的思想进路中去。[2] 可能正是因为这一点，哈耶克选择了“social orders”

---

〔1〕 在这个注脚中，哈耶克明确地说：“就这个问题而言，使用‘formation’（形成物）这一术语，要比我通常使用的‘institution’更妥切，请参我的《科学的反革命》(Hayek，1952，p. 83)。”在 1952 年出版的这本小册子中，哈耶克明确地讲：“当我们说‘human institutions’是由人所制造出来的（made by man)，这是一种常见的误识，但人们还很少认识到这一点。尽管‘institutions’在一定意义上是人所制定出来的，但完全是人们行动的结果，很多可能不是设计出来的，并不是人们行动的有意识的产物。就此而论，‘institutions’这个词本身就容易引起误解，因为它意涵着某种有意识地建立起来的东西（something deliberately instituted)。如果让这个词只限于指具体的发明物（particular contrivances)，如为某种特定目的而创设出来的法律或组织，而用‘formation’（形成物）一词（从某种含义上与地质学家所使用的含义相类似，同德语中的‘Gebilde’）这种更中性的概念，去指谓货币和语言等不是出于如此创造的现象，也许会更好一些。”(Hayek，1952，p. 83)

〔2〕 在哲学、人类学和语言学界，有些论者认为，一个民族的思维方式和性质取决于它的语言与性质。对此，德国著名的思想家洪堡特（Wilhelm von Humboldt，1880）曾在其名著《论人类语言结构的差异及其对人类精神发展的影响》一书中作过专门探讨。20 世纪初，美国学者萨丕尔（Edward Sapir，1958）和他的学生沃尔夫（Benjemin L. Whorf，1956）所提出的“语言的内面是思维模式”的著名的“Sapir — Whorf Hypothesis”，更明确地道出这一点。世界著名的瑞士语言学家索绪尔（Ferdinand De Saussure，1949）在其《普通语言学教程》中也论及此问题。林毓生教授（1988，第 3 页）不同意这一点。然而，从哈耶克与诺思各自的社会理论分析的理路来看，他们选择了各自理论建构的“轴心”（转下页）

这个词组[1]。因为，只有使用"social orders"这个词组，才能自然而然地在前面加上"spontaneous"这个形容词而构成"自发社会秩序"。反过来，假如哈耶克不用"social orders"而用"institutions"，那么，如果在前面加上一个"spontaneous"而构成"spontaneous institutions"，使用起来就显得非常不自然。特别是放在英语语境的思维结构中，这一点就更加凸显出来。因此，哈耶克在其理论建构中把"social orders"而不是"institutions"作为他的"轴心"范畴，显然是经过缜密考虑的，并且也是十分高明的。

这里也顺便指出，如果细读哈耶克的著作（尤其是他的一些晚期著作），就会发现，尽管哈耶克的思想有些像凯恩斯所说的那样"woolly-minded"［正如上面所指出的那样，他曾在《法、立法与自由》第一卷第二章，把"社会""政府"和"组织"统统称作"秩序"（见 Hayek，1973，p. 48）[2]］，但从总体上来看，哈耶克的分析

（接上页）概念，从某种程度上来说，也就决定了他们演进理性主义和建构理性主义的思径取向。当然，这里难能说得清楚，到底是他们的演进或建构理性主义的思径取向决定了他们分别选用这两个中心词，还是因为选用了这两个词，使他们分别"落入"这两种理性主义的分析进路之中。但这里至少有一点是可以肯定的，哈耶克在选用这两个词时，是经过缜密考虑的。

［1］ 且在 20 世纪 40 年代，他就用了"经济秩序"（economic orders）这个词，并撰写了《个人主义与经济秩序》这本文集（Hayek，1948）。

［2］ 譬如，在谈到他所"称之为'社会'的那种自发秩序"时，哈耶克（Hayek，1973，pp. 46～47）说："家庭、农场、工厂、商行、公司和各种社团以及包括政府在内的一切公共机构，都是组织，但反过来它们又被整合到一种更为宽泛的自发秩序之中。用'社会'（society）这一术语来描述这一自发的整体秩序是颇为可取的……"按照哈耶克（Hayek，1973，p. 27）自己的解释，他之所以把"组织"（organizations）和"安排"（arrangements）视作一种"秩序"，是因为他将这两个术语视作"设计的结果"。正如哈耶克把"组织"视作一种"秩序"一样，诺思（North，1994，p. 245）也曾主张"institutions""应该包括组织"，他认为，"这是因为组织亦提供了人们互动（interactions）的结构"。

理路还是十分精密细微的。尤其是从他对“institutions”“formation”“economics”和“Catallactics”这类词的推敲与考究上，更能体察出这一点。[1] 因此，可以认为，当凯恩斯说哈耶克是“欧洲最杰出的‘woolly-minded’经济学家”时，这里“woolly-minded”似乎只是一种戏谑的赞誉之辞，并不含多少贬义。当然，任何一个读过哈耶克著作的人都会发现，他的思想甚艰涩难懂。然而，这并不是因为哈耶克是“woolly-minded”的缘故，而是因为当一个思想家深入地探究世界的本质时，其理论探索越深，越接近（approach）世界的“本真”与“本在”，其思想也就越难懂。康德是如此，维特根斯坦也是如此。维特根斯坦（Wittgenstein，1921，§5.61）所说的“世界的界限也是逻辑的界限”，正是表明了这个意思。

概言之，在哈耶克著作中的“social orders”概念，有两重含义：在狭义上，即按哈耶克所理解的，在其型构扩展的初始阶段上，它是指人们在社群或社会的活动中，经由相互调适而呈现出来的，作为行动结果的一种有条不紊的状态、情形，一种人们行事的常规性，一种维特根斯坦所理解的，人们在社会博弈中所形成的“原子事态”中的普遍性、同一性和驻存性。对于这种狭义的“social orders”，显然应该被直译为中文的“社会秩序”。然而，在其广义上，或者说当其扩展为一种社会的“整体秩序”（overall orders），从而按哈耶克本

[1] 又譬如，在其晚年的著作《致命的自负》中，哈耶克（Hayek，1988，ch. 6）曾极力主张应避免使用常常引起“混乱”的“社会”这一概念，并说明这是为什么他提出“扩展的秩序”来取而代之的原因，从中，我们也可以体察出哈耶克思想的精细入微之处。

人所理解的那样，可以取代“社会”这个概念的作为一种整体的“social orders”，显然这种“整体的秩序”概念又把种种狭义“orders”建立在其上的种种抽象的规则系统（或者说种种哈耶克所理解的“institutions”）内在于其中。而这种包括种种秩序、规则系统，或者具体地说，包括种种行事方式、习惯、习俗、惯例以及具体“制度”（rules and regulations）的广义的“social orders”（即哈耶克所理解的“extended orders of human cooperation”或者他在《自由的构成》中所说的“文明”），即所精确对应的德文的“Gesellschaftordnung”，我们则直接可以把它理解为并翻译成中文的“社会制序”（即中文中“制度”和“秩序”含义的整合）。

在对哈耶克的“social orders”概念做了上述辨析和梳理之后，让我们再来回顾一下所谓新制度经济学（new instituionalism）理论奠基人之一的科斯教授是如何使用“institutions”一词的。在科斯早期的文著中，尤其是在他的经典名篇《企业的性质》一文中，他还是用“economic system”[1]（这个词可以被翻译为“经济系统”，也可以被理解为“经济体制”）来指称他所研究的经济的整体。譬如，在这篇文章一开始，在谈到是否有“（私人）计划”时，科斯说：“人们都在不同的方案之间进行着预测和选择。假如要使经济体系有秩序的话，这是不可或缺的”（Coase，1937，p. 387）。在这里，科斯所用的“economic systems”，大致应该等于哈耶克早期所

[1] 值得注意的是，在 20 世纪 30 年代，哈耶克本人也出版了一本非常薄的小册子，题目就叫 *Freedom and Economic System*（Hayek，1939）。据哈耶克的研究专家说，哈耶克撰写这本小册子是为他后来的《通往奴役之路》（Hayek，1944）所做的准备工作，或者说是后者的“折子戏”。从这里也可以看出，哈耶克和科斯那时还都倾向于用“economic system”这一概念来指称不同国家的经济形式的总体。

用的“economic orders”。值得注意的是，在这篇科斯获诺奖的经典名篇中，科斯还没有使用“institutions”一词。但是，50多年后，当科斯本人因为这篇文章和《社会成本问题》一文而获得诺贝尔经济学奖时，他（Coase，1991）却说他这篇文章是研究“institutional structure of production”。这里，科斯所说的“institutional structure”，显然不是像诺思后来那样所理解的作为约束规则和“the rule of game”的“institutions”，而是在英语“institutions”的“机构安排”或“结构”的意义上来使用这个词的。因此，科斯经济学话语体系的“institutional structure of production”，在汉语中的精确的理解当是“生产的建制结构”。但是，到20世纪50年代后，科斯转向法律对价格体系和生产的建制结构的影响时，他（Coase，1991）又大量使用“institutional arrangement”一词，这个词汇在中文中当然对应的是“制度安排”一词[1]。

---

[1] 对于“institutional arrangement”，戴维斯和诺思（Davies & North，1971，p.7）在他们合作的《制度变迁和美国经济增长》一书中，是这样定义的：“An institutional arrangement is an arrangement between economicunits that govern the ways in which these units can cooperate and/or compete. The institutional arrangement is probably the closest counterpart of the most popular use of the term ‘institution’. The arrangement may be either a formal or an informal one, and it may be temporary or long-lived.”但是在这段话的前面，戴维斯和诺思（Davies & North，1971，p.6）还使用了“institutional environment”一词，并定义这个词为：“The institutional environment is the set of fundamental political，social，and legal ground rules that establishes the basis for production，exchange，and distribution. Rules governing elections，property rights，and the right of contract are examples of the type of ground rules that make up the economic environment.”在综合考察诺思的后来的“theory of institutional change”，我们会发现，诺思所用的“institutions”多是指这种“institutional environment”。而科斯所用的“institutional structure of production”还不是在这个意义上来使用的，但后来他使用很多的“institutional arrangement”，与诺思的“institutions”和这里戴维斯和诺思对这个词的界定和理解是一致的。

现在让我们再来看诺思是怎样使用他的理论“轴心”范畴“institutions”的。在第三章的探讨中，我们已对诺思对“institutions”一词的界定做了较详尽的回顾与评析。从中我们已经知道，照诺思（1981，参：中译本，第225～226页）看来，“institutions”是一系列被制定出来的规则、守法程序和道德的伦理规范。在其思想集大成的《绩效》一书中，诺思（North，1990，p. 4，p. 6，p. 47）又具体解释到，“institutions”包括任何正式的规则和非正式的约束，而正式的规则包括政治的、法律的、经济的规则以及契约。而非正式的约束又包括惯例、行为规范、行动准则以及道德伦理规范，等等。从诺思的整个论述来看，他是在非常广的含义上使用“institutions”一词的。然而，尽管诺思所使用的“institutions”比哈耶克在狭义上所使用这个词的含义要广一些，以至于其词义的边界差不多与哈耶克在广义上使用的“social orders”在某些方面有些重合，但这两个概念还是有重大差别的。这就是，在诺思使用“institutions”这个词时，他只是着重强调了它们的“约束”和“规制”方面的含义，却没有照英文的通常使用法把“institutions”一词中所涵盖的“practices”“usages”和“customs”等含义真正考虑进来。诺思更没有把这些“社会秩序”含义所意指的社会现实对象性真正引入到他的分析视野和理论建构中去。换句话说，诺思的所使用的“institutions”概念，只包涵正式和非正式的规则与约束，并不包涵任何作为一种事态、一种情形、一种作为人们社会活动和社会博弈的结果的常规性等种种具体的“社会秩序”的含义。照此看来，如果像诺思这样“不完全”或有些“缺失”地使用和理解“institutions”一词的话，按本书第一章对这个词的探究而把它翻译为“制序”是有些问题的。因为，诺思所使用的“institutions”一词基本上只包含我们中文中的规则、规约、约束和制度（狭义）层面的意思（从而有些接近哈耶克所理解的“规则系统”，尽管其边界要比哈耶克所说的“规则系统”要广一些），并没有包含多少我们中文中“（秩）序”的含义。故在这本书的修订版中，我们还是把诺思的“institutions”翻译为“制度”[1]，而把他的“the theory of institutional change”仍然翻译为“制度变迁理论”。

另外，值得注意的是，社会学家伊拉·科恩在为马克斯·韦伯的《经济通史》所写的导读中，也是在结构组态和安排即经济的建制上来理解“institution”一词的。由于把“institutions”理解为一种“建制”，他相应地使用了“institutional orders”一词。在我和王永钦博士翻译这一导读时，我们直接按字面意义把它翻译为“制序”。而读过我的《社会制序的经济分析导论》初版的读者会体感出，科恩所使用的“institutional order”，相当于在我的理论话语中“制序”中的“制度”，即当一种“秩序”被法律和一些正式规则调

[1] 在诺思所使用的这种“不完全”的“institutions”的含义上，似乎可以不甚精确地把它理解为中文狭义上的“制度”。因为，诺思所使用的“institutions”一词的词义边界，大致与哈耶克所使用的“规则系统”重合。按照哈耶克（Hayek，1976，pp. 158～159）自己的理解，他所使用的“规则系统”一词，“不仅包括明确阐明的规则（articulated rules），而且也包括尚未阐明的规则（unarticulated rules），它们或者隐含于规则体系之中，或者还必须待去发现以使分立的规则前后一致”。很显然，诺思所说的“institutions”概念中的“正式规则”与“非正式约束”，与哈耶克所使用的“明确阐明的规则”和“尚未阐明的规则”，以及与韦伯（韦伯，中译本，1978）在其《经济与社会》中所使用的“legal institutions”和“conventional institutions”（哈耶克也曾使用过这一概念，见：Hayek，1976，p. 45），词义边界基本上重合。

节和支持着的时候，“秩序”就变成了制序，即规则约束下的“秩序”。从这里也可以看出，国内经济学界和其他思想界的同仁围绕理解“制度”一词上所发生的种种争论，从近代汉语的语言沿革史来看，并不是从汉语“制度”原来词义本身发生的，而是因为西方不同领域的学者——尤其是经济学者——使用这个词的混乱，以及各人有各人的理解而产生的。因此，我们现在所要做的工作似不应在去把握他人——包括一些诺贝尔经济学奖得主——是如何使用这个词的，而是应该建构性地决定我们在什么意义上使用这个词，即按照康德的作法，为未来经济学的制度分析中的中文词建构性地大致划定其语义边界，即我们是在什么意义上使用“制度”一词的。

如果反复琢磨哈耶克、科斯和诺思使用“institutions”一词的含义，实际上这个词有着三重含义：作为一种事态，作为一种约束，和作为一种建制，即经济系统的内在构成安排。一旦一定的社会或社群由个人的习惯（个人活动的事态中的常规性）、到习俗（自发社会秩序）、到惯例（非正式约束）最后到法律和各种规章制度的动态逻辑发展而形成一个整体，其所附载的经济体系的内在构成也就为其所规定了。尽管如此，作为从一种事态向一种制度约束动态发展着的社会形式整体，与社会的内在构成结构，毕竟还是两回事，如市场秩序和约束市场运行的法律规则，与市场内部是通过价格机制还是通过科层命令来进行资源配置有关联，但二者具体来说并不是一回事。回到我们目前的经济学界通用一个含混“制度”来对译“institutions”的通常处理法上来，我们会说，作为经济体系建制的“制度”与作为经济体系运行“约束规则”的“制度”并不是一回事，尽管二者可能密切相连，难分难解。回到英语语境中，回到科斯与诺思的对“institution”一词所使用的实际含义上的根本不同上来，一个经济体系内部的构成安排的“institution”，和作为现象的外在形式（从人类活动的事态向人类活动的约束过渡的动态发展体系）的“institutions”的关系是怎样的？我们怎样才能梳理和把握二者的关系？如果我们把作为一个经济体系内部资源配制建制安排的整体式样的“institution”，理解为这个既定经济体系的“constitution”[1]（在中文“构成”的意义上），而把作为从一个个人活动事态的常规性向自发社会秩序、向非正式约束最后向正式制度规则过渡和发展着的动态体系的“institutions”，理解为社会经济体系本身，于是就有了一个“institutions”的构成问题，即“constitutions of the institutions”或“consitutions of economic system”问题。

这里需要指出的是，正如哈耶克有时比较含混地使用“social orders”和“institutions”一样，诺思亦同样在同等意义上交替使用这二者。[2] 例如，在《变迁》中，他说：**“institutions 提供了人类在其中互动的框架，建立起合作和竞争的关系，从而构成了一个社会，特别是构成了一种经济秩序（economic orders）。”**（North，

---

［1］ 由于在 1786 年美国制定出第一部《美利坚合众国宪法》之后，在大写字母开头的“Constitution”一般指宪法，人们就很少用这个词来指一个组织和国家内部的制度构成。

［2］ 其实，早在 19 世纪，一些学者就曾在这种广义上使用与哈耶克和诺思所理解的作为社会“整体”含义上的“institutions”一词。譬如，按照《牛津英语大辞典》中的引例，早在 19 世纪初，英国著名诗人雪莱（Shelley）曾说过这样一段话：“But for Greece，we ... might ... have arrived at such a stagnant and miserable state of social institution as China and Japan possess.”（Oxford Dictionary of English，vol. I，p. 854）从这段话中，可以看出，诗人雪莱亦在社会“整体”的意义上使用“social institution”一词的。

1981, p. 201）从这段话中，也可以看出，诺思显然是与哈耶克一样，是在广义上使用“经济秩序”（即“整体秩序”）一词的，其含义与一个“社会”基本上是等义的。在这本书的最后一章，诺思也使用“political-economic system”（政治—经济体制）一词，并明确地说，种种“institutions”构成了（make up）一种“政治—经济体制”，而这种作为社会整体的“政治—经济体制”或“政治经济系统”，很显然也就是他所理解的“经济秩序”或“社会”，从这里我们也可以看出，在20世纪80年代的文著中，诺思还在探寻着用哪种词汇来指称不同的国家和不同历史时期的经济与社会的整体形式。

另外一点值得注意的是，从本书第一章对“institution”语源的考究中，我们已经知道，这个英文词本身就有“the established orders by which anything is regulated”以及“the giving of form or order to a thing”。从“institutions”一词本身所潜含的这种含义中，一方面我们可以看出，在英文中“institution”和“order”这两个词有“斩不断、理还乱”的语义绞缠；另一方面我们也可以理解为什么诺思一提到这个词就把它进一步理解为“devised”“established”以及“created”的原因了。照此来推理，可能正是因为诺思选用“institutions”一词作为他的理论建构的“轴心”概念，使他有意识或无意识地误入了在20世纪80年制度分析中建构理性主义的分析进路。换句话说，当他说“institutions”是“devised”或“created”，可能正是因为他选用“institutions”这个词的自然结果。因为，只要一使用到这个词，人们往往会自然而然地从其英语的本来含义以及在英语思维的语境，联想到它们是“established”

或人为的“devised”。[1] 这是在我们研究诺思的思想及分析理路时所不能不注意到的一点。

另外目前值得我们注意的是，尽管哈耶克本人曾说过，他本人并不愿意使用“orders”以及“social orders”，但他在20世纪40年代的《个人主义与经济秩序》（Hayek，1948）、《自由的构成》（Hayek，1960）、《法、立法与自由》（Hayek，1973，1976，1978）以及《致命的自负》等著作中，大量使用“social orders”和“extended order of human corperation”等概念。很显然，哈耶克一生似乎苦于找不到一个更好的词，来指称和比较他的经济社会理论中的整体研究对象，而只是把它称作“economic oders”或“social orders”。在诺思早年的著作，他的理论阐释的对象主要是“social institutions”（Davis & North，1974；North，1987，1990）；在诺思晚年的著作中，他和瓦利斯和温格斯特等经济学家和政治学家也撰写了数部专著，如《暴力与社会秩序》（North，Wallis and Weingast，2009）和《暴力的阴影：政治、经济与发展问题》（North，Wallis and Webb，2012），在这些晚近的著作中，他们均把“social orders”作为他们论述的主题，并与瓦利斯和温格斯特一起，硬创造了三个基本“大概念”，来描述人类社会的三种社会存在形式和发展阶段，即“原始社会秩序”（the primitive social order）、“受限进入秩序”（limited access orders）、“开放进入秩序”（open access orders）。他们用“social orders”来指称、比较和阐述人类社

[1] 这显然是哈耶克在《自由的构成》等著作中说他不愿使用“institutions”一词的原因。

会的不同社会形式和社会发展阶段，这岂不是又回到了哈耶克20世纪60～80年代的认识和所使用的术语？值得注意的是，在美国政治学家弗朗西斯·福山（Francis Fukuyama）的一系列著作如《大断裂：人类本性与社会秩序的重建》（Fukuyama，1999）、《政治秩序的起源：从前人类时代到法国大革命》（Fukuyama，2011）、《政治秩序与政治衰败：从工业革命到民主全球化》（Fukuyama，2014），他也使用了“social orders”和“political orders”。这两个词也被中文译者一股脑儿地翻译为“社会秩序”和“政治秩序”。另据哈耶克本人考证，人们在政治理论中使用“order”这个概念很早，早在圣·奥古斯丁（St. Aurelius Augustine，pp. 354～430）的对话录中，他就使用了“Ordo”这个概念，圣·奥古斯丁还提出了今天人们所说的“natural order”这一概念。在德国古典哲学家康德的著作中，也曾使用了“order”（德文应该是“Ordnung”）这个概念，康德把“order”理解为“就是人们彼此依法律所进行的合作”（Hayek，1982，p. 155）。

从语言学的角度来看待人类社会的演变过程，我们会发现，人类社会中由人们互动所形成的“orders”，与自然界和动物界的“秩序”有着根本性的差别。自然界的“秩序”，如九大行星围绕太阳转、月盈月亏、潮起潮落，以及节气的变更、春夏秋冬的自然交替，只是符合物理界的法则因而自在和本在的。在生物界尤其是动物界也有其秩序，如蚂蚁的细密分工、大雁的成行飞行，燕子的秋去春回，甚至蜜蜂世界的分工，等等，但是无论自然界的秩序，还是生物世界的秩序——其中包括生物界的基因型行为（genotype）和现象型行为（phenotype）中的“秩序”，与人类社会的秩序是有着根本性的差别的。这主要是因为，人类社会的秩序是有语言、有意识、有理性、有情感、有道德禀赋的人进行个人选择和在人与人之间的互动（或言在“社会博弈”中）中所形成的种种秩序。这种秩序与自然界和生物世界的秩序是完全不同的，其主要不同恰恰被哈耶克在《自由的构成》和《法、立法与自由》中所发现的一条根本性的区别表达出来：人类社会的秩序是在规则系统（必须有语言的维度在其中）调节之下的“秩序”，或者精确地说，是人们遵守着某种规则（包括语言语法和用词规则和道德规则）而在人与人之间的互动中形成的“社会秩序”。换句话说，人类一旦进入文明社会，人类社会之所以为人的社会，在任何社会秩序都有“规则”在其中，而不管这些规则从现代社会来看是否合理，是否有效，乃至是否“公正”，但人类社会中的“秩序”，总是在规则之中的秩序。简单说来，人类社会的任何秩序都有“制度”的背景在背后和在其中。因此，只用“orders”或“social orders”，显然并不合宜来指称人类社会的这种生活形式。而中文的“社会制序”，或德文中的“Gesellschaftordnung”，再恰当不过地用来指称并用来比较不同人类社会中建立在种种规则体系基础之上而形成的种种“社会秩序”的整体存在形式了。因此，**社会制序，当是在人类社会存在形式的经济分析和比较中再恰当不过的一个概念了。**

因此，在目前我们这种极其细微地辨析哈耶克、科斯和诺思所使用的“social orders”和“institutions”这两个概念的含义及其二者相互关系以及区别的思境中，我们似不必再去殚思竭虑地揣度像哈耶克这样的大思想家和诺思这样的诺贝尔经济学奖得主级的经济史学家是在什么含义上使用这两个概念了，而应该是建设性

（positively）地，像康德（Kant，1797，参：中译本，第6页）所主张的那样，带着某些“武断”去应用和界定我们的理论分析的“轴心”概念及其义域边界。这是笔者拼造出一个中文的“社会制序”来统称哈耶克所使用的“social orders”，以及在英文语境下大众使用意义上的广义“social institutions”的根本意旨之所在。所以，在本书以后的分析中，当使用到“社会制序”时，实际上应不是把它仅仅理解为我们是直接地从哈耶克的广义的“social orders”，和诺思所理解和使用的广义“social institutions”两个英文词翻译而来，而应把它视作我们建设性的理论思考的结果。如果这样来理解我们这个新的中文“社会制序”概念的话，尽管这一中文概念初始确立是源自我们对哈耶克后期思想和晚年的诺思所使用的“social orders”和诺思所使用和理解的“social institutions”的分梳、把握和辨析，但一旦用这个中文概念把这两个英文概念融合或者说整合起来，我们所理解和在今后的分析中所使用的“社会制序”概念，既可以说是二者中的任何一个，又可以说不是二者中的任何一个。我们之所以说它是二者中的任何一个，是因为本书所使用的“社会制序”一词，大致可以理解为哈耶克所使用的那种广义的作为社会“整体秩序”意义上的“social orders”，又可把他理解为作为英文语境中大众使用意义上的广义“social institutions”。因为，这三者的含义与词义的边界基本上是重合的。先从哈耶克方面来说，在理解他的“spontaneous social orders”时，我们只在狭义上把它理解为在人们的社会活动和交往中，通过人们之间的相互调适所形成和展示出来的一种具体的事态、一种情形、一种人们行事和进行社会博弈的常规性，并相应地把它们精确地或者说对应地译成“秩序”；而把哈耶克所说的人们在其活动与交往中按其行事的“抽象规则”、规程和办事准则以及由其整合而成的“规则系统”概括地理解成为中文的“制度”。再从诺思方面来说，很显然，我们应该非常明确地将诺思（North，1994，p. 245）所理解和使用的，包括正式规则、非正式约束以及二者的实施与实现的社会机制、特征（characteristics）、方式（ways）与过程的“institutions”，视作“社会制序”的主体构成部分。但是，为了进一步明晰我们理论分析和学术建构的思路，我们只把诺思所说的正式规则和约束以及其实施机制理解为中文的“制度”。如上所述，由于在诺思所理解和使用“institutions”中所“缺失”的这个英文词本来的“大众使用法”含义中的“practices”“usages”“customs”等，作为种种事态的“秩序”，我们还不能把他所使用和理解的“social institutions”视作“完全的”或言“整全的”“社会制序”。至于他所常用到的惯例（convention）、行动准则（codes of conduct）和行为规范（norms of behaviors）等，我们或则把它们理解为，由人们社会博弈过程中所自发产生的“秩序”（包括“usages”和“customs”）及“行事方式（practices）”[1] 向正式制度过渡的一些非正式约束与非正式规则，或则把它们理解为某些人们社会心理层面的东西。从这种意义上说，本书所使用的“社会制序”，又并不完全等同于诺思本人所使用和理解的“social institutions”，而与他晚年与瓦利斯和温格斯特所使用的“social orders”的含义完全相同。

综上所述，笔者主张，即使我们是从对哈耶克和诺思晚年所使

[1] 应该说，诺思在这方面的分析相当薄弱与欠缺，因之很难在他的理论框架中找到所谓的“秩序”及其生发和型构机制的分析。

用的“social orders”和诺思所使用的“social institutions”这两个英文概念的梳理、揣度和把握中确立了“社会制序”这个中文概念的，但在今后的应用中，我们应仍然按照国人的惯用法保留并使用“制度”这个概念。在这种狭义的中文的“制度”概念上，我们有称“经济制度”“政治制度”“法律制度”“教育制度”“管理制度”，等等。而“经济制度”又可包括金融制度、会计制度、审计制度、银行制度、信用制度、保险制度、商业制度、外贸制度、外汇制度、税收制度，等等。而这种种制度，作为规制人们经济活动与交往、交易的种种正式规则［大多数是成文的规则或者如哈耶克（Hayek，1976）所理解的“已阐明的规则”——即“articulated rules”］，显然又作为哈耶克所理解的“规则系统”和诺思所理解的“institutions”中的正式约束而构成了“社会制序”的主体部分，或者说“内在于”社会制序之中。一旦我们这样理解中文中“社会制序”与狭义的中文的“制度”（即在人们的日常使用中所用的“小制度”，即英文的“rules and regulations”意义上的“制度”）的这种涵盖关系，为了进一步明晰分析理路，就应该相应地把英文的“regime”（包括其广义的和狭义的）翻译为“社会**治式**”，或在一定语境把它翻译成“政权”（如希特勒法西斯时期的纳粹政权，即“NZ regime”，利比亚卡扎菲统治时期的“卡扎菲政权”）[1]。

---

［1］ 如把“capitalist regime”翻译为“资本主义的治式”，“socialist regime”翻译为“社会主义的治式”，等等。那么，在基本上厘清了“制序”与中文中的“制度”的各自的含义及其二者的关系之后，又如何理解我们理解的“社会制序”与“治式”（regime）这两个概念各自的规定性，以及二者的联系与区别呢？换句话说，在此厘定了我们的理论研究对象“社会制序”的规定性之后，是否可以认为这又回归到五种社会制度发展阶段（原始社会、奴隶社会、封建社会、（转下页）

这样，我们就可以比较清楚地理出“社会制序”“制度”和“社会治式”（regimes）之间的关系了。[1]

最后，这里有必要指出，无论是哈耶克，还是诺思，当他们把道德准则（moral rules 或 rules of morality）、行为规范（norms of behaviours）、行动准则（codes of conduct）涵括到社会制序中时（诺思曾多次明确地这样做，哈耶克则较含混地把它们与种种“规则”相并列），这种做法均是有些欠妥的。[2] 因为，道德规则、伦理准则和行为规范，既不是一种实存的事态即秩序，也不是业已确立的（或者说由明文制定的）制度，甚至可以说它们连一种社会礼仪或成规（social etiquette）也不是（尽管它们是维系和支撑社会礼

（接上页）资本主义社会、社会主义社会，以及“理想中的”共产主义社会）即中文的“大制度”上去了呢？显然不是。因为，在经济理论发展的制序分析阶段上，社会制序的经济分析所考察社会现象的视角，甚至所使用的“话语”（discourse）结构与以五种社会发展阶段的“社会制度”为“解释”对象的传统的政治经济学均有所不同，从而从某种程度上来说使这两个概念是“不可通约”的。但是，如果说仅为了“理论的过渡”而硬要把这二者扯在一起的话，我们可以仿照维特根斯坦的“话语”风格提出以下几点：(a)“治式”（regime）是对一个社会或组织的“外征”（figure）的整体的称谓；“制序”是对一个社群或社会内部全部“生活形式”的具体囊括。(b) 治式是一种明确的指称；制序是一种模糊的包罗。(c) 治式概念的义域边界是封闭的；制序概念的义域边界是开放的。(d) 治式体现在制序之中，或者说它是作为“整体”的种种制序的“影像”；制序则存在于治式之中，因而制序总是在一定的治式中的具体的存在。(e) 治式是抽象的称谓；制序是现实的实存。(f) 治式是“生活世界”中的种种“生活形式”的整体外观；制序是“生活世界”中的种种“生活形式”的实体。(g) 治式是名；制序是实。

[1] 从这里我们也可以领悟为什么哈耶克（Hayek，1988）在《致命的自负》中提出“资本主义制度”是一种“误称”，从而他主张用“人之合作的扩展制序”来代替之。现在，我们可以这样认为，只有从社会制序的经济分析的理论进路，才能领悟哈耶克的“人类合作的扩展‘制序’”的思想。

[2] 哈耶克（Hayek，1960，pp. 62～65）曾认为，道德规则构成人类文明的一部分。这一见解无疑是正确的，并且这种理解也是非常准确的。但是，我们却不能因此就把“道德准则”理解为“社会制序”的内在构成成分。

仪的最直接、最重要、最深层的东西)。道德和伦理准则以及行为规范，只是人们的某种社会心理层面的东西，或者说只是一种人们思想中的信念。因此，把它们涵括进作为一种实存的社会制序中去，显然是不合适的。当然，我们这样说并不是否认社会的道德准则和个人的行为规范在社会制序的型构、驻存与变迁中所起的重要的作用，但它们毕竟并不是社会制序本身的组成或者说构成部分。正是因为这一点，社会制序的经济分析，并不要研究道德准则和行为规范的生发、型构和演变机制（因为它们是属于伦理学和社会心理学所要研究的问题)，而只是把它们视作影响社会制序型构、存在与变迁的外生因素。从而，如果说社会制序的经济分析有必要考虑道德伦理准则与社会规范的作用的话，它也只是并只应该研究这些外生因素对社会制序本身的生发、型构、驻存和变迁的影响。[1]

4.2 “哈耶克矛盾”与“诺思悖论”

在上一节的分析中，我们已经较清楚地梳理出以下基本观点：哈耶克所使用的广义的作为社会“整体”的“overall orders”，以及诺思、瓦利斯和温格斯特晚年所用的“primitive social orders”“limited access social order”和“open access orders”，应与在英文语境中大众使用法上的和广义的“institutions”一样，被理解和翻

[1] 我们这里必须注意到，现代博弈论制序经济学家、哈耶克思想的博弈论诠释者萨格登（Robert Sugden，1989，p. 97）所提出的人们的道德信仰与社会制序是同一演进过程的产物这一理论洞见，在下一章我们会专门谈到。

译为中文的“制序”。而诺思在其一系列著作中所使用的，只涵盖“正式规则、非正式约束以及二者的实施特征”以及“构成方式”的“institutions”，其概念义域的边界又大致相当于哈耶克在其70年代之后的著作中所使用的“规则系统”。因而，我们应该仍然大致可以把诺思所使用的这个概念理解并翻译为中文中（狭义的）的“制度”。有了这样一个理解上的基准点，我们就可以根据以上的理论考察，来比较和评估哈耶克与诺思对现实人类“生活世界”中人们的“社会制序”的认识上的理论洞识和分析进路了。[1]

正如上面已经指出的那样，由于在诺思的一系列著作中，均缺失社会制序概念中的“秩序”（这里大致指英文中的“practices”“usages”和“customs”等）层面的分析[2]——而这种分析却构成

[1] 从哈耶克（Hayek，1988，p. 125）的《致命的自负》中的一段话来看，他曾读过诺思（North，1973，1981）的《兴起》与《变迁》。但是，就笔者所读过的诺思的绝大部分著作来看，他却很少提到哈耶克。譬如，在其思想集大成的《绩效》中，诺思（North，1990，p. 81）只有一处提到哈耶克：“那种能最大限度地允许进行实验（trials）的社会，会更有可能通过时间来解决其问题［即著名的哈耶克（1960）的论辩］。”由此来判断，诺思本人在20世纪90年代之前，似并未对哈耶克的分析进路做过较深入的研究。但是，自从我在2002年在剑桥大学写了一篇文章“On Douglass North's Theory of Instituional Change”并把它email给诺思教授本人之后（他曾给我回邮件说收到了，并说会认真阅读），因为那篇文章中不乏从哈耶克“自发秩序”的理论进路对诺思的新古典经济学理性经济人最大化的分析思路来解释人类社会的制度变迁现象的批评，这可能刺激或促使诺思教授本人晚年去阅读哈耶克的一些著作。比如，在他的《理解经济变迁过程》（North，2005）中，他就大量引用了哈耶克的一些观点，并最后得出了制度变迁的最后根源来自人们文化和观念的变迁的理论观点，在这一认识上最后与哈耶克趋同。

[2] 而诺思实际上是把非正式约束的惯例（convention）、行为准则（codes of conduct）、行为规范（norms of behavior）均理解为“social institutions”的构成部分的。但正如本书附录二所指出的，按照哲学家刘易斯（David Lewis）和经济学家肖特（Andrew Schotter）的理解，不但行为准则（codes of conduct）、行为规范（norms of behavior）还构不成“social institutions”，就连惯例（convention）也还不是（参本书，第404～406页）。

了哈耶克本人的社会理论的“集中意识”或者说理论的基底部分，我们要比较和评估二者在其社会理论分析进路和思径取向上的异同，还必须从哈耶克所说的“自发社会秩序”赖以为据的“规则系统”，以及诺思所理解的人们社会博弈中的种种正式规则和非正式约束这一语义“等价”的层面上来进行。

从第三章的分析中，我们已经知道，照诺思看来，种种“制度”——或者用哈耶克术语来说，各种规则及其规则系统——是由人们发明、创造、设计和制造出来的，也是可以经由经济的或“政治的”企业家根据其利益最大化的计算所任意改变的。从 70 年代起到现在，诺思只要一谈到“institutions”，总是用这种“设计”和“创造”等字眼，三十余年不变，始终一贯。

与诺思相反，从 20 世纪 40 年代起，到他 1993 年 3 月辞世的五十余年的著作生涯中，哈耶克一直坚持并主张：种种社会秩序应是自生自发地生发与型构出来的。并且对那种人为地从整体上进行体制设计（economic system）和制度建构的建构理性主义的作法与思径取向深恶痛绝，一生不遗余力地进行抨击，认为那是一种“致命的自负”。比如，在他如日中天时出版的名著《自由的构成》中，哈耶克就曾明确指出：“在各种人际关系中，一系列具有明确目的的制度（institutions）的生成，是极其复杂但却条理井然的，然而这既不是设计的结果，也不是发明的结果，而是产生于诸多未明确意识到其所作所为会有如此结果的人的各自行动。”（Hayek，1960：pp. 58～59，参：中译本，第 67 页）受苏格兰启蒙思想家休谟（David Hume）、亚当·弗格森（Adam Ferguson）和亚当·斯密（Adam Smith）等思想家的影响，从 1944 年出版的《通往奴役之路》、1949年出版的《个人主义与经济秩序》，尤其是1960年出版的《自由的构成》，和1973年到1979年出版的三卷本的《法、立法与自由》，乃至在1988年出版的他生前最后一部著作《致命的自负》中，哈耶克一再指出，人类社会的种种秩序，并不是人为设计出来的，而是自发演化生成的。譬如在《自由的构成》中，哈耶克在许多地方就指出，英国哲学家认为，“制度的缘起并不在于构设或设计（contrivance and design），而在于成功且存续下来的时间（或者说‘赢者生存’的实践）。……他们的观点所强调的是，我们所说的政治秩序（political order），并不是一般人所想象的那样，是我们的条理井然的智识的产物（the product of our ordering intelligence）。正如亚当·斯密及其同时代思想家的直接传人所见，亚当·斯密等人的理论发现，‘解决了这样一个问题，即人们认为极有作用的种种实在的制度（positive institutions），乃是某些显而易见的原则，经由自生自发且不可抗拒的发展而形成的结果，——并且表明，即使那些最为复杂、表面上看似处于人为设计的政策规划，亦几乎不是人为设计或政治智慧的结果’”（Hayek，1960，p. 57）。

哈耶克在1973年出版了《法、立法与自由》一书，他把第一卷的副标题就确定为“Rules and Order”，并在该书第二章专门讨论了“Cosmos and Taxis”。按照哈耶克自己的解释，他使用的这两个古希腊语中的词，“Cosmos”是指一种“源自一般市场理论的所努力解释的一种均衡”的“内生秩序”（endogenously），哈耶克把它看成是自组织和自我生成的一个系统（self-organizing or self-generating systems）的自发秩序（spontaneous order）；而另一个古希腊词“Taxis”，则被哈耶克用来指一种“外生秩序”（exogenous order)，即一种通过人的理性建构的一种“人造秩序”（artificial order）（Hayek，1982，vol. I，pp. 36～37）。在其后的分析中，哈耶克认为：“一般来讲，上述两种社会秩序共存于任何一个复杂的社会之中，而不论其复杂程度如何。然而，这一事实并不意味着我们可以用我们所喜欢的任何一种方式把这两种秩序混为一谈，我们在所有自由社会中所发现的乃是这样一个事实：尽管一切群体会为了实现某些特定目的而组织起来，但所有这些分立的组织和个人所从事的活动之间的协调，则是由那些有助于自发秩序的力量所促成的。家庭、农场、工厂、厂商（firm）、公司和各种团体，以及包括政府在内的一切公共机构，都是组织，但反过来它们又被整合进一种更为宽泛的自发秩序之中。因此用‘社会’这一术语来描述这一自发整体秩序（spontaneous overall order）是可以接受的，因为这可使我们将它与一些规模较小的且多少独立的群体区别开来，比如说游牧部落、部族或氏族，因为这些群体的成员至少在某些方面是为了实现共同的目的而在一个核心的指导下行事的。”（Hayek，1982，vol. I，pp. 46～47）

由于把整个社会都理解为一种“spontaneous overall order”，哈耶克认为这种社会体制是不可能从整体上被设计出来的：“经验已经充分告诉了我们不同的社会和经济体制（social and economic systems）的效率。但是，像现代社会这样一种复杂的 order，既不可能作为一个整体来加以设计，也不可能以那种不考虑其他部分而孤立地型塑（shaping）每一个部分，而只能在整个演进的过程中持之一贯地遵循某些一般性的原则……”（在这里哈耶克使用的不是一个完整的句子，我们也无法进一步推测他在说什么，但从他的上下文的逻辑中，可以认为他在说“演化变迁”——韦森注。见：Hayek，1982，p. 60)。照哈耶克看来，不但人类社会的整个系统是一种自发秩序，甚至连那种建立在人们行动的秩序的规则系统的法律制度也是自发生成的[1]。譬如，在《法、立法与自由》第一卷第四章，哈耶克就明确指出，“那种认为所有的法律都是立法者意志的产物的整个法律实证主义（legal positivism）的观点，是建构主义（constructivism）所特有的意向论的谬误（the intentionalist fallacy）的一个产物，这种观点深陷于人类制度设计理论之中；而

[1] 对于哈耶克认为的“法律本身便构成一种自发秩序”的观点，受到了福山的商榷和批评。他首先引用了哈耶克在《法、立法与自由》第一卷中的观点：“毫无疑问，人们发现可以制定或更改法律之前，它已存在很久了”。立法——有意识的颁布新的规则——“发生于人类历史的相对晚期……所有法律都是、能够是、也应该是立法者的自由发明……事实上，这是一种谬误，一种建构论的唯理性主义的谬误。”（Hayek，1982，pp. 74～75）哈耶克的这一见解，福山认为并不完全对。他认为，哈耶克心目中的法律自发秩序模型实际上就是英国的普通法，即“无数法官设法将普遍规则用于所面对的特定案例，其判决的积累促使法律的进化和发展”。对此，福山认为，“法律在社会规则分散演变的基础上获得发展，这一见解在广义上是正确的，无论古代还是现代。但法律的发展有重要中断，只能以政治权力的干预来解释，而不是‘自发秩序’进程的结果。哈耶克是把历史事实搞错了”。（Fukuyama，2012，参：中译本，第248～249页）在之前出版的《大断裂：人类本性与社会秩序的重建》一书中，福山（Fukuyama，1999，参：中译本，第236～237页）更明确地提出：“立法者对于政府的建立是必需的，政府能组织起大规模社群，并将社会秩序转化为政治秩序。人类与任何其他动物不同，能通过创造两到三个层级的科层，将家庭结成部落和家族，将部落结成联盟，并最终将所有次级的社会团体结成一个政治共同体或国家。”……“科层制对于纠正和弥补自发秩序的缺陷和局限是必要的，它起码在防御和财产权保护方面能提供相应的公共物品。”……“政治秩序缔造社会规范的第二种方式是为和平地超越面对面社群边界的市场交换创造条件，从而为自发秩序的扩展创造条件。有了可靠的、能得到强制实施的产权保护，买卖双方可以远距离地进行交易……在没有国家和缺乏产权的情况下，也会发生一些交易以及会有少量的投资；甚至在政治秩序已然崩溃的战争地带，人们也能以物易物。但没有国家，我们所认识的现代经济世界必然无由产生。”

与我们所知晓的法律的演化和其他人类制度演化的过程完全不相符”（Hayek，1982，vol. I，p. 73）。

哈耶克的这些观点，并不只是他晚年的认识。实际上，在1948年哈耶克出版的《个人主义与经济秩序》和1960年出版的《自由的构成》中，哈耶克就提出，人类社会的整个经济秩序是在运用了大量知识的过程中实现的，而且“这些知识不是集中在任何单个人脑中的知识，而仅仅是作为不计其数的不同个人的分立知识而存在的”（Hayek，1967，p. 92）。在这种情形下，哈耶克认为，“任何个人试图凭据理性而成功地建构出比经由社会逐渐演化出来的规则更具效力的规则，都是不可能的”（Hayek，1960，p. 66，参：中译本，第77页）。在《个人主义与经济秩序》中，哈耶克曾明确指出，斯密所主张的“努力使人们通过追求自己的利益尽可能对其他人的需要做出贡献，不仅仅产生了‘私有财产’的一般原则，而且还有助于我们确定不同种类的产权内容”（Hayek，1948，参：中译本，第20页）。由此，哈耶克认为，西方社会保护私有财产的法律制度，也是追求个人利益最大化的人们自发衍生出来的。

从20世纪40年代就形成的这种人类社会的市场交易和社会交往的“social order”以及各种各样的法律制度，均是自生自发产生的观点，在他最后一本著作《致命的自负》中仍有阐述。不过到了晚年，哈耶克已经使用了另一个概念“人类合作的扩展秩序”（the extended order of human cooperation）来称呼他早年所说的“自发社会秩序”。哈耶克明确指出，人类社会的这种“扩展秩序当然不是一下子出现的；其产生过程，要比一个世界范围的文明所展示的长得多，其变异形式，也复杂得多（大概用了几十万年，而不是五六千年)；而市场秩序只是相对晚近的产物。这种秩序中的各种结构、传统、制度和其他构成部分，是在对各种人们行为的习惯模式的选择中逐渐产生出来的”[1]（Hayek，1988，p. 16)。哈耶克还指

---

［1］现在看来，哈耶克用“人类合作的扩展秩序”来称呼他的理想的社会模式，是有一些问题的。通观哈耶克几十年的学术著述历程，可以看出，他所弘扬的理想社会，是一种以人们的劳动分工和市场交易为主要运作形式的法治化的市场经济体制。故在《致命的自负》的导论中，开篇就表明，本书要研究的，就是“人类合作的扩展秩序，而这种秩序经常被人们误称为资本主义。为了理解我们的文明，我们就必须明白，这种扩展秩序并不是人类的设计和有意识而为之的结果，而是自发生成的”（Hayek，1988，p. 6)。如果哈耶克眼中的这种人类文明就是这种人类合作的扩展秩序，那他实际上是指近代以来在世界各国中所逐渐形成的市场经济，即以劳动分工和市场交易为主要资源配置形式的市场经济体制。从一定意义上来看，说这个扩展秩序是在近现代以来自发生成的一种自发社会秩（制）序，未尝不可。但是，在其后第一章的分析中，哈耶克却认为，这种人类合作的扩展秩序在人类历史上已经存在了几十万年了，而其中的“市场秩序只是相对晚近的产物”，这就有些荒谬了。有人类社会历史常识的人都知道，在有文字记载的人类文明社会出现以前，世界各地区前人类群落，乃至有文字记载的大约有7000多年历史的古埃及文明与两河流域的苏美尔文明，基本上是劳动分工不发达且市场交易很少的“自然经济”。在分工和市场交易很少的自然经济中，又如何谈得上人类社会秩序的合作与扩展？又如何谈得上哈耶克所认为的人们今天所误解和误称的“资本主义经济”？尽管古罗马是一个商业帝国，市场交易乃至海外贸易都比较发达，但在罗马帝国崩溃后，法国的墨洛温王朝和法兰克帝国，中世纪以前的英格兰，在欧洲大陆，乃至近代以前的世界上其他国家和文明中，劳动分工和市场交易的范围都很小。没有劳动分工和市场交易，又如何谈得上人类合作扩展的社会秩序？甚至哈耶克本人也发现，自远古以来，在世界上的许多地方（不仅仅是传统中国社会)，人们都歧视乃至惧怕手工业者和商人。如哈耶克所讲，在古希腊社会中的公民，甚至连柏拉图和亚里士多德这样的哲学家，也瞧不起生意人（参：Hayek，1988，第六章)。在这样的古代社会，又怎么谈得上人类合作的扩展秩序的自发成长？当然，亚当·斯密和哈耶克是对的，在任何文明和社会中的人，都有商品交换和相互交易的自然秉性，因而在任何有记载的人类文明中，总会有通过市场交易和商业贸易发财的生意人。但是，由于在近代社会之前的许多文化和文明中都有重农轻商和重农抑商的文化观念和政府政策，“人类合作的扩展秩序”在近代以前的所有社会中均不能自发成长。甚至连哈耶克也注意到，在传统中国社会，王朝政府的强大科层建制有效地压抑了“自发社会秩序”的生发与扩展。在《致命的自负》第三章“市场的进化”中谈到罗马的衰落时，哈耶克就指出，为了让人相信自己更为聪明、更有智慧，为了不让社会制序任意发（转下页）

出："经济学从一开始研究的就是，一个远远超出我们的视野和设计能力的甄别和选择的变异过程如何产生出人类交往的扩展秩序（the extended order of human interaction）。亚当·斯密首先领悟到，我们碰巧找到了一些使人类经济合作井然有序的方法，这处于我们的知识和理解范围之外。他的'看不见的手'，大概最好应当被描述为是一种看不见的或难以全部掌握的模式。我们只是在我们既不十分了解、其结果也并非出自我们有目的而为之的环境的引导下——譬如通过市场交换中的价格机制——去做某些事情。"……"现代经济学解释了这种扩展秩序如何产生的原因，以及它自身如何构成了一个信息收集过程，它能够使广大分散的信息能够被获得和利用。这些信息是任何人乃至中央计划机关也无法全部知道、占有和控制的。"（Hayek，1988，p. 14）

当然，人类合作的扩展秩序在许多社会中并不是完全自发成长和扩展的，哈耶克也认识到了这一点。譬如，在《致命的自负》一书中哈耶克就指出，现代社会中货币和信用制度的运作（the

---

（接上页）展，政府迟早要滥用自己的权力，压制它们原先曾尽力保护的自由和个人的创造力。他进一步指出："如果说罗马的衰落并没有永久终止欧洲的演化过程，那么亚洲（后来还有中美洲）的类似开端则是因强大并有效地压抑了私人的创造力的政府（这种政府类似于欧洲中世纪的封建建制，但权力却大大超过了后者）中途夭折。在这些情况中，中华帝国最为引人瞩目。在那里，当'国难'再起的时期，当政府的控制暂时被削弱的时候，向文明和复杂工业技术的大踏步迈进就会发生。但是，这些反叛行为，或者说，这些脱离常规之举，总是被执迷于刻板保守传统秩序的国家的威能所绞杀。"（Hayek，1988，pp. 32～33）根据李约瑟（Joseph Needham，1943，1954）对中国科技史的研究，哈耶克（Hayek，1988，p. 45）还认为，在中国历史上，"政府总是试图维系那样一种完美的秩序，以至于任何革新都是不可能的"。由此来看，如果我们使用"人类合作的扩展秩序"这个词，那也是指世界各国进入近代以后以劳动分工和市场交易为特征的复杂的市场经济体制，或哈耶克所不愿使用的"资本主义经济"。

operation of the money and credit structure）是最难能予以理论解释的自发秩序之一。哈耶克指出，像道德、法律、语言和生物机体一样，货币制度（monetary institutions）本来也是自发秩序的产物。但是，哈耶克则认为，货币制度也是人类社会自发成长的形式中最令人不满意的。他指出，“尽管货币是人类合作的扩展秩序中不可或缺的要件，但几乎从它诞生那天起，政府就在无耻地滥用它，从而使货币成了人类合作的扩展秩序中一切自我调整过程遭到扰动的首要根源”。（Hayek，1988，pp. 102～103）

尽管哈耶克从20世纪40年代就一再强调，人类社会的市场交易和法律制度都是自发生成的，但综观哈耶克的整个理论体系，一个似乎显见的矛盾是：自20世纪30年代后期到他的晚年，哈耶克一直强调人类社会的自发扩展秩序，以此来批评他所谓的建构理性主义的设计整个中央计划体制的做法和实践，但是在《通往奴役之路》第一章，哈耶克（Hayek，1944，2007，p. 76）一开始就指出：“观念的转变和人类意志的力量，塑造了今天的世界。”在20世纪70年代所撰写的《法、立法与自由》中，哈耶克也曾说过，“每一种‘social order’都建立在一种‘ideology’之上”[1]。另外，在《法、

---

［1］ 现在看来，哈耶克在20世纪70年代之所以提出“Every social order rests on an ideology”，显然是受了他的老师米塞斯的观点的启发，尤其是米塞斯在《人的行为》这里的一些论述的影响。因为，早在1949年出版的巨著《人的行为》中，米塞斯就在许多地方论述了“social orders”与“ideology”之间的关系，这显然影响了哈耶克。譬如，《人的行为》一书中，米塞斯就明确指出：“任何社会事务的具体秩序都是一些‘ideology’的结果”……“任何已有的社会秩序，都是在它实现以前被想出和设计出来的。‘ideological factors’在时序上和逻辑上的领先，并不意味着人们像一些空想家（utopians）所做的那样完全设计一个社会体制的完整计划预先想出来的，而必须预先想出来的，不是协调各个人的 （转下页）

立法与自由》第一卷第1章结尾，哈耶克（Hayek，1973，p. 33）还曾指出："伟大社会（the Great Society）[1] 及其使之成为可能的文明，**乃是人的日益成长的沟通抽象思想之能力的产物**；当我们说所有人所共有的是他们的理性的时候，我们所指的是他们共有的抽象思想之能力。"不仅如此，哈耶克一方面在几十年的著作生涯中始终从他所谓的演化理性主义的知识论立场来批评人为设计社会制度和经济体制的做法，另一方面，却在他最为强调自发秩序的和法律制度自发生成的《法、立法与自由》一书的第三卷第17章，曾为西方社会设计了一套全新的代议制机构（representative

---

（接上页）行动并将其纳入一个社会组织的整体系统之中，而是在考虑到其他人的行动——尤其是已经形成一些个人集团的行动——而协调诸多个人的行动。"最后，米塞斯认为，"任何存在的社会事务的状态，都是先前想出的一些'ideology'的产物"……"任何持存的统治制度（a durable system of government）必定建立在大多数人所接受的ideology之上"。（见Mises，1966，pp. 187～189）对此，米塞斯还进一步解释道："如果我们把'ideology'这个概念实体化或拟人化（hypostatize or anthropomorphize），我们可以说，'ideology'对人们有支配性的威能（might）。"（Mises，1966，p. 188）……"构成政府基础而赋予统治者用暴力压迫少数反对者集团之权力（power）的'实在的'因素和'实在的力量'，本质上是观念（体系）的、道德的和精神的。"（同上，p. 189）只不过米塞斯在这本著作中用到的"ideology"，被夏道平先生翻译为"意理"，所以许多中文读者都忽略了米塞斯的这些重要观点。对于"ideology"这个法语、德语和英语中的概念，自20世纪60年代以来，在国内，几乎大多数学者均不加思考地把它翻译为或认作"意识形态"。但是，自民国时期以来，在中国大陆、中国香港及中国台湾，以及海外华人的知识界，对这个法文、德文和英文中共有的概念，有各种各样的译法。由于这个词很难精确地用一个汉语来对译它的含义，民国时期的许多学者（如：李达，1937）一开始把它音译，如把它翻译为"意德沃罗基"。哈耶克的关门弟子林毓生先生则主张用"意蒂牢结"来对译这个概念。通过考证这个词的法语最早词源，以及马克思和恩格斯在德语中如何使用它的，及在英语中的含义，笔者（韦森，2019）在最近的一篇长文中，主张按照这个在西方文字中的本来含义把它翻译为"观念体系"。

[1] 这是英国古典经济学家亚当·斯密在《国富论》中所提出的一个概念，在哈耶克的晚期著作中大致是指现代社会。

institutions)。于是，这就在哈耶克的经济社会理论体系中出现了这样一个似乎明显的矛盾（这里我将之称作**“哈耶克矛盾”**）：哈耶克一方面反对理性设计和建构社会制序和整个经济体制，另一方面又说每一种社会秩（制）序都是建立在一种观念体系之上，并且自己还为西方社会设计了一套全新的理想的“双代议制机构”[1]。那到底如何看待哈耶克整个社会思想体系中的这种矛盾呢？

这里，我们不妨先来看看哈耶克是如何论述，以及他实际上如何为西方社会所构想的双代议制机构的，然后再来看我们到底该如何理解这一“哈耶克矛盾”。

在其几十年的著作生涯中，哈耶克一直主张，在现代社会，为了保障个人选择的自由和人身自由，必须实行权力分立制衡，以防止政府的无限权力。只有在政府权力得到限制的法治之下有限政府的政制中，市场的自发社会秩序才会快速的成长。这是哈耶克的经济社会理论的核心理念和主张。哈耶克认为，不论在世界上哪个地方采用或移植了现代民主制度，“在自由宪政（liberal constitutionalism）对政府权力之扩张现象起着约束作用的时期，就曾经培育出了一些极为重要的限制权力的传统”。（Hayek，1979，pp. 102～103）但是，经过多年的观察，哈耶克本人也担心在西方国家“一个名义上无限的主权者（哈耶克这里用的是‘sovereign’——韦森注）代议议会（representative assembly）必定会在种种力量的

---

[1] 在这一章的第一个脚注中，哈耶克（Hayek，1979，pp. 191～192）还特别指出：“重新构建代议制机构（representative assemblies）这项建议，我已经思考了相当长的时间，在之前的许多场合，我已对此以书面文字的形式做了初步的描述。”

驱使下一步一步地且无休无止地扩大其统治权力（unlimited extension of the power of government）”。因此，经长期考虑，哈耶克提出建立一个双套代议议会机构的政制设想，其中一个叫做“立法议会”（the Legislative Assembly），另一个叫“政府治理议会”（the Government Assembly）[1]。前者（哈耶克以古希腊雅典人用的一个词“nomothetae”来称呼它）专门负责立法和负责修改基本的内部规则（nomos）；而后者则像今天西方国家的大多数议会那样专门负责对政府的每项行政活动——如征税、花钱、制定安全和卫生方面的规章，以及提供各种公共服务，等等——进行监督和制衡。哈耶克（Hayek，1979，p. 123）还曾设想，“政府治理议会以及作为其执行机构的政府，既要受宪法规则的约束，又要受立法议会所指定或认可的正当行为规则的限制。这便是法律之下的政府（government under law）要义之所在”。除此之外，哈耶克还建议应设立一个宪法法院（the Constituional Court）[2]，主要用来解决和仲裁“立法议会”和“政府治理议会”之间的可能的权限冲突（a conflict of competence）：“我们最后还是需要强调一点，这就是宪法法院往往只能裁定立法议会和政府治理议会两者都无权采取某些特定种类的强制性措施，而不得裁定一个议会有权而另一个议会

[1] 哈耶克还具体设想到，这种“立法议会”的“男女议员的年龄在45岁到60岁之间，而且每年有1/15的议员要得到替换，因此，整个立法议会所反映的乃是这样一部分人的意见，他们不仅积累了很丰富的经验，而且也有机会赢得声誉，且仍当盛年。我们在这里应当特别指出的是，虽然说45岁以下的人在这样的议会中没有代表，但是，该议会议员的平均年龄——52岁半——仍将低于绝大多数现有议会议员的平均年龄”。（Hayek，1979，p. 113）

[2] 在奥地利、德国、法国、捷克、西班牙、意大利、摩洛哥、叙利亚等国，实际上已经建立了宪法法院。韩国也在1988年建立了宪法法院。

无权采取某些种类的行动。”（Hayek，1979，p. 121）

提出设立“双代议制议会”和宪法法院这些建构性的政制设计，哈耶克本人当然认识到这要牵涉一些重要的宪制改革和国家制度建构。故哈耶克（Hayek，1979，p. 126）在这部著作中最后说：“我们在这里所企划的宪政安排，无疑会产生广泛的影响，尤其是对财政领域会产生深远的影响。”……“财政领域的核心问题，源出于这样一个事实：即一方面政府征收任何献金（levy contributions）肯定是一种强制行为，因而它必须根据立法议会所制定的一般性规则予以进行。然而，另一方面，有关如何决定开支的数额及用途问题，显然是政府的事情。因而，我们所拟定的方案便会要求，由立法议会来制定政府在向公民摊派所需筹集的全部资金时，必须遵守的统一规则，而（财政）开支的总额及其支出的用途，必须由政府治理议会来决定。”了解美国国家政治安排和政治运作过程的人会知道，哈耶克的这些主张和设计，实际上是要把美国参众两院中的分别现设的预算委员会（House Committee on the Budget 和 Senate Committee on the Budget），以及参众两院的 12 个拨款委员会（Appropriations Committees）从美国参众两院所构成的国会中独立出来，形成一个新的议会机构。

这样，哈耶克实际上为西方民主国家设计了一套全新的国家政制运作模式。于是，在哈耶克的整个社会理论体系中，就出现了一个很明显的内在矛盾和张力：一方面，他在《个人主义与经济秩序》《自由的构成》《法、立法与自由》以及《致命的自负》中一再主张自发社会秩序，反对任何制度设计；而另一方面，到最后却又自己设计一套与西方现代国家运行体制完全不同的政制和社会体制模式来。这难道不是自我矛盾吗?

实际上要理解哈耶克社会理论的这一内在矛盾，关键是要从整体上看待哈耶克的经济与社会理论。哈耶克一生的经济与社会理论，所宣讲的是一种良序的自由社会的理念，其中包括市场经济、自由企业制度、个人自由、法治和有限政府。对此，哈耶克曾明确指出:“对（政府）权力进行有效的限制，可以说是维持社会秩序方面的最为重要的问题。就型构这样一种社会秩序来说，政府在保护所有人免受他人的强制和暴力方面是不可或缺的。但是，这里需要强调指出的是，一旦政府为了达到这个目的而成功地垄断施行强制和暴力的权力，那么它本身也就变成了个人自由的首要威胁。因此，对政府的权力进行限制，便成了17世纪到18世纪宪政政府创设者的伟大目标。但是，当人们错误地认为只要采取民主的方式对权力的实施进行限制，便足以防止这种权利的过分膨胀时，那种限制政府权力的努力就在不知不觉中几乎被彻底放弃了。”（Hayek，1979，p. 128）正是出于这样一种担心，哈耶克才设想并设计出了这种双重的代议制议会的宪政政制安排，想以此来保障人们的自由，来确保社会的自发秩序的成长。实际上，哈耶克一生所主张的，是一种法治化的市场经济体制，而确保市场经济自发成长的国家和政府的政制形式，则是人们设计出来的。但是，哈耶克的核心主张是，为了保障人们的自由，政府的权力必须要受到制衡和限制。最后，哈耶克一生所主张的，是有一个法治化的、有限政府政制下的市场经济。只有在这样的体制中，他所说的人类合作的扩展秩序才会不断成长。对此，哈耶克有明确的论述:“社会是形成的，而国家（state）却是建构的。”[1] （Hayek，1979，p. 140）到这里，也许我们就能理解哈耶克的自由社会理论的一个核心观点“观念的转变和人类意志的力量，塑造了今天的世界”和“每一种社会秩序都建立在一种观念体系之上”这一基本判断了。[2]

现在，让我们再来看诺思对人类社会制序变迁的理论解释。诺思本人早年曾受马克思经济学的影响[3]，后来又受到新古典主流经济学和科斯交易费用经济学的影响。但是，作为一个经济史学家和理论经济学家，还是看到了大范围人类社会制序变迁的基本趋势和格局。在《经济史中的结构与变迁》第三章，诺思曾提出了一个悖论（这一悖论被学界广泛称作为“诺思悖论”）：“国家的存在（the existence of a state）是经济增长的关键；然而，国家又被认为是经济衰退的根源；这一悖论使国家成为经济史研究的中心。在任何关于长期变迁的分析

---

[1] 这句话的英文原文是：“Societies form but states are made。”（Hayek，p. 140）

[2] 对于这一点，笔者在《重读哈耶克》（韦森，2014）和最近所撰写的一篇长文《观念体系与社会制序的生成、演化与变迁》（韦森，2019）中均做了进一步的探讨。

[3] 从诺思为诺贝尔委员会所写的自传中，可以非常清楚地看出，诺思理论分析进路中的建构理性主义的思径取向，主要是受马克思主义尤其是马克思（Marx，1845，参：中译本，第 19 页）本人所信奉的理论的任务是“改造世界”的精神的影响所致。在这一“自传”中，诺思说，早在在加州大学伯克利分校读本科期间，他就是一个“公认的马克思主义者”（a convinced Marxist）。在本科毕业后，诺思曾在美国海军服役数年。后来他又回到加州大学攻读博士学位。在此期间，他又深受一个马克思主义经济思想史学家 Robert Rogin 的影响。正是由于在大学读书期间所形成的马克思主义的信仰，使诺思确立起了终生矢志于用理论改造社会的人生目标。在谈到这一点时，诺思说：“我带着非常明确的目的回到研究生院，那就是，我要终生投身于改进社会，发现经济运作的方式并改进之，尤其是改进那些经济运作或有运作障碍的方式。我相信，一旦我们懂得了什么决定在时间长河中诸经济的实绩（performance），我们就能改进它们的运作。我从来没有放弃过这一目标。”（North，1993c，p. 2）

中，国家模型都将占据一个明显的部分。”（North，1981，p. 21）

为什么存在这样一个悖论呢？按照诺思在《经济史中的结构与变迁》一书中给出的“新古典经济学的国家理论”的解释：“理解国家的关键在于其为实行对资源的控制而尽可能地利用暴力，离开产权，人们很难对国家做出有用的分析。”（North，1981，p. 21）为什么财权理论与国家理论联系在一起？诺思认为：“产权的本质是一种排他性权利，而在暴力方面具有比较优势的组织则处于界定和实施产权的地位。”（同上）基于这一理解，诺思认为：“关于国家的存在，有两种解释：契约理论与掠夺或剥削理论。国家的契约理论有悠久的历史。近些年来，由于新古典经济学家逻辑上拓展了交换定理，即认为国家在社会福利最大化方面起着主要作用，因而这一理论得以复兴。由于契约限定着每个人相对他人的活动，因而它对经济增长来说是十分重要的。契约理论方法对能促进经济增长的有效率的产权做出了解释。”（North，1981，pp. 21～22）但是，诺思也发现，在另一方面，“国家掠夺和剥削理论则由一些极不相同的社会学家所持有，其中包括马克思主义者（至少在他们对资本主义国家的分析中是如此）和新古典经济学家。这一派观点认为，国家是某一集团和阶级的代理者，它的作用是代表该集团或阶级的利益而向其他集团和阶级的成员榨取收入。掠夺性的国家将界定一套产权，使权力集团的收益最大化而无视这对社会整个福利的影响”。（North，1980，p. 22）

于是，诺思从这里就发现了人类社会演变发展过程中的一个悖论：“国家的基本服务是提供一套根本的博弈规则。不管是作为无书写文字的习俗（如在封建庄园中），还是作为有文字写出的宪法，它们均有两个目的：一是界定形成产权结构的竞争与合作的基本规则（即在要素和产品市场上界定所有权结构），这能使统治者的租金最大化；二是在第一个目标的框架中降低交易费用以使社会产出最大化，从而使国家的税收增加。”（North，1981，p. 24）诺思还认为，基于其新古典经济学的统治者的收入最大化来设计产权和国家制度的理论，统治者的收入来源有两个：一是歧视性地在要素和产品市场上界定所有权结构，从而使其租金最大化。二是努力降低社会的各个经济单位之间的交易费用以使社会产出最大，从而使统治者的税收增加。但问题是，统治者能不能努力使这两项收入都最大化从而使收入总额最大化呢？诺思认为并不能。因为国家的两个目标存在着内在的矛盾。第二个目标包含一套能使社会产出最大化而完全有效率的产权，即只有在有效率产权的基础上才能使社会产出最大化，而第一个目标是企图确立一套基本规则，以保证统治者自己租金收入的最大化。统治者要使租金最大化（其措施是以国家权力干预市场，尽量多地限制生产要素的供给量，从而使其市场价格长期高于成本），就必然会降低社会总产出，最终减少统治者的税收收入。对于这一悖论，在《经济史中的结构与变迁》一书中，诺思还进一步指出，“国家往往确立规则以使统治者及其集团的收入最大化，然后再在一定约束下设计出降低交易费用的规则。假如对统治者是有利可图的话，那么非自发的组织将会出现（如非自发的奴隶制度）。假如来自内部或外部交易效率的组织形式对统治者的生存产生威胁的话，那么无效率的组织将存在下来（如苏联的集体农庄和古雅典从事谷物贸易的组织）。而且，对于统治者来说具有低考核费用的组织形式也会存在下来，尽管它们是较无效率的（例如法国柯尔贝尔时期的法国政府资助的垄断企业）。”（North，

1981，p. 43）概言之，诺思认为，对于任何一个统治者来说，租金最大化和税收最大化是不可兼得的。因而，“在使统治者（和他的集团）租金最大化的所有权结构与降低交易费用和促进经济增长的有效的体制之间，存在着持久的冲突”。（North，1981，p. 25）这就是诺思的著名的“国家的悖论”，或称“诺思悖论”。

对照“哈耶克矛盾”和“诺思悖论”，我们会发现，尽管与诺思相比，哈耶克在社会制序的生发、型构与变迁的机理与路径的认识上有着更深刻的理论洞识，但诺思从对“三种社会秩序”在对社会制序演进和变迁的现实结果的认识上，却得出了也许比哈耶克更为接近人类社会历史演变发展的真实情境的见解。究其原因，可以发现，这大概主要是因为哈耶克在人类社会制序的型构、演进和变迁路径认识上的乐观的理想主义所致。通观哈耶克终生学理探讨的思想轨迹，可以发现，在哈耶克数十年持之不懈地坚持弘扬其“自由社会”思想的努力中，在他的思想底蕴中似乎一直存在着这样一种理想主义的信念：如果没有政府的当权者和政治企业家的刻意制度设计和对自发社会秩序的人为控扰，由斯密的“看不见的手”所支配着的市场经济的“内生力量”定当型构或衍生出一种理想的、有效率的社会经济制序来，[1] 这就是他从70年代就萌生而到辞世

[1] 当然，我们必须注意到，哈耶克本人有时确曾意识到“自生自发”路径并不一定就会生发出有效率的“社会秩序”来。譬如，在《法、立法与自由》第一卷中，哈耶克（Hayek，1973，p. 88）在谈到判例法（case-law）这种自发生成的法律时曾说过这样的话：“自生自发的发展过程有可能陷入一种困境，而这种困境则是它仅凭自身的力量所不能摆脱的，或者说，至少不是它能够很快加以克服的。”尽管哈耶克有诸如此类的论述，但综观哈耶克数十年的著作生涯中的大部分论述，可以认为，他在人类社会制序的生发与型构的认识上，是一个过于相信“自发力量”和“自发秩序”的乐观主义者。

前不久才确立的“人类合作的扩展秩序”这一理想的社会制序范型。

与哈耶克的这种乐观的理想主义的理论信念截然相反，诺思基本上是一个比较冷静的理论现实主义者。通过对欧美近现代市场经济的型构、演进和变迁的历史史实的考察，尤其是通过对西欧近现代社会以及工业文明之前，漫长的传统社会的内部结构及运行机理的历史反思，以及通过他对一些欠发达社会（包括一些东方社会）中的制度变迁中的“锁入效应”和“路径依赖”的考察和审视（参：诺思于 1987 年发表在 *Economic Inquiry* 杂志上的一篇他最具原创性的文章——《制度、交易费用和经济增长》），诺思得出了一些比较接近世界历史演变实际的理论结论。尤其是到晚年，诺思和瓦利斯以及温格斯特等学者所提出的“暴力与社会秩序”的研究思路，更能描绘出人类社会发展的一般特征，而且在这一点上，诺思与哈耶克的见解和主张几乎完全一致。只不过诺思认为，在人类诸社会的经济制序的驻存与演变的历史中，如果没有一些外在或者说外生力量的冲击，如果任由各社会内部的自生自发力量和秩序在那里生长与发育，尤其是囿于传统的文化信念和流行的意识形态，一个社会可能会由于制度变迁中的“路径依赖”和“锁入效应”而在同一个层面上不断地自我复制与“内卷”，从而可能在很长的时间中乃至永远也不能自生自发地生发出哈耶克所理解的那种“人类合作的扩展秩序”，或诺思、瓦利斯以及温格斯特所称的“开放进入秩序”的社会形式。

另外，尽管哈耶克在其《通往奴役之路》中提出，在《法、立法与自由》中，任何社会体制都是建立在一定“观念体系”之上，但他对此并没进行进一步的解释和展开论述。但正是因为相信这一理念，他的《通往奴役之路》、《自由的构成》以及《法、立法与自由》乃至《致命的自负》等著作，都是旨在解释构成现代自由社会和国家的基本制度理念，以及市场经济运作的基本原理。而对人类历史上诸社会的国家的经济与政治制度、观念体系与经济绩效之间的关系，诺思倒是反过来从新古典主义经济学和交易费用经济学的理论视角，对无效率社会制序（social orders）存在的原因进行了理性的分析："遵从规则的成本是如此之高，以致在个人最大化行为缺乏某种制约的情况下，任何规则的执行都将使政治或经济的制度无法存续，因此，需要花费大量的投资去让人们去相信这些制度的合法性。因而，政治和经济制度的结构（与变迁）理论一定要与观念体系理论相结合。"（North，1981，p. 19）在这本书的最后一章，诺思又进一步指出："行为的道德伦理规范是构成制度约束的一个主要部分。这种道德和伦理规范产生自人们应对环境挑战而对现实的建构（观念体系）。观念体系不同于道德，虽然二者都是对世界整体的认识，并都起着节省信息费用的作用。然而，观念体系是与对制度的正义和公平判断相联系的。当一个世界中的人们（individuals in a universe）有共同的经验时，一致的观念体系就会被演化生成（evolve）出来；而不同观念体系则源自人们对现实感知的差异和冲突。因而，一致的观念体系可以代替正式规则和服从程序。随着多样性的观念体系产生出来，对统治者来说，对让其他委托者和代理人相信一定的制度是公平的和合法的而投入一些资源，以降低服从费用，对他自身是有益处的。加之，在一致的观念体系之中可行的制度会随着各种各样的观念体系的演化生成出来而变得不可行，因而，考虑到检测和惩罚违规行为的费用，规则必须形式化，服从程序也必须进一步发展。”（North，1981，p. 205）

从上述论述中，我们可以清楚地看出诺思非常强调观念体系在一个社会的制度生成、运作和变迁中的作用，以致到晚年在《理解经济变迁过程》一书中，他得出了制度的生成、维系和变迁的最终源泉来自人们的文化信念，而他后来所说的“文化信念”，应该就是他在 20 世纪 80 年代所说的“ideology”（观念体系），从而诺思在整体上也得出了与哈耶克在《法、立法与自由》中所认为的，差不多共同的理论洞识，即“每一种社会制序都是建立在一定观念体系之上”。

最后要指出的是，尽管哈耶克和诺思都通过研究大范围的人类社会历史，来论述良序社会运行的基本原理和人类社会的变迁过程，并都相信观念体系和文化信念是人类社会变迁的最终源泉，但他们的研究和解释，均缺乏宗教信仰对人类社会制序变迁影响的维度。而宗教信仰在人类社会制序乃至现代国家的政治制度构建和经济运行中，起着一个巨大和至深的作用。这使得哈耶克和诺思的理论研究和解释均有一个巨大的理论缺环。

这里，我们不妨拿哈耶克和诺思对英美政治与经济制序的分析，与另一位美国保守主义运动的思想家拉塞尔·柯克（Russel Kirk）的理论研究相比。在 1974 年初版（1977 年再版）的《美国秩序的根基》（*The Roots of American Order*）一书中，柯克（Kirk，1977）以最根本也最难把握的秩序观念来理解和阐释作为共同体的美利坚合众国的社会制序的起源、建构和演变。这部《美国秩序的根基》，从最深层的思想基础上，探讨了美国社会制序的历史和思想渊源；将美国制序的根基牢牢锚定在《旧约》中的先知时代，纵横于三千多年西方社会历史演进的传统之中。柯克认为，从古希腊罗马精神，到基督教的中世纪和 15 世纪之后的宗教改革，西方历史的演变过程时时都在酝酿美国社会制序的种子：耶路撒冷的信仰和伦理、雅典的理性与荣耀、罗马的美德与力量、伦敦的法律与市场，所有这一切，都将融汇到由清教徒肇始的美国现代社会制序之中。在柯克看来，美国的成功之道，似乎可以简略地概括如下：基督教的宗教信念派生出有秩序的自由观；有秩序的自由观派生出自由企业、自由市场和有限政府的制度安排；自由企业、自由市场和有限政府的制度安排，又为美国经济的成功、个人和企业家活力的发挥提供了有效的和尽可能多的制度保障。另外，研究 16 到 18 世纪欧洲政制史的一位当代学者美国学者道格拉斯·凯利（Douglas F. Kelly，1992）也差不多有同样的理论发现和认识，而这些发现和认识恰恰反映出从 15 世纪到 20 世纪西方社会演变的真实图景，而其中演变的最重要的维度和机制却被当代经济学家、政治学家、社会学家所忽略和忘记了。在其《自由的崛起：16～18 世纪的加尔文主义和五个政府的形成》一书中，凯利也曾对现代西方几个国家宪政民主政制的基督教信仰的起源，做了很深入的探讨和解释。在法国、荷兰、苏格兰乃至英国的新教改革运动时期的加尔文派的教义中，一个重要的理念是，“政府必须受宪法约束，以显示它服从于上帝的道和初代教会的信仰”。这一思想曾极大地影响了后来在 17 世纪三四十年代发生的英国清教徒革命，乃至对后来英国的“光荣革命”和 1776 年的美国革命也发生了至深至远的影响。凯利还发现，在北美殖民地的加尔文主义的清教教会“在圣约观念下的宪政经验，对于北美的社会共同体、殖民政府乃至以后的联邦政府的宪章性盟约（在这里作者是指1620年11月11日清教徒在一艘船上签订的《五月花号公约》——韦森注）的发展都有着直接的影响。长老会的治理模式则以它自己的方式对美国的政体形成有其独特的贡献，如代议制、联邦制、权力的分立与制衡，同时对法官的违宪审查制度也有着深刻的影响”。在2009年发表在《读书》第12期上的一篇《英美宪政民主政制的超验之维》的文章中，笔者（韦森，2009）也曾对现代英美民主政治的基督教信仰的思想起源进行了一些初步的解释和探讨。如果把柯克的《美国秩序的根基》和凯利的《自由的崛起》的理论发现，与哈耶克的自由社会理论以及诺思的大范围社会制度变迁理论放在一起读，我们就会发现，尽管哈耶克和诺思的经济与社会理论都在大范围地解释人类社会的运作、演化和制度变迁过程的，且都主张一个法治化和有限政府的市场经济，且均有其深刻的和不乏理论洞见的观点，但各自的理论解释却由于对宗教信仰及其与各个社会的经济与社会发展的解释的缺位而存在一些重要的缺环。尤其是在解释任何一种社会制序都是建立在一定的观念体系之上，哈耶克和诺思在生前都没有给予充分的解释和展开。现在人类诸社会发展到21世纪了，世界各国的社会制序实际上还是建立在一定的观念体系之上，且尽管建立在不同观念体系之上的世界各国都有市场交易和国际贸易，都有自己的政府和国家制度和法律制度，但各国的市场经济运作形式、政府制度架构和法律制度，实际上却有很大的不同，因而不同国家的社会经济制序实际上也有很大的差异。不同的社会经济制序（socio-economic orders）也直接影响着世界各国的经济发展水平和人民的福祉。当今世界上 57 个伊斯兰国家还没有一个进入发达国家，而目前世界上的发达国家几乎全是信奉基督教的国家，也从反面印证了这一深层次的问题。从这个意义上来说，研究不同的观念体系，研究宗教信仰对不同国家和社会制序的影响，辨识出人类社会繁荣发展的基本法则，即什么样的资源配置体制、法律制度和国家制度，才符合人类社会发展的天道（providence），仍然是当今世界各国所面临的一个根本性的理论问题。未来中国向何处去，中国的经济与社会改革，最终指向到底要建立一种什么样的政治—经济体制与法律制度，未来中国能否在 21 世纪崛起，乃至我们 14 亿中国人的福祉，也取决于我们到底信什么。用吴敬琏先生的一句话说，要重启中国的改革进程，关键在于转变观念。

4.3 “秩序”与“规则”：从维特根斯坦“人遵从规则的悖论”看人类社会制序的生成与演变

在以上四章的讨论中，我们主要通过文献回顾的形式，对社会制序的理论分析进路做了梳理和评述。在对前人尤其是对哈耶克和诺思的理论洞见与分析理路的评析过程中，我们也基本上厘定或者说理清了我们所要研究的社会现实对象性即“社会制序”的大致规定性。我们之所以提出广义的社会制序概念，实际上就是哈耶克自 20 世纪 40 年代起就一直“稀里糊涂”（wolly-minded）所使用、但一生也没解释清楚的“social orders”[1]，也是诺思大半生含含糊糊所研究和解“social institutions”，以至于到晚年和瓦利斯和温格斯特又回到了哈耶克“稀里糊涂”（wolly-minded）地使用的“social orders”概念中去了，故我们今天所使用的“社会制序”概念，正好把哈耶克和诺思等学者“social orders”大半生使用、但大半生都没能弄清楚的研究对象的一个术语上的模糊，给出一个清晰的界定，以期对我们自己的研究提供一个清晰的理解。

首先，作为20世纪一位伟大的思想家，哈耶克关于人类经济社会演变的许多思想，都有伟大的洞见，他所主张的个人自由、自

[1] 在哈耶克1991年逝世后，约翰·格雷（John Gray），一位被哈耶克本人生前称为“对我的思想做了最好的描述，不但完全理解了我的思想，而且能在我停留下来的地方将其推向前进”的学者，于1992年在苏黎士召开的哈耶克思想国际讨论会上，曾对哈耶克的“自发社会秩序”进行了全面的否定和攻击。格雷（Gray，1994）在会议的发言中明确指出，哈耶克的“自发社会秩序”概念，并没有唯一、清楚和连贯的含义，而是许多独立论题的“大杂烩”（an eclectic conflation），而这些论题，或者是问题百出，或者明显就是错误的。格雷还举例，在哈耶克的晚期著作中，“自发秩序”不仅存在于人类社会中，也存在其他生物种群、自然现象如星系、磁场、晶体等之中。因此，在哈耶克的著作中，“秩序”除了意指某种自我复制的结构外，究竟含义是什么，并不清楚。然而，很明显，哈耶克是在“不含价值标准”（value-free）意义上用“自发秩序”来称谓和解释所有自我调节系统的。格雷还认为，哈耶克的这一概念有着明显的规范意义。因为，照哈耶克看来，只要人类的经济生活是通过一种自愿交换的网络来实现的，所有成员的福利在其中都会得以增进。很显然，根据哈耶克在阐释中央计划体制非可行性的知识论中所衍生出来的自发社会秩序的理念，在人们自愿交换的网络中所产生的人类活动的协调，要比任何通过人为理性设计和全面计划的社会安排更为优越。从这一点上来看，在哈耶克的社会理论中，有着不可超越的内在矛盾。格雷还进一步攻击哈耶克说：哈耶克的自发社会秩序理论从根本上来说“tells nothing”，其知识论和方法论基础也是错误的，并且哈耶克还错误地理解了现代资本主义市场经济的原生过程。在这里格雷对哈耶克理论体系的批评显然是错误的。但哈耶克的“自发社会秩序”概念含混不清却是个事实，我在剑桥大学访学时所写的一篇《剑桥书简》，曾对此作了简要的梳理和论述（参：韦森，《经济学如诗》，上海：上海人民出版社，2003年，第131～141页）。

由企业、市场经济、有限政府、法治社会也是符合人类经济社会演化发展的大趋势。在阐释他的经济社会理论时，哈耶克也发现，人类社会的所有社会秩序也是在规则之下的秩序。但是，由于他的“社会秩序”概念含混不清，他还经常使用“市场秩序”“道德秩序”和“法律秩序”等概念。他甚至“稀里糊涂”（woolly-minded）地把货币、婚姻、组织、政府、社会等都是视作“秩序”。甚至有时分不清楚什么是规则，什么是秩序[1]。当然，哈耶克非常正确地看到，与自然界和生物界的秩序不同，人类社会的秩序都是在规则之下的秩序。[2] 但是，在人类社会中，秩序与规则的关系到底是什么，“秩序”（orders）与“制度”（institutions）的关系是什么，这是他一生并没有理清的问题。可能也正是因为哈耶克一生没有理清人类社会的规则和种种社会秩序的关系是什么，才产生了“哈耶克矛盾”，即他一方面一再主张“自发社会秩序”，反对任何制度设计

［1］ 由于“自发社会秩序”是哈耶克晚年著作中的一个核心概念，如第二章我们所探讨的那样，哈耶克确实努力想弄清“秩序”与“规则”之间的关系和各自的规定性。譬如，在《自由的构成》一书中，哈耶克（Hayek，1967，p. 67）就曾说：“个人行为的规则系统与个人依据它们行事而产生的行动的秩序，并不是同一事情，这个问题一经得到陈述，就应当是显而易见的，即使这两种秩序在事实上经常被混淆。”这里很显然还是把规则视作一种“秩序”。

［2］ 上面我们已经指出，譬如，在 1973 年出版的《法、立法与自由》中，哈耶克在谈到规则系统与自发秩序的关系时就曾指出：“这里我们必须弄清，虽然一种自发秩序所依赖的诸种规则也可以自发地产生，但这并不必总是如此。毫无疑问，尽管人们遵循那些不是刻意制定而是自发产生的规则，从而一种秩序会自发地型构而成，人们亦会逐渐地学会去改进这些规则，但至少可以认为，一种自发秩序的型构完全依赖于那些刻意制定的规则。因此，必须把作为结果的秩序（resulting order）的自发特征，与建立在其上的规则的自发的起源区别开来；并且，一种被视为自发的秩序亦可能是建立在那些完全是刻意设计结果的规则之上的。”（Hayek，1973，pp. 45～46）在《致命的自负》中，哈耶克（Hayek，1988，p. 19）也曾更明确地指出：“规则自身就能组织（unite）一种扩展秩序。”

和理性建构社会经济体制，但另一方面又相信“每一种社会秩序都建立在一种‘ideology’之上”。

与哈耶克相类似，由于诺思几乎一生研究“social institutions”，但是基本上也是“woolly-minded”把种种“institutions”理解为人类博弈和交往的“规则”（rules）和规则的实施机制和过程，因而缺乏对种种“social institutions”的秩序之维的认识和理解，加上开始他受马克思主义经济学影响，后来又受新古典经济学和科斯交易费用经济学的影响，使他的制度和制度变迁理论实际上缺少人类社会的种种社会秩序自发演进生成的维度[1]，从而导致诺思在他的许多著作中一直强调，各种作为人们交往的规则约束的种种制度都是人们设计出来的，而较少强调制度的演化生成论。

看来二者的差别还在于理解人类社会生活中的秩序与规则的关系。在前文的分析中，我们已经知道，哈耶克正确地看到人类社会生活中的规则与秩序的内在关系，并正确地指出，人类社会的秩序建立在规则的基础之上。实际上，正如我在《语言与制序》（韦森，2015，第199～200页）所指出的那样，因为，在人类社会的现实中，规则往往与秩序同构、同在，且在人类社会的演进过程中人们交往的秩序或进一步变成规则[2]。人们在社会交往或言“社会博

[1] 当然，作为20世纪的一位伟大经济史学家，诺思向世人提供了一个人类经济社会演变史的许多深刻历史知识和理论，并且，他晚年和瓦利斯以及温格斯特所提出的，人类社会存在过的三种“社会秩序”的观点和分析框架，如哈耶克的一生的经济与社会主张是一致的，这是诺思留给世人的伟大思想遗产。

[2] 在《语言与制序》一书中，笔者（韦森，2015，第199～200页）举了这样一个例子：在现代社会中，当一群人在那里买火车票或买东西，“排队”，是一个描述词，指的是一种秩序，也实际上常常意涵着一个规则。当一群人排队站在那里买票，一个新来的人往前面挤，另一个站在那里排队的对新来的人（转下页）

弈”中会自发形成秩序，也会在“自发博弈的秩序”中形成规则。而要理解这一点，关键还在于要理解人类是有理性、有情感、有道德、有自由选择的动物，而这一切都与人类有运用和使用语言的天生禀赋有关系。人使用语言，或通过语言进行交流和社会博弈，本身就决定了人类是一种遵循规则的动物。从这个意义来说，要理解人类经济社会运作中秩序与规则的关系，以及为什么在任何社会中都存在习俗、惯例、法律和制度，以及制度是如何演化的，不同国家和社会的习俗、惯例、法律和制度又如此不同，关键还是从人是有语言、有理性、有道德、有目的、有情感，且有着自由意志并进行着自由选择（或部分自由选择）并遵守着一定规则的动物进行社会互动的演化“博弈”来理解。从抽象的哲学意义上，我们这里已经触及维特根斯坦的“人遵从规则的悖论”问题了。或者反过来说，理解哈耶克的人类社会中的规则与秩序的关系的含混之处，以

（接上页）说：“排队！”这时排队就已经成了这个情境中已排着队的人们的规则（尽管可能之前人们并没有说一句话而自动排成了一队）。排队本身是一种秩序，即“order”（大家都不排队而一起往前挤就是“无序”，即“disorder”）。但是，仅当有语句表达“排队”这两个字时，“排队”才变成了规则。这里的“排队”，可以由第三者（负责监管排队秩序的保安人员）说出来，也可以由已排队的人说出来，或者在排队的窗口前挂一块牌子，上写着“请自觉排队”表达出来。不管排队是经由人的口说出来，还是由一块书写的牌子表达出来，只要有言辞“排队”在那里，就有“规则”在那里。有排队的规则，人们遵从排队的规则而自动排队了，这里既有排队的规则，也有排队的秩序。排队的规则指示和规约着人们排队的秩序，人们排队的秩序又体现和实现着排队的规则。在此情况下，这排队的规则和排队的秩序的整合，就是我这里所说的排队的“制序”，排队的人的群体的制序，即一种特定的社会制序。由此也可以看出，没有语言，可以有秩序（尽管在现实中常常通过语言交流才能产生秩序。是否大雁成行、蚂蚁成队也要靠某种“雁语”“蚁语”或其他“信号交流”才能形成这些生物物种活动中的秩序？可能是如此），但没有语言，就不会有规则，就不会有制度，就不会有制度调规着的秩序，就没有哈耶克所言的建立在“规则”基础上的“行动秩序”，也就没有我所理解的“制序”。

及理解诺思所见的人类社会的种种制度到底是建构的设计的，还是自发生成的，关键还在于从维特根斯坦的“人遵从规则的悖论”来开始我们的探究。

在《哲学研究》中，哲学家维特根斯坦曾提出了著名的“人遵从规则的悖论”。这一悖论的原话是：“我们的悖论是：没有任何行动的方式能够由规则加以确定，因为每种行动的方式都可以依据规则而得出。”[1]（见 Wittgenstein，1953，§201）在维特根斯坦的后期哲学手稿中，他大量探讨人为什么（会）遵从规则的问题。譬如，在《哲学研究》中，维特根斯坦就指出：“当我遵从规则时，我并无选择。我盲目地遵从规则。”（Wittgenstein，1953，§201）在《论数学的基础》中，维特根斯坦还说，“人们总是机械地遵从规则。因而人们这里可以把此比作一种机械论。‘机械地’这里意味着人们没有思维，但是完全没有思维吗？是没有反思”（Wittgenstein，1978，VII，§60）。维特根斯坦还明确指出：“一种游戏，一种语言，一条规则，就是一种 institution。”（Wittgenstein，1956，第六篇，§32）在《哲学研究》中，维特根斯坦（Wittgenstein，1953，§199）也指出：“我们所说的‘遵从一条规则’是仅仅一个人在他的一生中只能做一次的事情吗？……仅仅一个人单独一次地遵从规则是不可能的。遵从规则、作报告、下命令、下棋都是习惯[2]（风俗、制度）。”维

[1] 这句话的英译文为：“This was our paradox：no course of action（Gepflogenheiten）could be determined by a rule，because every course of action can be made out to accord with the rule.”

[2] “习惯”这个词在德文原文中为“Gepflogenheiten”（英译本把它翻译为“customs”，看来英译本的这个译法不甚确切）。“Gepflogenheiten”是维特根斯坦在晚期哲学生涯所特别喜欢使用的一个词。

特根斯坦还接着指出："因此，'遵从规则'是一种实践。以为（自己）在遵从规则并不是遵从规则，因此不可能'私自'遵从规则；否则，一味自己在遵从规则就同遵从规则成为一回事了。"（Wittgenstein，1953，§199）

维特根斯坦晚年的这些对人遵从规则问题的思考和表达均令人十分费解，乍看起来又会常常令人产生误解。单独揣摩维特根斯坦在论述规则和游戏的这些论述时，也许令人很难理解维特根斯坦到底是在说什么。但是，如果把维特根斯坦对其所见的"人遵从规则的悖论"的这一表述，放在这一"悖论"恰恰是围绕在人们语言行为和社会行为中的一致性问题上发生的这一背景中，这些话的含义就明朗起来，随之，我们也就能较清楚地解读维特根斯坦晚年的这些思考了。对此，维特根斯坦本人也有解释。在《论数学的基础》中维特根斯坦也指出："遵从规则是一种特殊的语言游戏。"（Wittgenstein，1978，VII，§52）"遵从规则构成了我们的语言游戏的基础。"（同上，VI，§28）在其晚期的许多手稿中，维特根斯坦也曾讨论过"遵从规则"和"一致性"（德文为"Übereinstimmung"，英文为"agreement"）之间的关系。譬如，在《哲学研究》（Wittgenstein，1953，§224）中，维特根斯坦说，"'一致性'和'规则'这两个词是相互关联的，它们是表兄弟"。在《论数学的基础》中，维特根斯坦就曾指出，"人们不是通过学会'一致性'这个词的用法而学会服从规则。相反，人们是通过学会遵从规则而学会'一致性'的意义。如果你想要理解'遵从规则'意味着什么，你就已经能够遵从规则了"。（Wittgenstein，1978，VII，§39）在《哲学研究》中，维特根斯坦还把"一致性"理解为人们参加"语言游戏"的基本条件。而我们理解，在语言游戏中，语言的一致性就是指句法结构和语法规则。当然，这些词义、句法结构和语法规则不是人们随意制定出来的固定条文，而是人们在长期语言游戏中的约定俗成（conventions）。正如维特根斯坦在《哲学研究》中所言，“人类所说的有真有假，在他们所用的语言中，他们是一致的。这不是意见上一致，而是生活形式的一致”。（Wittgenstein，1953，§201）从这些论述中，我们可以看出，照维特根斯坦看来，人们所使用的语言以及内在于他们所使用的词、句法、语法规则上的一致性，都体现了人们在生活形式中的一致性。而这种一致性，正是人作为人在长期社会博弈活动中约定俗成的结果。正是有了这种一致性，才有了人同时遵从语言内在的规则，以及由语言所界定和编织起来的“社会规则”。

今天，用比较通俗的语言来解释维特根斯坦“人遵从规则悖论”，可以这样认为：人之成为人，就在于人能使用语言，人类的理性能力在于人们能使用语言进行推理和交流。人使用语言，本身就是人类社会生活的一部分。人一使用语言，就在不知不觉中遵从语言的内在规则和其中的一致性了。正是因为人类语言中的一致性和内在规则，使人与人之间的交流和社会博弈是可沟通和有序的。正是由于人使用语言，人才有理性、有逻辑推理、有道德、有目的地按规则进行社会交往或言“社会博弈”，才会生发出各种人们行为一致性的习惯，才会有群体的习俗，才会对习俗进行语言表达和界说，从而形成一定的惯例，且随着语言文字的出现，人们有了书写语言，人们才能制定各种各样的法律和制度规则。或者也可以反过来认为，人们需要记录债权、债务关系，要记下契约，要制定法律和各种正式制度，才慢慢产生了文字语言。或者说，人类语言能力和书写语言，是随着人类社会制序的演进而同时演化出来的。从这里我们也可以看出，晚年的维特根斯坦，在其《哲学研究》和《论数学的基础》等手稿中，实际上解释出了人类社会的规则和秩序生发形成及其相互转化的内在机制。

我们这里需要补充指出的是，正是在人类社会的演化中，每个人的知识和认识能力都是有限的，人们在生长过程中经由学习语言而被既有的文化、习俗、惯例、法律以及现存制度等所“濡化”，导致每一代人往往只是相信自己一生成长的过程中（也是学语言的过程中）所获得和所认知的知识，人们又往往不知不觉地在这些习得和积累起来的知识和认识中进行博弈和社会选择，于是就导致不同社会不同历史时期不同的文化信念和“ideology”，从而也产生出不同的社会秩序和不同的约束，以及构建社会秩序的不同的博弈规则即制度。

这里，显然又会发生这两种规则（即语言作为一种“元制序”——即“meta-institution”——的内在规则和由语言界定、表述和编织出来的“社会规则”）互相涵衍的“悖论”。为什么说人遵从规则的根本性在于语言？这是因为，正是人作为人，有语言；或反过来说，正是会使用语言人的这一生物和社会特征，人才同构成了人。事实上，人一使用语言，就意味着人已经遵从某种规则了。你不按语言内在的规则（包括已为语言社群所延存下来的发音、语法、词义、语义）来说话，别人能听懂你在说什么吗？所以说，人一说话，人一使用语言，就在遵从规则了。这正是维特根斯坦“遵从规则的悖论”所指向的根本问题之所在。理解了这一点，我们方能理解维特根斯坦的“遵从规则的悖论”。正是从人说和使用并演化生成语言因而是遵从规则的动物这一人最自然、最深层的、最本源的生存特性上，衍生了人遵从各种由语言编织、界定和建构出来种种团体和社会中的其他社会规则，因而产生的人类社会的秩序。

从抽象的理论探究层面后退一步，从而从人类社会的表层上来看，其他种种团体、社群和社会的规则，只有且必定和必然符合语言的内在规则时，才是有效的，人们才能遵从。因此，从这个视角看，如果说人类社会的所有规则都从语言本身内在的规则中生发出来，且必定建立在语言内在规则所反映和折射出来的人们（语言和社会交往）行为的一致性之上，恐怕没有多大问题。人是遵从规则的动物这一“天性”或“本性”，是内在于人使用语言的行为之中的。换句话说，人遵从规则是与人说语言这一现象和人类的社会生活实存是联系在一起的，或者说是同构的。

更深一层的问题是，什么是规则？什么是遵从规则？遵从规则是一种活动，这应该是直观的。规则存在于语言中，遵从规则则存在于维特根斯坦所说的“语言游戏”中，这一判断也应该没问题。语言定义规则，语言解释规则，语言说明规则，语言也被用来界说对违反规则的人的惩罚，于是，人类社会就有了法律、司法程序和种种法律制度。所有规则均是由语言构成的，并由语言来承载、来界说、来编织。所有规则说到底都有语言的维度，是具有某种语言性的东西，而语言本身又有其内在规则（即语法、句法、词法、写法、发音规则、词义及其能指和所指）。故所有社会规则还必须符合语言的内在规则。没有语言，就没有规则。但问题是，没有语言，可不可以有秩序？可以。大雁飞行可以排成行，蚂蚁爬行可以列成队，人们也可以不通过语言交流而自动排队买东西。这均有秩序在其中。但是，有没有没有语言的规则？可能没有。有规则，必须有语言。没有语言表达，没有语言界定，则不存在规则。这正是我们目前走不出维特根斯坦所提出的“人遵从规则的悖论”之困惑的原因。如何走出这似乎不可超越的“鬼打墙”，看来还必须回到“规则”与“秩序”——以及连带着的“常规性”（英文为“regularities”；及“一致性”，英文为“agreement”）——的区别上来了。

一谈到规则，人们常常认为规则是人制定的（这正是诺思一生所困惑在其中的建构性解释），其依据是这样一种观察：人们往往在“游戏”之前先制定规则。然而，问题是，没有语言的内在规则，怎么能制定出大家一致同意的规则？制定规则，必须依照规则。更多的是，人们先玩游戏，在这个过程中玩出规则，并在玩游戏的过程和历史中演化、改变规则。[1] 回到人类社会的大范围的演变史上来看，人类在社会生活和社会交往中生成秩序并在秩序中创生规则和制度，从而形成了任何文明社会中在规则下人们的生活和生存形式，这就是我们今天所理解的种种社会制序。

4.4 对社会制序的经济分析的一些初步理论猜测与断想

在结束本篇的论述之前，这里仅就我们未来的经济分析和理论

[1] 但这类问题依旧存在：没有语言规则，如何制定规则？但语言的规则又从何而来？我们又如何跳出维特根斯坦所见的这个似乎是一种循环论证的理论怪圈？这些问题，笔者（韦森，2014）在之前的《语言与制序》一书中做了一些探讨。限于篇幅，这里就不再重新展开讨论了。

建构的未来指向做一些猜测与断想，并以此作为本篇理论探析的结论。

第一，社会制序是一种域界宽泛、内在构成极其复杂的社会实存。因此，把握和理解其内在构成、边界和运行机理，是一项十分困难的理论任务。在目前我们理论思索的层面上，笔者认为，理解和研究社会制序的最佳探索路径，可能不是对这种复杂的社会实存进行内部分类、肢解，即把这一社会实存分解为几个亚范畴、亚体系——正如诺思（1990）那样把社会制序分解为正式规则、非正式约束以及二者的实施特征——并进而对之分别进行抽象地考察。同样，我们也不能像哈耶克那样，把社会制序分解为两种：作为人们行动结构的一种事态、一种情形、一种人们行事中的常规性的“秩序”，以及种种“自发秩序”赖以为据的“规则系统”，从而对这种复杂的社会实存进行“woolly-minded”的考察。哈耶克和诺思对社会制序的这种分解式的、“静态的”、“解剖式”的考察，无疑均是深刻的，但却不一定是最有效的。现在看来，理解和研究这种域界宽泛、内在结构极其复杂的社会实存的较为有效的一条探索路径，可能是把社会制序本身视作一种动态的逻辑发展过程。具体说来，即把社会制序理解为我们从康芒斯（Commons，1934）和韦伯（Weber，1978）的论述中所梳理出来的从个人的习惯（usages）到群体的习俗（customs），从习俗到惯例（conventions），从惯例到“制度化”这样一种动态的逻辑发展过程。基于这一认识，我们只有把社会制序放在其自身的型构（formation）、驻存（self-persistence）、演进（evolution）、扩展（extension）和变迁（change）的内在逻辑演进过程中，才能阐释开或者说理论再现其内在构成、机理以及其变迁的路径。

第二，社会制序的出现（emergence）与型构机制，是十分复杂的。这即是说，我们有时并不知道一些制序是如何生成的，也常常不知道它们为何演变为某种形式，更难能预测其演变的方向。用英国经济学家萨格登（Robert Sugden，1989，p. 97）的话来说，一些社会制序“既不是任何集体选择的结果，亦不是那种经典博弈论所运用的抽象理性分析的结果”，也就是说它们并不是人们的理性的产物。因而对于很多制序，我们只能像哈耶克所理解的那样，把它们视作“自生自发”地出现和型构而成的社会实在。对这类社会制序的生发演进机制的探究，20 世纪 80 年代后半期以来，在西方经济学界出现的演进博弈论（evolutionary game theory）的分析工具会很有用。但是到目前为止，这一探索方向上的努力显然还是不够的。要较清楚地“切入”并理解——目前一些仍可谓其是为人之理性所不及的——社会制序的生发、型构、演进与变迁的“本真”与“本在”，并试图从逻辑上理论再现之，显然还需要经济学思想界的大量的、艰苦的理论探索。

第三，在人类社会发展的任何阶段以及在任何人类文明中，作为人类“生活世界”之社会实存方方面面的“生活形式”的社会制序，可以是经由自生自发的路径生发与演进而来，也可以经由人们刻意地设计与建构出来。种种社会秩序所依之为据的规则系统（种种具体“制度”，其中首先是法律制度和政治制度）尤其是如此。因此，在任何现实社会中，可能是自生自发的社会制序与刻意理性设计和建构的制序并存，并且二者经常交织与卷缠在一起，难分难解、难以分辨。然而，世界历史尤其是 20 世纪在世界范围内进行的行政控制经济的社会工程的巨大历史实验，以及诸如中国计划经济时代、俄罗斯、独联体和东欧各国经济改革的经验证明，那些人为理性刻意设计的社会经济制序（如集体农庄和人民公社）大多数是无效率或低效率的。同样，自生自发的社会经济制序也并不一定像哈耶克所乐观地相信的那样，就是有效率的或者说是最优的。但是，至少经过对世界史实的观察与反思，我们可以认为，那些高效率的社会经济制序，大都是经由自生自发的路径而型构、演进和扩展而来的。从这一事实中我们也可以推知出以下第四点：

第四，自生自发的路径，**可以但不一定会**产生出有效率或者说高效率的社会制序。社会（经济）制序可以自发地向高效率的资源配置方式演进与扩展，也可以自生自发地内卷、内缠和内耗，即不断地在同一个层面上自我复制。然而，在现实中，正如自发社会制序和人造社会制序犬牙交错、互补共存一样，演进和内卷这两种“路径力量”也可能是“我中有你，你中有我”，从而二者难分难解。因此，在现实中，可能呈现螺旋式的演进这样一种社会变迁路径。一个社群或一个社会的制序是向前演进与扩展，同时在同一个层面上无休止地内卷、内缠和内耗，可能取决于由 Karl Jaspers（1951）、Talcott Parsons（1951，1959）、弗朗西斯·萨顿（Francis X. Sutton *et al.*，1956）、格尔兹（Cliford Geertz，1973），以及英国著名法学家哈特（H. L. A. Hart，1961）等学者所一致辨识出来的社会体系内部的“张力”（strains）[1]，以及布莱恩·阿瑟（Brian

[1] 社会内部的“张力”是一个很难把握的概念。萨顿（Sutton，1956，pp. 307～308）等人认为，社会内部的张力与意识形态有关：“意识形态是对社会角色的定型的张力（the pattened strains）的模式化的反应。”按照格尔 （转下页）

W. Arhtur，1988，1989）、诺思（North，1990）所辨识出来的，经由社会制序变迁中“路径依赖”所延存下来的社会制序安排中的政府建制。如果社会体系内部的张力较大，并且如哈耶克（Hayek，1988）所认为那样，有一个强势且自以为聪明和智慧的政府及其建制，这个社会会随时间的推移，而在同一种制序的同一个层面上自我复制与内卷。如果社会体系内部的张力较小，以及有一个能保护自发社会秩序的型构并能为其扩展拓阔其发展空间的弱势政府，这个社会的经济制序就会随时间推移而向前演进与扩展。

第五，一定的社会制序之所以能在一定的历史时期长久驻存，就在于社会制序本身是植根于或者说内嵌于（embedded in）一定社会时期的文化传统、宗教信仰、道德伦理、民族“ethos”，以及既存的意识形态的大环境之中。而某一特定的社会制序安排又往往和与之相共生（symbiosis）的某些利益集团和社会阶层（social strata）相关。因为，这些利益集团和社会阶层一般来说常与某种

（接上页）兹（Geertz，1973，pp. 210～207）的理解，这种社会内部的“张力”，“既是指个人的紧张状态，又是指社会的错位（societal dislocation）状况”。因为，格尔兹认为，“张力理论（the strain theory）的出发点是一个明确和清晰的理念，即长期的社会不良整合（the chronic malintegration of society）”。他进一步指出，“没有哪种社会安排能完全成功地应付其必须面对的功能问题。它们都被一系列无解的二律背反所困扰：自由与政治秩序、稳定与变迁、效率与人道、精确性与灵活性，如此等等。”根据 Jaspers 的《现代的人》一书，萨顿等人的《美国工商业信条》一书第 15 章，以及格尔兹的《文化的解释》一书第 8 章中的论述，我们可以进一步体悟出，这些学者所说的社会内部的“张力”，大致是指在人们解决种种社会功能问题尤其是在社会制序变迁中的一种牵制力量。或者反过来理解，社会内部的“张力”是从各自定位于一种无形的社会网状结构中的人（们）在其行事、应付种种社会功能问题（如格尔兹所列举的种种无解的二律背反）时的“无可奈何”“身不由己”和“无能为力”中体现出来。从这一点来看，“张力理论”可能比“利益理论”更能解释当前中国经济改革和制序变迁的现实格局。这个问题显然有待于进一步探讨。

特定的制序安排及其内在结构之间有一种相互维系、互补共生的关系，从而产生出诺思所理解的那种“锁入效应”[1]。正是由于这种“锁入效应”以及制度变迁中的“路径依赖”，一些社会制序安排会在一定时期中驻存，在那里自我复制与“内卷”。

第六，正是因为社会制序是植根于或者说内嵌于社会的文化传统、道德伦理、民族“ethos”、宗教信仰，以及在一定历史时期流行的意识形态这类诸多因素所构成的大环境中，人类社会的制序变迁的路径一般来说是一个如诺思（North，1990）所理解的那样，是一种渐进性（incremental）的过程，或者说如哈耶克（Hayek，1960，1970，1988）所理解的那样，是一种“试错”（trials and errors）过程。战争、革命、入侵、政府的立法和行政命令、皇帝和领袖人物的命旨，等等，均可以在短时间内改变社会制序内部的规则系统或者说制度，但整个社会制序的变迁却是一个缓慢的、渐进性的或者说边际的演进过程。这种由战争、革命、入侵、政府的立法和行政命令、皇帝和领袖人物的命旨所具有的“外生力量”（exogenous forces）所造成的强制性的制度变迁，一方面会扰乱和破坏在一个社会内部即时既存的制度安排，另一方面往往又会使整个社会付出巨大的变迁成本。而经由这种外生力量的注入所建构出来的一些“人造制序”，大都会自然同化于或者说整合于既存的制序安排之中。即是说，这种由外生的强力所引致的制度变迁，既改

[1] 这里必须指出，一些社会制序之所以被“锁入”或者说“锁定”，并不一定就是有某种社会利益集团在背后支撑着这一制序。从演进博弈论的视角来说，某种制序被“锁入”，可能是因为人们一旦进入一种社会博弈的纳什均衡，任何人要选择其他策略，均要付出代价。甚至随着时过境迁，而当纳什均衡不再的时候，一些打破作为过去的社会博弈均衡的习俗与惯例的人，可能仍要付出很大的代价。

变着既存的制序安排，而由这种外生力量的注入和所建构的制序，又必然被既存制序安排中的“内生力量”（endogenous forces）所改变。因此，既存社会制序中的内生力量与制序变迁的外生力量的冲突与协调过程，基本上也可以说是这种制序变迁的外生力量的内生化过程。在中国历史上，满清入关后其建制被中国数千年来所沿革下来的社会制序所内生化，以至于作为统治者阶层的满族最后被汉族所同化的历史事实，就证明了这一点。在当今中国社会改革与全球经济一体化的过程中，一些由政府刻意设计和制定的制序以及经由国外传入的一些商业惯例，将同样会被中国国内当下市场中的内生力量所内生化，同样也将证明这一点。

最后要指出的是，在其名著《语言学教程》中，著名语言学大师索绪尔曾指出，语言学的研究对象不是给定的，而是“所采用的观点创造了研究对象”（Saussure，1983，F34，8），换句话说，语言学的研究对象是建构起来的。这句话值得深思。今天，我们面临的一个问题自然是，社会制序的理论研究的对象是预先给定的吗？社会，人的社会存在是给定的，因此有了社会学。市场，人们的交往与经济活动，是给定的，因而有了经济学。但人们的社会制序是给定的吗？作为人类社会的存在形式，作为如维特根斯坦所说的人类的“生活形式”，社会制序是人对现实的一种把握，一种建构。这种建构依赖于人（学者、经济学家）的观察视角。人们从一个视角来看是秩序，一个视角来看是制度，一个视角来看是建制。而我相信，如果从一个周全和综合的视角来看，应该是制序，即规则（制度）调规中的秩序，建立规则基础上的秩序，反过来又是秩序中产生的规则（制度），在秩序中彰显和昭现的制度。规则中的秩序就是建制。秩序中的规则就是制度。于是，在制序中，秩序原生化了（内含在人的生活游戏之中），制度内生化了（制度原生于秩序），建制构成化了（制度和秩序结合成了人类社会生活游戏的结构）。于是，秩序、建制与制度，汇融于制序，总归于制序，共存于制序。制序则把秩序、建制和制度内在于自身之中。于是，生活世界，人的生活世界，有了其生活形式。生活形式，人类的生活形式，包含种种个人的习惯、群体的习俗、惯例、法律、规章，以及制度在内的人们的社会交往和存在形式，就构成了不同的社会制序，或者说，种种社会制序本身就构成的人类社会的生活形式总体。于是，有了社会制序这个总和、综合和统合概念，有了经济学的制序分析，有了社会制序的经济分析。

第三篇　社会制序的型构

一位现代人类学家曾指出："不是人控制着文化，而是文化控制着人"，这一论断可能有所夸张；但他的另一说法对我们也许有用："恰恰是我们在深度和广度上对文化本质认识上的极其无知，这才使我们有可能相信我们在指导和控制着文化。"他的这些说法至少是对唯理智主义认识（the intellectualist conception）的一种纠正。他所提出的警告将有助于我们达致这样一种认识：在我们为实现我们所刻意追求的目标与制度、传统和习惯（the operation of institutions, traditions and habits）之间存在着持续不断的互动，从而产生出某种与我们所要实现的目标方面所完全不同的东西。

——**哈耶克**（1960， p. 24）

显而易见，对社会学来说，从“习俗”到“惯例”，从“惯例”到“法”，其过渡界限是模糊的。

——**韦伯**（Weber， 1978，参： **中译本上册，第** 362 **页**）

第五章
习俗的生发与演进

经验可能的条件同时也是经验对象可能的条件。[1]

——康德（转引自叶秀山，1999，第 121 页）

5.1　从个人的习惯到群体的习俗

在上一篇的理论分析以及对社会制序的理论分析史的回顾与评述中，我们已对社会制序研究中的两条主要分析进路进行了梳理与比较。通过对社会制序的理论分析中的演进理性主义和建构理性主义两条分析进路的评析与比较，我们初步认为，对人类社会制序这样一种内在结构与机理极其错综复杂的社会实存的较佳的理论探究路径，可能不是依照深邃繁复的哈耶克社会理论中的两分法，而把社会制序简单地理解为“作为人们行动结构或事态的秩序”和“规

[1]　康德的这句话即使对专业哲学家来说也是非常难懂的。但是，如果用维特根斯坦在《逻辑哲学论》中的“我的语言的界限意味着我的世界的界限”，“世界的界限也就是逻辑的界限”（Wittgenstein，1921，§5.6，§5.61）这两句话来理解康德的这一句话，我们就可能知道康德在说什么了。当然，有的读者可能抱怨道：“维特根斯坦的这两段话和康德的这句话一样难懂！”

则系统”的简单叠加和相互作用，亦可能不是像诺思那样，直观地把社会制序理解为“正式规则”“非正式约束”以及“二者的实施特征”的集合，而是把社会制序理解为一个从习惯（usage）到习俗（custom）、从习俗到惯例（convention）、从惯例到法律和制度[1] 这样一个动态的逻辑演进行程。出于这一考虑，要对作为人类“生活世界”之社会实存的“生活形式”的社会制序，有一个较为清晰有效的探究（approach），我们还必须从对作为社会制序的经济分析的逻辑起点的个人的“习惯”的探析开始。而为了把握“习惯”概念的确切含义并进而对“习俗”概念有一个较为清楚的理解，我们这里有必要先回顾和评述前人（尤其是制序经济学家们）对习惯本身的论述。

从第二章的分析中，我们已经知道，在经济学说史上，把习惯作为经济学理论分析之“集中意识”（focus awareness）[2] 来处理的，应该说最早始于美国老制度学派的创始人凡勃伦。照凡勃伦看

---

[1] 这里所说的制度化应包括团体、社群与社会内部的各种规章制度（rules and regulations）的制定以及各种法律、法规、条例（laws，codes，legislation）的制定（codification），立法（legislation）和合法化（legalization）。如果这样理解“制度化”（constituionalization），我们则可以把从习惯，到习俗，到惯例，到制度化的整个逻辑演进行程本身看成是一种“制序化”过程，从而只把从习俗的规则或者说惯例向法律规则的“过渡”与“硬化”以及法律规则体系的形成理解为“制度化”。这亦即是说，“制序化”概念本身的意阈，应涵盖习惯、习俗、惯例的生发、型构与演进，以及社群与社会中的种种规章、制度以及各种法律、法规和条例（即哈耶克在《法、立法和自由》中所说的调节人们行动秩序的“规则系统”）确立、制订与制定。对“制度化”和“制序化”这概念的联系与区别，我们会在第七章专门加以探讨。

[2] 当代西方著名哲学家波兰尼（Micheal Polanyi，1958）语。如果说凡勃伦的经济学理论分析的“集中意识”在于分析“习惯”，而康芒斯经济学分析的“集中意识”在于“习俗”，那么，诺思制度分析的“集中意识”则在于“制度”本身。这里出现了一个经济思想史的演进、理论逻辑与现实过程本身三者奇妙的一致性。

来，“institutions”本身就是由“为大多数人所普遍接受的固定的思想习惯（habits）”所构成。凡勃伦还认为，“‘institutions’原发自习惯（institutions are an outgrowth of habit）”，因而“制度本身具有一种习惯（usage）特征，即它通过习惯和一般认可而变得具有公理性和不可或缺性”（Veblen，p. 239，p. 241）。在其代表作《有闲阶级论》中，凡勃伦（Veblen，1899，参：中译本，第139页）则更加明确地说：“制度实质上就是个人或社会对有关某些关系或某些作用的一般思想习惯。”

除了凡勃伦外，其他经济学家也注意到习惯在现实经济过程以及在社会经济运作过程中的作用。譬如，美国另一位老制度学派的经济学家米契尔（Wesley C. Mitchell）也对习惯与理性决策在人们经济活动中的关系做了许多探讨。米契尔（Mitchell，1910，p. 201）认为，经济理性并不是人类的根本天性，而是随金钱制度的兴起而出现的，因为金钱概念培养人们的推理能力，使人们的经济生活合理化。因此，他认为，经济理性是人们的“一种后天才能——而不是复杂的理论结构可以立即建诸其上的牢固基础”。米契尔（Mitchell，1910，p. 199）还认为，人形成习惯和常规，但一些习惯和常规本身，常常可能只是在当事人比较成功地实现他的目标的意义上才是理性的。由于并非在人们的所有生活领域均通行金钱和理性标准，所以，在某些领域中所形成的习惯和常规可能远不那么理性。米契尔甚至认为，人们的消费决策也常常不能仅靠经济学的理性假定来解释。

在美国经济学家中，经济学边际分析的创始人之一克拉克（John Clark），也像凡勃伦和米契尔一样，重视人们的习惯性行为在他们经济活动和决策中的作用。不过，受美国实用主义哲学家詹姆斯（William James）的哲学的影响，克拉克的理论分析更带有一种工具理性主义的气味。克拉克（Clark，1918）认为，人类的大部分行为是习惯性的，而不是按理性“最大化原则”为基础的。但克拉克断言，信息和决策成本的计算是习惯产生的原因。因为，人们做决策要付出精力。克拉克（1918，p. 121）说：“当计算的麻烦似乎有可能大于其价值的时候，正常的享乐主义者照样会停止计算。”但他进一步指出，这并不是说人们的计算正好做到边际成本等于边际收益那一点。个人不可能“理所当然”地知道到底什么时候达到最优点。因为，每个人不是（也不可能是）一台计算器。相反，人们养成习惯。而“习惯是自然的机器，它总是把由自觉审慎的较高级器官所承担的工作移交给较低级的大脑和神经中枢去做。”因此，克拉克（Clark，1918，p. 122）认为，只有通过习惯，“边际效用原则才能在现实生活中近似成立”。

值得注意的是，除了上述经济学家外，哲学家维特根斯坦也非常重视习惯在人们生活中的作用。譬如，在《哲学研究》中，维特根斯坦（Wittgenstein，1953，§199）甚至提出，遵从一条规则，甚至做一次报告，下一个命令，下一盘棋，都是习惯（*Gepflogenbeiten*），都要遵从一定的风俗（*Gebräuche*）和制序。因为照维特根斯坦（Wittgenstein，1953，§219）看来，当一个人遵从规则时，并不选择，[1] 而是“**盲目地**遵从规则”。因此，遵从

[1] 当然，在现实生活中，当面临一条规则而一个人做是否遵守这一规则的决策时，他是在选择。但一旦一个人“选择”了遵从规则时，他就不再是选择，而只是“盲目地遵守”。只有这样，我们才能理解维特根斯坦“遵从规则是一个习惯”这一见解。正如维特根斯坦（Wittgenstein，1953，§206）所解释的那样“遵从规则类似于服从命令，人们是被训练这样做的：人们是以特定的方式对命令做出反应的”。

规则完全是一种习惯。

既然“习惯”，像许多经济学家和哲学家所理解的那样，在人们的社会生活和经济制度的生发、型构、演进与变迁中起着一种十分重要的作用，那么，“习惯”概念本身的规定性又是什么？在探析这个问题之前，我们必须首先要注意到这样一个事实：在英文中，有两个词对应中文的“习惯”一词：一个是“habit”，另一个是“usage”。“habit”的英文含义是：“thing a person does often and almost without thinking”，而“usage”的英文解释则是：“habitual or customary practices”。因此，“habit”是指个人行为中基于或出于本能而行事的一种心理定势；而“usage”则是指个人经由这种心理定势影响而行事所呈现出来的一种行为的状态和行动的结果[1]，或者说一种由门格尔（Menger，1883，p. 140）、波兰尼（Polanyi，1951，p. 151）和哈耶克（Hayek，1978，p. 9）所理解的“事态”（a state of affairs）。所以，英文的“habit”应该更精确地被理解为个人的“习性”；而“usage”则应

[1] 英文“habit”的这一精确含义，我们可以从美国著名的实用主义哲学家和心理学家詹姆斯（William James）的《心理学》一书中的定义中体察出来。在这本对美国老制序主义经济学派（Old Institutionalism）经济学家们对“习惯”的立论基础影响颇大的著作中（Rutherford，1994，参：中译本，第68页），詹姆斯（James，1893，pp. 134～137）将“habit”定义为“大脑形成的排水通道，一定量的注水之后会倾向于经由这里流出”。他还认为，这种所谓的“大脑的通道”具有高度的弹性，即它有“一种脆弱得不能免受影响而又顽强得足以抵御一切突发事件的结构”。因此，习惯“极易”形成，但却“不易消失”。所以，这种作为人们生理的本能和特性而行事的一种心理定势的习惯一旦确立，就表现出对变化的抗拒，尽管是不完全的抗拒。詹姆斯认为，人们之所以出现这一形成“habit”的倾向，是因为人“在他的神经中枢生来就有一种想做多于他已经安排好的事的禀性”（James，1893，p. 138）。

该被理解为“惯行”。[1] 在社会科学尤其是经济学的研究中，许多学者（包括英语世界的学者和制度经济学家们[2]）均不区分这二者。笔者经反复推敲，觉得区分开这两者是至关重要的。因为，制度经济学所要研究的“习惯”，应是个人行为的一种状态、结果与情形，即英文的“usage”，或凡勃伦（Veblen，1919，pp. 231～251）所使用的“habituation”，而不是作为个人行事时的一种心理定势，即英文的“habit”（“habit”应属于行为科学或社会心理学研究的范围）。更精确地说，“usage”属于制度经济学研究阈界内部最靠近边缘的东西；而“habit”则是处于作为一种社会科学的经济学研究阈界边缘外的东西。

在对英文的“habit”和“usage”的含义做了上述辨析之后，让我们继续探析作为经济学（尤其是制度经济分析）研究对象一部分的“usage”意义上的“习惯”概念本身的规定性（在本书以下的分析中，凡使用到“习惯”一词，均是在英文“usage”的含义

---

[1] 英文“habit”与“usage”的区别，也可以从一些非人格化的单位存在体的行事所呈现出来的事态中体现出来。譬如，中央电视台的晚上“新闻联播”节目，差不多每晚花十几甚至到二十几分钟报道国家领导人的活动、接见或讲话。这可以说是中央人民广播电视台节目编排的“usage”（习惯，即 usual practice），而不宜说是它的“habit”。同样澳大利亚 ABC 国家电视台的晚间新闻，则很少报道总理或其他政府官员的活动，而是大量报道社会上发生的重大事件。这也可以说是澳大利亚 ABC 电视台的“usage”［这里也不宜说是它的“习俗”（即 custom）］。从这些事例中，我们也可以体察出英文的“habit”（习惯）、“usage”（惯行）与“custom”（习俗）的微妙差别。

[2] 例如，凡勃伦显然并没有认真区分“habit”和“usage”。后来康芒斯和诺思也均未区分这两者。但值得注意的是，凡勃伦在许多地方使用“habituation”一词，而“habituation”就与“usage”一词词意较相近（见 Veblen，1919，pp. 231～251）。

上使用的)。作为英文"usage"含义的习惯,一般是指个人在自己的活动与社会交往中的重复性活动,或借用维特根斯坦逻辑哲学的一个术语,我们可以更精确地把"习惯"定义为,**个人**在其活动与社会交往中所呈现的诸多"事态"(Sachverhalt)中的同一性,即在**个人行动**中所呈现出来的诸多"单元事态"中重复的、稳定的和驻存的一种行为事态的轨迹,一种重复出现的个人活动的"单元事态"。正如许多论者所注意到的那样,一个人之所以有习惯性的活动,往往是在没有经由缜密的逻辑推理和思考,而仅仅出于自己的一种稳定的行事惯行模式来重复自己过去的行动。个人的习惯在人们社会经济活动中的主要功能在于使自己所凭临的复杂生活境势简单化。即是说,习惯作为个人行为的复制与重复,它使人免去了对哪怕一项最简单的选择背后所牵涉到的复杂信息的总体理性计算之负担。因为,在人们的现实经济生活中,当一个人要作出一项选择(甚至一项非常小的经济决策)时,要达到个人效用或收益的最大化,其所要求的信息及计算能力的容量往往大大超出了个人的能力。因此,一个经济当事人要对其行为的所有方面进行完全有意识的信息收集与理性思考,往往是不可能的。于是,当事者就采取一种简单地重复自己过去的行为的做法,使其要实际进行的行动从不断地和连续地理性估算中摆脱出来,这就呈现出了人们所说的个人的习惯。

从个人习惯的生发机制来看,它首先像凡勃伦所理解的那样,出自人的本能。其实,弗洛伊德(Sigmund Freud,1955,pp. 34~43)在其晚期著作中对此也有过论述。弗洛伊德认为,生命有机体具有那种重复早期经验的先天取向。譬如,他举例说,儿童们总是不厌其烦地让成年人重复一个他们玩的或他同他们一起玩的游戏，直到他筋疲力尽为止。另外，大多数婴幼儿看见一张熟悉的面孔也比看见一张陌生的面孔要显得高兴。据此弗洛伊德论证到，因循守旧和侧重过去的取向，甚至也牢牢地扎根在婴儿的天性资质之中。因此，他把这种人们心理中因循守旧、侧重过去的倾向称为“强迫性地重复”。

习惯除了源自人的本能之外，亦可以起先经由个人的理性计算，即有意识的选择的结果而来。例如，在一个人决定购买一辆小汽车时，他要作出大量的市场信息收集，并要作出许多复杂的理性计算。既要考虑上下班和其他交通之需、自己的储蓄、家庭开支预算和自己的预期收入，又要考虑使用各种替代交通工具的机会成本。在具体购买一辆小汽车时，他又要考虑各种汽车的牌号、车型、大小、引擎容量、颜色等因素，并要尽其所力收集市场价格的信息，并比较不同车行的服务质量，等等。因此，在做购买一辆小汽车的选择时，一个人总是要思前想后，顾左及右，并反复掂量。一项决策越重大，一个人所要做的信息收集工作就往往越多，其理性计算与有意识的思考往往也就越复杂、越缜密、越周全。但是，一旦一个人作出了一项选择之后，他往往就不再进行有关的理性计算了。譬如，当一个人经过理性计算和有意识的思考而购买了一辆小汽车之后，他就会习惯地（habitally）使用它，而不再每次考虑和计算并且比较使用各种交通工具的机会成本了。当然，在一个人购买一辆小汽车时，考虑的可能只是舒适或交通便利，或者是出于“bandwagon effect”（从众效应，即大家买我亦买）或“snob effect”（虚荣效应，即大家不买而我偏买以炫耀自己与众不同）而购买了一辆小汽车。但一个人一旦作出了一项选择即购买了一辆小汽车之后，他就从心底认定它为自己的交通工具。在以后的时间里，这位当事人往往就不再考虑和理性计算每一次外出的交通成本了（这里并不排除他有时仍然做交通成本的理性计算），即总是选定自己开车，而不是选择采用其他交通工具。这样，这个人可能就形成一个出门即开车的习惯。从这个例子可以看出，尽管在一个人开始作出一项选择时，理性的计算和反复的考虑与斟酌是十分关键的，但一旦作出抉择，他就往往不加思索地重复过去的行动，而不再每次进行理性计算了。这也就形成了人们所说的习惯。

在人们的现实生活中，除了经由理性计算而作出一项抉择后而逐渐养成某种习惯这样一种习惯的生发机制之外，习惯还有许多其他的生发机制路径，即是说，人们可能通过多种方式养成某种习惯。例如，一个人的某种习惯可能是经由模仿他人的行为模式而形成，而并不是有意识地理性选择的结果。因为，按照生物学的理论，所有的生物物种生来就有模仿能力。儿童的智能与实际技能的培养在很大程度上亦是以模仿为基础的。并且，人们在以后的生活中会始终保持着这种模仿能力。对此，哈耶克（Hayek，1988，p. 21）有过明确的论述。他说："通过模仿进行学习的能力是人类在漫长的本能发展过程中获得的一种原始秉赋（benefits）。的确，除了天生的反应能力之外，主要通过模仿性学习来获得技能或许是人类个体从遗传方面而来的最重要的能力。"从哈耶克的这一段话中，也可以看出，一个人可以经由模仿他人的行为模式，形成自己的一种惯行模式，即习惯。

另外，职业选择及性质（如钢琴家的演奏，专业打字员的键盘的使用，送货卡车和计程车司机的道路选择)，商品本身的性能及某些品质，以及商品推销广告，等等，均可以是一个人的习惯生成机制的路径诱因。但不管起因是什么，一个人不断地重复一种行为，就往往会使这种行为模式固化为一种习惯，一种个人行为轨迹中诸多单元事态中的持存性、同一性和重复性，或者说一种不断重复出现的“单元事态”。然而，一旦个人的某一重复行为固化为习惯，它就往往使人们从理性计算和有意识的思考中解脱出来，使其像理性计算和其他非深思熟虑的思考（如感情冲动，他人的说教）一样，在人们的社会生活与交往的选择与决策中发挥着重要作用。

这里应该指出，在社会制序的经济分析中对习惯作用的考虑，从本质上说，是与现代经济学中的新古典主义主流学派与经典博弈论（classical game theory）的学理分析与理论建构相悖的。[1] 因为，新古典主义主流学派和经典博弈论的理论分析均假定，经济当事人的行为本质上是非习惯性和非日常化（non-routinization）的，即主要是通过理性计算向一个选择的最优值进行边际接近。新古典学派和经典博弈论均认为，不但经济当事者的选择与决策是建立在包括成本与收益的全面和综合计算的基础之上的，而且在任何时候，当一条新的信息出现或传递到当事者之后，他就要进行一系列

---

[1] 现代博弈论（尤其是经典博弈论）与新古典主义主流经济学派一样，其学理分析和理论建构均是建立在当事人（即博弈者）追求自己利益（或个人支付）最大化这一基石性假定之上的。从现代博弈论的大师、1994 年诺贝尔经济学奖得主之一海萨尼（John H. Harsanyi）的一段论述中，可以体察出这一点。在 1976 年出版的《伦理、社会行为和科学解释论文集》中，海萨尼（Harsanyi，1976，p. 97）说：“博弈论是关于两个或更多的相互交往的理性人的理性行为的理论。不管这些理性人是自私或不自私的，各人按自己的效用函数（支付函数）来最大化自己的利益。”

复杂的理性计算。因此，新古典学派和经典博弈论的分析逻辑与制度经济分析的习惯假设，从根本上来说是非兼容的。换句话说，人们的习惯性选择与决策，与新古典学派和经典博弈论的理性经济人收益、效用或个人支付最大化的假设是相悖的。因为，它舍弃了人们在经济决策上的全面理性计算。

正是因为这一点，新古典主义主流学派和经典博弈论的理论分析与建构，均没有给予习惯在个人选择中的作用以足够的重视与评价。即使有的新古典经济学家考虑到习惯在当事人决策中的作用，他们亦认为习惯可以由标准偏好函数的某种形式来描述，即把习惯看成是一种“理性”行为。这种观点认为，因为人们感到改变自己的习惯的成本（这里主要指机会成本）太大，所以不断地重复某一习惯。一些新古典经济学家亦把习惯视作某些先前“理性选择”的重复，或者把它视作达尔文主义的“自然选择”的结果。因为，它使得所有的重复行为均趋向于最优因而也是理性的，而只有重复这些行为的当事人才能生存下来（Hodgson，1988，pp. 125～126）。然而，新古典主义的这种试图把个人的习惯纳入理性计算的努力，是与现实生活中人们的实际行为模式是不相符的。因为，一般来说，人们往往并不有意识地估算和理性地考虑放弃一种习惯模式的机会成本，这正如如上所说的人们往往并不是（但有时侯是）经由有意识的理性选择而养成某种习惯一样。

尽管习惯性经济行为与新古典学派和经典博弈论的效用或个人支付最大化的基石性假定以及建立在这一假定之上的其整个理论分析框架相悖，但许多经济学家已注意到习惯在人们经济生活中的重要作用。凯恩斯（Keynes，1936，p. 97）在《就业、利息和货币通论》中就曾论及习惯在人们消费行为中的作用。他说："个人的习惯性生活标准通常是对其收入的第一位的要求。"自从凯恩斯提出这一命题以来，西方经济学界曾有大量的经验研究为其提供一些统计支持。例如，美国经济学家 James Duesenberry（Duesenberry，1949）所作的一项研究曾发现，人们的消费行为既是适应性的，也是习惯性的，与新古典理论中的效用最大化的假定并不相符。美国经济学家 Hendricks Houthakker 和 Lester Taylor（Houthakker & Taylor，1966）所作的著名计量经济学的研究亦证明，习惯是人们消费行为的决定因素之一。另外，英国经济学家霍奇逊（Hodgson，1988，p. 131）则发现，习惯在企业行为中也占据一个非常重要的地位。G. Katona（Katona，1975，p. 321）在其《心理经济学》中所举的企业的刚性定价（按习惯价格定价）原理，就是习惯为企业行为的重要组成部分的一个例证。

值得注意的是，尽管许多经济学家已注意到习惯性行为是人们社会经济活动的一个重要组成部分，但以科斯（Ronald Coase）、诺思（Douglas North）、威廉姆森（Oliver Williamson）和张五常（Steven Chueng）为代表的新制度经济学派，却迄今未对习惯在社会经济制序的型构、演进与变迁中的作用以足够的重视。这些新制度经济学家们更没有像凡勃伦那样，把习惯作为制序分析的"集中意识"来处理。然而，我们的理论沉思却发现，个人的习惯应是社会（经济）制序的自发型构与演进和变迁的基础和逻辑始点。而之所以说它是社会制序自发型构与演进和变迁的基础和逻辑始点，就在于习惯作为个人在其事务与活动中的行为重复的一种"单元事态"的轨迹，它不断地向作为社会群体的行为模式之复制的习俗进行“推进”与“转化”，而这种从作为个人行为之重复的“习惯”，向作为社会群体行为之重复的“习俗”的“推进”与“转化”，可能如哈耶克所说的是作为一种“自发社会秩序”的习俗的生成与演进的内生原因之一。

习惯与习俗，是两个密切相连与相互交叉，但又有各自明确规定性的两个概念。正因为二者密切相关而又难分难解，以致17世纪的英国哲学家休谟区分不开这两者。甚至一些当代经济学家、哲学家、法学家和翻译家也不能把这两者区分开来。[1] 在经济分析史上，真正清楚而令人信服地把习惯与习俗区分开来的是康芒斯。

在《制度经济学》中，康芒斯（Commons，1934，参：中译本，下册，第412页）就明确指出：“心理学或神经学把某种个人的一致性称为‘习惯’。从休谟时代起，人们就没有把这些一致性与‘习俗’分别清楚。然而，习俗不过是许多个人习惯的相似点。”这里，康芒斯一方面对“习惯”与“习俗”两个概念的各自的规定性作了明确的辨析，另一方面又十分准确地把握了“习惯”与“习

[1] 张雄在《习俗与市场》一文中，就没有认真区分习惯与习俗。在谈到“习惯”（他在括号中等同于习俗）时，他说：“哲学家在讨论抽象的人的心理层面上所具有的‘固定化’及‘刚性化’的惯例时，往往用‘习惯’一词。而在分析社会文化无意识、集体无意识行为和传统等一系列社会问题时，则更喜欢用‘习俗’概念。”（见《中国社会科学》，1996年第六期，第34页）在邓正来先生所翻译的哈耶克的《自由秩序原理》（原书名为《自由的构成》）一书中，一些地方“custom”亦被误译为“习惯”（见该书中译本，第71页）。另外，在目前我国几乎所有法学翻译文献中［如贺卫方等人译的伯尔曼（Harold Berman）1983年的《法律与革命》，蒋兆康译的波斯纳（Richard Posner，1992）的《法律的经济分析》］，英文的“custom”通常被译为“习惯”，而“customary law”则按中文翻译界的“惯例”被翻译为“习惯法”而不是“习俗法”。这说明，一般要求辨析力特精确的法学（翻译）家们亦区分不开“习惯”与“习俗”这两个概念。

俗”这两个概念的相互关系，即把习俗视作许多个人习惯的相似点。在该书的其他地方，康芒斯亦非常清晰而明确地区分了“习惯”与“习俗”这两个概念。例如，他说：“休谟所说的‘习惯’，指的是个人的习惯，……因为它只限于个人的经验、情感和预期；而习俗则是由那些集体地同样行动的其他人的经验、感觉和预期而来……习惯出于个人的重复。习俗则是出于继续存在的成员变动着的团体的重复。它对个人有一种强迫的效果。”（Commons，1934，p. 155）这里，康芒斯再清楚不过地把习惯与习俗两个概念区别开来了。

除康芒斯外，韦伯也在《经济与社会》一书中，对“习俗”概念作了同样清晰明确的规定。他说：“我们应把习俗（Sitte）定义为一种典型的一致性行动，这种行动之所以被不断重复，是因为人们出于不加思索的模仿而习惯了它。它是一种不经由任何人在任何意义上‘要求’个人遵从之而驻存的一种集体行动的方式（Massenhandeln）。”（Weber，1978，p. 315）因此，韦伯（Weber，1978，p. 312）认为：“作为生活的常规性（regularity of life）的不加反思的习惯（unreflective habituation）已把它本身型铸（engraved）为一种习俗。”

值得注意的是，当代一位逻辑哲学家 Georg Henrik von Wright（Wright，1963，p. 8）也非常清晰地梳理出和较精确地把握了“习惯”与“习俗”两个概念的规定性。他认为：“习俗可以被视作一种特定类型的习惯（a species of habits）。习惯主要是一个人的行为中的一种常规性、一种表征（disposition），或在同样境势或在重复情景中做同样事情的倾向。”“习惯”是养成的（acquired）而不是固有的（innate）。“习俗”则可以被视作“社会习惯”（social habits）。“习俗”是一个社群中成员的行为模式。从哲学本体论的角度，Wright（Wright，1963，p. 8）还非常准确地指出，习惯和习俗作为行为的常规性，从某种程度上非常像自然科学家所研究的自然中的常规性，即我们现在所理解的哈耶克的精确意义上的“秩序”。

另外，哈耶克也似乎以同一种方式但在更深的理解上对习惯与习俗（他称其为“习得的规则”，即“learnt rules”）作了探究。在《致命的自负》中，哈耶克（Hayek，1988，p. 17）说：“个人几乎像遗传的本能那样无意识地习惯于遵从习得的规则（对习得的规则的遵从日益取代了天生的本能）。由于这两种行为的决定因素之间有着复杂的相互作用，以至于我们无法对这二者作出严格的区分。”这一点亦同样被法国历史学家布罗代尔（Fernand Braudel）所辨识出来。正如本章引语中所引述过的那样，在《资本主义论丛》中，布罗代尔（Braudel，1997，参：中译本，第70页）曾说：“作为‘历史的缺席的主角’，习惯与常规是两个范围不易确定的辽阔王国。习惯侵入整个人类生活的领域，就如夜色布满整个画景一样。但是，这个无记忆、无意识的阴影同时包含着黑暗程度不一的几个领域。关键在于如何在黑暗和光明之间，在照章办事和清醒决定之间划条界限。有了界限，观察者就能区分上下左右。”然而，尽管在“习惯”与“习俗”之间，像哈耶克和布罗代尔所理解的那样，有着复杂的相互作用，以至于二者难分难解，我们还是可以如康芒斯那样，从个人或是群体的重复行为这一点，来较清楚地辨析出这两个概念各自的规定性的。

5.2 习俗的生发机制探源

康芒斯所认为的“习俗”，只不过是许多个人的“习惯”的相似点，只是从一个方面把握了习俗概念本身的规定性及其生发原因。习俗作为哈耶克所理解的一种“自发社会秩序”，其规定性及其生发机制，要远比康芒斯的这一理解丰富得多。正是因为这一点，从60年代以来，习俗成了不少哲学家、经济学家和博弈论理论家的研究的“集中意识”。例如，哲学家刘易斯（David Lewis，1969，p. 42）和博弈论制度经济学家肖特（Andrew Schotter，1981，p. 9）就曾把社会习俗定义为，被社会（或）社群大部分成员认同并在特定的重复出现的境势中规约人们行为的常规性（regularitiy）。[1] 在《惯例的哲学分析》一书中，刘易斯（Lewis）还把社会习俗详尽地定义为：

在一人口群体P中，当其中的成员在一重复出现的境势S下，这些作为行动角色者的行为的常规性R只有在下列条件下而成为人口P中的共同知识时，它才方为一种习俗：（1）所有人遵同（conform）R；（2）每个人都会预计到他人会遵同R；并且，（3）因为S是一个协调问题，而一致遵同的R是S中的一种协调均衡，

[1] 这里需要指出的是，现代西方博弈论理论家在探讨“习俗”时，可能是出于论述的方便，他们往往使用“convention”一词，而较少使用“custom”。但是，正如康芒斯在《制度经济学》中所辨识出的那样，“convention”（确切的中译词应是“惯例”）与作为“习俗”的“custom”是有区别的。但是考虑到这些论者实际上是在“custom”的意义上使用“convention”，在本文以下的论述中，我们均把“convention”译为“习俗”。

在他人遵同 R 的条件下每个人又乐意遵同它（参：Lewis，1969，p. 58；Schotter，1981，p. 10）。

刘易斯（Lewis）和肖特（Schotter）对习俗的这种定义，可以以博弈论中所常举的打电话的例子来说明。假如甲乙两人在打电话，当他们谈得兴高采烈的时候电话突然断了。这时就出现了如下一个奕局：如果甲马上拿起电话给乙拨，而乙也马上拿起电话给甲拨，二者均会发现对方是忙音；如果甲不拨号等乙拨，同时乙也不拨号等甲拨，他们又不能继续通话。只有甲拨乙不拨，或乙不拨甲拨，二者才能恢复通话。这里就出现了一个协调与默契问题。这种协调与默契问题，可以用下列博弈矩阵表示出来：

		打回	不打回
甲	打回	0，0	1，1
	不打回	1，1	0，0

矩阵 5.1　打电话博弈

这个博弈局势很简单，但其寓意却颇深。如上所说，这实际上涉及人们行动的协调问题。要解决这一协调问题，就要靠甲乙二人过去的惯行做法或者说常规性来解决，即以前遇到这种情况时，总是某一方打回，而另一方等待。这种二人协调中的总是某一方打回而另一方等待的境势本身，就是一种二人选择或决策的协调均衡，一种惯行行为，一种习俗。[1]

[1] 严格说来，这一博弈模型所展示的还不是“custom”，而是一种“usage”。但是，由于这已超出单个人的行动所展示出来的单元事态的驻存与重复，而涉及两个人的行动的协调与默契，这里实际上已蕴含着从“usage”向“custom”的转化与过渡了。

然而，进一步的问题是，这种作为人们社会活动所呈现出来的事态中常规性的习俗，最初是如何生发出来的呢？刘易斯（Lewis）并没有给出解释。新古典主义经济学的理性经济人的假设在这里说明不了任何问题。[1] 同样，如英国博弈论经济学家萨格登（Sugden，1989，p. 97）所形容的那种认为“人有无限的推理能力但缺乏想象力和常人的经验”的经典博弈论也解释不了这一点。而目前我们又不愿仅停留在哈耶克（Hayek，1960，p. 70）那种认为它是自生自发的演进而来因而是“理性不及”（non-rational）的理论猜测。那么，这种作为一种状态、一种情形、一种结果，一种人们行事的常规性和协调均衡、一种诸多人行事所呈现出来的诸多维特根斯坦所说的“单元事态”中的普遍性的习俗，原初又是怎样生发出来的？这就是从70年代以来由史密斯（Maynard Smith）、萨格登（Robert Sugden），以及扬（H. Peyton Young）等学者所逐渐发展起来的演进博弈论（evolutionary game theory）所要致力解决的问题。

要了解沿演进博弈论的分析理路对习俗的生发机制的探索方面的新进展，我们首先还要弄清演进稳定策略（evolutionary stable strategy）这一中心概念的含义。演进博弈论中的演进稳定策略概念，最早是由生物学家和博弈论理论家梅纳德·史密斯（Maynard Smith）首创的。在1973年与G. Price合著的《动物冲突的逻辑》、1976年与G. Parker合著的《非对称竞争的逻辑》，以及在1982年由剑桥大学出版社出版的《进化与博弈论》一书中，史密斯

[1] 按照萨格登（Sugden，1989，p. 89）的说法，对理性经济人来说，“习俗是完全多余的”。

(Smith，1982）除了研究动物行为的基因型（genotype）模式外，着重研究了动物现象型（phenotype）行为的演进机制。他发现，一种物种群体的现象型行为模式之所以是演进稳定的，是因为这种模式不能为其他现象型行为模式所“侵扰”（invade)。这里侵扰的意思是，一些另外的现象型行为模式已被证明更成功以至于一些当事者（agents）采纳了它们。沿着这一分析理路，史密斯把这种动物行为的现象型演进稳定性引入到博弈论中，原创性地提出了演进稳定策略这一概念。

在演进博弈论中，演进稳定策略（ESSs）的基本含义是指博弈中的这样一种策略选择：一旦这种演进稳定策略被采纳，它就在一群体中形成一种均衡，而这种均衡是不能为另外的不能验证的其他策略所“侵扰”。用博弈论的语言来说，当一群体采用了一种策略 σ^*，而这个群体之外的它者（mutants）所采用的策略 σ 就不能侵扰这个群体的成员的 σ^* 策略选择，即不能在这一群体中推广 σ 策略。如果我们更精确地用博弈论的语言把当它者采用策略 σ 时一（群）弈者采用 σ^* 策略的预期效用或支付，定义为 EU（σ^*，σ），我们可以有以下演进稳定策略的定义：

定义：只有当以下两个条件成立时，策略 σ^* 才是一个演进稳定策略：(1) 对所有策略 J 来说，EU（σ^*，σ^*）EU（σ，σ^*）成立；(2) 对所有策略 σ 来说，或者是 EU（σ^*，σ^*）>EU（σ，σ^*），或者是 E U（σ^*，σ）>EU（σ，σ）。

在上述这个定义中，第一个条件的基本含义是，演进稳定策略 σ^* 要成立，σ^* 就必须是这样一种均衡策略，即相比其他任何策略选择来说，策略 σ^* 至少要与它们一样好或更好。否则的话，群体中就会有成员偏离这一策略选择。第二个条件则意味着，它本身要成立，它者的其他策略选择对 σ^* 的侵扰就没有任何效果。具体来说，当 $E(\sigma^*, \sigma^*) = E(\sigma, \sigma^*)$ 时，一个采用 σ^* 策略的群体可能被采用 σ 策略的它者的策略选择所侵扰。因为，在这种境势下，采用策略 σ 的它者至少不担心它们所获得的支付比采用策略 σ^* 的弈者所得更差。在此情况下，要排除玩策略 σ 的它者的策略选择的“侵扰”，就要求当它者玩策略 σ 时，策略 σ^* 要比策略 σ 更优。假如这个条件不成立，至少在引入策略 σ 时，策略 σ^* 与策略 σ 的组合要比只玩策略 σ 更优，即 $EU(\sigma^*, \sigma) > EU(\sigma, \sigma)$。

下面让我们进一步用博弈论中所常举的“斗鸡模型”来具体说明什么是演进稳定策略（参矩阵 5.2）：

		乙 鹰型（H）	乙 鸽型（D）
甲	鹰型（H）	−2，−2	2，0
甲	鸽型（D）	0，2	1，1

矩阵 5.2　斗鸡博弈

假如，甲乙两人走进一个从未有人踏足过的深山中，同时发现一个有经济价值的金矿，他们为占取这一财产资源而发生了争执。甲乙两人同时有两种策略选择：或者是采用攻击型策略像一只鹰，或者采用屈从温和策略像一只鸽。如果甲采用鹰策略而乙采用鸽策略，甲得全部金矿资源。如甲采用鸽策略而乙采用鹰策略，乙得全部财产。如果甲乙同时采用鸽策略，二者均分这一财产，各得支付

1。相反，如果甲乙均采用鹰策略，二者就会打斗起来。结果会两败俱伤，各得支付－2。在这一博弈境势中，结果将会如何？

按照主流或经典博弈论的分析，我们会知道在这个弈局中有三个纳什均衡点（Nash equilibria）：即纯策略中的（鹰，鸽）、（鸽，鹰）和双方采用混合策略时均采用一个概率为1/3的鹰策略。[1]

把矩阵5.2的境势放在没有产权因而每个人都可能是另一个财物占有者的攫掠者的“霍布斯世界”（Hobbesian world）中，人们将会如何玩这一博弈？经典博弈论并没有清楚地说明在霍布斯世界人们会怎样选择这三个纳什均衡点的。而只有从80年代以来，演进博弈论才开始试着探索和破译这一选择机制，即认为人们通过一种试错（trial and errors）的学习过程自生自发地生发出某种习俗来。正是从这一研究路径出发，萨格登（Sugden，1989，p. 91）把习俗定义为“在有两个以上演进稳定策略的博弈中的一种演进稳定策略。这即是说，习俗是有两个以上的行为规则中的一种规则，而任何一种规则一经确立，就会自我维系（self-enforcing）”。

具体到上面所举的斗鸡博弈模型来说，其中的演进稳定策略是什么？萨格登认为，首先，任何一个演进稳定策略必须是一个“纳什均衡”。因为，如果不是“纳什均衡”，就会出现一个博弈者偏离这种策略对，而获得更多的收益或者说支付。然而，在这种斗鸡博弈模型中，有三个“纳什均衡点”，那么，作为一种演进稳定策略

---

[1] 这一弈局中混合策略的纳什均衡的计算步骤为：令 p（$0<p<1$）为弈者选择鹰型策略的概率，得：

$E(H) = p(-2) + (1-p)2 = 2-4p$

$E(D) = p(0) + (1-p)1 = 1-p$

而由于混合策略的纳什均衡要求 $E(H) = E(D)$，因而得 $p = 1/3$。

的均衡点（即习俗）又是怎样从其中衍生出来的呢？萨格登进一步发现，在这种弈局中，稳定的均衡必须出自两个博弈者不同的行为模式，或按史密斯（Maynard Smith）的术语来说，有不同的“现象型”行为。而二者不同的“现象型”行为又源自两个博弈者本身的差异。因为，如果两个博弈者完全相同，因而有完全相同的“现象型”行为，他们会采取同样的博弈策略，那么，这种演进稳定性就难能实现。相反，只有两个博弈者在某些方面有差异，这种演进稳定策略才会出现。这里，我们可以把二者的差异理解为，一个高大，一个矮小；一个强壮，一个柔弱；一个青面獠牙，一个文弱书生；或者一个手持大刀，一个赤手空拳，等等。用博弈论的语言来说，假如一个弈者在选择一项动作（move）前，收到一个信号，这个信号可为 A 或 B（这里 A 或 B 可代表高矮、强弱、凶柔或者手持武器与否，等等特征）。并且我们假定，当甲收到一个信号 A 时，他确信对方收到一个信号 B，或者相反。有了 A 和 B 这两个参量信号，我们就可以把理论分析推进一步：（1）如果是 A，采取鹰型策略；如果是 B，采取鸽型策略。（2）或者反过来，如果是 A，采取鸽型策略；如果是 B，采取鹰型策略。（3）不管是 A 还是 B，均采取一个 1/3 概率的鹰型混合策略。然而，许多演进博弈论学者却发现，在考虑 A、B 两种参量信号的情况下，只有纯策略的（鹰，鸽）、（鸽，鹰）这两个均衡才是“强”和“严格”的“纳什均衡”。而作为混合策略的“纳什均衡”在现实中没有任何意义，即它实际上并不是一种演进稳定性。因为，给定鹰型、鸽型和 1/3 概率取鹰型策略这三种通向“纳什均衡”的路径，一旦一个弈者采取了鹰型策略而对方采取了鸽型策略而锁入了一种“纳什均衡”，他就没必要在重复博弈中再取混合策略。同样，即使一个弈者采取了鸽型策略而对手选择了鹰型策略从而锁入了另一种“纳什均衡”，他也会维持这一点，即没有必要在重复博弈中取 1/3 概率的鹰型策略。因此，演进博弈论的研究发现，演进稳定策略是一种强或“精炼”（refinement）的“纳什均衡”。

概言之，博弈中的不对称衍生出来一种事态、一种情形，即甲总是择鹰型策略而乙总是择鸽型策略，或者是相反。一旦双方弈者锁入一种事态、一种情形，任何一方偏离这种演进稳定均衡的弈者所得的支付，总是比保持自己过去的策略选择要少。换句话说，任何一方偏离这种演进稳定均衡的弈者都要付出一定的代价。这种由演进稳定性所标示的一种事态、一种情形，显然就是一种习俗，一种演进博弈论理论家所说的“convention”。而一旦这种作为演进稳定性的习俗在一个群体中生发出来，每个在其中的成员都会“黏附”于它。这里并不需要有第三者来通过某种强制来维护这种演进稳定性，而是每个成员均会自觉遵同之。因而，它是一种自我维系（self-enforcing）、自我驻存（self-perpetuating）的事态与情形。在这种演进博弈中，新古典主义经济学和经典博弈论的理性选择假设似乎是在起作用。但是细想起来，它似乎又是完全多余的。用萨格登（Sugden，1989，p. 89）的原话来说，“如 A 取鹰策略，如 B 取鸽策略”这样一种习俗“is consistent with but not prescribed by rationality”（这句英文话可大致理解为“与理性相符，但不一定为理性所预设”）。从这一点来看，人们“自发”产生并遵从一种习俗，是超越新古典主义经济学和经典博弈论中，理性选择的这一基石性假定的。

这里值得一提的是，演进博弈论中的这种“演进稳定策略”，与1994年诺贝尔经济学奖得主之一泽尔腾（Richard Selten）所提出的不完全信息动态博弈中的“颤抖手均衡”（trembling hand equilibrium）有许多相同之处。从博弈论中我们知道，泽尔腾的这种“颤抖手均衡”也是一种“精炼纳什均衡”。大致说来，泽尔腾（Selten，1975）假定，在博弈中存在一种数值极小但又不为0的概率，即在每个博弈者选择对他来说所有可行的一项策略时，可能会偶尔出错，这就是所谓的“颤抖之手”。因之，一个博弈者的均衡策略，是在考虑到其对手可能“颤抖”（偶尔出错）的情况下对其对手策略选择，所做的最好的策略回应。单从这一点来看，在演进博弈论中，最初的演进稳定性的出现，并不完全来自博弈双方的理性计算，而实际上可能是随机形成的（往往取决于博弈双方“察言观色”的一念之差）。按照这一分析思路，我们也可以认为，人们对一种习俗（演进稳定性）的偏离，也可能出自泽尔腾（Selten）所说的那种人们社会博弈中的“颤抖”。

然而，这里需要指出的是，这种演进博弈论的分析理路，与泽尔腾（Selten）的不完全信息动态博弈中颤抖手均衡的分析，是有重大区别的。正如萨格登（Sugden）所辨识出来的那样，在泽尔腾的理论中，作为某种不能解释的心理机制产物的“颤抖类型”的出现的频率是给定的。因此，按照泽尔腾的分析理路，某一特定状态是否是一均衡，是可以从每一个博弈者对“颤抖”出现的频率的知识，作出的最优决策来判断的。因此，在泽尔腾的理论建构中，其分析结果完全是建立在那些有关“颤抖”的假定之上的。而这种“颤抖”，按照博弈论理论家宾默尔（K. Binmore，1987）的说法，实际上又是“非理性”的，因而也是与经典博弈论的基本假定与分析理路相悖的。与之相反，在演进博弈论的分析理路中，最关键的机制不是理性的博弈者对非理性博弈之可能性的应策，而是对一种偏离博弈均衡之倾向的研究。因为，在演进博弈中，一旦一种偏离策略成功，它就会被重复、被效仿、被复制。从这一视角来考虑，这种成功的博弈偏离更像是一种实验，而不是像是泽尔腾的“颤抖手博弈”中的那种“偶尔失误”。因此，这种演进博弈论似更能接近于揭示作为一种自发社会秩序的习俗的生发与演进机制。

在谈到演进博弈论对习俗的生发机制的理论探讨时，我们应该认识到，到目前为止，这种沿着演进稳定策略的分析理路，对信息对称与不对称情况下习俗的原生机制的破译，还是远远不够的。换句话说，在对习俗的原初生发机制的认识上，还有哈耶克所说的我们并不知道其由来原因的许多理性不及的领域与方面。因为，这可能已触及到了康德哲学的“纯粹理性”的界限，即我们在理论上无法去理解那种“超验”（transcendent）的“自在的东西”。同样，这也涉及维特根斯坦的本体论哲学的一个最深层的问题：“在世界中一切东西都如本来面目，所发生的一切都是实际上发生的。”因而，维特根斯坦认为，“神秘的不是世界是怎样的，而是它是这样的”。也可能正是出于这一点，维特根斯坦主张，“应该划清可思考的从而也划清不可思考的东西的界限”。因而他说：“凡是不能说的事情，就应当沉默。”（参：Wittgenstein，1921，§6. 41，§6. 44，§4. 114，以及“序”）[1] 美国学者谢林（Thomas Shelling）在 60 年代初所做

[1] 为了方便读者查对原文，本文所引维特根斯坦的原话不标页码，而标他本人所加的序号。

的著名社会实验，最清楚不过地表明了在人们的相互协调能力方面有许多人们理性不及的领域这一哈耶克的“康德—维特根斯坦”式的本体论哲学断想。

谢林（Shelling，1960）曾在他的学生中做过一些实验和调查，发现人们在社会活动的决策方面，有远比博弈论所描述得丰富得多且令人惊奇的协调他们的相互决策的能力。谢林做了如下结果十分惊人的四个实验：

例一：在相互没有沟通的情况下，让两个人同时要一个硬币的正面或反面。如果两个人要的相同，他们就会赢一笔奖金。实验结果是，36 个人要正面，6 个人要反面。

例二：告诉一个学生与另一个学生在纽约一处相见，但既不告诉他和谁相见，也不告诉他在何处相见，更不准任何人互相沟通，而只让两个人猜测到一处相见。实验结果是，大多数学生均选择了纽约中央火车站。

例三：在例二中亦不告诉任何人约见时间。但结果几乎所有人都选择了中午 12 点。

例四：让两个学生在不沟通的情况下分别把 100 美元分成 A、B 两份。如果这两个学生分的 A、B 两份相等，二人各得这 100 美元。如果不等，谁也得不到一分钱。实验结果是，42 个学生中有 36 人把 100 美元分为 50 美元两份。

这四个实验例子非常简单。但却触及社会现象研究中的许多最深层的问题，即人类有非常惊人的协调他们活动与决策的能力。人类的这种能力源于何处？谢林认为，它可能来自人们社会生活中的“凸显性”（prominence）或“凝聚点”（focal point）。按谢林的原话来说，“人们能像好像每个人都知道其他人亦同样尽量做同样的事的方式来协同他们的意愿（intention）和预期”（Shelling，1960，p. 57）。即，所有人都会按他人预计到他会按预计到的方式行事。谢林还认为，这种“凸显性”和“凝聚点”并不完全出自人们的逻辑推理，而可能是出自“想象力”（imagination），亦可能出自某种模仿、前例、偶然安排、对称，以致美学或几何学的“组态”（configuration）等等因素。[1] 当然，我们亦可以进一步猜测，人们的这种惊人的协调能力也可能出自凡勃伦所说的人的本能或当代著名政治学家艾尔斯特（Jon Elster，1989，p. 102）所理解的某种“个人感情与行为的内在倾向”（propensities），或出自奥克肖特（Micheal Oakeshott）所理解的人们的“实践知识”（practical knowledge）和吉登斯（Anthony Giddens）所理解的“实践意识”（practical consciousness）[2]，抑或出自波兰尼（Polanyi，1967）所说的在人们获得和发展他们的技术性习惯和技能方面的“心照不宣

[1] 如果我们比较一下谢林（Shelling）的这种“凸显点”与海萨尼（Harsanyi，1973）所提出的“随机多重均衡”（random equilibria）的决定机制甚有意思。按照谢林的思路，我们可以认为，当人们在社会选择中遇到多重均衡的境势时，他们作为社会博弈者的行为往往关键取决于他们所共同知道的某些事物，尽管这些共同知识对每一个博弈者的选择偏好并没有多大的内在影响。而按照海萨尼的分析逻辑，当人们遇到同样的“随机多重均衡”的境势时，每个人的行为与选择可能关键取决于每个人的私人知识，尽管这些知识对他本人的选择偏好可能只有非常细微的影响。从这里我们也可以体悟出，思想家们的观察社会现象的视角和探索问题的思径取向对他们的理论结论会有多大影响。梅耶森（Roger B. Myerson，1999，pp. 1077～1078）在最近发表于美国《经济文献杂志》上的一篇论文中对谢林和海萨尼在研究进路上的这种差别进行了非常有意思的对比与分析。

[2] 奥克肖特（Oakeshott）和吉登斯（Giddens）认为，这种“实践知识”或“实践意识”帮助人们“往前走”，即不必把他们的选择直接用推论式的形式表达出来就行动（参：Oakeshott，1962；Giddens，1984）。

的理解”（tacit knowing），等等。

与奥克肖特（Oakeshott）、吉登斯（Giddens）和波兰尼（Polanyi）的见解从精神上某些方面相一致，现代演进博弈论学者在研究习俗的生发路径方面，更注重人们的“共同经验”（common experience）（Sugden，1989）。在这一点上，演进博弈论学者更接近于哈耶克。譬如，在辞世前所撰写的最后一部著作《致命的自负》中，哈耶克（Hayek，1988，p. 23）就曾指出：“本能比习俗和传统古老，而习俗和传统又比理性更古老：不管是在逻辑上、心理上还是在时序上，习俗和传统均处在本能与理性之间。它们既不是出于有时被称作无意识的，也不是出自直觉，更不是出自理性的理解。它们是在文化演进的过程中形成的，在这种意义上，它们的基础是人类的经验。尽管如此，它们不是通过从某些事实或从对某些事物的特殊行为方式的认识中得出的理性的结论而形成的。”

哈耶克和演进博弈论学者的习俗可能出自人类的共同经验这一理论洞识，可以最清楚不过地从靠左还是靠右驾车的习俗形成的博弈模型中得以说明。假如在一个社会中靠左还是靠右驾车的交通规则还未形成之前，一个人在一条很窄的乡村道路上驾车，当他遇到一辆迎面驶来的车时，是靠左驾驶，还是靠右驾驶？很显然，这在很大程度上取决于他本人对对方是靠左还是靠右驾驶的预期。如果这个人预计到对方会靠左边行驶，他也会取左边。反之亦然。但是这种预期的基础什么？这是一个极其复杂的问题。我们这里只能假定这种博弈是完全对称的。因为，靠左还是靠右驾车没有什么收益差异。人的理性在这里也完全是多余的。因为，假如这是一个真正的非重复博弈［即驾车人第一次在路上驾车，因而对靠左或是靠右的交通习俗（或规则）没有任何知识］；再假如，如果这个驾车者所知道的仅仅是自己和对方驾车者均是理性的（如没有喝醉酒），那将是非常危险的。因为理性这里并不能告诉人们是靠左还是靠右边驾车，而是常常出自驾车者本能地（?）喜欢靠左还是靠右驾车。然而，如果一个驾车者有在英国驾车的经验（即玩过这种驾车博弈），他就会自然靠左开。反过来，如果这个驾车者有在美国驾车的经验，他就会自然靠右驶。许多研究证明，这种靠左还是靠右驾车的规则最早就出自人们的“共同经验”，即习俗。然而，哈耶克和萨格登所说的习俗出自人类的共同经验，还不能不说只是一种理论断想。因为，它还未对一种习俗最初是如何形成的这一根本问题穷其究竟。具体到靠左还是靠右驾车这个例子上来，英国人最初是如何协调和形成靠左驾驶这一习俗的？对此萨格登也只能猜测到，这可能出自人们的“某些共同的凸显意识”（some shared notions of prominence）（Sugden，1989，p. 90）。抑或出自凡勃伦所说的人的“天性”或康芒斯所说的人们“习惯的相似点”？这里显然还有许多哈耶克所理解的诸多“未明原因”的“理性不及”的因素和方面。[1] 也可能正是出于这一点，英国经济学家霍奇逊（Hodgson，1988，p. 135）惊叹道：“博弈论不能说明现实世界的复杂和不可知程度。”因为，如上所说，这里实际上已触及到维特根斯坦哲学的存在本身就是其原因的本体论问题。而一旦把这种维特

［1］ 从这里我们也可以联想到社会现象的经济分析之预测的局限。因为，即使知道一个社会或社群中所有博弈者的全部偏好和可行的策略选择，但社会博弈的结果却往往是任何人无法准确预期的。

根斯坦本体论哲学问题考虑进来，经典博弈论的根基似乎就变得动摇起来了（参：Heap & Varoufakis，1995，p. 206）。

5.3 习俗作为一种自发社会秩序

在上一节的分析中，我们已对西方学者在对习俗的原初生发机制的探索方面的种种努力作了简要的引介和评述。从上述分析中，可以看出，尽管80年代中后期以来，演进博弈论学者努力破译在人们社会交往中的习俗的原初生发机制方面，曾取得了许多可喜的研究成果，但是到目前为止，这些探索还是远远不够的。在人们对习俗的生发机制的认识和理解上，还有着哈耶克所说的，我们未明其原因和理性不及的诸多因素和方面。尽管如此，哈耶克（Hayek，1960，pp. 58～63；1973，pp. 36～41）在其晚年的著作中一再主张，习俗本身并不是神神秘秘地从天而降，而是产生于诸多并未明确意识到其所作所为会有如此结果的人们的各自行动，因而它是无意识的人类行为的积累的结果，是通过学习和模仿而传播沿袭下来的整个文化的遗产。因此，虽然破译和理论展示习俗的原初生发机制在目前来说仍是一项极其艰难和复杂的理论任务，但至少有一点可以肯定的是，习俗作为人们社会活动与交往中的一种演进稳定性、一种博弈均衡，大致是通过自生自发的路径型构而成的。因此，我们可以说，习俗本身就是哈耶克所理解的那种在人们重复交往中出现的一种事态、一种结果、一种情形的“自发社会秩序”。这里，我们暂且存留对习俗的原初生发机制的认识方面诸多理性未及的待探索领域不论，即不再继续往更深的层面探究种种习俗原初是如何生发出来的，而只是进一步考察习俗一旦生发出来，其作为一种自发社会秩序在人们社会经济生活中的功能与作用。

习俗作为一种自发社会秩序，一旦生成，它就能作为人们社会活动与事务中的一种常规性，固化习俗本身所覆盖的团体、社群或社会中成员的现象型行为，从而它本身也就作为一种事态、一种情形像一种社会规则那样，对成员的各自行为有一种自我强制性的规约。而这种规约本身，实际上给当事人和其他当事者一种确定的信息，告诉他应该这样做，并有信心地预期到，他本人如此行动亦会从别人那里获得同样的合作。从这里也可以看出，习俗一旦生成，它就是一个社群或社会内部的一种自发秩序。只有在这种自发社会秩序下，人们才能有信心地与他人有序地交往，即每个人均自我强制地遵守这种自发秩序，并且也会有信心地预计到他人亦会这样做。这里并不要求每个人都是理性的，而是每个人均假定大家今天会大致继续昨天的情形，因而会放心地进行社会活动与交往。这样，就使人们不必每天揣度、算计并周详地考虑别人要干什么和正在干什么，而只是简单地假定别人亦会遵循以前的行为模式。正是因为这一点，人类才从那种霍布斯世界的，人人是强盗的野蛮或未开化社会，过渡到文明社会。单从这一点来说，人类社会之所以成其为社会，或者说人类社会之所以能与其他动物群体区别开来，正是因为人类社会有习俗这种自发的社会秩序在起维系作用。也正是从这一视角来考虑，作为一种自发社会秩序的习俗是社会（包括经济体系和市场本身）运行的基础，或者说是社会之成为社会，经济之成为经济，以及市场之成为市场的维特根斯坦所说的那种“逻辑座标”（Wittgenstein，1921，§3.41）。

可能正是因为考虑到这一点，许多经济学家把习俗误认为是人们社会经济活动中的交易费用一种节约机制，把习俗在市场中的存在看成是一种帕累托增进。从新古典主义经济学的大师阿罗（Kenneth Arrow）如下一段话中可以清楚地看出这一点：

> 我吁求人们注意社会活动的不太明显的形式：社会行为的规范，包括伦理的和道德的准则。我认为，一种可能的解释是，它们是补偿市场失灵（market failure）的社会应策（reactions）。人们之间有一些相互信任是有用的。在缺乏信任的件下，来设定一些可供选择的法令与保险将会代价甚高，以至于有益于相互合作的许多机会将会失去。……非市场行动可采取相互约同（mutual agreement）的形式。但是要把这些约同安排尤其是要把这些约同安排扩展到新进入社会网络中来的人时可能代价颇高。作为一种选择，社会可以把这些规范内在化，以在一个无意识的水平上达成一种理想的约同。……（在社会中）存在一整套习俗与规范。这些习俗与规范可以被解释为经由提供价格体制所不能提供的（从广义的个人价值满意上）某些商品而增进经济体制效率的约同。（Arrow，1971，p. 22）

从上述一大段引述中，我们可以体察到，阿罗认为，习俗和道德规范一般是可以被视作帕累托增进的。然而，如果我们继续向深层探究，就会发现，并不是所有的习俗均是帕累托增进的。甚至一些习俗可能会使所有人“worse off”（这里实在没有确当中文词对译这个词组，只能把它理解为“变得不好”或“福利减损”），或者至少可以认为，一些习俗并不能使所有的人“better off”（同样也只能大致把这个词组理解为“变好”“改善”或“福利增进”）。退一步说，即使我们承认一种习俗可以使所有的人“better off”，也不能由此就证明它为什么会存在。

让我们拿美国政治学家艾尔斯特（Elster，1989）所曾举过的一个人出钱买他人排队的位置的例子来说明这一点。假如有长长的一队人排在那里等买票（如一著名歌星演唱会的门票）。一个人走过来，对排在前面的一个排队者说：“我出一笔非常高的价，请把你的位置卖给我吧!”这个排队者是接受这一出价呢？还是不接受？如果接受了，他人（尤其是排在后面的人）是否会赞同呢？如果这个出价买位置的人所出的价格超过这个排队者买到这张票（听演唱会）的预期效用，因而两者成交了这一交易，这显然是一种帕累托增进。因为这一交易使买排队位置和卖排队位置两者均“better off”，而没有使任何人“worse off”，其中包括排在后面的排队者。但出于某种说不出来的原因（如某种习俗、道德规范或个人心理因素），在许多社会中，这种交易却不能成交。这主要是因为一个排队者可能要顾及他人的“斜眼”（看不起）而不会这样做。从这个小例子中，我们可以想象到，许多习俗并不一定就是帕累托增进的。英国一位叫沃姆斯利（L. Walmsley）的学者在1932年所出版的一本书中所提到的，发生在英国约克郡（Yorkshire）海岸线的一个小渔村的故事，也说明了这一点。

据沃姆斯利（Walmsley，1932，pp. 70～71）说，在每次大风暴后，总是有些漂流木材（driftwood）留在海岸上。因此，每次大风暴之后，村民们就竞相奔到海岸去捡木材。许多年来，村民们遵守一种“先到者得”（first-on）的习俗，即最先奔到海岸者可以任意捡漂流木，然后把捡到的木材堆积在海岸边的高处，并在木堆上放上两块石头，以表示这是他自己的所有物。他可以把这堆漂流木材留在海岸边两天。在这两天之内，别的村民会尊重他的这种“de facto”（事实上）的产权。如果过了两天，他的这种“de facto”的产权就不再存在。据说，在这个小渔村中，没有人知道这种“先到者得”的规则是什么时候形成的，以及如何形成的。但每个村民都遵守这种习俗，并且遵守得那么自然，那么有序。然而，值得深思的是，这种自发的秩序安排并不是一种帕累托最优的选择。因为，它诱使村民竞相赶早奔去海边捡木头。而这种竞相赶到海边捡漂流木，会使村民有一种不必要的“努力竞争支付”。从福利经济学角度来分析，这种“努力竞争支付”是一种“额外净损失”（dead-weight loss）[1]。然而，这个约克郡的小渔村里的村民却世代遵守这种非帕累托效率的习俗，并且遵守得那么有效、有序和自然。正是基于这一点，演进博弈论学者萨格登（Sugden，1989，p. 93）认为，如果习俗是集体的刻意选择的结果，一些无效率的习俗就不会存在。然而，正是因为习俗不是集体选择的结果，而是自生自发衍生或演生出来的一种自发秩序，这就导致它本身作为一种演进稳定性（精炼纳什均衡）并不一定就是帕累托效率。并且，笔者亦进一步揣度到，在某些社群或社会的某些时期中由某种文化、传统、道德、伦理、宗教、信仰等所支撑并维系的某些习俗甚至不一定是纳

[1] 因为，如果采用每家在大风暴后捡一次或通过“拈阄”的办法分配捡漂流木，就会省去这种“竞相努力支付”的额外净损失。

什效率（均衡）[1]。从爱泼斯坦（A. L. Epstein，1967）在印度农村做的调查所发现的，当地一些习俗阻止农民引进稻米生产新技术的事例中，我们就可以洞悟出这一点。[2]

在认识到习俗是一种自发社会秩序这一点的同时，我们还必须领悟到，习俗并不只是存在于像希克斯（John Hicks，1969，ch. 2）在《经济史理论》中所说的在市场经济形成之前的早期的"习俗经济"（包括新石器时代或中古时期的村社经济以及近现代在世界的许多边缘地区仍残存的部落共同体）中，而是广泛且大量地存在于

[1] 反过来说，如果任何习俗都是纳什均衡或史密斯的"演进稳定策略"（一种精练纳什均衡），那么，许多制度性约束（如契约、产权、和法律约束）就是多余的了。同样，如果所有作为自发秩序的习俗都是"非囚犯困境的纳什均衡"或史密斯的演进稳定性，那也就没有从习俗向惯例以致向法律规则过渡的必要，正如在下两章我们将要讨论那样。在后文我们也将会展开说明，如果所有作为自发秩序的习俗都是非囚犯困境的纳什均衡，社会也就没有伦理的道德问题（在《经济学与伦理学：市场经济的伦理维度与道德基础》一书中，笔者曾详细论述了只有囚犯困境的社会博弈安排中，才有道德问题，参：韦森，2015），因而整个社会将是一个新古典世界的具有帕累托均衡的"伊甸园"。

[2] 参F. 普洛格，D. 贝茨：《文化演进与人类行为》，沈阳：辽宁人民出版社出版，第八章附录（Plog & Bates，1980）。之所以存在种种非纳什均衡的习俗，主要是因为在现实生活中，人们显然并不是完全按个人收益（或个人支付）最大化这一新古典理论和博弈论的共同的基石性假定来进行一切社会活动的。尤其是在习俗的生发与演进上，更是如此。因为，如上所说，文化传统、道德伦理、意识形态、宗教信仰，以及圣哲的箴规，均可以是一种习俗生成和驻存的原因。这就导致一些习俗在经济上并不一定是合理的。尽管如此，一个难以辩驳的理论逻辑是，那些非纳什均衡尤其是非演进博弈稳定性的习俗往往不能长久驻存。因为，如果一种习俗不是纳什均衡，就会有人在重复社会博弈中偏离这种策略选择，最终使社群或社会整体导向或演进出一种纳什均衡的习俗。在社会现实中，人们甚至会超纳什均衡而演进出帕累托均衡的习俗。从博弈论学者对著名的"囚犯困境"博弈中的"无名氏定理"（the Folk Theorem），即人们重复玩"囚犯困境"的博弈会产生合作的理论证明中，我们就可以洞悟出这一点（参：Fudenberg & Maskin，1990）。

现代都市化经济与发达的市场经济中。只是现代人已习惯且已无意识地遵从之，因而往往忽略或没有觉察到每个人（包括自己）均在按一定的习俗行事。从某种程度上来说，市场本身就其本质来说就是一种自发社会秩序，一种诸多习俗的“纽结”（nexus）。因为，市场中的许多秩序，并不是经由人们刻意设计而成（当然，这里并不否认在现代市场经济中有大量人为设计的运行规则与方面），而是从人们的相互交往中自发地演进而来。比如，为什么纽约的股票市场比悉尼的股票市场更重要？为什么人们在广州买衣服总是倾向于去高第街？更为奇怪的是，为什么近几年在穷僻的沂蒙山区出现了中国最大的家电批发市场？又为什么在上海卖菜的菜贩大都是安徽人，而在全国修鞋和打棉花被套的工匠多为浙江人？这种种现象均是在现代市场经济中自发地形成的。也许人们很难讲出这些自发秩序形成的机理与原因。

就作为市场运行的基础的产权结构来说，如果市场中的产权能像诺思（North，1981）所说的那样，由国家用法律正式界定并予以保护，市场运行无疑会更加顺畅。然而，如果没有市场参与者自觉地尊重现存的产权结构，一种刚性的产权就不可能形成并驻存。反过来说，尽管国家一再三令五申地禁止和严打，外汇黑市交易、赌博、贩毒、贩黄和卖淫业却随着市场秩序的型构而在社会角落中存在与蔓延。这说明在这些“地下市场”的参与者，仍然承认并尊重一种国家所不承认的，他人的“de facto”的产权。正是因为这一点，萨格登（Sugden，1989，p. 86）认为，产权制度本身可能最终被归结为像休谟、斯密和哈耶克所理解的那样，经由自生自发路径演进而来的一种自发社会秩序。

5.4 习俗与道德规范

正因为习俗是经由自生自发的路径演进而来的一自发社会秩序，其主要特征是当事者自觉、自愿且有时是无意识地遵从之（如在没有人监督的情况下不在大街随地吐痰，不在公园内乱扔垃圾），所以习俗本身就成了当事人自己现象型行为中的一致性，一种诺思（North，1993，p. 62）所理解的自我实施的、非正式约束和自我限定的行动准则（self-imposed codes of conduct）。然而，一旦人们长期按某种习俗行事，他们就会惯性地或无意识地认为应该保持着这种现象型行为的一致性。这样，一种习俗也就会逐渐地或潜移默化地向人们的心理层面推进，从而转化为一种道德规范（moral norm）。[1]

谈到从习俗向道德规范的推进与转化，这里有必要进一步区分习俗与道德规范，尽管要把这两个概念完全清楚地区分开来是一项非常困难的任务。在1989年发表的那篇《道德规范与经济理论》的文章中，艾尔斯特曾建构性地分梳出理性经济行为与道德规范。根据艾尔斯特的分析理路，我们可以进一步以逻辑分析语言的形式区分出理性经济行为、习俗和道德规范：

（1）工具理性主义告诉人们：你要达到Y，做X。

（2）习俗告诉人们：因为大家都在做X，你自然也会做X，且

[1] 萨格登（Sugden，1989，p. 97）认为，人们所遵从的习俗对他们有道德的约束力，并认为道德信仰亦是习俗的同一演进过程的产物。

在大家都在做 X 的情况下，你的最好选择可能也是做 X。

(3) 而道德规范则告诉人们：你要做 X，或不做 X；或者告诉人们：你应该做 X，或不应该做 X。你要做或应该做 X 是因为大家都在做 X，因而你最好也是做 X；你不要做 X 或不应该做 X 是因为大家都不做 X，因而你最好也不要做 X。

从这里，我们可以体察出理性经济行为、习俗和道德规范的区别。

在对习俗与道德规范这两个概念的含义有了以上的理解之后，我们就可以进一步思考为什么习俗由于其长期驻存会向人们的社会心理层面推进从而固化为一种道德规范这一问题了。那么，为什么一种习俗的长期驻存会在人们的社会心理层面铭烙成一种道德规范呢？其基本原因就在于，大多数人均有让他人认同的意愿。这主要是因为人本身就是一种在群体中生活的社会动物。如果生活在一社会群体中的个人，在大家都遵守一种习俗条件下，而自己采取了偏离这种习俗的行为，尽管他可能不会遭到集体的制裁或他人的报复，但却有可能遭到他人的耻笑、冷遇、愤懑或斥责。这就使之会有一种难能在这一群体中立足之感。因此，一种习俗持存的越久长，人们就会在相互交往中形成一种更强、更有信心的预期：他人会遵从这一习俗。反过来正是因为对他人会遵从这一习俗的强烈预期，每一个人又会发现人人（包括自己）遵从这一习俗可能更符合自己的利益，进而他会在意愿上希望他人会继续遵从这种行为的常规性。在这种双向强化的正反馈机制的作用下，习俗就会固化为一种道德规范。

在谈到从习俗向道德规范的转化与过渡时，有一点需要指出的是，一旦在一个社群或社会中，由于某种习俗长期自我维系与驻存而形成一种道德规范，一个人采取违反这种习俗或道德规范的行为，不但会造成为这一违反习俗与道德规范行为的直接受害者的愤懑与不平，亦会遭到非直接受害的第三者的反对。譬如，在英国约克郡海岸线的那个小渔村中，如果一个人在两天之内拿取了别人放上两块石头的木堆上的漂流木，被第三者看到了，尽管这两块石头不是这个第三者放上去的，他会想到，今天这个人拿取了别人的“de facto”的财物，那么，明天他可能会拿我的。因此，他会站在那个“de facto”财物的所有者的立场上来反对这个打破习俗的人。或者至少他会同情那个木堆的事实所有者。正是从这一点来思考，一种习俗的存在，并不在于它会对所有的人都有益处，也不是像阿罗所理解的那样会增加整个社群或社会的集体福利，即一种帕累托增进，而是在于违反或打破一种习俗或道德规范的行为，会对所有遵从这种习俗与道德规范的人造成直接或间接的损害。另外，西方学者阿克洛夫（Akerlof，1976）和阿克施罗德（Axelrod，1986）甚至发现，一些非帕累托效率甚至非纳什均衡的社会习俗或规范之所以能驻存，是因为，在一个社群或社会中的“每个人都惟恐被排斥而不敢破坏规范。排斥别人的人之所以要这么做，是因为他们害怕如果他们不排斥那些破坏道德规范的人，他们自己就会被排斥或者受到社会的指责”（Basu，*et al.*，1987，p. 10）。正是因为上述种种原因，人们把习俗与道德规范视作维系社会尤其市场运行的基础性的东西。它不但是在现代发达的市场经济形成之前曾存在过的习俗经济中的维系社会稳定和运行的纽带或“润滑剂”，也是现代发达的市场经济运行本身不可或缺的东西。

第六章
惯例的经济分析

这种惯例实质上并不是一种许诺（promise），因为甚至许诺本身……也源于惯例。惯例只是一般指由所有社会成员互相表达的共同利益，这种共同利益诱导他们以某些规则来规约他们的行为。……与拥有（possession）稳定性有关的规则是通过一缓慢进展的过程和由于侵权所给我们带来的不方便的重复经验而逐渐出现的，这并不因此就意味着它们不是源自惯例。相反，这些经验使我们更加确信，遵循惯例已成为大家的共同利益，并使我们对未来他人行为的常规性更有信心。

——David Hume（1890，p. 490）

6.1　从习俗到惯例

在上一章的分析中，我们曾指出，尽管从 20 世纪 80 年代中后期以来，西方学界沿演进博弈论的分析理路，在破译和理论展示在人们的社会交往中的习俗的原初生发机制方面，取得了许多可喜的研究成果，但是，到目前为止，在人们对作为一种“自发社会秩序”的习俗的生发机制的认识和理解上，还有着哈耶克所说的，我们并未明其原因和“理性不及”的诸多因素与方面。在上一章的理论分析的基础上，本章将进一步辨析“习俗” （custom）与“惯例”（convention）这两个密切相关的概念的各自规定性。在此基础上，我们将对惯例在市场经济中的作用以及惯例的驻存、演进与变迁作一些初步的理论探讨。

在上一章的最后一节的分析中，我们曾指出，当一种习俗在一个社群或社会中驻存一定的时间之后，它就会向人们的心理层面推进，从而在人们的社会心理层面烙铭下来而成为一种社会规范（social norms）。这里需要指出的是，当一种习俗长期驻存之后，它亦会向习俗本身为其构成部分的作为一种社会实存的社会制序内部推进，从而“硬化”为一种“惯例”。

我们已经知道，许多论者（包括哲学家、经济学家和翻译家）并不能完全分辨开“习惯”与“习俗”这两个概念。然而，在梳理了康芒斯对这两个概念的准确和清晰的分辨，以及韦伯和哈耶克对二者的理论理解之后，我们应该能较为容易地区分开习惯与习俗这两个概念了：即“习惯”是指个人行事与活动中所呈现出来的“事态”中的一致性，或者说重复出现的个人活动的一种“单元事态”；而“习俗”则是指“连续存在的群体”的行动所呈现出来的，诸多“单元事态”中的普遍性、同一性与延续性，或者按康芒斯的原话来说，“习俗”是许多“个人习惯中的相似点”。这里要指出的是，如果说分辨开个人的“习惯”与群体的“习俗”已是很困难的，那么，把“习俗”与“惯例”这两个概念分辨开来，更是一项困难的理论任务。可能正是因为这一点，西方许多学者包括演进博弈论经济学家肖特（Andrew Schotter）、萨格登（Robert Sugden）和扬（H. Peyton Young）以及诺贝尔经济学奖得主之一的诺思，均不认真区分习俗与惯例这两个概念。为什么这些学理分析入微的经济学家们不区分“习俗”与“惯例”这两个概念呢？可能有如下两个方面的原因：

第一，“习俗”与“惯例”这两个词在英文中词意就非常相近，实可谓难分难解。按照《牛津字典》的解释，“惯例”（convention）本身就是一种“customary practice”。单从这一点来理解，“习俗”与“惯例”两个概念基本上是涵指同一种社会实存。如果说二者有差别的话，也只是程度的差别，即两者在从个人的习惯到习俗，从习俗到惯例，从惯例到制度这一社会制序本身内部的逻辑演进过程中的“硬化”程度上的差别。正是因为这一点，完全分辨开“习俗”与“惯例”，是非常困难的。就连尽力试图从理论上分辨开习俗与惯例的康芒斯也承认这一点。在《制度经济学》中，康芒斯说：“至于某些习俗，像商誉、同业行规、契约的标准形式、银行信用的使用、现代稳定货币的办法，等等这一切都称为‘惯例’，（因此）好像‘习俗’与‘惯例’有一种区别似的。可是，除了所要求的一致性和所允许的变化性的程度不同而外，并没有区别。”接着，康芒斯还举例道，在现代社会中使用银行支票的惯例，其强迫性不亚于欧洲中世纪的佃农在封建领主土地上服役的习俗。比如，一个现代商人不能自由使用现金而不使用银行支票，这很像中世纪的佃农不能自由去跟盗侠罗宾汉（Robin Hood）入伙一样。康芒斯还指出，如果一个现代商人拒绝收付银行支票，他根本就不能继续营业。许多其他的同行业务惯例，也有同样的情况。如一个工人在他人都七点准时上班而他八点才到，就不能保住他的职位。[1]因此，康芒斯（Commons，参：中译本，上册，第284页）归纳道："像银行支票的使用那种'惯例'和习俗具有同样的强迫性。"除康芒斯外，韦伯也曾在其《经济与社会》这一巨著中，承认完全分辨开习俗与惯例这两个概念是困难的。韦伯（Weber，参：中译本，上册，第357页）指出："由单纯的习俗向惯例的过渡界限是极为模糊的。"尽管如此，韦伯还是尽力区分开了习俗与惯例，并且从整体上来看，韦伯对习俗与惯例这两个概念所涵指的对象性的把握和理解，要比康芒斯更准确，更清楚。更为难能可贵的是，韦伯还在《经济与社会》一书中隐约地道出了从习俗到惯例，从惯例到制度这一社会制序内部自身演进的动态逻辑行程。[2] 概言之，"习俗"与"惯例"这两个概念的词义相近，并且二者所涵指的对

[1] 从中文意义上来理解，康芒斯这里显然混淆了"惯例"与"制度"。在现代企业制度安排中，大家都在某一时间准时上班，一般都是有明文规定的。明文规定所有职员都在某一时间上班，这就是"规章制度"（formal rules），而不再是"惯例"（conventional practice），尽管大家都在某一时间去上班本身，可能是经由大家都遵守的惯例而形成的制度。这里问题还是出在在英文中并没有中文狭义的"制度"一词上。

[2] 如韦伯曾说："法律、惯例与习俗属于同一连续体，其间的互相转化是难以察觉的。"（Weber，1998a，第14页）如果比较林荣远根据德文版所翻译的《经济与社会》与甘阳和李强根据甘瑟·劳斯（Guenther Roth）所编的英文版所编译的《经济、诸社会领域及权力》，读者会发现，韦伯同一段话在这两种中译本有很大出入。甚至有的地方令人几乎不能相信是出自韦伯的同一段话。笔者手上只有韦伯《经济与社会》的英文版，所知德文甚微，且目前无法查对德文原文。所以在引用韦伯的话时，笔者仅根据自己的判断来决定哪种译法更能较清楚地表达韦伯的深邃繁复的思想而在林荣远先生的中译本和甘瑟·劳斯（Guenther Roth）所编译的英译本（Weber，1978）中"自由"取舍。这里特此说明。敬请读者原谅笔者的这种"情非得已"的"断章取义"。

象性近乎于同一种社会实存，以至于二者的词义阈界模糊，这是许多西方论者分辨不开这两个概念的第一个原因。

第二个原因，正因为“习俗”与“惯例”两个概念的规定性难分难解，二者只是像康芒斯所理解的那样，在强制程度上的差别，这可能导致许多现代论者出于理论论述的方便而不加区分这两个概念。这一点从演进博弈论经济学家扬（H. Peyton Young）那里可以看得很清楚。在1996年发表的一篇题为《惯例的经济学》的文章中，扬（Young，1996，pp. 105～122）曾多次使用“custom”一词。但他的整篇文章的理论分析的“集中意识”却在于“convention”，并且，只是把“custom”和“convention”作为同义词来使用。从肖特（Schotter）、萨格登（Sugden）和扬（Young）这些经济学家们的学理分析的整体思路来看，他们对这两个概念不加区分，显然是出于论述与理论建构（尤其是博弈模型的建构）的方便，而不是像康芒斯和韦伯那样，从对现实社会生活的实际考查中来进行理论分析。

从以上这两个原因中，也可能引发出两个问题来：我们能否从理论上把“习俗”与“惯例”这两个概念分辨开？如果从理论上能把二者析解开来，其理论意义又何在？

先让我们来看第一个问题。首先，笔者认为，尽管“习俗”与“惯例”这两个概念的规定性难分难解，二者只是像康芒斯所理解那样，在对人们行为的约束程度上的差别，但是我们还是大致可以从理论上把二者分辨开的。区分开这两个概念，应是社会制序的经济分析的一项建构性的理论工作。即是说，要确切把握这两个概念的各自的规定性，也只有把它们放在社会经济制序内部的动态逻辑行程中，把二者理解为从习惯到习俗，从习俗到惯例，从惯例到制度这一逻辑演进行程[1] 本身的不同阶段上“光谱”的“定影”，方能大致区分开这两个概念。为了进一步较清楚地把这两个概念分辨开，我们有必要指出以下三点：

第一点，就这两个概念本身的各自的规定性来看，或者说从这两个词所涵指的现实对象性来看，“习俗”概念本身是指人们社会活动中的一种状态，一种情形，一种人们活动的结果、事态，一种哈耶克所说的“社会自发秩序”。或者按演进博弈论的术语来说，习俗是一种人们社会博弈中的一种演进稳定性，一种博弈纯策略的精炼纳什均衡。这里我们且不管习俗的来源与生发路径是怎样的，作为一种状态、一种情形和一种社会博弈均衡的习俗一旦驻存相当一段时间，从而“定型”或“定影”为一种“显俗”（英文为mores），这种显俗就是一种惯例。而这种作为显俗的惯例一旦形成，它就对人们的社会行为比一般习俗有更强的规约性，从而对人们的社会活动（博弈）有一种近乎于程式化（formalized）的约束。因此，与其说惯例本身是社会经济运行中的一种状态、一种情形，毋宁说它是人们在社会活动（博弈）中所自愿遵守（往往不加思索地自然遵守）的一种规则。单从这一点来说，如果说习俗是一种状态、一种情形、一种人们行事的常规性（regularity）、一种演进博弈论学者所理解的人们社会博弈中的演进稳定性，那么，惯例作为

---

[1] 正如本书第一章所考究的那样，在 *Shorter Oxford English Dictionary* 中，“institution”被解释为“an established law, custom, usage, practice, organization”。由此来看，笔者把社会制序理解为从习惯（usage）到习俗、到惯例、到制度化（法律化）这样一个动态的逻辑发展行程，在精神上亦大致与《简明牛津英语词典》对制序的这种界说相一致。

一种经由长期驻存而强化了的习俗中的显俗，它的对象性即是人们在经济活动与社会交往中，大家所自愿或自然遵循的社会约束。

这里特别值得注意的是，惯例是一种大家都自觉遵循的约束，但还不是规则（rules），尽管在实际运用中，人们把惯例视作一种非正式的规则（informal rule），但惯例不是作为规则的约束，而是作为过去的普遍做法而对人们警示性的和告知性（informative）约束。正因为这一点，我们把惯例视作从人们行为的常规性和秩序（事态）向规则过渡的中间环节。[1] 如果按哈耶克“自发社会秩序”理论的分析理路来区分，我们大致可以把习俗理解为人们“行动的秩序”或“活动的常规性”，而把惯例理解为规约人们社会活动与交往的“规则系统”（Hayek，1967，p. 67），尽管惯例的规则不像法律规则和种种规章制度那样，是一种成文的、正式的、由第三者强制实施（enforced）的硬性的正式规则，而只是一种诺思（North，1993，p. 63）所理解的“非正式约束”（informal constraints）。对此，当代美国著名法学家罗纳德·德沃金（Dworkin，1986，p. 145）有

---

[1] 当代语言哲学家塞尔（John R. Searle，1995，p. 28）在《社会实在的建构》一书中，非常明确地区别了“规则”（rules）和“惯例”（conventions）。他举例道，当人们下象棋时，通过“将军”而赢棋是下棋的规则。但在下棋中，王比卒大却是一个“惯例”。塞尔还指出，惯例内含着某种“任意性”（arbitrariness），但构成性规则就没有任何任意性可言。从塞尔的这一论述中，我们也可以推知，在一种精细的英语语言思维的哲学语境中，尽管“惯例”对人们的行为和行动有一种外在的规约和限制（constriants），但它严格来说还不是一种“规则”，甚至用“‘非正式’规则”来理解它也是一种误解。严格说来，我们只能用诺思的话来说它是一种“informal constraints”（非正式约束），而不是一种“非正式规则”。这样一来，在严格的意义上，我们就排除了“非正式规则”的可能性。换句话说，“规则”（rule）只能是正式的。这样我们也可以进一步证实诺思在其对“institution”的定义中所使用的“正式规则、非正式约束以及二者的实施特征”这一表述法，是他精心和细密思维推敲的结果这一点了。

过非常清晰的表述："当人们遵循某些规则或行为准则（maxims）主要是出于他们对其他人会遵循同样的规则和行为准则的预期时，一种惯例就会存在。并且，当人们经过权衡相信有一固定规则（settled rule）比没有任何特定规则更为重要时，他们就会由此而遵从规则。"另外，对习俗与惯例这两个概念的各自的规定性以及二者的这种关系，韦伯也曾有过较为清晰的论述。在《经济与社会》一书中，韦伯（Weber，1978，参：中译本，上册，第364页）说："惯例的规则一般是行为的纯粹实际的常规性，即延续的习俗过渡到有约束力的、往往首先通过心理强制来保障的'准则'形式的途径而传统形成的。"[1] 除韦伯外，德国另一位著名社会学家滕尼斯（Ferdinad Töenies，1991，参：中译本，第108页）也曾努力辨析"惯例"（Konvention）和"习俗"（Sitte）。他说："普遍的、社会意志的简单形式，只有它确立这种自然法，我就称其为惯例。可能有些现行的规定和规则被承认是惯例，它们按其渊源，风格极为迥然而异，因此，惯例常常被理解为传统或习俗的同义词。但是，一切渊源于传统和习俗的东西，只有当它是为了普遍的有益，而且这种普遍有益，又令每一个人为了于己有益所希冀和保持的，才是惯例的。"从滕尼斯的这段论述中，我们也可以大致体会到，在他看来，只有那些长久驻存而变为一种规则和约束的习俗，才是惯例。

第二点，从西方论者（包括康芒斯、肖特、萨格登和扬）使用

[1] 在这段引语中的"常规性"一词，在中译本中被林荣远先生翻译为"规律性"。在韦伯的《经济与社会》的英文本中，这个词为"regularity"，根据英文本的译法，本文这里把它翻译为"常规性"。笔者目前还无法查对德文原文，但估计把这个词译为"常规性"应该是不错的。

到"习俗"与"惯例"这两个词时的语境中，我们可以体察到，当这些论者使用到"习俗"时，一般是泛指（general）；而在使用到"惯例"时，往往是特指（contextually specific）。而他们之所以这样作，可能又是因为惯例是一种显俗所致。因为，在现代经济学的制度分析中，"惯例"所涵指的现实对象性，显然是非同于希克斯（John Hicks）所说的史前的"习俗经济"中的习俗，而是特指现代市场经济中的种种特定的显俗。这可能是西方博弈论经济学家较多使用"convention"而不使用"custom"的一个主要原因。从韦伯对习俗与惯例的辨析与分殊中，我们也可以体察出这一点。他说："我们想把**习俗**（Sitte）理解为一种类型上衡稳的行为的情形（原译为"情况"——引者注），这种行为仅仅由于它们的'习惯'和不加思索的'模仿'在纯粹的常规中得以保持，亦即一种群众性的行为，没有任何人在任何意义上'强求'个人继续这种行为。相反，我们想把**惯例**理解为这样一种情形，即对一种特定的行为，虽然存在着某一影响，但并不是由于任何有形的或心理的强迫，而且至少在正常的情况下，甚至也不是直接由于构成行为者特殊'环境'的某些人的仅仅赞同或不赞同的反应。"（Weber，1978，参：中译本，上册，第356页；英译本，p. 319）韦伯还认为，绝大多数人以某种符合法律规范的方式行事，但人们并不是把此作为一种法律义务来遵守，而是因为周围的环境称许这种行为而非难相反的行为，或者是出于人们对某种生活常规性的不加反思的习惯而已。因此，韦伯（Weber，1978，p. 313）说："这种生活常规性把自身定型为一种习俗。"从韦伯的这些论述中，我们可以体察到，在他使用到"惯例"一词时，显然是一种特指；而在谈到"习俗"时，则是在一种泛指意义上来使用的。

第三点，从人类社会经济制序历史演进行程中逻辑与历史的同一这一理论视角来分析，我们可以认为，像希克斯（Hicks，1969，参：中译本，第2章）在《经济史理论》中所说的，新石器时代的原始部落，西欧中古时期的村社经济，以及近现代在世界的许多边缘地区仍残存的部落共同体，是一种“习俗经济”（customary economies）。在中国延续一两千年但却未能型构成完整的民法系统，并因而缺乏刚性的产权结构的宗法自然经济，以及在西欧的近现代市场经济未型构成型之前的庄园领主经济，则是一种典型的“惯例经济”（conventional economies）。而在西方近现代由完备的法律、法规、规章，以及行政、工商和企业制度所规约和调控着的成熟的市场经济体系［即布罗代尔（Braudel，1997）所理解的“资本主义经济”[1]，以及哈耶克（Hayek，1988）所说的“人之合作的扩展制”（the extended orders of human cooperation）］，则是一种“制度化经济”（constitutionalized economies）[2]。我的对人类社会经济制序的三分法，与美国当代著名学者海尔布隆纳（Robert L. Heilbroner，1962，1963，1972，1975，1977，1991，1995）在其多部著作中对人类历史发展的三个阶段的划分法，基本上是一致的。按照海尔布

［1］ 布罗代尔（Braudel）所理解的“资本主义经济”与我们一般所见的文献中所说的“资本主义经济”是有区别的。

［2］ 这里我们可以把“习俗经济”和“惯例经济”称为“制序化中的经济”（institutionalizing economies）。用一个不大常用的英文词来说，我们也可以把这种“制度化经济”（constituionalized economy）理解为一种“eunomy”［这个英文词源于一个希腊词“eunomia”，其含义是（良好法治下的）文明秩序］。美国法理学家福勒（Fuller，1954，pp. 477～478）根据这个词曾主张建立一门“eunomics”的学科，他还把它界定为“良好秩序和可行的安排的理论或研究”。

隆纳的见解，在人类社会历史的第一阶段上，“传统”（即我这里所理解的“习俗”）是共同体或社会的主要支配力量，相应的，人类多处于游牧和农业阶段。在人类历史的第二个阶段，人们多生活在以皇权和神权为主导的“控制”（统御）社会之中，人们一般臣属于某种指挥系统，人们墨守成规，生活在一种较安然的礼俗社会之中。照海尔布隆纳（Heilbroner，1975）看来，只有在18世纪之后，工业革命改变了人们的生产和生活方式，从而进入了“市场”阶段。海尔布隆纳的这三种划分法基本上是对的，与我从人类社会的经济制序的视角把人类社会分成“习俗经济”“惯例经济”和“制度化经济”不谋而合。但读者也许自己会判断，以“习俗”“惯例（或礼俗）”和“制度化”作为人类社会历史三个阶段的标志，可能比“传统”“统御”和“市场”这三个概念更能标识和把握人类历史发展过程的特征。当然，人类社会经济制序本身演进过程中的这三种经济形态（或者说三个阶段），每一种经济形态（阶段）都把前一种形态（阶段）中的一些基本特征（traits）保留下来，如在惯例经济中保留着种种习俗，又在制度化经济中保留着大量的习俗与惯例，这正如一个成年人会保留他本人婴幼年和青少年期的面谱和其他生理特征一样。[1] 反过来我们也同样必须看到，在习俗经

[1] 单从市场的型构与发育程度来看，我们也可以大致辨别社会经济制序演进中的这三种经济形态。那种以物物交换为特征因而还未型构出真正的市场的社会形态，基本上是一种习俗经济。有市场存在（主要有以货币为交换媒介这一基本特征）但却又未形成完备和成熟的市场体系的社会形态，大多可以被认为是一种惯例经济。而在现代具有成熟、发达和完备的市场运行体系的社会形态，则是我们所说的制度化经济。然而，我们必须领悟到，即使在现代发达的市场经济这种制度化经济阶段，由于各国的文化和历史传统的差异，惯例在各现代制度化经济中的作用程度亦有很大差别。譬如，在以儒家文化为社会制序基因的东（转下页）

济中存在惯例与法律制度——尽管正如英国当代著名法学家哈特（H. L. A. Hart，1961）所认为的那样，一些习俗经济中的“原始法”本质非同于现代社会的法律。[1] 同样，在惯例经济[2] 中也存在一些较发达的法律制度。但尽管如此，我们仍然可以认为，从个人的习惯到习俗，从习俗到惯例，从惯例到制度化这样一种演进行程，既大致反映出人类社会经济制序的历史发展或者说“扩展”（哈耶克语）的阶段，又是在现实现世、即时即地发生着的一种内在逻辑演进过程。因之，单从人类社会经济制序发展的历史与逻辑的同一性这一点来看，区分开习俗与惯例是必要的，并且从理论上

（接上页）亚地区（如日本、韩国、新加坡，以及中国的香港和台湾地区）市场经济的运作中，惯例规制人们交易活动范围和程度，显然就比英美国家（较大程度上以硬性的法律规范来规制人们的诸种经济活动）的制度化经济大和广得多。

［1］ 哈特（Hart，1961，p. 89）说：“虽然这样一个社会可能显露出（我们已描述过的）接受规则的人和拒绝规则的人（后者是由于对社会压力的恐惧而顺从规则）之间的张力，但如果如此松散地组织起来的、人们体力上大致相等的人类社会要想存续下去，后一种人显然只能是少数，否则拒绝规则的人就几乎没有什么可惧怕的社会压力。这一点已由我们所知道的原始社会共同体的材料所证实，在那里，尽管有异端者和坏人，但多数人是依靠从内在观点出发而看待的规则生活的。”

［2］ 但哈特（Hart，1961，pp. 113～114）似乎把我们这里所理解的习俗经济与惯例经济理解为“简单分散的前法律社会结构形式”。从这里也可以进一步联想到，哈特对人类社会经济制序演进的这种理解，有些接近滕尼斯（Ferdinad Töenies，1991）所提出的两分法，即把习俗经济尤其是惯例经济理解为“共同体”（Gemeinschaft）（这个词被冯克利等译为“礼俗社会”，参：Berger，1991，中译本，第 66 页；殷海光先生则主张把它译为“通体社会”，参：殷海光，2001，卷三，第 26 页），而把制度化经济理解为他所说的“社会”（Gesellschaft）（这个词被冯克利等译为“法理社会”，而殷海光先生则主张把它译为“联组社会”。出处同前）。这里我们必须注意到凯尔森（Kelsen，1949，p. 5）的以下评论：“‘具有法律性质的一定社会制序（order）是一个法律制序’这一说法，并不意味着从道德上来判断这一制序是好的或正义的。有些法律制序从某种观点来看是非正义的。法和正义是两个不同的概念。”另就目前笔者管窥所见，费孝通（1947，第 9 页）早在 20 世纪 40 年代就使用“礼俗社会”和“法理社会”这两个概念了。

来说也是大致可以把二者分辨开的。

6.2　惯例在市场运行中的作用

我们辨析开了“习俗”与“惯例”这两个密切相互关联的概念，实际上也就界定了“惯例”概念自身的规定性。从上述对“习俗”与“惯例”这两个概念的分殊与梳理中，我们已把“惯例”界定为，在人们的社会生活与交往中（尤其是在市场经济的运行过程中）较长时间驻存并对人们的行为有较强约束、规制与调控力的一种显俗。

惯例的这一本质特征，决定了其在市场型构与运行中起着一种非常重要的作用。不但在惯例经济中是这样[1]，在现代发达的市场经济这样一种制度化经济中亦是如此。这一点曾为当代制度变迁理论的经济学大师诺思所清楚的辨识出来。在1990年出版的其代表作《制度、制度变迁与经济绩效》一书中，诺思（North，1990，p. 36）说：“在现代西方世界中，我们认为生活和经济是由正式的法律和产权所调控的（ordered）。即使在最发达的经济中，正式规则也只是构成决定着人们选择的种种约束的总体中的一小部分（尽管是很重要的一部分）。如果我们稍加思索，就会发现，非正式约束是无处不在的。”从诺思的这段话中，我们就可以领悟出，作为

[1]　毋庸置疑，在惯例经济中存在着市场，尽管还没有演生或扩展出在现代制度化经济中的成熟、完备和发达的市场体系。

一种非正式约束（已接近于正式约束）的惯例在现代市场经济运行体系中的作用了。因为，正如诺思所见，像商业信用、同业行规、契约的标准形式、转账支付的银行支票形式，以及现代信用卡的使用，及会计或审计所使用的标准程序与文本，这种种惯例形式，渗透在现代市场经济运行体系中的人们社会生活、交往以及交易活动的各个方面。如果没有种种惯例的规约与调控，现代市场经济一天也不能运行。以至于从某种程度上我们可以说，惯例与惯例化行为本身构成了市场经济运行本身，而作为种种正式约束（即制度）的法律规则，只是在当由种种惯例所“自动”调控和规制着的市场运行机制出了故障或毛病的时侯，它们才开始发生作用。这一点也早就为韦伯所洞察出来。在《经济与社会》中，韦伯（Weber，参：中译本，上册，第356页）说：“哪怕仅仅是纯粹没有形成惯例的习俗的存在，在经济上也可能具有深远的意义。尤其是经济需求水平——一切经济的基础——最广泛地由纯粹的习俗所决定。”从韦伯的这些论述中也可以看出，对惯例在市场经济运行中的作用，无论如何强调也不过分。根据康芒斯、韦伯和霍奇逊等学者对习俗和惯例在人们的社会活动尤其是在市场运行中的作用的论述，我们大致可以对惯例在市场运行中的功能梳理和归纳出以下几点：

第一，从市场的本质来说，市场之所以是市场，就在于人们在其中重复进行交换与交易活动。而所谓市场的习俗，无非是在人们交换与交易活动中呈现出来的一种常规性。而这种常规性一旦经由长期驻存而变成一种显俗，一种大家都遵守的惯例，它就对市场的运行有一种规范与约束作用，即惯例，成了在市场中不断进行着重复交易活动着的参与者的“共识”（共同知识与共同意识）：因为大家都这样做，我也应当这样做，甚至有时不得不和必须这样做。加之，在大家都这样做的前提下我亦这样做可能最省事、最方便且风险最小。这样，惯例就成了市场运行的一种纽带、一种保障机制，一种“润滑剂”，从而种种惯例也就构成了市场运行的基础。正是因为这一点，经济学家们把惯例和竞争视作支撑与规制市场的两大基本力量。如果说竞争是市场运行的动力系统的话，惯例就是市场运行的自动平衡与规制系统。缺少这两个系统的任何一个，市场就不能运行，或者说市场就无依为存和进一步扩展。但这里需要指出的是，竞争与惯例，并不是市场中相互对抗与冲突的两种基本力量，而我们毋宁把它们视为互相依存、互补共生的两种机制。

第二，因为惯例是一种显俗，它既从人们社会活动与交往的秩序演进而来（从某种程度上我们又不得不说，它不是一种人们活动和交往的秩序），又反过来设定了人们活动与交往的界限，从而维系和规制着人们活动与交往的秩序。换句话说，惯例演生自习俗，又反过来维系和支撑着习俗（尤其是市场中的习俗）。正是因为这一点，惯例的一个能动作用就是，在市场运作中不断提供给有序交往着的当事者一个确定的信息。有了这种信息，市场的每个参与者均会感到有则可循，有据可依，从而作出理性且符合市场常规的经济决策。因此，惯例作为一种社会规则，对市场的参与者的各自行为有一种自我强制性的规制，而这种规制本身，实际上给每一个市场参与者和其他当事者一种确定的信息，告诉他应该这样做，并有信心地预期到，他本人如此行动亦会从别人那里获得同样的合作。美国经济学奈特和梅里亚姆（Knight & Merriam，1948，p. 60）早在 20 世纪 40 年代就对此有过明确论述：“一个人只有当所有其他人的行动是‘可预计’（predictable）并且他的预计是正确的时候，才能在任何规模的群体中选择和计划。显然，这意味着他人不是理性地而是机械地根据一种已确立的已知模式来选择，……没有这样一些协调过程，一个人的任何实际行动，以及任何对过去惯行（past routine）的偏离，都会使那些从他过去的一种行为预计他会如此行动的其他人的预期落空并打乱其计划。”

第三，正因为惯例能提供给市场的参与者一些确定的信息，惯例的另一功能与作用（或者说经济意义），是节省人们在市场经济活动中的交易费用。譬如，在现代市场经济中的种种契约的标准形式，就具有明显的惯例特征。一般来说，在西方发达的市场经济体系中，租约（lease）、生意和房地产买卖的合约（agreement）、遗嘱（will）和其他各种（如建筑）契约（contract），都是一些印好的文本，一般只在每份文本的前面（或/以及）后面留出签约者双方以及各方律师填名和签字的空格。在进行一项交易时，只要交易双方和各自的律师填了名，签了字，就产生了法律效力，也就基本上完成了一项交易活动。这种种契约和合约的标准文本，就是一种惯例。我们可以想象，如果没有这种种标准契约和合约文本的惯例，在每次交易活动之前，各交易方均要找律师起草每份契约或合约，并就各种契约或合约的每项条款进行谈判、协商和讨价还价，如果是这样的话，任何一种经由签约而完成的交易活动的交易成本将会高得不得了。另外一个例子是交通惯例。如果一个社会还没有演进形成统一的交通习俗与惯例，每当一辆车子从对方驶来，大家就要停下来协商是靠左还是靠右驶，这将会给人们带来多大的不方便，又会给整个社会造成多大浪费！这绝非是我们的一种理论推想。即使是在现代化的当今世界，仍有这种例子。如在澳大利亚，维多利亚州和新南威尔士州的交通规则就有一些差别［香港回归后与内地的交通规则（在靠左还是靠右驾驶上）也有很大区别］。可能更为令人惊异的是，直到现在，这两个州铁路的铁轨轨距（gauges）还不一样宽，以至于每当来往于悉尼与墨尔本的火车跨越两州州界时，就要在两州州界上的一个小城停下来，用一种特别的机械装置调整一下火车轮距。从上述这些例子中也可以看出，没有统一的惯例，会给整个社会增加许多交易成本。然而，这里须要指出的是，当我们说惯例的存在可以节约交易成本，并不是说所有的惯例均是交易成本之节约。因为，严格来说，惯例之存在本身就是市场经济活动中交易成本不为零的内生原因之一。

第四，由于惯例是经由固化人们在其经济活动与社会交往中的行为的常规性型构而成的一种规则系统，它不仅仅是市场参与者行动的结果，而且反过来会影响和型塑（mould）市场当事者未来的行为模式。既然惯例是经由人们长期社会博弈而形成和固化的一种显俗，一种规约人们行为的非正式的强制性，人们长期在这种已接近正式约束的非正式约束中生活，就会习惯地遵从之。从这一点上来说，惯例本身不仅仅是消极的（即规约和调控着人们现在的行动），也是积极的（即型塑人们未来的行为模式）。美国哈佛大学的Francis X. Sutton（Sutton，1956，p. 360）等学者在20世纪50年代出版的《美国工商业信条》一书中就曾深刻地指出："没有任何一个社会只是简单地为其成员提供可能性行为的随机选择集（a random set of choices of possible behavior）。社会总是标示出一些已认可的方式（the approved ways），并且奖赏那些遵从这些已认可方式的人，惩戒那些背弃这些已认可的方式的人。这种人们行为的型塑是如此明显，以至于在像我们自己这样的社会中，许多行事的其他可选择的方式抑或难以想象，抑或被强烈地视作‘反自然的’而加以摈弃。”从一个外来者新加入一个社群或社会（或市场）时，要遵从这个社群或社会（或市场）中既存的习俗与惯例这一事实中，就可以最清楚地看出这一点。譬如，一个外商来上海开业做生意，他就要了解和熟悉中国内地尤其是上海当地的工商业的生意惯例，以便于在其经营业务活动网络的互动中，逐渐遵从大家约定俗成的一些非正式约束与规则。即使这一外商在外国有做生意的经验，因而自然会带有由其所在国的市场惯例所型塑的行为模式，但在中国做生意的过程中，他无疑也会型塑自己的新的行为模式，而逐渐趋同于中国内地商界，大家心照不宣地自动遵从的一些业务行规和市场惯例。没有这种行为模式的趋同（即改变着现存的业务惯例并在现存的业务惯例中被改变），这个外商在华的业务就可能会非常不顺利，会处处碰壁，以至于难能在现存的中国市场体系中立足与发展。这个例子就说明，市场中的习俗与惯例有型塑人们与厂商行为模式的能动功能。

第五，由于惯例是市场运行的主要规制机制，而惯例化行为则构成了市场运行本身，并且在所有已建立出来的种种社会或社团机构以及组织（包括家庭、教育系统、科学联合会、公共机构、贸易联盟、工厂组织、宗教组织，以及政府机构，等等）均存在着惯例化的行为，习俗以及惯例本身就成了人类社会变迁中的“基因”。正如霍奇逊（Hodgson，1988，p. 143）所认为的那样，习俗和惯例“能保持行为模式并把其从一种制度传输到另一种制度”。这一点亦为诺思在其晚期的著作生涯中所洞悟出来。在《制度、制度变迁与经济绩效》一书中，诺思就明确指出，制度变迁是典型的渐进性的，而非间断性的。诺思（North，1990，p. 6）认为，“这主要是因为非正式约束在社会中嵌存的（imbeddedness）结果。尽管正式规则可以由于政治与法律的规定而在一夜间即时改变，但嵌存于习俗、传统和行为准则中的非正式约束与刻意建立起来的政策相比，更难于改变。这些文化约束不仅仅把现在与未来联系起来，而且是我们解释历史变迁之路径的关键”。从诺思的这一段话中，我们也可以进一步领悟出，习俗与惯例，是整个社会变迁的连续性的“载体”。换句话说，制度变迁之所以是连续的和渐进性的（诺思），是逐渐演变的（哈耶克），正是由于习俗与惯例这种自发秩序和非正式约束的驻存性和延续性所致。

第六，由于惯例是人们在市场活动中大家所共同遵从和认可的已接近正式约束的非正式约束，并且这种非正式约束自动调控和规制着人们的交易与交往活动，所以，只是在由种种惯例所自动调控着的市场机制出了毛病（即有人采取了违反惯例的行动）时，人们才诉诸法律程序来解决相互的经济纠纷。正是因为惯例是人们在市场交易与交换中所共同遵守的约定俗成的准则，当人们诉诸法律程序来解决其纠纷时，惯例就成了法庭仲裁的基础或依据。尤其是在参照先例（precedent）进行法庭判决的英美普通法（common law）传统中，更是如此。从惯例到先例，从而到法，是社会制序内部制度化的关键一步。由于社会制序内部的制度化问题已属于下一章的理论任务，这里就不再展开讨论这一问题。

6.3 惯例的驻存、演进与变迁

从上面的分析中，我们已经知道，惯例作为人们经济活动与交往中（尤其是市场运行中）的一种显俗，一种作为社会博弈者演进稳定性（evolutionary stability）的习俗，向演进博弈动态（evolutionary game dynamics）的规则的固化与转变，其基本特征就是驻存性与延续性。而研究在这种演进博弈动态过程中，人们既固守这种规则同时又要保持其演进稳定均衡的策略选择，就成了演进博弈论和惯例的经济分析的一项主要理论任务。在本书下面的分析中，我们将主要引介西方演进博弈论经济学家，尤其是美国约翰·霍普金斯大学教授培顿·扬（H. Peyton Young）等学者（Foster & Young，1990；Young & Foster，1991；Young，1993a，1993b，1996，1998；Weibell，1995；Vega-Redondo，1996；Samuelson，1997）近几年来在惯例经济分析方面的理论推进。从这种引介和评述中，我们可以初步把握惯例驻存、演进与变迁的一般过程。

按照扬（Young）的见解，在研究惯例的型构、驻存与变迁的现代博弈论中，有三个基本因素规定着演进博弈动态：（1）个人之间的“当地交往”（local interaction）；（2）各个博弈者对所感觉到的环境的“有限理性”（bounded rationality）式的反应；以及，（3）博弈者在重复博弈的策略选择中的不可解释的“随机偏扰”（random perturbations）。扬（Young，1996，p. 108）认为，这三个基本因素实际上决定了不完全信息条件下动态社会博弈中的博弈者有限理性选择，从而也决定了惯例的型构、驻存与变迁过程。

在上一章中，我们曾引入了一个斗鸡博弈模型，对习俗的原生机制作了初步的理论探究。从斗鸡模型中，我们知道，一旦博弈双方选择了一种作为强或精炼纳什均衡的演进稳定策略对，他（她）们会在重复博弈中固守各自的策略选择，从而"锁入"一种习俗。这里需要进一步指出的是，用这种斗鸡模型所展示的习俗的原生机制，无疑只是习俗与惯例型构与驻存的一种特例。在人们的社会现实生活中，还有种种其他人们交往的境势格局（或者说社会博弈弈局），因而也存在其他多种形式的习俗与惯例型构、驻存与演进的路径及原因。譬如，我们在上文中所提到的靠左还是靠右驾车的交通习俗（惯例）原生机制，与我们所举的斗鸡模型的例子就有很大区别。如果把这个弈局写成一个博弈模型，我们就可以看出这一点（参矩阵 6.1）。

		乙	
		靠左（L）	靠右（R）
甲	靠左（L）	1，1	−1，−1
	靠右（R）	−1，−1	1，1

矩阵 6.1　驾车博弈

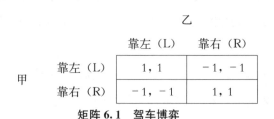

从矩阵 6.1 中，可以看出，这种驾车弈局有三个均衡点，即（L，L），（R，R），以及两个博弈者均随机选择一个 50%靠左或靠右驾车的概率。在一个社会靠左还是靠右驾车的交通惯例还未形成之前，在这种博弈中，每一个博弈者并没有其对手是选择靠左还是靠

右驾车的信息。因此，在经典博弈论中，这种驾车博弈是没有一定解的。即（L，L）是均衡选择呢？还是（R，R）是均衡选择呢？还是结果导致二者相碰撞——即（L，R）或（R，L）——呢？如前所说，尽管这里假定每个博弈者是理性的，他（她）们也不知道如何玩这种弈局。因为理性并不能告诉他（她）其对手是选择靠左还是靠右。我们已经知道，按照谢林（Thomas Shelling）的说法，这种协调问题，只能靠人们的“凸显性”（prominence）或“凝聚点”（focal point）来解决。按照扬的观点（Young，1996，p. 107），这则靠人们的某些“境势暗示”（contextual cues）来协调。然而，不管人们最初是如何协调这种驾车博弈中（L，L）或（R，R）的均衡的，（L，L）或（R，R）在每一个社会中总是会被逐渐“协调”或“演进”出来的，即在任何社会中，均有靠左或靠右驾车的交通习俗。并且，一个明显的事实是，在这种协调与演进的过程中，一种习俗一旦形成，就会有更多的人按这种习俗行事。一种习俗驻存的越久长，就越“凸显”，也就会有越多的人遵从之，从而习俗就变成了一种显俗，一种惯例。因此，这里似乎存在一种正反馈机制：一种惯例为人们遵从的时间越久长，遵从它的人就越多，从而这种惯例就越稳定，驻存的也就越久长。这一演进机制被扬（Young，1996，p. 112）称为“吸同状态”（absorbing state）。这即是说，如果人们在其社会博弈中只有“充分不完备信息”（sufficiently incomplete information），再假如人们对遵从这种惯例的“或然偏离”（random deviations）程度又相当低，因而，绝大多数人在绝大多数时间里会趋向于遵从同一惯例。这一状态亦被扬称为“局部遵同效应”（the local confirmity effect）。[1] 用平狄克（Robert S. Pindyck）和鲁宾费尔德（Daniel L. Rubinfeld）的《微观经济学》教科书中的说法（Pindyck & Rubinfeld，1996，pp. 118～120），我们亦可以把扬所说的这种“局部遵同效应”理解为“从众效应”（the bandwagon effect）。

这种“局部遵同效应”是怎样产生的？换句话说，为什么在人们的社会制序的演进博弈中会有这种“局部遵同效应”？按照布洛（Bulow *et al.*，1985），青木昌彦和奥野正宽（Aoki & Okuno-Fujiwara，1996，ch. 3）的解释，这是因为在人们的社会博弈中，在博弈者的策略选择中存在一种“策略互补”（strategic complements）关系。也就是说，在其他人采用了某一特定策略时，存在一种博弈者采用同一策略的激励。如在上述驾车博弈模型中，如果对方靠左行驶，自己也靠左行驶是安全的；反之，如果对方靠右行驶，自己靠右则是安全的。这就是典型的策略互补的例子。正是在社会博弈中存在这种“策略互补”境势中，只要一个社群或社会内部在一定时期中大部分人都遵从同一习俗与惯例，那么每个人遵从它的个别激励亦形成了。从交通惯例形成的演进博弈模型中，我们可以非常清楚地看出这种社会博弈中的“策略互补”，从而对扬所说的演进博弈中的“局部遵同效应”的生发机制有一个较明确的理解。

---

[1] 值得注意的是，扬所理解的这种“当地遵同效应”与青木昌彦对制序（institution）的理解是有些细微区别的。按照青木昌彦的观点，制序本身意味着社会总是**处于**一种博弈均衡状态（参：Aoki & Okuno-Fujiwara，1996，ch. 3；青木昌彦，1997）。扬这里所说的“当地遵同效应”所涵指的，显然是这样一种事态，即一个社群内部的相互交往着的当事人在大多数时间里**接近于**一种博弈均衡。因为，这一概念并不排除人们采取违反惯例的策略选择的“随机偏扰”。

如果假定在一个社群（或社会）中，靠左驾驶的人数的比率为 p，靠右驾驶的人的比率为 $1-p$，并用 $s\in(0, 1)$ 表示，与整个社群中靠左驾驶的比率 p 相对应的，单个人靠左驾驶的最佳概率选择，我们可以用图 6.1 来直观地表示扬所说的这种“局部遵同效应”或者如平狄克和鲁宾费尔德（Pindyck & Rubinfeld，1996，pp. 118～120）所说的“从众效应”（the bandwagon effect）。

从图 6.1 可以看出，只要在一个社群或社会中，靠左驾驶的人超过半数，那么，即使原来习惯于靠右驾驶的人也会逐渐改变为靠左驾驶。这是因为，在图 6.1 所表示的社群整体博弈中，靠左驾驶的人的比率 p 越大，对这一社群中的每个人来说，采用该策略的优势越大，亦是说最佳反应曲线向右上方倾斜，与社会演进博弈中的策略互补的存在成了“从众效应”内在驱使力量。最终这一社群的全体成员均会遵同靠左驾驶的习俗，从而靠左驾驶就会作为一种交通惯例和规则（制度）确立下来。反过来，如果靠右驾驶的人一旦超过半数，在这个社群内部靠右驾驶的交通惯例亦会作为一种规则确立下来。从图 6.1 中，我们也可以看出，只有 E 点和 O 点才是演进稳定的纳什均衡。尽管 N 点也是一个纳什均衡。但它却不是一种演进稳定性。因为，只要靠左或靠右行驶的人稍微偏离半数，整个社群或社会的交通惯例就会向全部靠左或靠右驾驶演进，从而最终形成靠左或靠右驾驶的交通规则。

然而，扬和其他现代演进博弈论学者最近的研究却进一步发现，如果把规定着演进博弈动态的第三条假定考虑进来，即在博弈者策略选择中存在着“不可解释的”的“或然偏离”，这种作为“同化状态”和“锁入状态”的惯例（如图 6.1 中的 E 点或 O 点）

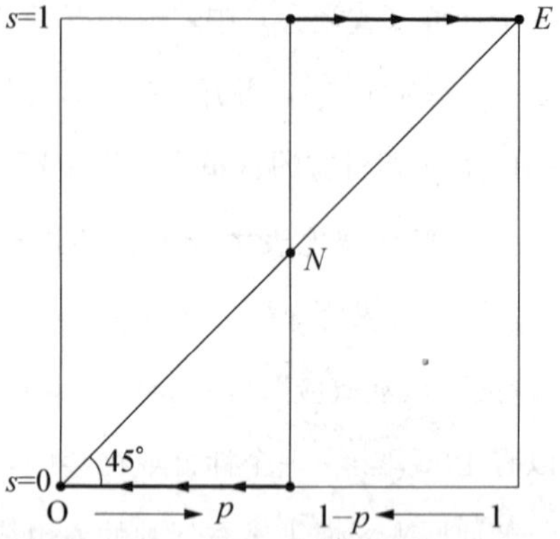

图 6.1　靠左、靠右交通惯例演进型构博弈

也可能将不会是永久性的。因为，照演进博弈论论者看来，如果说在社会或社群中总是存在着某种惯例，那么，也总会存在着一些人采取非惯例行动的概率。从这一点出发，演进博弈论学者发现，即使我们知道一个社会的最初状态，却不能预期它未来的状态是怎样的。换句话说，人们不可能预知一个即时盛行的惯例在一个相当长的时间跨度中是否会在未来的社会中驻存：抑或这一惯例会演变成另外一种惯例，抑或这种惯例会完全消失。当然，这也不否认它会在未来的社会中驻存下来。基于这一分析思路，扬（Young，1996，p. 112）等演进博弈论学者认为，即使两个社会或社群从同一个原初状态（习俗）进行演进，在未来一个足够长的时期内，很有可能二者会在不同的惯例中运作。他亦称这一演进机制特征为“整体多元化效应”（the global diversity effect）。从扬的这一分析思路出发，我们可以进一步反思出，为什么尽管同源于儒家文化基因，中国、韩国和日本会在一两千年的历史长河中演生出不同社会制序的存在形式。即使在同说汉语的中国大陆、中国香港地区、中国台湾地区，以及新加坡，在人们的社会交往与经济交易中也存在着不同的惯例。[1] 这无疑也证明，在习俗与惯例的演进与变迁的过程中，演进博弈论者所洞察出来的"整体多元化效应"在起作用。

除了局部遵同效应和整体多元化效应外，扬（Young，1996，p. 112）还发现了在社会惯例的演进博弈动态中的第三种效应。他称这第三种效应为"断续均衡效应"（the punctuated equilibrium effect）。其意思是，一种惯例一旦形成，它就倾向于在一定时期驻存。在这一演进驻存的时期中，社会或社群的大多数成员会在大多数时间里遵从之，从而这一社群或社会在其制度安排上接近于一种均衡状态。然而，这种局部遵同的均衡，常常被一种外在的冲击力所打破，从而使这个社群或社会导向一种新的习俗与惯例的演生路径。其实，这一点早就为韦伯所洞悉出来，尽管他没有（也不可能）从现代博弈论的分析视角和语言来论述问题。在《经济与社会》这一巨著中，韦伯曾首先指出，外部条件的改变，绝不是制度"创新"（innovation）的先决条件。韦伯进一步认为，"它甚至不是促成一种新制度建立的因素之一"。但是，韦伯却认为，人种学的证据似乎表明，最重要的制度创新的源泉一直是若干个人的影响（这里我们可以考虑像拿破仑、希特勒这样的历史风云人物以及列宁和毛泽东这样的革命领袖对社会的影响）。[2] 韦伯还认为，这些

[1] 这样说并不排除在这些华人社会中由于历史传统、文化语言以及道德伦理中的某些共同性而存在许多相同的惯例。其中一个最明显的例子就是华人同样注重过农历春节和中秋节。

[2] 请注意，韦伯的这一见解与诺思制序创新理论中的建构主义的思径取向非常相似，而与休谟、斯密和哈耶克在社会分析中的演进主义的思径取向大相径庭［参拙文《注意哈耶克，慎思诺思》（韦森，1999c）］。

克服习俗的惰性的影响，可以通过极为不同的心理学的途径发生作用。其中一种形式是感召（英文为“inspiration”），即通过一种激烈迅速的形式唤起被影响者的突然觉醒，使之意识到“应该”采取某种行为，从事某种活动。另一种形式是“移情”或“认同”（英文为“empathy”）。韦伯说：“在这种形式下，施加影响的人的态度被其他一人或多人以移情的方式体验。”韦伯还认为，由这种影响所产生的行为方式也许千差万别，但是极为常见的是，常常会产生一种涉及影响者及其经历的集体性的共同行为。于是，这种集体的共同行为可能发展成为一种具有相应内容的“共识”或“默契”。如果这种“共识”与“默契”适应外部环境的话，它就能驻存下来。因此，韦伯认为，这种“移情”或“感召”的作用，构成了现实制度“创新”的主要源泉。而一当这种“创新”被确定为常规性（regularities），便会反过来增强它们可能伴随的“应然意识”（参：Weber，1978，中译本，第 358～359 页；1998a，第 17～18 页）。从韦伯的上述论述中，我们可以进一步理解到，韦伯所说的制度变迁中的一些杰出人物的影响，可以被视作现代演进博弈论中所说的，决定着“断续均衡效应”的演进博弈动态过程的一种“或然冲击”（random shocks）。

进一步的问题是，人类社会历史变迁的实迹是否证明，习俗和惯例是以这三种效应为其主要特征的动态行程演进？现代演进博弈论经济学家的经验研究发现，至少近现代欧洲诸社会中“靠左还是靠右驾车”的惯例的型构、多样化以及演进和变迁的历史实迹证明，这三种效应同时存在。据霍珀（R. Hopper，1982）、金凯德（P. Kincaid，1986）、莱（Maxwell Lay，1992）和扬（Young，

1996）等学者考证，在1750年以前，由于在欧洲只有很少的四轮车在路上行驶，人们在乡村路上驾车时，主要居中驶车，以避免车辆翻入路边沟中。当遇到对面车辆驶来时，各地靠左或靠右亦不一样。扬的考证还发现，尽管在欧洲诸国靠左还是靠右驾车的习俗地方多样化（整体多元效应），但在18世纪之前，每个地区却大致形成了“靠左或靠右”的惯例的（局部遵同效应）。譬如，在英国内地，在有的郡人们靠左行驶，在另外的郡则靠右驶。在意大利，甚至到20世纪30年代之前还未形成全国统一的交通惯例，在一些城市中人们靠左行，在乡村中人们则主要靠右行。在法国大革命前，即使在城市中，交通惯例也迥异。那些贵族们所乘的马车靠左驾驶，而行人则靠右行。只是在法国大革命后，靠左行则变成“政治上”违法的了。因为靠左行是贵族的习俗，靠右行则是人民大众的习俗，因而后者被认为是“民主的”。与法国在大革命中靠革命机构的命令来统一全国的交通规则（靠右）形成鲜明对照，从整体上来看，英国靠左驾车的交通惯例，则是从各地的交通习俗中逐渐演变而成的。即是说，在英国，靠左驾车的惯例，从一个地区自发地传播蔓延到另一个地区，从而在全国形成一个靠左行驶的交通惯例。因此，可以说，英国统一靠左驾车的交通惯例，是一种经由先例逐渐增生的结果（the gradual accreditation of precedent）。

另外，经济学家和史学家所发现的一个惊人的史实是，到18世纪末，在绝大部分欧洲国家，均演生成了车辆（主要是马车）靠左行驶的交通惯例，其中包括英国、法国、瑞典、葡萄牙、奥地利、匈牙利、波黑尼亚，以及部分意大利和德国。在有些欧洲大陆国家，靠左开的交通惯例一直延续到20世纪初。但是，为什么在欧洲大陆绝大部分国家在今天均采取靠右驾驶的交通规则？扬发现，这主要是因为在惯例的驻存、演进与变迁过程中的第三种效应（即由于一些随机的外部冲击而造成的断续均衡效应）在起作用。具体来说，在法国大革命期间，出于其象征性的考虑（贵族马车驾驶靠左，人民大众步行靠右），而由革命机构通过法令的形式规定所有交通一律靠右。拿破仑率军横扫欧洲大陆后，又在其占领国强制推行法国的靠右行驶的交通规则，从而在法军占领国中逐渐实行并沿革下来靠右行驶的交通惯例。匈牙利和捷克斯洛伐克，只是在德国占领期间，才被德军强制推行而改变靠左为靠右驾驶的交通规则的。瑞典到20世纪60年代还仍然采用靠左驾驶的交通规则，直到1967年，由于考虑到欧洲大陆国家全通行靠右驾驶，瑞典政府才通过法令而改全国靠左为靠右驾驶的交通规则。

从其对欧洲交通惯例型构、演进与变迁的历史史实的研究中，扬（Young，1996，pp. 112～116）得出以下三点结论：第一，一个社群或地区在任何时期一般会有单一的、成型的（well-established）的惯例（局部遵同效应）；第二，互不沟通的社群会在不同的惯例中运作（整体多样化效应）；第三，一种业已形成的惯例不会被永远“锁入”而永久驻存。在一个相当长的时期中，一种惯例会被由一些随机事件所引致的演进过程而生发出来的新的惯例所取代（断续均衡效应）。同样，从欧洲诸国交通规则的演进与变迁的实际历史轨迹中，尤其是从法国大革命和拿破仑占领欧洲（可以被认为欧洲交通惯例变迁过程中的一些随机事件）导致了欧洲大陆国家今天沿革下来靠右行驶的交通规则的史实中，我们也可以清楚地看出布莱恩·阿瑟（Brian W. Arthur，1988）和诺思（North，1990）等学者所洞察出来的制度变迁中的“路径依赖”效应。[1]

6.4 惯例的经济分析的新进展：谢林提出的在人们相互协调中的“凸显性”和“凝聚点”的博弈论证明

在上一章的分析中，我们曾指出，如果追根溯源地探究习俗原初是如何生发出来的，我们会触及康德—维特根斯坦哲学的本体论问题：在习俗的原初生发机制方面，还有哈耶克所认为的人之“理性不及”的诸多领域与方面。譬如，谢林（Thomas Schelling）所作的著名的社会实验就发现，人们在社会活动与交往中，时常靠一些无法解释其原因的注意力中的“凸显性”（prominence）和“凝聚点”（focal point）来解决相互协调中的种种问题。从中，我们可以进一步体悟到，在一些演进博弈论学者应用数学模型的分析工具来阐释习俗的原生机制时，往往还要靠博弈模型的外生变量来解释其内生的原因与机理。即是说，在他们对作为一种自发社会秩序的习俗原初生发机制的理论展示中，还要靠康德—维特根斯坦本体论哲学的一些人的“理性不及”的因素来作为演进博弈模型的内在基础。然而，从20世纪90年代以来，随着一些西方学界沿演进博弈论的分析理路对习俗与惯例原初生发机制的理论探究的向深层推进，在一些博弈模型中，谢林所提出的人们注意力中的“凸显性”

[1] 另外，从现有打字机和电脑键盘的字母排列上，我们也可以看出这种制序变迁中的“路径依赖”（参：Paul David，1985）。中译文参：保罗·大卫：《键盘的故事：世界为什么是现在这个样子》，参：张志雄（1996，第194～200页）。

和“凝聚点”几乎已成了协调人们演进博弈的一个可有可无的虚置变量，或者说一些演进博弈论学者已把这些外生因素理论化为演进博弈过程的期望型构（expected formation）的一个内生结果，从而在惯例的经济分析的一些博弈模型的建构中，已不再依赖这类“凸显性”“凝聚点”以及“个人情感与行为的内在倾向”等等理论断想作为其隐性基础（implicit foundation）了。在这方面的主要进展，就在于扬等人（Foster & Young，1990，p. 220；Young，1996，p. 118）所提出的、替代梅纳德·史密斯（Maynard Smith）的“演进稳定策略”（ESS）的“随机稳定均衡”（the stochastically stable equilibrium，缩写为：SSE）概念。按照扬自己的解释，他们这种SSE是对ESS的一项重大改进。[1] 因为，ESS的弱点是这种演进稳定性只是相对于一次“冲击”或“侵扰”来说是稳定的。然而，从人类社会制度变迁的实际过程来看，一种习俗或惯例常常会在一个相当长的时期内驻存，经得起他者的变异策略选择的不断地“冲击”与“侵扰”而后才逐渐演变，因而显得具有一种“韧性”和长期自我维系的力量。因此，单纯用ESS概念来理论展示习俗与惯例的生发机制与演进过程，显然离现实还有一段距离。[2] 扬等人所提出的SSE概念，就避免了梅纳德·史密斯的ESS概念的这一重大

[1] 在1998年出版的《个人策略与社会结构：制序的演进理论》一书中，扬（Young，1998，ch. 3）又进一步提出“动态随机稳定”（dynamic and stochastic stability，DSS）这一概念。

[2] 从这里我们可以联想到，布莱恩·阿瑟（Brian W. Arthur）和诺思所提出的“institutional change”中的“路径依赖”，与基于梅纳德·史密斯（Maynard Smith）的“演进稳定策略”而建构博弈模型的分析理路在精神上颇相一致。这说明，史密斯的ESS概念仍在现实中有其解释力量。

缺陷（因为它允许一种博弈均衡经多次他者的策略选择的多次随机“冲击”与“侵扰”之后而改变），从而更能接近理路展示人类社会制序变迁（包括习俗与惯例的生发、驻存、演进与变迁）的实际过程（参：Foster & Young，1990；Young，1996，p. 118）。从博弈论中的讨价还价博弈模型中，我们可以较清楚地看出扬等学者所提出的“随机稳定均衡”这一概念的长处。

我们已经知道，在谢林于 1960 年所做的第四个社会实验中，他曾发现，当让人把 100 美元分成两份时，大多数人倾向于 50/50 均分。尼德格（R. V. Nydegger）和欧文（G. Owen）发表在《国际博弈论杂志》上的一篇研究报告中也指出（Nydegger & Owen，1974），他们的实验也证明，当让人们分一笔钱时，结果也几乎都采用 50/50 均分办法。[1] 那么，是什么动因促使人们均倾向于采用对半均分的方式？这是多年来一直使哲学家、经济学家和博弈论理论家困惑不解的问题。我们已经知道，按照谢林本人的解释，人们采用对半均分的办法，是出自一种难以言明其原因的人们注意力中的某些“凸显的凝聚点”（a prominent focal point）。然而，这种人们注意力中“凸显的凝聚点”又源自何处？是来自哈耶克所说的“人类的共同经验”，还是来自凡勃伦所理解的人的“本能”？这显然又回到了康德——维特根斯坦的本体论哲学那里去了。

---

［1］ 这里顺便指出，Roth *et al*.（Roth，1991）在以色列、南斯拉夫、美国和日本所做的要价博弈的实验结果证明，美国和南斯拉夫的博弈者均取 50%，而日本和以色列的人则是先要价者取 60%，后讨价还价者取 40%。为什么会有这种结果？是把它归结为文化传统？还是把它归结为“民族性”？这显然将是一个困惑着演进博弈论学者的理论问题。这无疑又是一个康德——维特根斯坦式的人之理性无法可及的研究悬题。

让我们按纳什（John Nash，1950，1953）——1994年诺贝尔经济学奖得主之一——所建立的两人讨价还价的博弈模型，来进一步说明这一问题。这里我们仍按照扬的思路，用曾引起经济学家们广泛注意的在世界许多地方流行的农业“租佃分成制”（share-cropping）的例子来进行我们的理论分析。我们假定，在地主与佃农的租佃分成的讨价还价中，有如下博弈局势：

		佃农		
		高	中	低
地主	高	0，0	0，0	75，25
	中	0，0	50，50	50，25
	低	25，75	25，50	25，25

矩阵 6.2　讨价还价博弈

在矩阵6.2中，我们假定：地主与佃农在租赁土地交易之前就年后的庄稼租佃分成份额进行谈判。假定地主的要价为 x，佃农的要价为 y。假如二者的要价是兼容的（compatible），即 $x+y\leqslant 1$，他们的交易得以进行。如果二者要的价是非兼容的，即 $x+y>1$，这意味二者的谈判破裂，这种收成分成租佃交易就不能进行。很明显，在矩阵6.2中，有三个纳什均衡点，即（25，75）、（50，50）和（75，25），或者说在庄稼收成分配上有三种惯例安排（conventional arrangements）。进一步的问题是，地主和佃农如何选择这三种纳什均衡？或者说如何形成这三种分配惯例的？按照纳什本人的经典博弈论的分析理路，这种讨价还价博弈的结果，主要取决于两点，即博弈双方讨价还价的谈判筹码（alternatives）以及各自对风险的态度。纳什认为，风险中立（risk-neutral）且有生活退路（fallback）的谈判方将会得较大的份额；而风险规避（risk-averse）且没有多少生活保障的谈判方（如佃农饥寒交迫，除了从地主那里租地外无以为生）会得较小的份额。因此，按照纳什的这种经典博弈论的分析理路，由于人们（博弈角色）的处境、机会、偏好不同以及对风险的态度的差异，这种讨价还价博弈将会有多种多样的分配安排（如 60/40，70/30，80/20，90/10，甚至 15/85 等无数种分配比例）。或简单地说，按照经典博弈论的分析理路，这种讨价还价博弈绝非像矩阵 6.2 所简单描述的那样只有三种惯例安排，而是没有一定的结果，即没有稳定的惯例存在。这可以从图 6.2 中直观地表示出来。

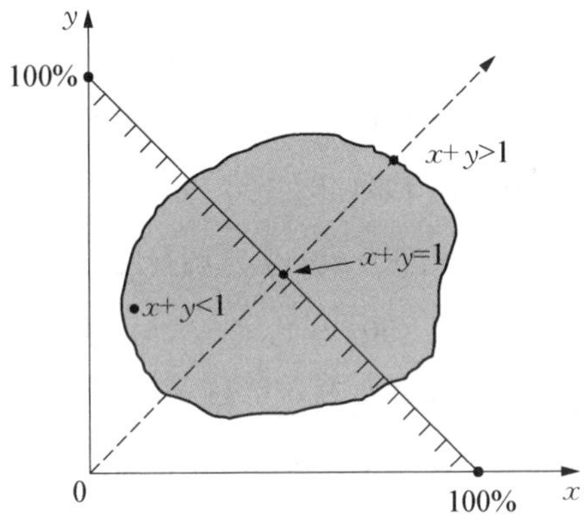

图 6.2　纳什要价博弈

从图 6.2 可以看出，在此曲线上任何一点均为 $x + y = 1$，即纳什要价均衡，任何位于曲线右上方的任何点均为 $x + y > 1$，而任何位于曲线左下方（即内在于阴影）任何点均为 $x + y < 1$。然而，即

使在这条曲线上，也有无数个纳什均衡解。正是因为这一点，当代另一位博弈论大师鲁宾斯坦（Rubinstein，2000，p. 86）曾明确地指出："我不相信纳什（的讨价还价）理论除了澄清影响讨价还价结果的思维逻辑外还能有什么用。我也看不出这种思维如何能全面地解释真实生活中的讨价还价结果。"

然而，许多学者的经验研究却表明，世界各地实行租佃分成制的现实，与这种纳什经典博弈论的预期大相径庭。由于租佃分成制从20世纪五六十年代起就是许多经济学家包括［约瑟夫·斯蒂格利茨（Joseph E. Stigliz）和张五常］研究的热门课题，在这方面已有大量的学术文献。许多研究发现，在大部分社会中，租佃分成的份额在很大程度上均为一种地方性的惯例所决定，而很少取决于地主与佃农的讨价还价的力量。并且，许多经验研究还发现，世界各地租佃分成契约所标定的份额一般为（25，75）、（50，50）和（75，25）这三种形式。令人更为惊讶的是，美国华盛顿大学的经济学家巴丹（Pranab Bardham）1984年在印度某地区的300余个村子里所做的小麦和稻谷收成的租佃分成的实地调查发现，尽管各个村子在实行本地化的（25，75）、（50，50）、（75，25）这三种惯例安排中呈现出扬所说的那种"当地遵同效应"和"整体多元化效应"，但在这300余个村子里，有超过半数的村子实行50/50对半分成制。并且，95%以上的村子只存在一到两种分配惯例安排。经典博弈论中的讨价还价模型显然无力对这一现象作出解释（因为它预计一个多样化的结果）。并且，由于这些分布在印度各地的300余个村子里的自然条件的差异，加上各自信息沟通上的困难，甚至连谢林那种维特根斯坦哲学式的理论断想也难能解释这种对半分成是如何成为印度村民们意识中的一种“凸显的凝聚点”的。

自20世纪90年代以来，扬等学者在其文章和著作中沿演进博弈论的分析理路建立起以“随机稳定均衡”或“动态随机稳定”概念为中心的博弈模型。这种博弈模型的逻辑分析的结果不但与巴丹（Bardham）等经济学家的实际经验研究的数据完全相符，而且亦使新古典主义经济学和经典博弈论中的理性经济人的假定以及谢林的人们意识中的“凸显的凝聚点”这类维特根斯坦哲学式的断想，变得可有可无了。

按照扬的分析理路，要判别一个随机稳定的惯例，就必须计算那种经多少次累计的“随机冲击”（stochastical shocks）才能改变一个社群或社会内部的“随机稳定”状态的概率。扬假定，博弈双方（地主与佃农）均根据对方口头的要价和从个人过去的经验中所获得的信息作出抉择。扬还假定，双方博弈者亦不断地作出一些特异的并无法解释其原因的（idiosyncratic）选择变异（mutations）。为了简单起见，扬又假定，每一个地主与佃农均知道在以前总样本为 s 的 m 次讨价还价中所有人的要价（其中包括他自己和对手以及其在同一社群中的其他地主和佃农讨价还价中的要价及其结果），而不管各对讨价还价博弈是兼容的（$x+y\leqslant 1$）还是不兼容的（$x+y>1$）。每方博弈者均根据以上信息来预计自己的对手在这一轮博弈中所要的价，并据此作出自己的最佳反应。扬还假定，这种最佳反应的概率为 $1-\varepsilon$（这里 ε 代表每一博弈者随机偏离现存的分配惯例安排而要其他价的概率）。

为了方便，假定在一个村子里共有12对这种庄稼租佃分成交易（博弈），即总样本为 $s=12$，并假定 $\varepsilon=0.01$，现在村子里的租佃分成惯例为 75/25，即地主所得份额为 75％，佃农得 25％。很显然，在这种惯例安排下，地主的最好的要价仍然是 75％，而佃农最好的反应是 25％。因为这是一个锁定的纳什均衡。要打破这一惯例安排，就要求一些博弈方（在这种格局下显然只是佃农）采取一些反惯例的要价。假如在这一轮的讨价还价中，有 4 个佃农同时提出要对半分成（不管这一要价成功与否），在下一轮讨价还价中，如果一个地主对上一次的讨价还价的所有数据有所了解，他就会计算出，他的佃农要 50％份额的可能性是 1/3，要 25％的可能性是 2/3。在这种态势下，他会计算出最好的策略反应是对半分成。另一个地主也可能出于同样境势而作出同样的决策。同理，那些知道同样信息的佃农亦会计算出对半分成应是自己最好的博弈应策。所以，从这一过程来看，只要有 4 个佃农或然偏离地要出对半分成的价（其概率为 ε^4），就可以衍生出一个从 75/25 的分成惯例向 50/50 分成制演进的行程。

同理，我们也可以计算出，如果最初的惯例安排是 50/50 对半分成，就需要一方 6 个博弈者同时作出反惯例的要价（其概率为 ε^6）这种随机偏离而改变为 75/25 或 25/75 分成安排的演进路径。上述分析结果可以用图 6.3 来概括。

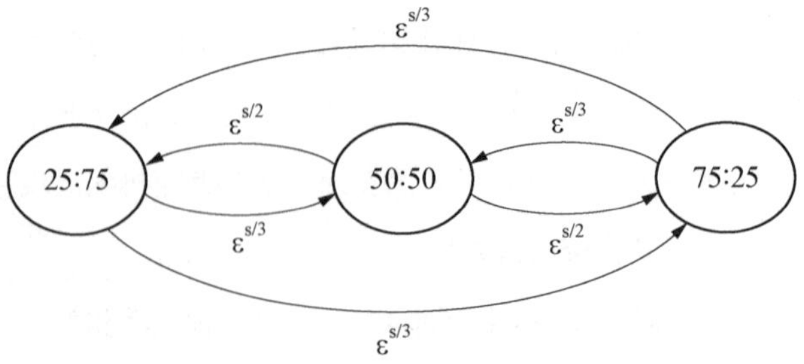

图 6.3　惯例安排过渡的概率

从图 6.3 中可以看出，在社会的演进博弈格局中，脱离出 50/50 分成惯例安排要比进入 50/50 分成惯例安排的概率小很多。从中我们也可以进一步推导出，如果 ε 是一个很小的值而 s 又是一个很大的数目，社会分配惯例安排的实际演进过程的结果很可能是 50/50 分成制。因此，扬归纳到，这种 50/50 分成制才是矩阵 6.2 所标示的讨价还价演进博弈中的唯一的随机稳定均衡，或者说，这种对半分成制才是一种随机稳定的惯例安排。[1] 很显然，这种演进博弈论模型的分析结果与巴丹（Bardham）于 80 年代在印度乡村实行租佃分成制所做的实际调查的数据，谢林于 60 年代所做的社会实验，以及尼德格（Nydegger）和欧文（Owen）于 70 年代所做的实验的结果相符。当然，这种沿演进博弈论探索路径对社会分配或讨价还价中的对半分成现象的探究并不排除其他的理论解释。譬如，你可以认为，在这种讨价还价的分配博弈中，博弈双方只是简单地认为对半分是最公正的（the fairest）；你也可以说这种对半分，如谢林所认为的那样，是人们意识中“最凸显”的。然而，如果我们进一步思考，就会发现，说这种对半分是最公正和最凸显的，只是没有任何分析根据的理论断想。因为，这里并没有判别公正的标准。例如，我们用什么标准来判别在地主与佃农的租佃分成中的 75/25 或反过来 25/75 的分配安排是否是公正的?[2] 另外，在地域分布广阔

〔1〕 详细数学论证请参见扬（Young，1993b，pp. 145～168）。

〔2〕 当然，这里你也可以基于马克思的劳动价值论说地主得任何份额都是不公正的。因为地主在庄稼生产上并没有投入任何劳动，而只是依据其对土地的所有权剥削佃农。这里显然涉及萨缪尔森（Samuelson，1976，参：中译本，上册，第 17 页）在其著名的《经济学》教科书中所给出的“鸟、兔子还是羚羊”的图画中标示的社会经济分析中的理论视角问题。

而信息又不怎么沟通的印度乡村，也很难说如谢林所认为的那样，人们注意力中的“凸显性”和“凝聚点”在对半租佃分成的惯例安排的形成中起了多大作用（如果说它们起了作用的话，我们只能说这种人们意识中“凸显性”和“凝聚点”来自凡勃伦所说的人的“天性”）。最后值得一提的是，这种基于“随机稳定均衡”的分析理路来探究习俗与惯例的型构、驻存与变迁的演进博弈的动态理论，亦不必把其理论分析建立在新古典主义经济学和经典博弈论的“理性经济人”的假设之上。它甚至也不必求助于许多哲学家、经济学家和社会学家所提出的人们的“共同知识”和“共同经验”这些理论猜测来进行理论解释。这种理论只是假定，在社群或社会内部活动与交往着的诸多单个个人具有有限的理性和有限的信息而尽各自所力进行并非协调一致的活动，而在这种并非协调一致的活动中生发着、维系着并不断地改变着社会的习俗与惯例。

第七章
制度化

我的朋友，像人们常说的那样，我们已经有了公平比赛的条件，如果确实如此，那么我们已经准备好把我们的整个政制的未来都寄托在掷骰子上，我们，我是其中之一，必须准备分担风险。

——柏拉图《法律篇》（参：中译本《柏拉图全集》第三卷，第 736 页）

7.1 习俗、惯例与法律制度

在以上两章对习惯、习俗、惯例、法律和其他制度规则以及其中的转变与过渡行程的理论考察中，笔者已梳理了这样一种理论观点：在作为人类“生活世界”（Lebenwelt——这里借用哲学家胡塞尔的一个概念）之“生活形式”的社会制序内部，无论是在人类历史上的任何一个文明社会中，还是在当代任何一个社会中的即时即地，均实际上进行着或者说发生着从个人的习惯到群体的习俗，从习俗到惯例，从惯例到法律制度这样一种动态的内在发展行程。因此，这一内在发展行程本身，既彰显出了人类诸文明社会的历史演化轨迹，又构成了当代任何一个社会即时即地的现实实存。[1] 基于这一认识，在我们对社会制序所进行的理论探讨的即此阶段上，如果硬要对社会制序下一个定义的话，我们似乎只能说社会制序就是这样一个从习惯到习俗、从习俗到惯例、从惯例到法律制度的动态的内在逻辑发展过程。然而，正如马克斯·韦伯所认为的那样，习俗、惯例和法律是“属于同一连续体”（same continuum），其间的过渡（transition）是难以辨察的（imperceptible）。之所以如此，照韦伯（Weber，1978，p. 15，p. 319）看来，主要是因为习俗与惯例之间的界限是不确定的（fluid）。但是，如果说习俗与惯例之间的界限及其前者向后者的过渡难以辨察（参本书第六章），那么，从惯例向法律制度的过渡还是比较明晰的。换句话说，作为一种人们行事中的非正式约束的惯例和作为人们行为的正式约束的法律规则之间的界限还是比较容易加以辨析的。

在《经济与社会》这一巨幅手稿中，韦伯（Weber，1978，pp. 318～

[1] 但这绝不是说任何社会均实际上完成了这一逻辑发展过程。在传统中华帝国，在古埃及，以及亚洲、非洲及太平洋岛国的许多许多文明或部落中，其社会制序内部的发展过程可能从整体上来说演化到一个德国社会学家滕尼斯（Ferdnand Tönnies，1991）所说的“礼俗社会”而静滞不前，从而不能进入到一种到滕尼斯所说的“法理社会”（参本书第 309 页），因之可以说并没有完成其社会经济制序的宪制化过程，或者说还未达到社会制序的宪制化阶段。譬如，正如我们所将要在本章下面所探讨的那样，民国之前的传统中华帝国，数千年就基本上停留在一种“礼俗社会”而没有从整体上完成向“法理社会”的过渡。韦伯（Weber，1954，pp. 2～3）曾说，当人们遵从习俗行事时，规则不是靠外在的保证来实施的，而是出于便利和同一团体中怀有同一期望而按同一方式而行事的缘故而“不假思索”地遵从之。他认为，“从这种意义上来说，习俗因之不需要任何（法律上）的‘效力’（validity），没有人被要求遵从之。然而，从这种情形向惯例或法律的过渡是遥遥无期的（indefinite）”。很显然，在史前时期的诸多习俗经济，以及在传统中华帝国这样的惯例社会中，社会制序安排很像韦伯所描述的这种情形。

319）曾极力主张严格区别惯例与“习俗法”（customary law）[1]。在上两章中，笔者（韦森，2001）已比较清楚地梳理出了习俗与惯例这两个概念的联系与区别，即习俗作为在人们社会活动与交往中的一种事态、一种情形、一种演化博弈稳定性、一种社会博弈均衡，就其实质来说它是一种“自发社会秩序”。而惯例作为诸多习俗中的一种显俗（mores），与其说它是一种事态，一种情形，不如说它是从人们在社会博弈中产生的习俗中所沉淀或者说硬化出来的博弈规则，尽管这种博弈规则只是一种没有经任何强制性机构或第三者所监督（police）实施（enforcement）的非正式规则或者说非正式约束。正因为惯例是人们的社会习俗演化动态中的相对常驻不变的规则，当一种作为演化稳定性的习俗因时过境迁而趋于改变时，作为经由这种习俗所硬化和沉淀下来的策略选择的约束规则，可能仍在人们的交往活动中，通过人们的记忆和行为的惯常性以及行为模式的日常化（routinization），而继续驻存并对人们的行为起一定的（自我）规约作用。然而，不管在任何社会或社群中，只要有习俗和惯例的存在，就会有人采取违背习俗和打破惯例的行为，特别是在由一些非纳什均衡的习俗[2] 和惯例所调规着的社群（community）和

[1] 几乎在中译所有英文法律文献中，“customary law”全被翻译为“习惯法”。由于笔者根据美国老制度经济学家康芒斯（John Commons）的见解，在本书第五章已严格区分了“习性”（habit）、“习惯”（usage）与“习俗（custom）”这三个概念，现在看来，英文的“customary law”应当被确当地翻译为“习俗法”，而不是“习惯法”。当然，中国法律翻译界把“customary law”一般翻译为“习惯法”，这本身就是一个翻译“习惯”。

[2] 我们这里所说的“非纳什均衡”的习俗，是指那些往往由宗教信仰、意识形态，或者圣哲的箴规所维系和支撑的某些行事样式和行动的秩序。

社会中，更是如此。当由诸多社会博弈者所构成的动态博弈中，某一（些）人采取了反习俗违惯例的策略选择，从而引致了整个群体中的其他一些人甚至大部分人的福利损失（尤其是在“囚犯困境”式的社会博弈中）时，该社会或社群总是会自发地产生出一些强制性的机构或个人来维护这种自发秩序，监督并强制每个人都按某种习俗和惯例，做大家已共同约定俗成的策略选择，并惩戒那些采取反习俗、违惯例策略选择的人。一旦在一社会或社群内部产生出这一机构或个人来监控并强制规定每个人按照一定习俗和惯例行事时，这时惯例的规则就变成了“习俗法”[1]。因此，如果说照韦伯所理解的那样，认为惯例和习俗法有任何区别的话，那就在于习俗法有一种社会权威机构或者说作为“主权者”（the sovereign）[2] 的

---

［1］ 一般来说，习俗法是一种经过一定的权威机构认可的不成文法（习俗法中当然也有成文法）。正如下面我们所要探讨的，英美的普通法一般也被人们称为“习俗法”。在谈到“习俗法”时，美国著名法理学家博登海默（Bodenheimer，1974，参：中译本，第381页）指出：“一种颇有影响的观点认为，一旦一个家庭、一个群体、一个部落或一个民族的成员开始普遍而持久地遵循某些被认为具有法律强制力的惯例和习俗时，习俗法便产生了。这种观点认为，在习俗法的形成过程中，无需一个更高的权威对上述惯例与安排做正式认可或强制实施。”但博登海默的这一见解好像与下一个注脚中的哈特的观点有矛盾。

［2］ 英国著名法学家哈特（H. L. A. Hart，1961，p. 25）说：“凡是存在法律制度（legal system）的地方，就必定有这样一些人或团体，他们发布以威胁为后盾、被普遍服从的普遍命令（general orders）；而且也必须有一种普遍的确信，即确信如果拒不服从，这些威胁就可能被付诸实施。同时，也必定有一个对内至上、对外独立的个人或团体。如果我们仿效奥斯汀（Austine）把此种至上和独立的个人或团体称为主权者（the sovereign），那么，任何国家的法律都将是以威胁为后盾的普遍命令。发布这种命令的人既可以是主权者，也可以是服从于主权者的那些下属们。”哈特这种基于法律实证主义立场把所有法律都视作“主权者的命令”的见解，显然有失偏颇。因为，至少一些习俗法并不是经由主权者的命令而来，尽管它们往往要经过主权者意志的认可。但是，一般来说，哈特所认为的有主权者才有法律这一见解是对的——尽管像法学界所常常注意到的中世纪冰岛可能是一个希见的例外。因为，当时的冰岛还是一个无国家的社会，但却有一个非常完善的 （转下页）

第三者的维护、监督并强制实施和惩戒那些采取违反习俗的社会策略选择的人的社会机制，尽管在事实上这种习俗法有时并未经正式的立法机构用法律条文的形式把它们明确阐释出来。照此来看，如果有一社会机构即第三者强制社群，或社会中的每个人都遵从某种习俗或惯例的规则，并存有某些惩戒违反惯例的措施和社会机制，那么这种惯例的规则就变成了人们通常所说的"习俗法"。反过来说，习俗法本身就是有第三者强制实施的惯例规则。对此，美国当代法律哲学家博登海默（Edgar Bodenheimer）曾非常准确地辨析道（Bodenheimer，1974，参：中译本，第 380 页）："习俗法这一术语被用来意指那些已成为具有法律性质的规则或安排的习俗，尽管它们还尚未得到立法机构或司法机构的正式颁布。"并且，博登海默（Bodenheimer）还认为，在早期社会中，法律与习俗是毫无分别的，"而且社会习俗与习俗法之间所划定的界限本身也只是长期渐进的法律演化的产物"。

我们这样对作为一种动态的内在逻辑演化过程的社会制序中的从习惯到习俗、从习俗到惯例、从惯例到法律规则的过渡与转化的理解，自然会涉及法学界永远争论不清的法律的起源问题。实际上，我们对社会制序内部这种动态演化过程的韦伯式的理解，也基本上与哈耶克本人对法律起源的理论洞识颇相一致。譬如，在《自由的构成》中，哈耶克（Hayek，1960，p. 151）说："我们在从习俗的规则（rules of custom——哈耶克这里显然是指我们现在所理

（接上页）法律制度（参：Posner，1992，pp. 260～261）。冰岛的例子也从一个侧面说明，并不是所有的法律都来自主权者的意志和命令，但法律的存在却必须有一个（些）机构和个人作为其"enforcer"。

解的"惯例"[1] ——引者注）到现代意义上的法律的演化过程中，也能够发现一个类似的从具体性和特殊性向日渐增多的一般性和抽象性的转变。"因此，哈耶克（Hayek，1960，p. 152）认为，"从具体的习俗到法律的转变过程，甚至比要从命令到法律的转变过程，能够更好地说明那种被我们称之为真正的法律所具有的'抽象特征'的东西"。

韦伯和哈耶克所辩识出的社会制序内部的从习俗的规则（惯例）到法律的过渡与转变，显然又基本上承传了德国、英国和美国法学理论中的历史学派在法律起源问题上的学术立场。譬如，19世纪德国历史法学派的代表萨维尼（Friedrich Carl von Savigny），在其著名的《论立法和法理学在当代的使命》中就明确提出，法律绝不是那种应当由立法者以专断刻意的方式制定的东西。他说，法律乃是"那些内在地、默默地起作用的力量"的产物（Savigny，1831，p. 30）。它深深地植根于一个民族的历史之中，而其真正的源泉乃是人们的普遍的信念、习俗和"民族的共同意识"（the common consciousness）[2]。萨维尼（Savigny，1831，p. 24）还指出，每个民族都逐渐形成了一些传统和习俗，而通过对这些传统和习俗的不断运用，它们就逐渐地变成了法律。据此，萨维尼（Savigny，1831，p. 27）认为，法律就像语言一样，既不是专断意

[1] 按照《牛津英语词典》的解释，英文的"convention"（惯例）的基本含义是"customary practice"。根据这一基本含义，我们把"惯例"理解为一种"非正式约束"，以区别于"习俗"（一种"自发秩序"，即"spontaneous order"）。至于这两个词的联系与区别，请参见本书第六章。

[2] 萨维尼（Savigny）在原著中使用的德文词是"Folkgeist"。这个词也可以译为"民族精神""民族心灵"或"民族意识"。

志的产物，也不是刻意设计的结果，而是缓慢、渐进和有机发展的结果。沿着这一思路，萨维尼的学生普夫达（Georg F. Puchta, 1887, p. 38）也曾主张，习俗法是一个民族的共同信念的最真实的表示，因此它高于制定法（statute law）。他认为，规定明确的制定法只有在它体现了民族的习俗和惯例时才是有用的。

比德国历史法学派更进一步，美国法学家卡特（James C. Carter, 1907, pp. 59～65, 84～86, 119～120）明确指出，习俗和惯例提供了调整人们行为的规则，而司法先例只不过是“被赋予了权威性的习俗”（authenticated custom）[1]。他认为，从本质上讲，正是习俗与惯例决定着某一社会行为正确与否，而解决正确与否问题的司法判决，只是给某一社会习俗或惯例，盖上了政府的证章，证明了其真实性而已。从这一理解出发，卡特（Carter, 1907, p. 85, p. 118）认为，法院并不制定法律，而只是从一些既存的事实（即得到社会承认的惯例）中发现和探寻法律。他甚至把欧洲大陆的那些著名的法典（制定法），也视作对植根于民众意识之中的先存法律的重述，即“制定的法律只是客观存在的法律中的一小部分”。

历史法学派、韦伯和哈耶克所坚持的这种法律演化论的观点——即认为法律源自习俗与惯例，是习俗的规则即惯例经司法先例的积累或主权者的认可而形成的——与世界历史中的法律制度沿革的史实是比较相符的。譬如，迄今所发现的人类社会最早的成文法律，即在公元3000年前，在西亚幼发拉底河和底格里斯河两河

[1] 甚至连英国当代著名的实证主义法学家哈特（H. L. A. Hart, 1961, p. 45）也曾说：“只有当习俗为一特定的法律制度‘认可（recognized）’为法律的一组习俗之一时才是法律。”

流域的苏美尔人的《乌尔那姆（Ur-Nammu）法典》，基本上就源自这一古老文明中的社会习俗。换句话说，迄今所知的人类历史上的第一部成文法典，就是对当时苏美人的诸多社会习俗，用书写语言的形式肯定下来，从而被“赋予了权威性”而形成的。也正是因为当苏美尔人开始尝试着运用楔形文字来编撰法律时，他们把原来分散的传统社会习俗编集为成文法，故这一法典又往往被法律史学界称为楔形文字法（参：陈丽君、曾尔恕，1997，第4～10页）。

在世界法律制度沿革史上，除《乌尔那姆法典》外，也有许多其他一些古老的法典就直接源自习俗。譬如，尽管以色列法和伊斯兰法均有着浓厚的宗教超验之维（譬如以色列法律主要源自《旧约圣经》的教训，而伊斯兰法律中的许多规则则源自《古兰经》中的一些箴规），但法律史学家一般均认为，古以色列的法律和伊斯兰法均主要是建立在古犹太人部落和伊斯兰阿拉伯部落中的社会习俗与惯例之上的。尤其是伊斯兰法，就其实质来说是习俗法。并且，《古兰经》的一些“圣训”，只是修改了上古伊斯兰公社中的某些习俗法的细节，而不是完全替代了习俗法（参：高鸿钧，1996，第一、五章）。这正如伊斯兰的先知穆罕默德在《古兰经》第45章第18节所说的那样：“我使你遵循关于此事的常道。你们应当遵守那常道，不要顺从先知者的私欲。”这里穆罕默德所说的常道，显然是指在当时阿拉伯部落中所形成的习俗的规则，即种种惯例。

不仅苏美尔人的楔形文字法、古印度法、古以色列法、伊斯兰法，还有公元前536年郑国的子产在青铜鼎上所刻铸的《刑书》这部中国最早的成文法典（written law），以及其后的春秋战国时期的诸多中华帝国的法律，[1] 均在某些方面或某种程度上源自中国远古各部落、诸侯国沿存下来的习俗和现实实践。[2] 即使以成文法和制定法而著称的罗马法体系这一“商品生产者社会的第一个世界性的法律”，最早的形式也是不成文的习俗法（unwritten law）。只是到公元前449年之后，随着罗马贵族元老院的《十二表法》（*the Roman Twelve Tables*）的编撰与制定，在罗马法律体系中成文法才逐渐替代了不成文的习俗法。并且，即使是《十二表法》本身，也是在总结了前期罗马社会的各种习俗法的基础上编撰而成的。正是因为这一点，就连罗马著名法学家西塞罗（Tullius Cicero）也承认，罗马法“是最为久远的经验演化发展而成的成就”。西塞罗还规劝法学家说：“我们必须避免去追究现行制度的理性基础问题，否则许多业已确立的制度就会被推翻。”（引自Hayek，1960，pp. 432～433）基于这一历史史实，哈耶克（Hayek，1973，pp. 82～83）说：“对所有西方法律都产生了极为深刻影响的罗马法，就更不是刻意立法的产物了。就像所有其他早期的法律一样，罗马法也是在这样一个时代形成的，……经由一个与后来的英国普通法的发展极为相似的过程，古罗马法这样一个法律体系，通过法律界人士（jurists）对那些居于支配地位的正义观念的阐释，而不

[1] 子产“铸刑书”，主要是旨在维护、肯定和恢复周礼所确定下来的宗法社会秩序。用现在的话来说，《刑书》实际上是将自西周甚至更早的中国诸远古社会中所形成和沿革下来的社会习俗，用成文法的形式肯定下来。参：Bodde & Morris（1973，ch. 1），韦庆远（1989，第一章），郑秦（1998，第三章）。

[2] 尽管如此，晋国叔向仍批评“铸刑书”之举，提出“昔先王议事以制”说（《左传·昭公六年》）。据张晋藩（1997，第234页）教授的理解，叔向这里所言的“制”，其内涵可以理解为沿行已久的习俗、故事或成例。他还认为，“议事以制从某种意义说来，就是选择已有的案例比附断案”。

是通过立法的方式而逐渐发展起来了。”[1]

到公元5～9世纪，在日耳曼各部落中，逐渐衍生和型构出了与罗马法律体系相对峙的日耳曼法律体系。尽管日耳曼法的形成深受罗马法的影响，但日耳曼法系基本上是经由当时日耳曼各部落和不列颠岛的央格鲁——萨克逊人以及北欧斯堪的那维亚早期社会中的习俗逐渐发展而形成的。也就是说，这一法系也不是由一个中央权力机构人为刻意地制定出来的，而是来自这一民族的诸多部落的社会习俗。[2] 在11世纪诺曼底（Normandie）公爵威廉（William）一世入主英格兰之后，英国又在原日耳曼法的传统精神和盎格鲁—萨克逊社会的地方习俗和惯例中生发、型构和扩展出了通行全国的，以判例法（case law）为主要特征的近现代英美普通法体系。正如在下一节我们将要专门探讨的那样，英美普通法体系基本上是建立在从习俗、惯例到先例从而到法律规则这样一种内在演化机制基础之上的。

这里需要指出的是，不仅英美普通法系这种典型的判例法，是沿着一个从习俗到惯例，从惯例到先例从而到法律这样一个内在的“自然”逻辑过渡而型构和扩展起来，并在现实中不断依此逻辑而运作的，即使是欧洲大陆以“理性建构”为主要特征的制定法体系，也绝非与社会的习俗毫无干系。据美国著名的法律史学家伯尔曼

[1] 英国19世纪著名法学家梅因（Henry S. Maine）在谈到罗马时期的《万民法》（*Jus Gentium*）时也曾说：“《万民法》实际上是古代意大利诸部落的习俗里的共同组成部分的总合。”（Maine，1874，p. 47）

[2] 伯尔曼（Berman，1983，p. 536）曾说：“以前在日耳曼统治者们定期的立法中，每一部伟大‘法典的编撰’都被理解为是一部对习俗法的一般性表述，以取代先前的习俗法。”

（Harold J. Berman）考证，作为欧洲大陆法律渊源的“粗俗的罗马法”（vular Roman law）本身就是习俗法（Berman，1983，pp. 471～473）。在 13 世纪的法兰西的王室法中，也存在大量的习俗、惯例因素。并且，当时的法兰西王国的司法程序，很像后来的英美普通法的运作机制。正是在法兰西王室法院的法官，在辨析各种各样的习俗和遵循先例判决的实践中，当时法国各地的习俗、惯例和司法先例，被逐渐融入到法兰西的法律传统之中，并在拿破仑时代由立法的形式被确定下来。因此，尽管以法国、德国为代表的欧洲大陆法系直接承传了罗马法的传统，并且基本上可以说是带着启蒙运动中强烈的建构理性主义的精神[1] 而制定出来的，但是如果追根溯源，我们仍会发现，在拿破仑时代制定和颁布的包括法国宪法在内的“法国六法”[2] 中的许多条款和内容，也基本上是重新肯定和保持了法国大革命前的许多社会习俗、惯例以及习俗法的许多内容和制度。并且，法国法律中的许多规则又直接取自日耳曼法中那些源自社会习俗的法律规则内容。在法律制度史上闻名于世的《德国民法典》，尽管从形式上说，它是在经过近一个世纪的争论而“理性建构”出来的，但从实质内容上讲，它本身又大都是对当时德国的习俗和商业惯例实践的法律肯定和认可，并且，其中的许多内容与规则又显然直接承传了原日耳曼习俗法的精神与传

---

［1］ 这一建构理性主义的精神最明显从法国启蒙运动的大思想家、被人们号称为“理性时代”的最伟大代表伏尔泰的以下一段话中表露出来：“如果你想要好的法律，那就烧毁你现有的法律，自己制定新的。”（引自 Hayek，1967，p. 5）

［2］ 即《法国宪法》（1799～1804）、《法国民法典》（1804）、《民事诉讼法典》（1806）、《商业法典》（1807）、《刑事诉讼法典》（1808）和《法国刑法典》（1810）。

统。因此，单从法律制度与社会习俗和惯例的关系来说，如果说英美普通法系与以法国法律和德国法律为代表的大陆法系有什么区别的话，那仅仅是在于，在前者这种判例法的运作机制中，从习俗到惯例到法律规则的过渡与转化是在“遵循先例”的原则中“自然”完成的；而在后者的运作程序中，习俗与惯例是通过“主权者”的意志被认可并通过成文法规则的形式而被确立下来。从这种意义上来说，即使在实行欧洲大陆法系的国家中，仍然有一个从习俗到惯例，从惯例到法律规则这样一个社会制序的内在过渡过程。只是在大陆法系的运作中，后一个过渡（即从惯例到法律的过渡）主要是通过“主权者”的立法而不是像在英美普通法系中那样靠法庭的判例的积累来完成的。基于上述史实，伯尔曼（Berman，1983，p. 480）雄辩地说：“在一定意义上，所有的法律最终都依赖于习俗和惯例。”也可能正是因为观察到这一史实，甚至连哈耶克一再抨击的英国建构主义思想家霍布斯（Hobbes 1943，ch. 16），在其名著《利维坦》中也承认，“立法者是这样的人，他们不是依其职权法律被初次制定出来，而是依其职权法律继续是法律”。英国另一个建构理性主义经济学家边沁和英国著名实证主义法学家奥斯汀（John Austin）亦表示他们赞同霍布斯的这一见解。

概言之，从习俗到惯例，从惯例到法律制度，构成了在人类社会历史上任何文明中均发生过的，社会内部的制序化过程，而这个过程又恰恰昭示出了人类诸社会法律的起源和形成的内在机制。

7.2 英美普通法传统：从惯例、先例到法律

通过简单回顾世界法律制度史，我们基本上已领悟了历史法学派这样一种见解：法律作为一种调规着人们交往与交换的正式规则系统，追根溯源，大都是从社会现实中的人们行事方式、习俗和惯例中演化而来。换句话说，大多数法律——尤其是民法、商法、城市法，甚至中世纪西欧社会中的宗教法和国际法，大都是从人们的生活世界中的惯例规则演化或经主权者对习俗和惯例的认可而形成的。基于这一观点，并根据韦伯在《经济与社会》的手稿中所提出的从习俗到惯例，从惯例到法律制度的过渡这一思想，我们归纳和抽象出了人类社会的制序化的一般行程。

这里须要进一步指出的是，不但人类社会的经济制序大都经历了或者说正在经历着一个从习俗经济、惯例经济到宪制化经济［即滕尼斯（Tönnies，1991）所说的“法理社会”[1] 或哈耶克（Hayek，1973）和伯尔曼（Berman，1982，p. 215）所理解的“法治国”（Rechtsstaat）］，在文明社会尤其是当代诸社会中，整个社会生活形式内部也在即时即地发生着从习俗到惯例、从惯例到法律制度这样一个过渡与转化过程。而这一演化过程在英美普通法的运作机制中最为明显地昭现出来。

普通法（common law）是一个多意词。一般来讲，普通法是指大约在 13 世纪前后从英国普通法院产生出来的通行全国的判例

［1］ 亦即哈耶克（Hayek，1988）所说的“人类合作的扩展秩序”。

法（case law）。由于这一法系被认为是源于传统“王国的普通习俗”，所以它被冠上“普通”法的名字。事实上，最早它之所以被称为“common law”，是因为它代替了英国当时各地的习俗而通行全国。后来，随着大英帝国在世界范围的扩张，所伴随着的英国经济制度、法律制度和文化传统在世界范围的扩展，作为英国殖民地的北美、澳洲、南非、南亚、东南亚、中国香港和其他一些说英语的国家和地区中也植入并承传下来这一普通法体系。普通法就其实质来说是判例法。在英美普通法传统中，对任何具体案件的判例均有两种功效：其一，是对当事人判决的即判力，故又被称为“即判事项”原则，也被称作任何人就同一案件不受两次审判的原则；其二，是一项判决所确立的法律原则将产生法律效力，即以后法官在处理类似案件时有义务遵循这些法律原则。故后者又被称为“遵循先例”（precedent）原则[1]。然而，由于在现实生活世界中，很少有两个案件的情况是完全相同的，这就致使各普通法院很少有可能原封不动地照搬现存的法律原则。因此，在普通法体系中，通常的情况是，法官把先例中的法律原则应用于新的基本相同的案件，通过类推，创制出新的法律原则。由此看来，英美普通法体系是一个开放的系统。它本身由无数的习俗、惯例、先例积累而成。[2] 因之

[1] “遵循先例”（stare decisis）这一英美普通法中的判例原则原来自拉丁语。它是拉丁语“*stare decisis et quieta movere*”（遵循先例不扰乱确立）的缩略语。如果用一般的方式来表述，这一原则意味着某个法律要点一经司法判决确立，便构成了一个日后不应背离的先例。如果用另一种方式来表述，那就是一个直接相关的先前案例，必须在日后的案件中得到遵循（参：Bodenheimer，1974，中译本，第539页）。

[2] 正如波斯纳（Posner，1992，p. 706）所说：“普通法本身就是一种由先例构成的实体（body of precedents）。”

可以说它是在判案中创造着先例，并通过对先例的遵循而型构出来的与市场同构的法律体系。按照波斯纳（Posner，1992，p. 31）的说法，从经济学的角度来看，普通法的实体由三大部分组成：（1）财产法（the law of property），它涉及产权的创设和界定；（2）契约法（the law of contracts），它涉及促使产权向最珍视它们的那些人那里自愿转移；（3）侵权法（the law of torts），它涉及产权的保护，其中包括人身不可侵犯的权利。

在英美普通法传统中，“遵循先例”的原则本身构成了这一判例法法律体系的生命。然而，先例就其实质来说既不是事实，也不是结果，而是通过事实和法庭判决结果所沿存下来的抽象规则和原则。因此，在普通法运作机制中，法律判决本身并不构成法律制度，而是在判例中所肯定了的既存的惯例规则才构成了法律规则与法律制度。遵循先例的原则在很大程度上限制了法官判案的任意性，并使普通法本身保持了一种稳定性、承传性、连续性、发展性以及扩展性，以至于在一系列判例的积累中形成了法律规则的前后相接，并型构成一种稳固的法律规则体系。

从英美普通法体系中遵循先例的原则中，我们更能辨析出在人类社会的制序化进程中的从习俗到惯例，从惯例到法律制度这样一个演化与转变过程。其实，早在18世纪，英国著名的法学家和大法官布莱克斯通（William Blackstone）曾明确指出这一点，他说：“证明某一准则是普通法规则的唯一方法，乃是表明遵循该准则已成了一种习俗。但是，这里会产生一个非常自然和非常重要的问题：如何使人们知悉这些习俗或准则，而又由谁来决定它们的效力呢？关于这个问题的答案便是，由一些法院的法官来决定。……证明构成普通法组成部分的这种习俗是否存在方面，这些司法判决的确是人们所能列举的最主要的和最权威性的证据。（转引自 Bodenheimer，1974，中译本，第 430 页）美国法学家卡特（Carter，1907，p. 65）也曾更明确地指出，“先例只不过是一种被证明了的或有效的习俗”。从这些论述和英美普通法的运作实践中，我们可以体察到，所谓的遵循先例判决，无非意味着在普通法这一开放的法律体系中（亦即在近现代英美社会以及在市场经济的运行与扩展中），把现实中的人们所普遍遵循的习俗和惯例确认为法律原则的过程，亦即是说，普通法体系的实际运作与实施，从实质上来看就是一个从习俗、惯例变为先例从而到法律原则的这一“自然”转化与发展过程。

如上所述，在英美普通法的这种遵循先例判案的积累性发展的法律型构和运作机制中，判例本身并不构成法律，而是蕴涵在诸多判例中的内部规则（即哈耶克所说的“nomos”）才构成法律。而按照美国法理学家博登海默（Bodenheimer，1974，中译本，第 431 页）的见解，这种内部原则和规则实际上是体现于判决中的“习俗的实在性”（the reality of the custom）。其实，早在 18 世纪，英国著名法学家，英国商法之父曼斯菲尔德（Mansfield）勋爵就曾指出这一点。他说：“如果英国法律真的只是依先例而决定，那么他就是一种奇怪的科学。先例可用以阐明原则并赋予它们以一种不变的确定性。然而，除法规规定的实在法以外，英国的法律是建立在原则基础之上的，而且每个案件的特殊情形，都可被归入上述原则中的这一原则或那一原则之中，因而这些原则贯穿于所有的案件之中。”他还指出，“判例的理由和精神可成为法律，而特定先例的文字却不能。”（转引自 Bodenheimer，1974，中译本，第 430 页）根据这一认识，许多法学家均倾向于认为，遵循先例并不是一种教条公式，而只是对存在于或者说蕴涵于人们社会实践中的，哈耶克（Hayek，1973）所理解的“内部规则”的一种阐明或彰显，只是经过法官的判决而被确认下来，因而被赋予了权威性和有效性（authentication）。根据这一理路，博登海默（Bodenheimer，1974，中译本，第 433 页）认为，“先例并不是一种法律渊源，而只有在先例中得到确当陈述的法律原则才可被视为法律渊源”。从这些法学家的理论洞识中，我们也可以进一步认识到，在英美普通法传统中，从惯例到先例从而到法律规则的这一社会制序的宪制化过程，实际上只是一个对人们现实生活中某些业已存在的内部规则在判例中的确认（authentication）、阐明（articulation），以及在遵循先例的法律惯例（legal convention）中将其昭现出来的过程。

在谈到在作为判例法的普通法运作机制中这种“内部原则”的“外在化”（externalization）时，哈耶克曾在其《自由的构成》和《法、立法与自由》中均大量引述了历史法学派的柯克（Edward Coke）、黑尔（Mathew Hale）、休谟（David Hume）、伯克（Edmund Burke）、萨维尼（Friedrich. C. von Savigny）、梅因（Henry S. Maine）以及卡特（James C. Carter）等思想家演化论观点，并在此基础上，型构出了他的社会秩序分析的演化理性主义的理路。哈耶克还批评了培根（Francis Bacon）、霍布斯（Thomas Hobbes）、边沁（Jeremy Bentham）、奥斯汀（John Austin）建构理性主义的法学理论以及德国的实证主义法学家雷班（Paul Laban）和凯尔森（Hans Kelsen）的法学观点。尽管如此，在法律的渊源问题上，哈耶克却似乎采取了一种置而不究的不可知论的处理方法。我们这里是说，尽管哈耶克在《法、立法与自由》和《致命的自负》中大量讨论了“内部规则”“外部规则”“未阐明的规则”“阐明的规则”等概念，并多次明确提出法律大都是“被发现出来”，而只有较小部分“才是立法的产物”（参：Hayek，1973，pp. 82～83），但是，这种“内部规则”源自何处？是源自自然法（natural law）学家所认为的那样，宇宙间自然存在的、普遍适用和永恒不变的行为准则？是来自宗教神学的超验之维（即创造者的意志）？还是来自康德（Kant，1993，p. 169）所说那种令人永远不可捉摸的人心中的“道德律”（moral law）？哈耶克似乎并没有做进一步的探讨。[1] 当然，我们已注意到，在《法、立法与自由》中，哈耶克（Hayek，1973，p. 100）曾说过，“……正当行为规则就像它们使之成为可能的行动的秩序（the orders of actions）一样最初都是自生自发生长的产物（the product of spontaneous growth）”。他还接着指出，“规则系统作为一个整体，其结构并不是法官和立法者设计的产物，而是习俗的自发生长的演化过程与法官和立法者对既存系统中的细节（the particulars）刻意改进二者相互作用的结果”。哈耶克的这一理论洞识无疑是深刻的，也是正确的。然而，

[1] 当然，如果沿这一进路做进一步的推进，又会追溯到康德—维特根斯坦的本体论哲学那里去了。然而，在这个哲学、伦理学、政治学、经济学和法学汇聚为一的人类认识的最深层的问题上，就笔者目前的知识来看，阐述最令人信服和最深刻的见解的，不是康德，不是哈耶克，也不是罗尔斯，而是中国古代的思想家。譬如，在《淮南子》中有云：“法生于义，义生于众适，众适合于人心，……法者，非天坠，非地生；发于人间，而反以自正。”——这难道不是对法律起源和人类正义的所阐发的最精确、最深刻、最令人信服的洞识？

现在看来，哈耶克的社会秩序的理论分析的进路中的问题，并不在于他区分开人们“行动的秩序”和这种秩序依之为据的“规则系统”并进而认为这二者之间有一种相互作用的互动关系，而是在于他把“规则系统”视作独立于人们的“行动秩序”之外的，一种自我“自生自发”型构或“刻意设计”的另一过程。上面我们已经指出，从一个宽泛的意义上来理解均质欧洲语中的“institution”概念所涵指的现实对象性，我们把有着自身内在发展逻辑的社会的制序化，理解为一个从习惯到习俗、从习俗到惯例、从惯例到法律和其他正式制度这样一个动态的社会发展过程。用博弈论的语言来言诠，我们认为，博弈中出秩序，秩序中硬化或生成非正式规则，再从非正式规则过渡到正式规则即法律和其他制度性规则。基于这一理解，我们认为，与其像哈耶克那样，把人们的“行动的秩序”和维系这种行动的秩序的“规则系统”视作两套平行的和各自独立发展的系统和过程，不如把它们视为社会生活形式内部同一逻辑发展过程的不同阶段，即把它们视作从习惯到习俗（行动秩序）、从习俗到惯例（一种从行动秩序中“硬化”和显现出来的非正式规则，从某种程度上可以把其理解为哈耶克所说的“内部规则”[1]）、从

---

[1] 在对“内部规则”（nomos）和“外部规则”（thesis）的理解上，我们已与哈耶克有着重大的理论分歧。在《法、立法与自由》中，哈耶克曾把“内部规则”称为“自由的法律”，而实际上他是指经由英美普通法的运作机制所彰显出来的他所称谓的“正当行为的规则”（the rules of just conduct）即“普通法”（Hayek，1973，p. 100，p. 124）。从这部著作来看，哈耶克（Hayek，1973，pp. 124～144）显然又把“外部规则”视作经由立法程序而制定出来的“颁布法”（enactment）和“制定法”（statute）。然而，可能出于他一生对建构主义的深恶痛绝的个人情感，哈耶克似乎并没有看到在“制定法”和“颁布法”中，也有“正当行为的规则”。或者确切地说，在制定法和颁布法体系中，亦和作为判例法的普通法一样（可能）有一个“内部规则”的外在化的过程。反过来说，（转下页）

惯例到法律制度（在我们的理解上又可以说它是一种“外部规则”）这样（同）一个演化与转化过程。换言之，我们认为，不是在社会生活形式内部有“两套秩序”（即“行动秩序”和“规则系统”）在分别独立型构、发展和相互作用，而是同一个社会过程的不同发展阶段上的“逻辑定影”。具体说来，从行动秩序中生发、“沉淀”、“硬化”出“规则系统”，而“规则系统”又反过来维系和支撑着“行动秩序”。用现代博弈论的语言来说，人们在社会博弈中自发产生博弈秩序，又从博弈秩序中型构出博弈规则（这就是我近来所常说的“制序是规则中的秩序和秩序中的规则”的缘由）。而博弈规则一旦型构而成或根据博弈秩序而被制定出来，它又反过来维系和规约着人们按社会博弈秩序进行博弈。并且，人们又在不断的重复博弈中修改着博弈规则，并不断地创制出新的博弈规则。

(接上页）难道在普通法的运作体系中，在所有“遵循先例”的机制中所昭现出来的原则都是“正义的”么？如果是这样的话，在英美法系中就不会再产生出一套“衡平法”（equity）及其实施机构来补救判例法的缺陷和造成的问题了。我们与哈耶克的这一重大理论分歧，关键还是在于对社会制序理论探索的不同进路上。很显然，哈耶克是把其社会分析对象分解为作为一种事态、一种情形、一种人们活动结果“行动秩序”和“规则体系”这两套独立发展系统的。尽管哈耶克深刻地揭示和探究了人们社会生活形式内部这两套“系统”之间的相互作用（他主要认为前者建立在后者的基础之上），但他把“行动秩序”和“规则体系”视作两套独立发展的系统这一研究进路本身就有问题。我们认为，与其把人们的“行动秩序”与维系和规制着这种“行动秩序”的“规则体系”视作两套独立发展的系统，不如把它们视作社会制序本身同一演化过程的不同阶段，即在人们的社会“博弈秩序”中“生发”和“硬化出”“博弈规则”，而博弈规则又反过来维系着人们的社会博弈中的秩序。换句话说，“规则”本身就源自“自发秩序”——并且在“惯例”以及“制度”这两个发展阶段上“规则”与“秩序”基本上合一的，因而难能说清惯例和制度到底是“规则”还是“秩序”——规则由秩序转化而来，但规则成了规则之后又反过来维系和支撑着秩序，而制度规则中的秩序就构成了我们中文“建制”意义上的“制度”，即科斯（Ronald Coase）所言的“生产的建制结构”。

这就是我们对作为人们“生活世界”中的“生活形式”的社会制序的基本理解。这也是我们与哈耶克的理论分歧之根本所在。

在我们从人类社会生活世界的社会生活形式制序化进程的视角，对英美普通法体系运作及其内涵有了上述理解之后，让我们再回到法律制度的经济分析上来。从法律的经济分析的研究视角来看，英美普通法主要是调规近现代市场运行的法律体系。如果把自13世纪以来英美普通法的沿革史及其英美市场体系的型构与扩展史置合在一起来思考，可以非常清楚地看出，作为一个内在于市场型构、生长和扩展过程的规制机制，以“遵循先例”为其生命原则[1] 的英美普通法体系，本身是随着英美市场的生长、扩展而成熟和发展起来的。因之，从某种程度上，我们可以把普通法的型构与扩展，与英、美、澳市场的型构与扩展视作同一个社会过程。也正是从这种意义上，我们认为，英、美以及其他讲英语国家里的制序化进程中法律规则的“系统化”（systematization——这里亦可把它理解为体系化）过程，也同样就是这些国家内部的市场经济秩序的宪制化（constitutionalization）过程。之所以如此，是因为普通法作为一种在判例积累中所型构出来的一种法律体系，其内在品格——即在遵循先例这一生命原则来规约人们的交易与交往行动——就决定了它与市场体系的同构发展。从哈耶克的研究进路中我们已经确认，市场运作本身就是一种自生自发的经济秩序。而英美普通法体系中的财产法、契约法、侵权法等，又基本上是在这种

[1] 美国著名大法官霍姆兹（Oliver W. Holmes）说：“法的生命不在于逻辑，而在于经验。”（Holmes，1963，p. 5）这句话的真正意义在于它揭示了判例法的精神，即法官既要遵循先例，而又不能拘泥于先例而置正义的根本要求于不顾。

作为自发秩序的市场交往中的产权、民事纠纷和侵权行为的案例判决中理性地积累起来的。这亦即是说，英美普通法机制实际上是内在于市场运行之中，并经由一种自生自发的路径在市场的演化与扩展之中积累与扩展而成的。它本身源自市场中的习俗与惯例，是市场运行中的“内部规则”的外在化，但它作为一种“外化”的“内部规则”和正式约束，又成了市场运行的规制机制。在这个意义上，根据波斯纳（Posner，1992，p. 94）“契约是交换的侍女”形象的比喻，我们这里则可以说：“普通法只不过是市场运行的护卫。”

由于普通法基本上内生于市场交换内部的自发秩序之中，它在不断积累和增生的判案先例中生发，或更精确地说，昭现出由市场内部自发秩序中沉淀、硬化出来的内部规则，又随着市场的发展和变化而型构出新的秩序和内部规则，从而不断丰富和发展，并且作为一种开放的、不断丰富的规则体系，它又反过来维系和规制着市场中人们交换与交往的秩序。由此来看，在英美的近现代和当代社会中，在市场自发秩序和作为源自这种自发秩序的规则系统的普通法制度之间，有一个互相促进、协同型构和共同发展的机制与过程。由于普通法内生自市场过程之中又反过来规约着人们在市场中的交换、交往和交易活动，从经济学的角度来看，它作为一种法律制裁机制就是对那些在市场中违反习俗和惯例以及违反已经由这种习俗和惯例所转化而成的法律规则的行为所施加成本，而这种成本显然又构成了以科斯、诺思和威廉姆森（Oliver Williamson）为代表的新制度主义经济学派所理解的交易费用的主体构成部分。

然而，这里我们必须认识到，尽管普通法体系的运作和其法律原则的实施需要一定的成本，而这种成本实际上又是市场经济秩序的宪制化的成本，但普通法本身却如波斯纳（Posner，1992，p. 261）所理解的那样，是“一种用以促进经济效率的制度（system）”。换句话说，普通法本身是为了降低市场运行的交易费用和推动市场的型构和扩展而“自发”地积累和增生出来的一种规则体系。因为，正是有了这一法律制度的保证，尤其是其中的财产法、契约法和侵权法的制度化规则的保证，才使市场中的当事人产生了按一定规则行事、交换、交往和交易的经济激励。一个明显的道理是，在一个没有规则，没有正式法律制度约束因而每一个人都可能是另一个人财富的攫掠者的“霍布斯世界”中，显然难能有制度化的市场交换与交易，也从而不可能产生出哈耶克（Hayek，1988）所理解的人类合作的扩展秩序和“法治国”来。从这种意义来看，尽管市场体系中的普通法（以及任何制定法如民法、商法、公司法等）本身的存在就是市场中交易费用存在的内生原因，但它们的存在与发展（以及有关市场运作的制定法的颁布与修订）却是旨在节省市场运作的交易费用。一方面，这体现在普通法中由先例的积累所昭现出来的法律原则的存在，使得市场交换的当事者意识到违反市场的惯例需要付出一定的代价（如遇到纠纷时诉诸于法律程序解决需要支付一定的“attorney fees”即律师使用补偿费用），从而促使每个当事人依照市场运作的制度规则行事；另一方面，当一民事纠纷发生时，或当任何侵权行为出现时，当事人如诉诸法律程序解决其纠纷就必然引致一定的法律费用（leagl costs）。这也往往促成当事人双方考虑通过法律程序解决其纠纷的种种机会成本（包括时间和麻烦），从而决定是否通过法庭之外的调解方式和渠道来解决他们之间的争端。这里又显然涉及交易费用最小化的理性计算问题。[1] 除此之外，法律经济学家波斯纳（Posner，1992，p. 548）还洞察出，“遵循先例进行判决的制度还有另外一种经济化特征：它通过促成案件当事人和法庭使用以前案件（通常有相当大的花费）所产生的信息而降低了诉讼费用”。可能正是出于上述种种考虑，波斯纳（Posner，1992，p. 23）主张，“普通法最好（但并非完全地）应被解释为一种追求社会福利最大化的制度”。因为，它是一种通过正式的约束规则，来激励人们保持、矫正或改变其某些行为的制度。[2]

最后需要指出的是，由于现实“生活世界”中，人们的行为和“生活游戏”是常变的，因而在人们行为中所呈现出来的行动秩序也会不断演化与变化。相比而言，法律制度作为社会生活形式中的正式规制机制，在一定时间中是相对稳定不变者的。但是，在社会现实中，这种稳定不变却规制和约束着常变不居的人们的行为。因此，人们的行为通过其行动秩序和惯例规则的传导机制，常常迫使

[1] 在现代宪制化经济中，当一项民事纠纷发生时（如交通事故），当事人是决定按常规和惯例自己协商解决，还是通过法庭仲裁来解决他们之间的纠纷，一般取决于双方当事人考虑自我协商解决的预期成本（和收益）高于或低于通过法律程序仲裁的预期成本（和收益）（这里当然是指机会成本）。而这一选择机制实际上也蕴涵着从惯例向法律制度过渡的交易费用的计算问题。正是从这种意义上，我们可以把新制度经济学中交易费用概念理解为不同制度安排之选择的机会成本。

[2] 在法治化的社会经济制序中，人类的行为从某种程度上已变成非任意的和必为的。据此，哈特（H. L. A. Hart，1961，p. 88）认为，在这种社会经济制序中的任何特定时间，“依据规则（法律规则和非法律规则）而生存的任何社会的生活都可能存在于两种人之间的张力（tension）之中：一方面是接受规则和自愿合作以维护规则，并因而从规则的观点来看待他们本人和他人行为的人；另一方面是拒绝这种规则而仅仅从规则作为一种可能惩罚之标示（sign）的外在观点出发才注意这些规则的人”。

法律规则不断地修改与改变。从这一视角来考虑，欧洲大陆法系和英美普通法系在适应市场的变迁和人类社会博弈弈势的改变方面，在功能上是有着重大差别的。由于普通法是内在于社会经济体制中或者说市场交往中的开放的法律体系，它会较“顺畅地”随着市场中新的秩序的型构和出现以及新的惯例规则的形成，而不断把这种市场中的内部规则纳入到自身的法律原则体系之中，从而较“自然地”进行着惯例规则的制度化，因而这一法律体系也更能适应市场本身的扩展。[1] 反过来看，在欧洲大陆法系的传统中，因为其主体形式是制定法，这一法律体系就需要不断地修订和制定新的法律或法规来适应新的社会制序中的新境势。然而，制定新的法律、法规和修订旧的法律、法规，均需要一定的社会成本。因此，波斯纳（Posner，1992，p. 523）认为，“判例法法律规则（judge-made rules）有利于促进效率；而立法机关制定的规则（rules made by legislatures）却会导致效率降低”[2]。

7.3 制度化过程中人之理性建构性的使命及其局限

从上面的分析中，我们已经知道，无论在人类社会历史上的任何文明社会之中，还是在当今世界的任何国家中，法律作为调规人

---

［1］ 正如波斯纳（Posner，1992，p. 539）所言：“当旧的先例失效后，它们就不再是有用的先例储存的一部分了，而新的诉讼又产生了新的先例，为先例储存增加了新的内容。”

［2］ 波斯纳（Posner，1992，p. 523）接着在注释中特别说明这不包括编撰（codifying）普通法原则的立法规则。这一点尤其值得我们注意。

们社会行为的一种正式规则体系，都有其现实基础。这亦即是说，许多法律规则，包括普通法与制定法，或者是一些未阐明规则在“遵循先例”的原则中经判例法而彰显出来，或者是通过立法者对这些惯例规则的认可并宣布为正式规则而确定下来。基于这一认识，我们从某种程度上可以说，社会生活形式内部的制度化或言宪制化，也就是从惯例规则向法律规则的转变过程，或者说从非正式规则向正式规则的过渡过程。然而，这里需要进一步说明的是，这种从惯例向法律的过渡，只是市场经济宪制化的一条路径。虽然这是一条主要和重要路径，但却不是唯一的路径。

在近现代以及当代社会的现实中，一个毋庸置疑的事实是，许许多多的法律都是由立法者的理性刻意设计而来，或者说是如哈特（H. L. A. Hart）所认为的那样是“主权者”意志的表现（Hart，1961）。不仅在欧洲大陆法系的国家如法国、德国这种以制定法为主的国家中，其法律是靠立法者、法学家和政府的权力机构和个人的理性之刻意设计而来（尽管这些国家的制定法，如在上一节我们所探讨的那样，追根溯源仍是对现实的人们行事方式、习俗和惯例规则的法律认可，或者反过来说，是对违反这些行事方式、习俗和惯例规则的行为所预设的“警示”和惩罚规则），即使在英国这一主要实行普通法的国家中，也仍然有许许多多的制定法，如哈特（Hart，1961，pp. 107～108）所说的各种各样的法规（statutes），内阁政令（orders in council），等等。在既承传了英国普通法传统，又大量吸收了法国、德国等大陆法系的某些实证法传统的现代美国法律体系中，制定法在其整个法律结构中所占的比重就比英国更大了。

基于这一事实，甚至连哈耶克（Hayek，1973，p. 73）也承认，“对于现代人来说，有关支配人之行动的所有法律都是立法的产物的观点，其正确性似乎是不言而喻的”。但是，哈耶克接着批评说：“那种认为所有法律都是立法者意志的产物的法律实证主义（legal positivism）观点，[1] 就是建构主义所特有的那种意向论谬误（the intentionalist fallacy）的一个结果，它深陷于那些‘人类制度设计理论’之中；而一如我们所知，这些设计理论与我们关于法律和其他大多数社会制度的演化过程的知识是完全不相容的。”然而，尽管哈耶克根据历史法学派和法学演化论的观点，坚持认为法律主要是法律界人士（jurists）发现的，内在于人们行事方式和习俗中的内部规则的产物，他也不得不承认，一些法律“在一个很小的程度上才是立法的产物”（Hayek，1973，p. 83）。并且哈耶克（Hayek，1973，p. 90）还确信，尽管我们还很难断定在历史长河中，究竟从哪个时刻开始，人们把那种刻意改变法律的权力明确授予权力机构，[2] “但是确信无疑的是，有权制定一种不同类型的法律（即政府组织的规则）的权力机构却是始终存在的”。基于这一认识，哈耶克（Hayek，1973，p. 91）进一步认为：“正是与政府组织的规则相联系，刻意制定‘法律’才成了一个为人们所熟知的日常之事。”

不管人们从什么时候才开始刻意制定法律，一个不可置否的事

[1] 这种观点在哈特（H. L. A. Hart，1961）和 Hans Kelsen（Kelsen，1949）著作中非常明显地表露出来。

[2] 伯尔曼（Harold J. Berman）曾考证（Berman，1982，p. 535），从公元1075年，教皇格利高利七世（Pope Gregory VII）第一次宣布教皇有权独自具有“制定新法律”（condere novas leges）的权力之后，西方的每一个王国的君主也都开始成为“立法者”（conditor legum）。

实是，至少从形式上看，任何成文法律都是通过人类的理性之运用而编撰或制定出来的。当然，正如我们在本章第一节所讨论的惯例的规则和法律的规则的关系时所发现的那样，尽管法律规则是主权者和法律界人士制定出来的，但它们往往是主权者对人们社会生活中的内部规则和未阐明规则，通过文字肯定、阐明、表述和事实认定，从而赋予其强制实施权威，因而从实质上来说，法律的规则并不是立法者和法学界人士的头脑任意创制出来的。尽管如此，在立法者制定法律或在编撰一部法典时，人之理性和某种超验的正义感确实在起着非常重要的作用。并且，一如哈耶克（Hayek，1973，pp. 77～78）所意识到的那样，“把确立甚久的行事方式（practice）用文字逐步加以阐明的过程必定是一个缓慢的复杂的过程。……阐明规则的过程有时也会在实际上（尽管并非是有意的）产生出新的规则”。这里且不管如何理解哈耶克所说的阐明规则在法律宪制化过程中的具体含义，但阐明一些未阐明规则本身，就是人之理性发挥其作用的过程，而在阐明规则时创生出新的规则，更是理性在宪制化中的建构性的使命。甚至，可以进一步说，如果无人之理性（像一个低等动物世界一样），就不会有人类的“生活世界”中的社会博弈的秩序即习俗的存在，也不会从习俗中衍生出惯例的规则，更不会有人类社会的法律制度的形成（即社会秩序的制度化）。[1]

不仅在欧洲大陆法传统中，在法律的制定和法典的编撰时，人

[1] 从这一点来理解，历史法学派和哈耶克对法律实质和法律渊源理解上的演化论的进路，绝非是轻视理性，更非是主张人的理性在社会生活形式内部的宪制化进程和其边际改进上无所作为。哈耶克所反对的，只是人们的理性的自负和理性的滥用，即理性僭越地（从而是非真正理性地）去刻意设计和建构整个社会体制。

的理性有着极其重要的建设使命（并且这种建设使命可能并不限于像哈耶克和历史法学派所认为的那样，只是去发现法律或者说社会过程中既存的内部规则），即使在早期罗马法和日耳曼法这种以习俗法为主体的法律传统中，如果我们接受历史法学派和哈耶克的主张，认为人们（法学界人士）只是发现“真正的法律”（或者说“内部规则”）从而仅是把这些未阐明的内部规则阐明出来，在这一阐明过程中显然仍得助于人的理性之运用。正如伯尔曼（Harold J. Berman）所主张的那样，“将理性适用于习俗，即废除不合理的习俗并将合理的习俗纳入到法律体系之中”（Berman，1982，p. 528），却是人之理性在法律制度化中最重要的建构性的使命。另外，从伯尔曼（Berman，1982，p. 11）所说的法律的四个渊源——即立法、判例、衡平（equity）和习俗——来说，除立法外，衡平法显然也主要诉诸人的理性推理和道德心（conscience）。由于判例法的发展像哈耶克（Haryek，1973，p. 88）所说的那样，在某些方面是一种单行道，“当它在一个方向上得到了相当程度发展的时候，即使人们明确认识到了前此的一些判决所具有的某些含义是极不合意的，它也往往不可能再顺着原来的方向退回去了”，因此，在英国就衍生出了衡平法[1]，来纠正和平衡这种先例积累性判例法可能导致的某些不合理的判决结果。显然，这种衡平法的运作就主要靠

［1］ 衡平法（equity）是在英国都铎王朝之后逐渐产生和沿革下来的与普通法平行的一套司法、诉讼程序和法律体系。它被用来补充和调整普通法体系中的判案中的错误与缺陷。一般来说，在衡平法院中，法官们主要靠公平、正义的观念和逻辑推理来审理案件，即靠理性和道德心来作出判决。当然，从 17 世纪之后，英国的衡平法与判例法互相渗透，在衡平法院中也根据确定的原则和前例行事。但从整体上来说，在衡平法院中更依靠法官们的“公平”和“正义”的观念，即人之理性。

人（法官）之理性的运用，并诉诸所谓正义的原则和道德心。正如美国著名法学家庞德（Roscoe Pound，1942，p. 112）所确当地理解的那样，在法律的生命中，“理性和经验一样都具有各自的作用。法学家们提出了一定时间和地点的文明社会的法律要求，亦即有关关系和行为的各种假设，并用这种方法为法律推理得出了各种权威性的出发点。经验在这个基础上为理性所发展，而理性则受到经验的检验”。

当然，这里必须看到，所谓正义的原则，正如博登海默（Bodenheimer，1974，参：中译本，第 252 页）所认为的那样，它“有着一张普洛透斯脸（Protean face），变幻无常，随时可呈不同形状并具有极不相同的面貌”。因为，“当我们仔细察看这张脸并试图解开隐藏其表面背后的秘密时，我们往往会深感到迷惑”。但不管从抽象的哲理上来考察何谓正义，在一定的现实情形之中，人们总一般性地认为在天地间有某种义理存在，而这一认识就构成了英国衡平法运作的基础。因此，可以说，英国以普通法为主体的法律体系中衡平法的存在这一事实，本身就意味着人之理性和康德所形容的那种永远不可思议的人心中的道德律[1] 在法律判决以及在人类社会宪制化中所具有的建构性使命。

这里我们必须认识到，在纷纭多变的人类社会的现实生活中，人与人以及人与事物之间的关系往往是极其复杂和模糊不清的。在

---

[1] 在《实践理性批判》中，康德（Kant，1993，p. 169；参：中译本，第 177 页）曾提出他那千古传诵的名言：“有两样东西，我们愈经常愈持久地对之加以思索，它们就愈使心灵始终常新并不断增长景仰和敬畏：在我之上的星空和居我心中的道德律。”

涉及人们的法律纠纷时更是如此。所以在大多数情形中，人之理性不可能在解决人类生活世界中所呈现的疑难问题时，找到一个而且是唯一一个正确的答案或公正的解决办法。正如博登海默（Bodenheimer，1974，参：中译本，第454页）所言："仅凭理性，立法者和法官并不总是能够在两个或两个以上可以用来解决某个问题的方法中做出一个确然的和完全令人信服的选择。就此而论，古典自然法学派的一些代表人物的那些观点也是错误的。因为，他们认为，只要运用人的抽象的推理能力，便能够建构出普遍有效的和完善的法律制度及其所有细节。"然而，尽管立法者和法官不能仅凭理性来制定法律和判案，但立法和判案过程毕竟是他们理性的建构和运用过程。从这一点上我们可以进一步认识到，尽管人的理性在社会的法制化过程的作为是有限的，或者照哈耶克的看法，它不是万能的，但是人的理性的有限性并不排除人之理性的有限（理性）运用。而在人**的信息和知识的可及范围内**，人之理性的理性运用，恰恰构成了社会种种生活形式的制度化或宪制化过程的主要使命和先决条件。

不仅在制定法和衡平法的运作机制中，人的理性有其建构性的使命，细想起来，即使在英美普通法这种判例法的运作与实践中，法官们在依遵循先例的原则判案中，从头至尾是一个人之理性运用的过程。在波斯纳（Posner，1992）的《法律的经济分析》一书所举的大量判例中，可以体察出，每一个案例都是人之理性推理的结果。从这个意义上也可以说，普通法作为判例积累和增生的结果，并作为一个延续和开放的体系，自始至终都是无数参与其间的法官、律师、诉讼人与被告之间理性推理和理性交锋的结果。由此也可以认为，普通法，作为一种由先例积累增生而型构出来的判例法体系，它丝毫没有排斥人之理性的推理与其建构性作用和功能。恰恰相反，它正是经由无数当事人、律师和法官的理性推理与建构能力之运用而型构和发展起来的。当然，单个人或在单个案例中的理性推理的结果不一定就是合理的或者说理性的。这正如理性的“经济人”在玩“囚犯困境”的社会博弈时会陷入集体或社会的非理性一样。由于在普通法的判决过程中，人们的理性推理和法庭判决，一般是在当事人、辩护律师和法官的个人知识和信息“可及之域”之中的，而这一他们的个人知识和信息可及之域，恰恰又是其理性能够确当应用的范围。从这一点来看，普通法的型构与扩展，更体现了人之理性确当发挥其作用的现实机制，因之也可以说，普通法体系的发展以及在其遵循先例的运作中所昭现出来的人们行事的“内部规则”，更是体现了人之理性确当运用的结果。从这一分析角度，我们亦可以从某种程度上说，普通法是一种更加理性的法律制度。加之，普通法的运作、积累、增生和扩展与仅靠少数人的知识和意志而刻意制定出来的制定法相比，这种经由无数人（包括当事人）的理性运用之结果的积累增生的法律型构过程，比制定法来说更容易远离和避开哈耶克（Hayek，1973，p. 73）所批评的那种“人类制度设计论”的建构主义的谬误。

在普通法制度中所体现出来的人之理性的建构性使命，更明显地从这一法律体系的实际运作过程中出现“法律空白”（gap）时的普通法院的判决程序中体现出来。如果在法庭审理一案件时发现不存在先例，就有可能在法律诉讼过程中出现“法律空白”。在此情况下，普通法运作过程就要求法官运用“应当如何”的自由裁量权

(discretion）来创制新的原则与规则。也就是说，这种情况要求法官依其理性和“公平”“正义”的理念并靠其自由裁量权判案。从波斯纳（Posner，1992，pp. 126～127，参：中译本，第161页）在其《法律的经济分析》一书中所举出的“*Hadley v. Baxendal*”的冲印胶卷的案例中，我们就可以从某一个侧面洞悟出这一点。由此看来，即使在英美普通法体系中，在每个具体案件的判决中，无时无处不要求法官、辩护律师和当事人尽可能地运用他们的理性能力、判断力，以至康德所说的那种永远不能证明其原由的人心中的“道德律”，来进行理性推理。

人之理性在社会生活形式的制度化或宪制化过程中的作用，亦在这一过程的其他面相中体现出来。从上面对从习俗到惯例、从惯例到法律规则的演化过程的考察中，我们已经知道，所谓社会生活形式的制度化和整个社会的宪制化，主要是指从习俗的规则即惯例向法律制度的过渡，或者更进一步说是指法律规则的体系化。但是一个社会或经济体系的制度化和宪制化，却决非限于惯例规则向法律规则的转化和法律的体系化。在政府机构中，在社群、社区、机构、学校、医院、企事业单位内部的工作章程的确立，在任何“club”[1] 中，会员章程的制定，在商业行会、学社、科学或社会科学联合会、作家以及艺术家协会的内部规程的制订，体育场馆内部管理和使用的规章和守则的制订与修改，以及教会内部崇拜程序和神职人员的安排上的定规的确定，等等，这些微观层面的制度化，

[1] 由于英语中“club”这个词所涵指的对象实在太广、太不确定，如俱乐部、酒吧、社团、会社、协会、学会、夜总会，等等，这里暂不译而直引。

是整个社会和经济体系宪制化的组成部分。在更广的意义上，在一个家庭、一个家族、一个政党、一个会社内部，也一般总有其规章制度。这就是，家有家法，族有族规，党有党章，社有社约。甚至，在强盗团伙和地下黑社会组织中也有其（有时是非常严厉的）规章制度。并且，这种种机构、组织、团体、协会、学会、社团内部的运作规程和章程的制订，一般均发生在它们被组建起来之前或建立的初始时期，因而还没有多少运作“实践”作为这些规章和运作程序之制定的现实基础。而在这些方面的制度化，显然又是在更大程度上，是经由组织者考虑不同组织、机构的功能与“现实”的前提下，通过他们理性之运用而建构性地制订出来的。反过来说，在这些组织、机构、团体、协会的工作和运作章程的制订过程中，也充分体现了人之理性的建构性使命。

西方一位法学家艾伦（Carleton K. Allen，1958，p. 126）曾指出：“随着法律规则的制定变得愈来愈明确，而且为立法和执法建立了日趋精干的机构，习俗的有效范围也就随之缩小了。”这一见解的含义颇深。在当代发达的市场经济体系中，随着立法机构和司法程序的完善，人们的社会生活中，尤其是工商业交往中的习俗，在很大程度上能被较快地纳入到由立法机构所制定的法律法规中去。这亦即是说，市场中的习俗和惯例能比较快地转化为法律规则。单从这个意义上来看，与习俗经济和惯例经济相比，在当代宪制化经济（或言法治国）中，习俗的规则（即惯例）调规人们经济活动的范围相对来说缩小了。即使在英美普通法体系中，也同样是如此。因为，由于在实行普通法的国家和地区中，市场范围的巨大扩张和人们交易、交换活动频率的加速，习俗和惯例在普通法运作机制中变为判例法中先例的速率，无疑也随之加快。因之，人类社会经济活动的制度化进程的向深层的推进，实际上也意味着像韦伯所认为得那样，整个社会更加合理化（rationalization）[1]。尤其是随着信息时代的来临和网络经济的形成，在当代世界经济一体化进程中，人的理性计算的成分与作用也越来越重要。这无疑会使得市场中的习俗和惯例向法律规则过渡与转变的进程和时间越来越短，随之正式法律、法规所调控着的人类生活的范围也越来越大。

然而，科学技术的进步，尤其是网络时代的来临，一方面推进了人们对社会现象的认识和理解，但另一方面又因为世界信息量的巨大增加，而使单个人的理性可及之域变得相对来说越来越小。换句话说，人们认识世界的范围是大大拓阔了，但是与人类社会有关的知识膨胀和信息爆炸式的增长，却又使人类理性不可及领域的边界扩展得更加遥远。在此情形下，人们更趋于通过用理性立法所制定出来的法规，来调整人们未来的交换与交往关系。但是，尽管如此，新的市场的形成和交换关系的扩大，又自然会在新的境势下，自发地产生出新的习俗与惯例。因此，习俗的规则即惯例作为调节人们社会生活尤其是市场交换关系的非正式约束，在当代信息化社会中仍然起着并将继续起着重要作用。并且，无论在实行普通法体系的社会中，还是在以制定法为主的国家中，习俗和惯例将继续是法律的主要渊源之一。

---

［1］ 但是韦伯却没有像哈耶克那样独具慧眼地辩识出人之理性之局限和理性之滥用所可能造成的社会后果。

7.4 传统中国社会历史演化进程中宪制化阻断的文化原因

在以上三节中，我们主要从惯例规则到法律规则的过渡的侧面，探讨了社会制序的制度化和宪制化问题。从这一研究视角，我们把一个组织的制度化和一个社会整体的宪制化，理解为该组织或该社会内部的，作为非正式约束的惯例向作为人们行为的正式约束的法律规则的转化以及法律规则的体系化。然而，正如我们在上面所指出的那样，就一个社会整体来说，宪制化主要由社会规则的法律化和法律规则的体系化所构成，但是宪制化绝非仅仅限于社会规则的法律化和法律规则的体系化。因为，作为一种社会过程，宪制化的微观层面即制度化还包括一些组织、机构、单位、协会、社群等内部运行规章和操作规程的制订[1] 以及实施机制的型构[2]。在对宪制化有了这一理解的基础上，我们现在来进一步探讨宪制化与

[1] 这些规章、规程、守则，等等，就构成一个组织、机构、单位、协会、社群内部的制度性规则。但这里须要指出，这些具体的制度与社会的“主权者”为这些组织、机构、单位、协会、社群的整体运作以及内部成员的行为所制定的法律——譬如，工厂法、工会法、会计法、公司法、劳保法等——显然是有区别的。

[2] 博登海默（Bodenheimer，1982，参：中译本，第238～239页）谈到“法律制度”时说：“一个法律制度，从总体上来看，是一个由一般规范同适用于执行规范的个殊性行为构成的综合体。它既有规范的一面，又有事实的一面。法律的规范性结构，可以说是一种‘应然’的集合，这当然是从这些规范要求人们服从但在现实中并不总是得到遵守或执行的意义上而言的。……而另一方面，警察拘押和逮捕一个犯人，发布一项禁止违法的劳务活动的执行令，司法行政官扣压债务人的财产等，则都是经验性现实世界的事实性现象。”他还接着指出：“法律秩序中的规范与事实这两个方面，互为条件且相互作用。这两个要素缺一不可。否则就不会有什么真正意义上的法律制度。”从这一段话中，我们也可以进一步领悟到，任何制度不仅仅只有规则所组成，还应包括规则得以实施和人们遵从规则的社会机制。

制序化之间的关系。

如上所述，本书所理解的“宪制化”，在英文较确当的词应是“constitutionalization”。在微观层面上，它是指一个组织机构中的制度化，即“formalization of institutional arrangements”（其中包括团体、社群与社会内部的各种规章制度的制订和实施）。在宏观层面上，它则是指“法律规则的体系化”（systematization of legal rules）。而后者显然又包括各种法律、法规、条例（laws，codes，legislation）的制定（codification），立法（legislation）、合法化（legalization），以及在普通法运作机制中哈耶克（Hayek，1973）所理解的在人们社会生活中一些“内部规则”在“遵循先例”判决的法律过程中的彰显。因此，如果依照康德（Kant，1922，pp. 34～35，转引自 Bodenheimer，1974，中译本，第 77 页）的法律观，将法律视作“那些能使一个人的专断意志按照一般的自由律与他人的专断意志相协调的全部条件的综合”，或按意大利新康德主义法律哲学家 Gustav Radbruch（Radbruch，1950）所理解的那样，将法律视作人类共同生活的一般性规则的总合，我们就可以在一般意义上把中文的“宪制化”（或社会的法治化）理解为，一个社会内部法律规则的阐明、制定、立法和司法实施的过程的整体。

如果说我们所理解的“宪制化”在英文中为“constitutionalization”一词的话，那么，“制序化”也恰恰是从英文中的“institutionalization”一词直接翻译而来。我们注意到，在英语国家的日常用法中，“institutionalization”这个词有多种含义：如使某事物变成或融入一种 institution（建制），将某人收容在一社会福利机构，使某人习惯于某一机构（如收容所）的生活，等等。

但是，从社会制序的理论分析角度，我们只是取其中一重含义，即将一种事态、一种情形、一种行事方式变成一种约定俗成的规则到正式规则的转变这样一种社会过程。如果从这种含义上来理解“制序化”，很显然，由一种惯行方式（practice）、习惯（usage）变为一种约定俗成的东西，即习俗（custom）是社会制序化的一个组成部分，作为一种自发秩序的习俗，在其长时期的驻存中“硬化为”一种惯例（convention），也是一种制序化过程。同样，在英美普通法传统中，从惯例到先例从而到法律规则的彰显，以及在欧洲制定法传统中，把习俗的规则即惯例用法律条规的形式明确阐明出来并赋予其强制实施的权威性，也更是制序化过程的重要步骤，而且是最重要的一步。由此来理解，在社会生活形式内部的每一个阶段的转化与过渡——即从习惯到习俗、从习俗到惯例、从惯例到法律——都是社会制序化的一部分。

在对“宪制化”和“制序化”这两个概念进行了上述厘定和界说之后，让我们再来探讨和辨析这两个概念之间的相互关系。从上面的分析中我们已经知道，社会、社群或组织、机构内部的“constitutionalization”本身就是一个语义宽泛的概念。它既涵指从惯例的规则向法律规则的转化与过渡（如在英美普通法传统中从惯例到先例从而到法律规则的彰显，以及在欧洲制定法传统中，把习俗的规则用法律条规的形式明确阐明出来并赋予其强制实施的权威性），又包括各种法律、法规、条例（laws，codes，legislation）的制定（codification）、立法（legislation）和合法化（legalization），在微观层面上，它包括组织、机构、团体、协会、clubs、学社、政党，以及社群内部的各种具体的规章制度（rules and regulations）

的制订及其实施机制的形成。但是，不管这个词所涵指的对象性有多广，我们总是可以把它视作社会的制序化的一个组成部分。这亦即是说，制序化总是涵盖社会宏观层面的宪制化和微观层面的“制度化”，而宪制化和制度化只是制序化内部的一个组成部分或者说一个阶段。

有了上述这种理解，我们就能在这里比较清楚地辨析宪制化（或制度化）与制序化这两个概念的各自规定性以及二者之间的相互关系了。借用胡塞尔（Husser，1938）和维特根斯坦（Wittgenstein，1967）的术语，我们可以说，人类“生活世界”中社会实存中的任何“生活形式”的型构、演化以及从一种形式向另一种形式的过渡与转变，均是制序化。而只有其中从非正式约束向正式规则的转化与过渡，尤其是用书写语言“写定”下来这些规则，从而使之成为一种法律规则或正式约束的过程与实践，我们才把它视为制度化或宪制化。

但是，这里必须说明，尽管从微观的一个组织单元到一个社群、一个社区甚至一个整体社会内部的正式规则的确立、确定和制定以及这种规则的强制实施机制的形成，均可谓之为制度化或宪制化，然而，就一个社会整体来说，只有当其内部的种种法律规则已形成了一个体系以致达到一种“the rule by law”（依法而治）的状态并最终进入“the rule of law”（法的统治即“法治”）的阶段，我们方能说这是一个宪制化社会（constitutionalized society）。我们这样说，有两重意思：

第一，不管在任何一种法系中——即不管是在英美普通法这种判例法系中，还是在欧洲大陆法这种制定法传统中，在伊斯兰法、印度法这类宗教法系中，或者在中华法系这种伦理型法系中，任何法律本身都是由一套正式约束规则所构成的。但是，一个完备的法律制度（在英文文献中有的学者用“legal system”，有的用“legal institution”，在 Shils 和 Rherstein 从韦伯的《经济与社会》的手稿中所编译出的韦伯的《论经济与社会中的法律》的英译本中，他们则使用“order system of law”（参：Weber，1954，p. 13），是由诸多法律、法规、条例所构架起来的一整套规则的规制与规约体系。换句话说，单个法律、法规的制定、颁布、编撰和型构，还并不必然意味着在一个社会中就有一套完整且系统化的法律体系（这显然是不言而喻的），因之，也不能仅根据在某个社会中有某些法律存在（事实上任何文明社会中都或多或少地有些法律存在[1]）这一事实，就认为该社会已达到了宪制化阶段。

第二，尽管在任何社会中的单项或多项法律的颁布与存在，并不一定就能使整个社会“依法而治”从而达致“法治”，但任何法律的制定本身，均是一个社会内部在某个方维上社会制序的宪制化过程。但是，从第一重意思中我们已经知道，只有当一个社会的经济运行、政治进程以及其他诸社会领域，均有了系统的法律调整规则从而达到了哈耶克（Hayek，1973）和伯尔曼（Harold J. Berman）所说的“法治国”的状态时（Berman，1983，p. 215），我们才可以认为这个社会有了宪制化的社会生活形式，或者反过来说，实现了社会生活形式的宪制化。为了较精确地把握人类社会生

[1] 正如伯尔曼（Berman，1983，p. 85）所言，“每个民族无疑都有自己的法律秩序，其内容包括中央当局偶尔制定的法规”。

活形式的宪制化阶段的主要社会特征，我们不妨在这里引介和参考伯尔曼（Berman，1983，pp. 7～11）在《法律与革命》一书中所提到的西方法律传统的十个特征。从这个十个特征中，我们可以进一步判断，在宪制化的社会或经济体系中，必定有以下四个特征：（1）法律是相对自治的；（2）法律变成了专业的法律专家、立法者、法官、律师和法律学者的事情；（3）法律制度被概念化并达到了某种程度的系统化；（4）法律的学问变成了一种超越法律的因素。根据伯尔曼（Berman，1983）的这一思想，我们有理由认为，在已宪制化的社会中，法律本身不再是主权者进行经济和政治统治的工具，而是已经变成了其社会基本结构的一个组成部分。[1]

为了进一步理解社会的宪制化本身的含义以及宪制化与制序化的关系，我们不妨拿民国之前数千年沿革下来的传统中国社会与欧美近现代社会进行一下比较。一般认为，传统中国社会是一个伦理社会，或者说一个礼俗社会。这种判断的主要依据是，自西周以来两三千年的历史长河中，调节传统中国社会秩序运作的，主要不是法律，而是礼仪。而传统中国文化中的“礼”，显然就是一种习俗的规则，一种主要由伦理所支撑的、亚于法律这种刚性的规则约束体系的社会制序（social institution）。《礼记·乐记》说：“礼者，天地之序也。”《礼记·乐运》中则说：“夫礼，先王以承天之道，

[1] 从这里我们也可以反思出，在传统的中华帝国，法律基本上是主权者（皇帝与朝廷）进行经济和政治统治的一种工具，而不像西方近现代社会中，法律已变成了社会的基本结构的一个内在组成部分。即使在当代中国，是否我们所制定和颁布的许许多多的法律、法规和条例已成了当今中国社会基本结构的一部分？这仍然是一个发人深思的问题。但有一点可以肯定，中国目前基本上还是一个“法制化过程中”的社会，显然还不是一个“法治社会”或言“宪制化社会”。

以治人之情。”甚至连目前所知的中国最早成文法的主持制定者、春秋时期郑国宰相子产亦有云：“夫礼，天之经也，地之义也，民之行也。天地之经，而民则行之。”（《左传·昭公二十五年》[1]）由此看来，传统中国社会以及中国古代思想家们所理解的“礼”，既是一种“秩序”（order），也是一种（非正式）规则，一种总括习俗、惯行方式和礼仪的“制序”，即它是一种“social institution”（恐怕无人能怀疑和否定这一点）。然而，尽管中华文明中的“礼”的概念寓意宽泛，但很显然，它还毕竟不是社会生活形式中的法律制度，而只能说它是一种主要由伦理所支撑的并带有浓厚的历史传统印记的习俗和惯例的秩序、规则与约束机制。

由于传统中国社会数千年来基本上是以儒家学说中的核心概念之一“礼”来治家、治国、治政、治社会，因此可以说传统中国社会静滞于这种“礼治”而没有向“法治”前进和过渡。这一方面与英美近现代社会中通过普通法的机制完成从人们生活世界中的种种习俗和惯例向正式法律制度的“自然”转化有所不同；另一方面，也与欧美大陆诸社会中通过立法的程序和形式，将人们社会生活中的习俗与惯例用制定法的形式确认和肯定下来，从而

---

[1] 根据中国古代思想家对“礼”的这种理解，李约瑟（Joseph Needham，1980，p. 521，p. 532，p. 539，p. 544）曾明确地把传统中国社会中的礼等同于西方学者所理解的“自然法”（natural law）。他认为，如果不能认识到传统中国社会中的“礼”所总括的习俗、惯行和礼仪并不简单地就是那些在经验中发现的与中国人所体验的“天地之间”何为正当、何为不正当的固有情感相一致的东西（它们还是那些被认为是与天“意”并事实上是与宇宙结构相一致的东西），那么就不能评判“礼”这个词所具有的力量（参：Needham，1980，p. 526）。但是，据梁治平（1997，第 326～350 页）等学者的研究与辨析，传统中国社会中的“礼”与西方学者所理解的“自然法”还是有区别的。另外，值得注意的是，韦伯（Weber，1995，参：中译本，第 172～175 页）则认为在传统中国社会中缺乏自然法。

建构出刚性的法律制度也有很大差别。因此，从社会制序的理论分析的视角来看，传统中国社会并不是一种宪制化社会，而只是一个礼俗社会。

当然，毋庸置疑，从公元前 536 年郑国子产在铜鼎上铸《刑法》开始，在传统中国社会中就开始产生了种种成文法典。但是，数千年来，中华法系的实体是刑法，而民法体系基本上在传统中国社会中一直未能型构出来。即使是刑法，在传统中国社会中，也只是统治阶级进行“礼治”的一种补充和辅助工具，因而法律制度并没有像伯尔曼（Harold J. Berman）所理解的从罗马时期以降的西方社会那样，成为传统中国社会基本结构的一个组成部分（Berman，1983）。之所以出现这一社会结果，部分是源自中国传统文化的主流意识中的“天人合一”的人文哲学思想。因为，从这一哲学理念出发，传统中国的主流知识分子以及历代朝廷的主权者，一般均无意识地将法律看作对于由个人行为违背伦理规范或社会礼仪以致由于暴力行为而引起的社会秩序紊乱的一种补救手段。传统中国文化的主流意识一般认为，“法律本身就是对社会秩序的破坏”，并且还进一步认为，“对社会秩序的破坏，就是对宇宙秩序的破坏”。因为，按照儒家“天人合一”的认识，“人类生活的社会环境与自然环境是一个不可分割的统一体”（Bodde & Morris，1973，p. 43）。从这一点我们也可以进一步体悟出，在传统中国文化中就有一种抵制从习俗、惯例到法律制度过渡与转化的内在力量。

传统华夏文化中这种价值取向的一个自然结果是，在传统中国这种礼俗社会中，即使有法律（如前所述主要是刑法），中华帝国的法律的主要功能也只是维护道德秩序和自然礼仪秩序的一种补救手段。[1] 并且，在以刑法为主体的伦理型中华法系中[2]，由于缺失成型的民法体系，政府在司法与行政合一的社会体制中要么对民事行为（如契约行为、侵权行为）的处理没有任何规定，要么用刑法对民事纠纷（如产权、继承、婚姻中的纠纷）加以调整。保护个人或团体的利益（尤其是经济利益）免受他人或团体的侵害，并不是传统中国社会的法律主要任务。当民众的利益受到皇帝和各级政府的官吏损害时，法律则根本不予保护。因为，皇帝和各级政府的官吏的敕令和命状一般被人们视为“法律”。正是因为这一点，Bodde 和 Morris（Bodde & Morris，1973，p. 4）独具慧眼地辨识出，在传统中国社会，“正式的法律总是以垂直方式发生作用——由国家指向个人，而不是以水平方式在个体之间发生作用”。这显然就与以民法为主体的罗马法系以至欧洲大陆法系[3] 和以调整市场交换关系为主的英美普通法系有着根本性的差别，这即是说，中华法系不是像罗马法和普通法那样，主要在水平层面上调节人与人之间的相互关系。另外，由于中华法系又不具备伊斯兰法系、印度法系、罗

[1] 这可以从孔子在《论语·为政》的一句话中反映出来：“导之以政，齐之以刑，民免而无耻。导之以德，齐之于礼，有耻且格。”

[2] 譬如，在中国早期的法律文献中，使用“刑”的概念可能比“法”的概念更加普遍。并且在民国之前，中华帝国的最高法律机关大都被称为“刑部”。而“刑”字本身就是由“开”“刀”二字所构成。这也从一个侧面说明，在华夏文化意识的基底上，就意味着在传统中国的伦理社会中“法”即刑法（罚）。

[3] 譬如，一位奥地利法学家 Karl Rener 在谈到《拿破仑法典》时曾说：“《法典》仅仅宣布了两条戒律：一是物的戒律，即人人都应保有其所已有的；还有一条是个人戒律，即人人都应照管自己的事情。”（转引自 Tigar & Levy，1977，中译本，第 246 页）

马法系以及英美普通法系那样的宗教超验之维，[1] 这又为传统中国社会中，以“礼治”为表层形式的“人治”留下了充分的空间。[2] 具体来说，由于在传统中国社会的主流意识以及民众的一般认识中，并没有一个超验的至高无上者作为一切法律和公义的最终渊源，任何法律也就自然被理解为人的意志建构的结果了。并且，在传统中国社会中，人们一般相信，法律不会比创造和执行法律的人更好。因而，儒家所主张的主权者个人的道德修养（内圣外王）及其礼治和德治，就成了传统中国中理想社会之“基设”（postulate）性的东西了。而这一信念又恰恰构成了历代统治者遵从儒家的教诲与箴规以德为政的缘由。由于“礼”的作用机制在于教化诱导，“依礼而治”（the rule by rites）而不是“依法而治”（the rule by law）自然就成了以德为政的历代统治者的施政导向选择。从这一认识出发，在传统中国社会的主流文化意识中似乎有这样一种乐观的信念：只要以礼为基础所建立的政府在履行自己的职能上“依礼而治”“以德为政”，就能使整个社会达致一种国泰民安的和谐社会。加之，由于礼是不成文的，每当有特殊的违礼的情况发生，则

---

[1] 罗马最伟大的法学家西塞罗曾说：“法律不是人类思想的产物，也不是由人类制定、颁布的；法律支配宇宙万物，……它是上帝的旨意。”（引自 Bodde & Morris，1973，p. 10）英国普通法之父 William Blackstone（Blackstone，1765，pp. 47～48）在著名的《英国法释义》中也曾说：“神法是整个（法律）大厦的基石。”

[2] 也正是因为传统中国社会的法律没有超验之维并从而为人治留下了充分的空间，自秦汉时期开始，“王可以通过誓、诰、命等形式来补充法律，也可以凭自己的意志改变法律”（韦庆远，1989，第 53 页）。自隋唐以降，随着封建王朝政治体制的完善，皇帝成了最高的立法者。皇帝所发布的诏令、敕谕则成了社会的最高权威的法律形式，以致从“律敕并行”到“以敕代律”。这基本上构成了中国法律与司法制度的一个基本品格。

可以通过对礼的灵活解释来解决种种现实问题。[1] 由于弥漫于整个传统中国社会和传统中华文化中强烈的泛道德倾向，道德与法律在某些方面可以说融铸于一了。正是因为这一点，梁治平（1997，第293页）发现，在传统中国的伦理化法律和司法过程中，“除了引圣人语录、道德故事之外，古人断案更大量地使用义、礼、天理、人情一类的字眼，这些也都是判案的依据，其效率不输于正典的法条，甚至较它们更高”。因此，在传统中国社会中，这种以礼释法，以义判案的社会实践，导致了中国数千年来就没有形成我们现在所理解的法律宪制化的社会制序。这亦即是说，由于弥漫于整个传统中国社会和传统华夏文化中的强烈的泛道德倾向，中国数千年来沿存下来一个稳固的礼俗社会，或者说静滞于一个礼俗社会而没有也无能自身完成向现代的法律宪制化社会过渡。仅从这一研究视角，我们也可以理解，为什么传统中国社会制序安排本身是不可能在近现代自发地型构和扩展出一个宪制化的市场经济体制来的主要原因了。

另外值得注意的一点是，在这种超稳定的泛伦理化的礼治社会中，传统中国社会在制序化的进程中经历了一种与欧美社会不同的反向制序化过程。具体来说，与欧美近现代社会中从习俗到惯例、从惯例到法律制度这一内在的社会发展演化行程迥异，在传统中国社会中实际上发生了一个用礼俗（一部分源自中国古代的习俗与惯

[1] 这里应该提及的是，在传统中国社会中，从社会的微观层面来看，一方面氏族团体的力量可以在某些方面或某种程度上抵御本来就不完善的法律规则的惩治（参：Weber，1995，中译本，第172～175页），另一方面，又可以在氏族内部超越法律规范而依礼俗对氏族内部成员的违礼行为进行比法律更严格的惩治。

例，一部分源自圣哲尤其是儒家的说教与箴规）“改造”或者说“挤占”由主权者所制定出来的，本来就为数不多的法律（刑法）的过程。前一个过程是内在于社会交往，尤其是经济运行和市场发育过程中的自发社会秩序的扩展以及向宪制化的演化，而后者则是把文化观念、道德伦理、意识形态向法律体系的浸透、注入和改造。这就是一些法学家所说的中国传统法律的伦理化和礼教化。而一俟礼教的精神和原则贯彻到了法律中，成了立法和司法的指导思想和精神底蕴，儒家伦理中的礼仪精神就浸透进了传统中国社会的具体的法律制度和原则，这也就是所谓的中国传统法律的伦理化（参：张中秋，1991）和中国社会制序的礼教化。

概言之，由于传统中国文化中的主流意识（看）重礼治、轻（视）法制，并以明显的敌意来看待法律（即不仅把法律视作对人类道德的背叛，而且把它视作对宇宙秩序的破坏[1]），在传统中国文化中就有一种敌视法制的潜隐意结。也正是由于传统中国社会中人们的这种潜隐意结，在沿存达数千年之久的中华帝国社会中以及与之相配套的传统文化内，就有一种反社会经济秩序之（法律）宪制化的力量，有一种使传统中国的礼俗社会在同一层面上自我复制和“内卷”（involution）的自我维系“张力”（strains）。应该说，这是中国到近现代无力靠自身内在力量和内在社会机制实现社会的宪制化，从而自发地型构出“人类合作的扩展秩序”的主要原因

[1] 这就与康德的法律观截然相反。因为，照康德（Kant，1922，pp. 34～35）看来，法律是“那些能使一个人的专断意志按照一般的自由律与他人的专断意志相协调的全部条件的综合”。美国法学家庞德（Roscoe Pound）认为（Pound，1930，p. 29），康德的这一法律观“似乎是16至19世纪占支配地位的社会秩序的最终理想形式：使个人得到最大限度的张扬的理想是法律秩序存在的目的”。

之一。

然而，这里应该指出的是，在传统中国的这种前宪制化的礼俗社会或者说这种惯例经济中，由于整个社会的交往活动主要靠伦理规则或者说礼俗来调节人际关系，即注重个人修身和道德自律，从社会生活形式的经济分析的研究视角来看，这种体制安排自然会从社会整体上节省交易费用。另一方面，我们则可直观地意识到，由于在欧美近现代社会以来所形成和扩展开来的宪制化经济中，人们的社会交往尤其是经济交易活动主要由法律规则所规制。因此，欧美近现代经济社会的运作显然需要很高的交易费用来支撑。[1] 正是因为这一点，如果不对社会经济现象进行深层次的思考，一些论者（包括笔者自己在前些年。参：李维森，1997）往往会认为，东方的这种重礼俗调控和道德自律的前宪制化社会和欧美近现代的依法而治的宪制化的法理社会，在经济运作上各有长短优劣。然而，如果做进一步的思考，即不仅仅只是考虑整个社会内部交易费用水平的高低，而是综合考虑法律制度和交易费用与经济运行尤其与市场交往的内在关系，我们就会发现许多意想不到的结果，并可由此进一步理解社会制序内部法律规则体系的经济意义。要弄清这一点，关键还在于我们应该不仅仅把法律制度（这里是指以私法为主体的罗马法、英美普通法、欧洲大陆制定法，而不指伦理型的并以刑法为主体诸法合体的中华法系，以及宗教型的印度法系和伊斯兰法系）视为一种人们社会交往和经济运行“规制机制”（regulating

[1] 譬如，据 John Wallis 和 Douglass North（1986）的估计，45%以上的美国国内生产总值被花费在交易上。

mechanism)，而且也应该把它看成是一种“激励机制”（incentive mechanism）。因为，以私法为主体的罗马法系、英美普通法系，以及欧洲大陆的以民法为主体的制定法体系的运作（尤其是后两者在近现代市场经济体系中的运作），固然需要大量的交易费用（主要是法律使用和司法程序的运作费用），但是，这些欧美法律制度中财产法、契约法、侵权法、商法、民法，等等，却提供了一种人们交往和经济运行的刚性制度框架，而这种制度框架的主要功用在于规约、规制和调整人们的经济行为和市场交易活动，保护当事人的经济权益，从而激励人们去有规则地追求自己的利益和私人财富的增殖。因之，这种刚性的制度框架无疑会促进人们增加其商品交换和市场交易，从而从整个社会范围内极大地增进“Kaldor-Hicks 效率”。而我们又可以把这种由于法律制度框架的存在所激励出来的 Kaldor-Hicks 效率，总称为“制度效率”[1]。

如果既把由财产法、契约法、侵权法等法律体系所构成的法律制度视作一种规约机制，又把它理解为一种激励机制，再有制度效率这一概念，我们就可以从交易费用之节约与制度效率的相关关系的理论进路，来评估宪制化本身的社会意义了。而要理解这一点，关键还在于能够理解：作为制度安排选择的机会成本的交易费用与制度安排本身产生的激励所引致的经济增长或者说制度效率之间的正相关关系。从宪制化经济来说，虽然宪制化本身（这里指调节经

[1] 因为，在一个没有刚性的法律制度保障的社会（如没有财产法保障的人人都可以是他人财物的攫略者的“霍布斯世界”）中，即使人们意识到有“Kaldor-Hicks 效率”的存在，人们却不能或者说没有激励去通过生产和交换实现这种“Kaldor-Hicks 效率”。这可以说是习俗经济、惯例经济（或者说礼俗社会）中经济增长缓慢的主要原因之所在。

济尤其是市场运行的财产法、契约法、侵权法以及种种商法、民法等法律体系的型构和制定）需要一定的制度成本即交易费用，维护这些法律制度的运作和实施这些法律规则也无时无处不引致新的交易费用，因而在这种宪制化的经济制序中，其交易费用从整体上来说，要比一种惯例经济（譬如传统中国的礼俗社会）的运作所需要的交易费用要高得多；但是，在后一种社会中，交易费用的节省并不意味着对整个社会来说就是一种福祉。因为，具有高交易费用的宪制化社会，却通过其内部的法律规则的体系化、交往行为的规范化以及经济运行的宪制化，比有着低交易费用的礼俗社会对人们的经济与交换活动从而对经济的增长，产生出更强大的社会激励。也就是说，正是通过这种体系化、宪制化的法律规则和完善的司法程序，使得个人财富存量的积累以及获取财富积累的工商事业得到了刚性的法律保护，从而使人们有更大的激励去从事生产、交换和交易活动。更抽象一点说，宪制化的法律规则，把人们对个人利益的追求，纳入到一种由规则体系所构成的制度框架之中，而这种制度框架本身又反过来激励着人们更积极地去从事追求更多个人利益的经济活动。这自然会在社会整体的微观和宏观层面上全面推动整个社会的经济增长，从而实现社会内部所潜在着的“Kaldor-Hicks 效率”，并进一步创造出潜存这种 Kaldor-Hicks 效率的社会格局与境势。由此，我们认为，没有近现代西方社会的宪制化的法律体系，就没有近现代欧美社会的市场经济体系，也就没有社会学家们所理解的西方世界的“现代化”。其实，这一点也早就为韦伯所独具慧眼地洞察出来。譬如，在《经济与社会》的手稿中，韦伯（Weber, 1954, pp. 304～305）说：“对那些对商品市场感兴趣的人一般来说，法律的合理化（rationalization）和体系化（systematization），尤其是法律程序的运作中不断增加的可估计性（increasing calculability），……构成了对那些旨在寻求稳定的、且没有法律保障就不能运作的经济企业——特别是那些资本主义企业——存在的最重要的条件之一。交易的特殊形式和特殊程序（像票据交换和迅速清账的特殊程序）满足了这种对法律强制保障下的纯正式的确定性的需要。”[1] 反过来说，在一种礼俗社会或者说惯例经济中，由于还未能形成一套刚性的法律体系和司法机构以及其社会实施机制，来规制和保护人们的交换、交易和交往活动及其内在其中的当事者的个人权益，这自然会大大节省社会总体的交易费用。但是，恰恰其中却因为没有严格的、刚性的法律制度框架，来明确界定市场交易中的当事人的权益，以规制和规约人们的交易活动，并保护私人财富的积累和增长，致使这种社会制序安排本身产生不出对人们从事工商活动较强的社会激励来。诺思在 1987 年发表的那篇学术分量极重且有许多重大理论创建的文章中，曾非常明确地洞察出来这一点。诺思

［1］ 正因为正式的法律制度对社会的经济增长有一种“制度效率”，即对商业繁荣有一种激励机制，我们可以大致认为，从习俗经济、惯例经济向宪制化经济的过渡是一种社会历史的进步。因为，前两者显然缺乏后者在实现和增进这种全社会的“Kaldor-Hicks 效率”方面的制度效率。然而，这里我们必须看到，即使在宪制化经济中，如果没有道德伦理、社会规范、习俗和惯例的作用，完全靠法律这种正式规则规制和调节人们之间的交往和交换活动，也是不可能的。即使可能，也会代价甚高。从这里我们也可以进一步推论出，尽管惯例经济（礼俗社会）需要向宪制化经济过渡，或者说从惯例经济向宪制化经济的过渡是一种社会进步，但即使在宪制化经济中，法律的主要功能也基本上强制性地规约人们按习俗、惯例以至法律规则行事。从这一点来说，惯例的规则向法律规则的过渡并没有完全替代或者说完全取消了习俗与惯例的规则以及伦理和社会规范对人们社会生活和经济交往的调规作用。这里我们毋宁说法律规则只是用更加明确的外在条文的形式“警示”人们要按习俗与惯例行事。

（North，1987，p. 427）认为，由于在东方的传统礼俗社会和其他一些不发达社会“集市经济”（the bazaar economies）中，“产权的不稳定的，激励倒错（perverse incentives）（即对从事生产的投资缺乏激励），以及无法加以强制保护（enforce），可以从其不能生发出金融、信用、银行、销售和保险的种种制度这一点上体现出来”。其实，这一点也早就为英国著名经济学家，1972年诺贝尔经济学奖得主之一希克斯（John Hicks）所辨析出来。譬如，在其著名的《经济史理论》中，希克斯（Hicks，1969，参：中译本，第33页）说："商人对他所经营的东西必须拥有财产权；他对那些财产的权利必须是可以证明的。当他出售一件物品时，他必须能够使买主确信，这物品是他的，准备出售的；如果他遭到怀疑，他必须能够证明他对它拥有财产权。这在习俗制度下不完全能行的通。在习俗社会看来，对于连自己都不明白有何用途的东西他能有什么权利呢？”从这一思路出发，希克斯（Hicks，1969，参：中译本，第35页）还认为，“商业经济要达到繁荣，就必须确立、至少在某种程度上确立对财产的保护和对合同的保护。对这两方面的保护都不是传统社会所提供的”。从希克斯的这些话中，我们现在也可以解读出来这样一个意思：在习俗与惯例社会中是难能实现其社会内部所潜存的“Kaldor-Hicks效率”的。

最后，在对社会生活形式的宪制化问题进行了抽象的理论探索、历史考察及其经济意义的分析之后，让我们回到当代中国社会的现实格局中来。如上所述，由于弥漫于整个传统中国社会和传统华夏文化中强烈的泛道德倾向，伦理化的中华法系，在中国历代封建王朝以至到晚清帝国时期，一直未能完成其宪制化进程。这也意味着从整体上来说，传统中国社会一直未能实现其社会运作的宪制化，以致到目前，中国还没有达至一个“法治社会”。辛亥革命之后，由于近现代中国社会内部的军阀混争、外敌入侵和频繁内战，中国社会制序的宪制化进程也一直未能在战争的间隙中进展多少。并且，就近现代中国法律的形式或内容而言，从中国晚清时期制定的刑律、商律、民律、刑事诉讼律，乃至清廷颁布的《钦定宪法大纲》，继而民国的立宪以及所谓“民国六法”的制定和颁行，到1949年中华人民共和国成立后的法制建构，主要是吸取了日本、德国乃至法国的制定法法律制度和法律精神（参：韦庆远，1989；郑秦，1998，第九、第十章；张乃根，1996，第25～28页）。加之，1949年之后，中国又从苏联移植进来一整套发端于法国建构理性主义和大革命精神的行政控制经济体制。在这种社会体制之中，传统中国社会的礼治、德治和人治的精神又以现代意识形态的形式承传下来，并与从苏联引进并植入的行政控制经济体制一起进行整合，从而产生了一种二者互相维系、互补共生的社会经济制序。结果，直到20世纪80年代初，中国社会的宪制化进程（或者说法治化进程）实际上被“断裂掉”了。自80年代之后，中国的政治企业家们以及中国的知识分子和其他各阶层的人士才逐步意识到“依法而治”以臻于“法治”的重要性。因此，从20世纪80年代之后，中国的法制建设才开始有了长足的进步。

然而，由于中国近代、现代、当代的法制建设的进路一直是靠植入、引进并承传了欧洲大陆法系的传统，尤其是德、法、日等法典化的国家的法律精神和司法制度（如宪法、商法、公司法，等等，参：张乃根，1996，第25～28页），并且当今中国的法制建设仍然是沿着欧洲大陆建构主义的方向继续往前推进（这自然有其历史、文化、意识形态的因袭和制序变迁中的路径依赖等原因），在当今中国的社会制序安排中，像英美普通法那样的内生于市场过程中的规则体系，并没有被植入以致生长和扩展的社会氛围。[1] 因此，未来中国的法制建设和整个社会制序宪制化进程将是怎样的？换句话说，由中国数千年所沿存下来的，带有独特人治精神和泛伦理化的中华法系的皇权专制的礼俗社会，与中国近代以来沿着日本、德国和法国的制定法传统而进行的法制建设的整合而形成的目前这种奇特的社会体制结构，对未来中国社会的宪制化过程意味着什么？这显然是值得进一步深思和探究的一个极其重要的问题。

---

［1］ 这里我们必须看到，早在秦代，中国就有了判例法的实践。战国时期，荀子就曾说："有法者以法行，无法者以类举，听之尽也。"（《荀子·君道》）荀子这里所说的"类举"，显然就是中国古代司法过程中所遵循的判例。另据张晋藩（1997，第 234～253 页）教授的研究，在秦汉以来的历朝历代的司法实践中，以例和类举判案均大量存在，尤其是在清代的司法过程中，以例判案的法律实践较为普遍。基于其对中国法制史的研究，张晋藩（1997，第 252 页）总结道："中国古代国情的特殊性，使得中华法系既不同于（欧洲）大陆法系，也不同于英美法系……如从判例在司法中的作用与创制效力以及重案要案的会审制度来看，有与英美法系相似之处。而从国家委托立法者制定固定的法典，判例只是成文法的解释与补充而言，也与大陆法系有某些共同点。"

参考文献

Alchian, A. A., 1950, "Uncertainty, Evolution and Economic Theory", *Journal of Political Economy*, 58: 211～221.

Allen, C. K., 1958, *Law in the Making*, 6th ed., London.

Akerlof, J. A., 1976, "The Economics of Caste and of the Rat Race and Other Woeful Tales", *Quarterly Journal of Economics*, vol. 90 (November), pp. 599～617.

Ames, E., 1985, *Soviet Economic Processes*, Homeewood, Ill.: Richard D. Irwin Inc..

Aoki, M., 1998, *Toward a Comparative Institutional Analysis*, Cambridge, MA.: The MIT Press.

Aoki, M., & M. Okuno-Fujiwara, 1996, *Comparative Institutional Analysis: A New Approach to Economic System*, Tokyo: University of Tokyo Press. 中译本：青木昌彦、奥野正宽，《经济体制的比较制度分析》，魏加宁等译，北京：中国发展出版社 1999 年版。

Aoki, M., Hyung Kim & M. Okuno-Fujiwara, 1997, *The Role of Government in East Asian Economic Development: Comparative Institutional Analysis*, Oxford: Clarendon Press. 中译本：青木昌彦等，《政府在东亚经济发展中的作用》，北京：中国经济出版社 1999 年出版。

青木昌彦（Aoki, M.），1997，《比较制度分析：起因和一些初步的结论》，《经济社会体制比较》，第一、二期，第 1～7 页；第 19～24 页。

Arrow, K., 1971, "Political and Economic Evolution of Social Effects and Externalities", in M. Intriligator (ed.), *Frontiers of Quantitative Economics*, Amsterdan: North-Holland.

Arthur, B. W. 1988, "Self-Reinforcing Mechanisms in Economic Theory", in P. W. Anderson, K. Arrow & D. Pines (eds.), *The Economy as an Evolving Complex System*, Reading, MA.: Addison-Wesley.

Arthur, B. W., 1989, "Competing Technologies, Increasing Returns, and Lock-In by Historical Events", *Economical Journal*, vol. 99, pp. 116~131.

Arthur, W. Brian, 1994, *Increasing Returns and Path Dependence in the Economy*, with a foreword by Kenneth J.

Arrow, Ann Arbor: University of Michigan Press.

St Augustinus, A., 1993, *Confessions*, Hackett Publishing Co., Inc. 中译本：奥古斯丁，《忏悔录》，周士良译，北京：商务印书馆1997年版。

Austin, J. L., 1956~7, "A Plea for Excuses", *Proceedings of Aristotelian Society*, vol. 57 (July). In J. L. Austin, 1970, *Philosophical Papers*, 2nd ed., Oxford: Oxford University Press.

Austin, J. L., 1970, *Philosophical Papers*, 2nd ed., Oxford: Oxford University Press.

Axelrod, R., 1986, "An Evolutionary Approach to Norms", *American Political Science Review*, vol. 80 (Dec.), pp. 1095~1111.

Azzi, C. & R. G. Ehrenberg, 1975, "Household Allocation of Time and Church Attendance", Journal *of Political Economy*, vol. 83, No. 1, pp. 27~56.

Barry, N., 1979, *Hayek's Social and Economic Philosophy*, London: Macmillan.

Barry, N., 1988, *The Invisible Hand in Economics and Politics*, Habart Paper, No. 111, London: Institute of Economic Affair.

Basu, K., E. Jones & E. Schlicht, 1987, "The Growth and Decay of Custom: The Role of the New Institutional Economics in Economic History", *Explorations in Economic History*, vol. 24 (January), pp. 1~22.

Becker, G. S., 1976, *Economic Approach to Human Behaviors*, Chicago: The University of Chicago Press.

Becker, G. S., 1991, *A Treatise on Family*, Cambridge, MA: Harvard University Press.

Berger, P. L., 1991, *The Capitalist Revolution*, New York: Basic Books. 中译本：伯杰，《资本主义革命》，吴之深，柳青译，北京：经济日报出版社

1993 年版。

Berman, H. J., 1983, *Law and Revolution: The Formation of the Western Legal Tradition*, Cambridge, MA.: Harvard University Press. 中译本：伯尔曼，《法律与革命》，贺卫方等译，北京：中国大百科全书出版社 1993 年版。

Binmore, K., 1987, "Modeling Rational Players", *Economics and Philosophy*, vol. 3, pp. 179～214.

Blackstone, W., 1765, *Commentaries on the Laws of England*, Portland.

Blaug, M. 1985, *Great Economists since Keynes: An Introduction to Lives and Works of One Hundred Modern Economists*, Brighton, Sussex: Wheatsheaf Books.

Birner, J. & R. van Zijp, 1994, *Hayek, Co-Ordination and Evolution*, London: Routledge & Kegan Paul.

Bodde, D. & C. Morris, 1973, Law *in Imperial China*, Cambridge, MA.: Harvard University Press. 中译本：布迪、莫里斯，《中华帝国的法律》，朱勇译，南京：江苏人民出版社 1995 年版。

Bodenheimer, E., 1974, *Jurisprudence: The Philosophy and Method of the Law*, Cambridge, MA.: Harvard University Press. 中译本：博登海默，《法理学：法律哲学与法律方法》，邓正来译，北京：中国政法大学出版社 1999 年版。

Bonin, J., 1997, "'Transition' in Comparative Economics", *Journal of Comparative Economics*, vol. 26, No. 1, pp. 1～8.

Braudel, F., 1982a, "Civilization and Capitalism: 15th～18th Century", vol. I, *The Structure of Everyday Life: the Limits of the Possible*, New York: Harper & Row.

Braudel, F., 1982b, "Civilization and Capitalism: 15th ～ 18th Century", vol. II, *The Wheels of Commerce*, New York: Harper & Row.

Braudel, F., 1984, "Civilization and Capitalism: 15th ～ 18th Century", vol. III, *The Perspective of the World*, New York: Harper & Row.

Braudel, F., 1997, 中译本：布罗代尔，《资本主义论丛》，顾良、张惠君译，北京：中央编译局出版社 1997 年版。

Bromley, D. W. 1989, *Economic Interests and Institutions: the Conceptual Foundation of Public Policy*, New York: Basil Blackwell. 中译本：布罗姆

利，《经济利益与经济政策：——公共政策的理论基础》，陈郁等译，上海：上海三联书店 1996 年版。

Buchanan, J. M., 1979, *What Should Economists Do*? Indianapolis: Liberty Press. 中译本：布坎南，《经济学家应该做什么》，罗根基、雷家瑞译，成都：西南财大出版社 1988 年版。

Buchanan, J. M.（布坎南），1988，《自由、市场和国家》，吴良健等译，北京：北京经济学院出版社。

Bulow, J., J. Geanakoplos & P. Klemperer, 1985, "Multimarket Oligopoly: Strategic Substitutes and Complements", *Journal of Political Economy*, vol. 93, pp. 488～511.

Butler, E., 1983, *Hayek: His Contribution to the Political and Economic Thought of Our Time*, London: Temple Smith.

Carter, J. C., 1907, *Law, Its Origin, Growth, and Function*, New York.

陈丽君、曾尔恕（主编），1997，《外国法律制度史》，北京：中国政法大学出版社。

Clark, J., 1918, "Economics and Modern Psychology", reprinted in (1967) *Preface to Social Economics*, New York: Augustus M. Kelley, pp. 92～169.

Coase, R. H., 1937, "The Nature of the Firm", *Economica*, vol 4 (Nov.), pp. 386～405.

Coase, R. H., 1977, "The Wealth of Nation", *Economic Inquiry*, vol. 15, pp. 309～325.

Coase, R. H., 1988a, *The Firm, the Market and the Law*, Chicago: The University of Chicago Press.

Coase, R. H., 1988b, "The Nature of Firm: Influence", Journal Law, Economics, & Organization, vol. 4, No. 1 (Spring), pp. 33～37.

Commons, J. R., 1934. *Institutional Economics: Its Place in Political Economy*, Macmillan. 中译本：康芒斯，《制度经济学》，于树生译，北京：商务印书馆，1967 年版。

Conklin, D. W., 1991, "Comparative Economic Systems: Objectives, Decision Modes, and the Process of Choice", Cambridge: Cambridge University Press.

Culler, J., 1976, *Saussure*, London: Harper Collins. 中译本：卡勒，《索绪尔》，北京：昆仑出版社 1999 年出版。

David, P., 1985, "Clio and Economics of QUERTY", *American Economic Review*, vol. 75, pp. 332～337.

Davis, Kinsley, and Douglass North, 1971, "Instituional Change and American Economic Growth", New York: Cambridge University Press.

邓正来，1997，"哈耶克的社会理论"，（《自由秩序原理》代译序），in Hayek, 1960，中译本：第1～65页。

邓正来，1998，《自由与秩序：哈耶克社会理论的研究》，南昌：江西教育出版社。

Dornbusch, R., S. Fisher & R. Startz, 1998, *Macroeconomics*, 7th ed., New York: MacGraw-Hill.

Duesenberry, J. S., 1949, *Income, Saving and the Theory of Consumer Behavior*, Cambridge, MA: Harvard University Press.

Durkheim, E., 1984, *The Division Labour in Society*, trans. by W. Halls, New York: Free Press. 中译本：涂尔干，《社会分工论》，渠敬东译，北京：生活·读书·新知三联书店1998年版。

杜维明等，2001，《儒家与自由主义》，北京：生活·读书·新知三联书店。

Dworkin, R., 1986, *Law's Empire*, Cambridge, MA.: Harvard University Press. 中译本：德沃金，《法律帝国》，李常青译，北京：中国大百科全书出版社1996年版。

Eggertsson, T., 1990, *Economic Behavior and Institutions*, Cambridge: Cambridge University Press. 中译本：埃格特森，《新制度经济学》，吴经邦等译，北京：商务印书馆1996年版。

Elster, J., 1989, "Social Norms and Economic Theory", *Journal of Economic Perspective*, vol. 3, No. 4, pp. 99～117.

Epstein, A. L., (eds.), 1967, *The Craft of Social Anthropology*, London: Tavistock.

Ehrenberg, R. G., 1978, "Household Allocation of Time and Religiosity: Replication and Extension", *Journal of Political Economy*, vol. 85, No. 2, pp. 415～423.

Ferguson, A, 1767, *An Essay on History of Civil Society*, 1st ed., Edinburgh: Print for T. Caddel.

Foster D. & H. Peyton Young, 1990, "Stochastic Evolutionary Game Dynamics", vol. 38, pp. 219～232.

Freud, S., 1955, "Beyond the Pleasure Principle", in *The Complete Psychological Works of Sigmund Freud*, vol. XVIII, trans. by, J. Strachey, London.

Friedrich, C., 1949, "'Introduction' to The Philosophy of Kant's Moral and Political Writings", Random House.

Fudenberg, D. & E. Maskin, 1990, "Evolution and Cooperation in Noisy Repeated Games", *American Economic* Review (Papers and Proceedings), vol. 80, No. 2, pp. 274～279.

Fukuyama, Francis, 2004, *The Great Disruption: Human Nature and the Reconstitution of Social Order*, New York: Free Press. 中译本：弗朗西斯·福山，《大断裂：人类本性与社会秩序的重建》，唐磊译，桂林：广西师范大学出版社 2015 年版。

Fukuyama, Francis, 2004, *State-Building: Governance and World Order in the Twenty-First Century*, Ithaca, N. Y.: Cornell University Press. 中译本：弗朗西斯·福山，《国家建构：21 世纪的国家治理与世界秩序》，郭华译，桂林：广西师范大学出版社 2017 年版。

Fukuyama, Francis, 2011, *The Origins of Political Order: From Pre-human Times to the French Revolution*, New York: Farrar, Straus and Giroux. 中译本：弗朗西斯·福山，《政治秩序的起源：从前人类时代到法国大革命》，毛俊杰译，桂林：广西师范大学出版社 2014 年版。

Fukuyama, Francis, 2014, *Political Order and Political Decay: From the Industrial Revolution to the Globalization of Democracy*, 中译本：弗朗西斯·福山，《政治秩序与政治衰败：从工业革命到民主全球化》，毛俊杰译，桂林：广西师范大学出版社 2015 年版。

Fuller, L. L., 1954, "American Legal Philosophy at Mid-Century", *Journal of Legal Education*, No. 6.

Furubotn, E. G. & R. Richter (eds.), 1991, *New Institutional Economics*, College Station, TX: Texas A & R University Press. 中译本：菲吕博顿、瑞切夫，《新制度经济学》，孙经纬译，上海：上海财经大学出版社 1998 年版。

Furubotn, E. G. & R. Richter (eds.), 1997, *Institutions and Economic Theory*, Ann Arbor, MI: University of Michigan Press.

Flechter, G. P., 1996, *Basic Concepts of Legal Thoughts*, Oxford: Oxford

University Press.

甘阳，1998，“韦伯文选第二卷选编说明”，载 Weber，1998a。

高鸿钧，1996，《伊斯兰法：传统与现代化》，北京：社会科学文献出版社。

Geertz，C.，1968，*Agricultural Involution*：*Process of Ecological Change in Indonesia*，Burkeley，CA.：The University of California Press.

Geertz，C.，1973，*The Interpretation of Cultures*，New York：Basic Book. 中译本：格尔兹，《文化的解释》，纳日碧力戈等译，上海：上海人民出版社 1999 年版。

Geertz，C.，1983，*Local Knowledge*，New York：Basic Book. 中译本：吉尔兹，《地方知识》，王海龙等译，北京：中央编译局出版社 2000 年出版。

Gidens，A.，1984，*The Constitution of Society*：*Outline of the Theory of Structuration*，Cambridge：Polity Press.

Gordon S.，1991，“The Political Economy of A. Hayek”，in J. C. Wood & R. N. Wood，（eds.），F. *A. Hayek*：*Critica Assessments*，London：Routledge.

Gray，J.，1988，“Hayek，the Scottish School，and Contemporary Economics”，in G. C. Winston & R. F.

Teichgraeber III eds.，*The Boundaries of Economics*，Cambridge：Cambridge University Press，pp. 53～70.

Grief，A.，1994，“Cultural Belief and the Organization of Society：A History and Theoretical Reflection on Collectivist and Individualist Society”，*Journal of Political Economy*，vol. 102，No. 5，pp. 912～951.

Grief，A.，1998，*Genoa and the Maghribi Traders*：*Historical and Comparative Institutional Analysis*，Cambridge：Cambridge University Press.

Gruchy，Allen G.，1977，*Comparative Economic Systems*：*Competing Ways to Stability*，*Growth and Welfare*，2nd Ed.，Boston：Houghton Mifflin. 中译本：《比较经济制度》，徐节文、王连胜、刘泽曾译，北京：中国社会科学出版社 1985 年版。

Habermas，J.，1992，*Faktizität und Geltung*：*Beiträge zur Diskurstheorie des Rechts und des demokratischen Rechtsstaats*，Frankfur am Main：Suhrkamp Verlage. 中译本：哈贝马斯，《在事实与规范之间：关于法律和民主法治国的商谈理论》，童世骏译，北京：生活·读书·新知三联书店 2003 年版。

Harsanyi, J., 1973, "Games with Randomly Disturbed Payoffs: A New Rationale for Mixed-Strategy Equilibria", *International Journal of Game Theory*, vol. 2, No. 1, pp. 1～23.

Harsanyi, J. H., 1976, *Essays on Ethics, Social Behavior and Scientific Explanation*, Dordrcht, Holland: D. Reidel Publishing Company.

Hart, H. L. A., 1961, *The Concept of Law*, Oxford: Oxford University Press. 中译本：哈特，《法律的概念》，张文显等译，北京：中国大百科全书出版社 1996 年版。

Hayek, F. A., 1937, "The Trend of Economic Thoughts", *Economica*, Vol. 13, May, pp. 121～137.

Hayek, F. A., 1939, *Freedom and the Economic System*, Chicago: The University of Chicago Press.

Hayek, F. A., 1942～4, "Scientism and the Study of Society", Part I, *Economica* NS9, pp. 267～291.

Hayek, F. A., 1944/2007, *The Road to Serfdom*, (The Collected Works of F. A. Hayek, Book 2), ed. By Bruce Caldwell, Chicago: The Chicago University Press.

Hayek, F. A., 1949, *Individualism and Economic Order*, London: Routledge & Kegan Paul. 中译本：哈耶克，《个人主义与经济秩序》，贾湛等译，北京：北京经济学院出版社 1989 年版。

Hayek, F. A., 1952/79, *The Counter-Revolution of Science: Studies on the Abuse of Reason*, Indianapolis: Liberty Press.

Hayek, F. A., 1960, *The Constitution of Liberty*, Chicago: The University of Chicago Press. 中译本：哈耶克，《自由秩序原理》，邓正来译，北京：生活·读书·新知三联书店 1997 年版。

Hayek, F. A., 1967, *Studies in Philosophy, Politics and Economics*, London: Routledge & Kegan Paul.

Hayek, F. A., 1973, *Law, Legislation and Liberty: Rules and Order (I)*, Chicago: The University of Chicago Press.

Hayek, F. A., 1976, *Law, Legislation and Liberty: The Mirage of Social Justice (II)*, Chicago: The University of Chicago Press.

Hayek, F. A., 1978, *New Studies in Philosophy, Politics Economics and History of Ideas*, London: Routledge & Kegan Paul.

Hayek, F. A., 1979, *Law, Legislation and Liberty: The Political Order of a Free People* (*III*), Chicago: The University of Chicago Press.

Hayek, F. A., 1988, *The Fatal Conceit: The Errors of Socialism*, Chicago: The University of Chicago Press. 中译本：哈耶克，《不幸的观念》，刘戟锋等译，北京：东方出版社 1991 年版。

Hayek, F. A., 1989, *Order — with or without Design?* Compiled by Naomi Moldofsky, London: The Centre for Research for Communist Economies.

Hayek, F. A., 1994, *Hayek on Hayek*, eds. by S. Kresge & L. Wenar, London: Routledge.

Heap, S. H. & Y. Varoufakis, 1995, *Game Theory: A Critical Introduction*, London: Routledge & Kegan Paul.

Heidegger, M., 1975, *Poetry, Language, Thought*, trans. by Albert Hofstadter, Harper & Row Publisher, Inc.

Heilbroner, R. L., 1962, *The Making of Economic Society*, NJ: Englewood Cliffs.

Heilbroner, R. L., 1963, *The Great Ascent: The Struggle for Economic Development in Our Time*, New York: Harper & Row.

Heilbroner, R. L., 1972, *The Worldly Philosophers: The Lives, Times, and Ideas of the Great Economic Thinkers*, 4th, ed., New York: Simon and Schuster.

Heilbroner, R. L., 1975, *An Inquiry into the Human Prospects*, London: Calder & Boyars.

Heilbroner, R. L., 1977, *Business Civilization in Decline*, Harmondsworth: Penguin.

Heilbroner, R. L., 1985, *The Nature and Logic of Capitalism*, New York: Norton.

Heilbroner, R. L., 1991, *Twenty-First Century Capitalism*, London: UCL Press, 1992

Heilbroner, R. L., 1995, *Visions of the Future: The Distant Past, Yesterday, Today, Tomorrow*, New York; Oxford: Oxford University Press.

Hicks, J., 1969, *A Theory of Economic History*, Oxford: Oxford University Press. 中译本：希克斯，《经济史理论》，历以平译，北京：商务印书馆

1987年版。

Hobbes, T., 1943, *Leviathan*, Oxford: Oxford University Press.

Hodgson, G. M., 1988, *Economics and Institutions: A Manifesto for a Modern Institutional Economics*, Cambridge: Polity Press. 中译本：霍奇逊，《现代制度主义经济学宣言》，向以斌等译校，北京：北京大学出版社1992年版。

Holmes, O. W., 1963, *The Common Law*, Cambridge, MA: Harvard University Press.

Hopper, R., 1982, "Left-Right: Why Driving Rules Differ?" *Transportation Quarterly*, vol. 36, pp. 541～548.

Houthakker, H. S. & L. D. Taylor, 1966, *Consumer Demand in the United States, 1929～1970: Analysis and Projections*, Cambridge, MA: Harvard University Press.

Humboldt, W. von, 1880, *Ueber Die Verschiedenheit des menschlichen Sprachbaues und ihren Einfluss auf die Geistige Entwicklung des Menschengchlechts*, Berlin: Verlag von S. Calvary & Co. 中译本：洪堡特，《论人类语言结构的差异及其对人类精神发展的影响》，姚小平译，北京：商务印书馆1999年版。

Hume, D., 1890, *A Treatise on Human Nature*, ed. by L. A. Selby-Bigge, Oxford: Oxford University Press. 中译本：休谟，《人性论》，关运远译，北京：商务印书馆1980年版。

Husserl, E., 1938, 中译本：胡塞尔，《经验与判断》，邓晓芒、张廷国译，北京：生活·读书·新知三联书店1999年版。

Husserl, E., 1965, *Phlosophie Als Strenge Wissenschaft*, Vittorio Klostermann Gmbh Frankfurt am Main. 中译本：胡塞尔，《哲学作为严格的科学》，倪梁康译，北京：商务印书馆1999年版。

James, W., 1893, *Psychology*, New York: Holt.

Jaspers, K., 1951, *Man in the Modern Age*, London: Routledge & Kegan Paul. 中译本：雅斯贝尔斯，《时代的精神状况》，王德峰译，上海：上海译文出版社1997年版。

Jeffery, F., 1807, "Craig's Life of Miller", *Edinburgh Review*, IX.

金观涛、刘青峰，1992，《兴衰与危机——论中国社会超稳定结构》，香港：中文大学出版社增订本。

Kant, I., 1783, 中译本：康德，《任何一种能够作为科学出现的形而上学导论》，庞景仁译，北京：商务印书馆1978年版。

Kant, I., 1784, 中译本：康德，《历史理性批判文集》，何兆武译，北京：商务印书馆1996年版。

Kant, I., 1785, *Fundamental Principles of the Metaphysic of Morals*, trans. by Abbott, New York: The Liberal Art Press (1949).

Kant, I., 1790, *Kritik der Urteilskraf*, Hrsg. Von Karl Vorländer, Felix Meiner Verlag, Hamburg 1924, Nachdruck 1974. English Trans. I. Kant, 1987, *Critique of Judgment*, trans. by Werner S. Pluhar, Hackett. 中译本：康德，《判断力批判》，上下卷，宗白华、韦卓民译，北京：商务印书馆1964年版。邓晓芒译本，北京：人民出版社2002年版。

Kant, I., 1797, 中译本：康德，《法的形而上学原理》，沈叔平译，北京：商务印书馆1978年版。

Kant, I., 1922, *Metaphysik der Sitten*, ed. by K. Vorländer, Leipzig.

Kant, I., 1993, *Critique of Practical Reason*, London: Macmillan. 中译本：康德，《实践理性批判》，韩水法译，北京：商务印书馆1999年版。

Kasper, Wolfang & Manfred E. Streit, 1998, *Institutional Economics: Social Order and Public Policy*, Cheltenham: Elgar. 中译本：《制度经济学：社会秩序与公共政策》，柯武刚、史曼飞译，北京：商务印书馆2000年版。

Katona, G., 1975, Psychological Economics, New York: Elsevier.

Kelly, Douglas F., 1992, *The Emergence of Liberty in the Modern World: the Influence of Calvin on Five Governments from the 16th through 18th Centries*, Phillipsburg, N. J.: P&R Pub. 中译本：凯利，《自由的崛起：16～18世纪，加尔文主义和五个政府的形成》，王怡、李玉臻译，南昌：江西人民出版社2008年9月版。

Kelsen, H., 1949, *General Theory of Law and State*, Cambridge, MA.: Harvard University Press. 中译本：凯尔森，《法与国家的一般理论》，沈宗灵译，北京：中国大百科全书出版社1996年版。

Keynes, J. M., 1936, *The General Theory of Employment, Interest and Money*, London: Macmillan. 中译本：凯恩斯，《就业、利息和货币通论》，高鸿业译，北京：商务印书馆1999年版。

Kincaid, P., 1986, *The Rule of the Road*, New York: Greenwood.

Kirk, Russell, 1991, *The Roots of American Order*, 3rd ed., Washington,

DC: Regnery Gateway. 中译本：拉塞尔·柯克，《美国秩序的根基》，张大军译，南京：江苏凤凰文艺出版社 2018 年版。

Kuran, Timur, 2011, *The Divergence: How Islamic Held Back the Middle East*. Princeton, NJ: Princeton University Press.

Knight, F. H., 1947, *Freedom and Reform: Essays in Economic and Social Philosophy*, New York: Harper.

Knight, F. H. & T. W. Merriam, 1948, *The Economic Order and Religion*, London: Kegan Paul.

Kresge, S., 1994, "Introduction to *Hayek on Hayek*", in F. A. Hayek, 1994.

Kuhn, T., 1962, *Structure of Scientific Revolution*, Chicago: The University of Chicago Press.

Lay, M., 1992, *Ways of the World*, New Brunswick, N. J.: Rutgers University Press.

Leibenstein, H., 1966, "Allocative Efficiency vs X-Efficiency", *American Economic Review*, vol. 56, pp. 392～415.

Leibenstein, H., 1975, "Aspects of the X-Efficiency Theory of Firm", *Bell Journal of Economics*, vol. 6, pp. 580～606.

Leibenstein, H., 1976, Beyond *Economic Man*, Cambridge, Mass.: Harvard University Press.

Lewinsky, J., 1913, *The Origin of Property and the Formation of the Village of Community*, London: Constable & Company.

Lewis, D., 1969, *Convention: A Philosophical Study*, Cambridge, MA: Harvard University Press.

李维森，1985，《经济改革对社会主义经济理论提出的新的挑战》，《复旦学报》第 2 期。

李维森，1986，《对建立劳动者个人所有制的初步设想》，《经济研究》第 11 期。

李维森，1993，《社会主义经济的毛病出在哪里?》，香港：《二十一世纪》八月号。

李维森，1994，《华夏传统文化阴影下的中国现代化道路》，墨尔本：《汉声》九月号。

Li, W., 1995, *Quasi-Firm without Personalized Property Rights: Toward a*

Micro-Foundation of the Administratively Controlled Economies, a Ph. D. Thesis, Sydney: The University of Sydney.

李维森，1997，《从经济制度的视角探索东亚奇迹》，墨尔本：《汉声》四月号。

梁治平，1990，《英国普通法中的罗马法因素》，《比较法研究》第一期，第41～54页。

梁治平，1997，《寻求自然秩序中的和谐：中国传统法律文化研究》，北京：中国政法大学出版社。

Liggio, L. P., 1993, "Introduction", in F. A. von Hayek, 1960, *The Constitution of Liberty*, London: Routledge & Kegan Paul 1993 reprinted ed..

Lin, J. Y., 1989, "An Economic Theory of Institutional Change: Induced and Imposed Change", *Cato Journal*, (Spring). 中译本：林毅夫，《关于制度变迁的经济学理论：诱导性的变迁与强制性的变迁》，载科斯等，《财产权利与制度变迁》，上海：上海三联书店/上海人民出版社1994年版。

林毓生，1988，《中国传统的创造性转化》，北京：生活·读书·新知三联书店。

林毓生，1998，《热烈与冷静》，上海：上海文艺出版社。

Loucks, William N. & J. Weldon Hoot, 1938, *Comparative Economic Systems: Capitalism, Communism, Socialism, Fascism, Cooperation*, New York, London, Harper & brothers.

Lukes, S., 1973, *Individualism*, Oxford: Blackwell. 中译本：卢克斯，《个人主义》，阎克文译，南京：江苏人民出版社2001年版。

Maine, H. S., 1874, *Ancient Law*, 5th ed., Henry Holt & Com.

Maine, H. S., 1875, *Lectures on the Early History of Institutions*, London: John Murray.

Mankiw, N. G., 1998, *Principles of Economics*, The Dryden Press.

Mannheim, K., 1960, *Ideology and Utopia*, Eng. trans. by Louis Wirth and Edward Shils, London: Routledge & Kegan Paul. 中译本：曼海姆，《意识形态与乌托邦》，黎鸣、李书崇译，北京：商务印书馆2000年版。

Marx, K., 1845, 中译本：马克思，《关于费尔巴哈的提纲》，《马克思恩格斯选集》中文版，北京：人民出版社1972年版第一卷，第16～19页。

Marx, K., 1885～1994, 中译本：马克思，《资本论》，卷1，2，3，中共中央

编译局译，北京：人民出版社 1975 年版。

Marx, K., 1904, *A Contribution to the Critique of Political Economy*, trans. by N. I. Stone, New York.

Maslow, A. H., 1970, *Motivation and Personality*, 2nd ed., New York.

Menger, C., 1883, *Problems of Economics and Sociology*, Urbana, Ill: University of Illinois Press (1963).

Misis, Ludwig von, 1966, *Human Action: A Treatise on Economics*, 3rd ed., New Heaven: Yale University Press. 中译本：米塞斯，《人的行为》，夏道平译，上海：上海社会科学出版社 2015 年版。

Mitchell, W. C., 1910, "The Rationality of Economic Activity, I, II", *Journal Political Economy*, vol. 18 (Feb.), pp. 97～113; (March) pp. 197～216.

Mitchell, W. C., 1950, "The Prospects of Economics", in the *Backward Art of Spending Money and Other Essays*, New York: Augustus M. Kelley, Inc., 1950.

Moldofsky, N., 1989, "The Problems Reconsidered, 1920～1989", in Hayek, 1989.

Montias, J. M., 1976, *The Structure of Economic Systems*, New Haven: Yale University Press.

Myerson, R. B., 1999, "Nash Equilibrium and History of Economic Theory", *Journal of Economic Literature*, vol. XXXVII (Sept.), pp. 1067～1082.

Nash, J., 1950, "The Bargaining Problem", *Econometrica*, vol. 18 (April), pp. 155～162.

Nash, J., 1953, "Two — Person Cooperative Games", *Econometrica*, vol. 21 (Jan.), pp. 128～140.

Needham, J., 1943, *Time: The Refreshing River*, London: Allen & Unwin.

Needham, J., 1954, *Science and Civilization in China*, 6 vols., Cambridge: Cambridge University Press.

Needham, J., 1980, *History of Scientific Thought, Science and Civilisation in China*, vol. II, Cambridge: Cambridge University Press.

Neuberger, E. & W. Duffy, 1976, *Comparative Economic Systems: A Decision-Making Approach*, Boston, MA: Allyn & Bacon.

North, Douglass C., 1961, *The Economic Growth of United States: 1790～*

1860, New York: W. W. Norton.
North, Douglass C., 1978, "Structure and Performance: The Task of Economic History", *Journal of Economic Literature*, (Sept.).
North, Douglass C., 1980, *Structure and Change in Economic History*, New York: Norton. 中译本：诺思，《经济史中的结构与变迁》，陈郁译，上海：上海人民出版社/上海三联书店 1994 年版。
North, Douglass C., 1987, "Institutions, Transaction Costs and Economic Growth", *Economic Inquiry*, vol. 25 (July).
North, Douglass C., 1990, *Institutions, Institutional Change and Economic Performance*, Cambridge: Cambridge University Press.
North, Douglass C., 1993a, "Toward a Theory of Institutional Change", in W. Barnett *et al* (eds.), *Political Economy, Competition and Representation*, Cambridge: Cambridge University Press.
North, Douglass C., 1993b, "Institutions and Economic Performance", in U. Mäki *et al* (eds.), *Rationality, Institutions and Economic Methodology*, London: Routledge.
North, D., 1993c, "Autobiography of Douglass C. North", http//www.nobel. se/laureates/economy-1993-2-autobio-html.
North, Douglass C., 1994, "Institutions and Economic Performance", in U. Mäki *et al* (eds.), Rationality, *Institutions and Economic Methodology*, London: Routledge.
North, Douglass C., 1995a,《制度变迁理论纲要》，载北京大学中国经济研究中心，《经济学与中国经济改革》，上海：上海人民出版社，第 1～10 页。
North, Douglass C., 1995b, "Five Propositions about Instituional Change", in Jack Knight and Itai Sened eds.
Explaining Social Institutions, Ann Abor: University of Michigan Press.
North, Douglass C., 2005, *Understanding the Prescess of Economic Change*, Princeton, NJ: Princeton University Press. 中译本：道格拉斯·诺思，《理解经济变迁过程》，钟正生、邢华等译，北京：中国人民大学出版社 2008 年版。
North, Douglass C., & R. P. Thomas, 1973, *The Rise of Western World: a New Economic History*, Cambridge: Cambridge University Press. 中译本：诺思，《西方世界的兴起》，厉以平等译，北京：华夏出版社 1999 年第

二版。

North, Douglass C., John J. Wallis, Steven B. Webb & Barry R. Weingast, 2007, "Limited Access Orders in the Developing World: A New Approach to the Problems of Development", Washington DC: *The World Bank*, *Working Papers*, September, WPS4359.

North, Douglass C., John J. Wallis, Steven B. Webb & Barry R. Weingast, 2012, *In the Shadow of Violence: Politics, Economics, and the Problems of Development*, Cambridge: Cambridge University Press. 中译本：诺思等，《暴力的阴影：政治、经济与发展问题》，刘波译，北京：中信出版社 2018 年版。

North, Douglass C., John J. Wallis & Barry R. Weingast, 2006, "A Conceptual Framework of Interpreting Recorded Human History", *NBER Working Papers*, W12795, December.

North, Douglass C., John J. Wallis & Barry R. Weingast, 2009, *Voilence and Social Orders: A Conceptual Framework of Interpreting Recorded Human History*, Cambridge: Cambridge University Press. 中译本：诺思、瓦利斯、温格斯特，《暴力与社会制序：诠释有文字记载的人类历史的一个概念性框架》。杭行、王亮译，上海：格致出版社 2013 年版。

Nydegger, R. V. & G. Owen, 1974, "Two-Person Bargaining: An Experimental Test of the Nash Axioms", *International Journal of Game Theory*, vol. 3, pp. 329～349.

O'Brien, D., 1997, "Friedrich August von Hayek", in *The New Palygrave: A Economic Dictionary of Economics*, vol. 2, pp. 217～229.

Oakeshott, M., 1962, *Rationalism in Politics and other Essays*, London: Methuen.

Parsons, T., 1949, *The Structure and Social Action*, New York: The Free Press. 中译本：帕森斯，《社会行动的结构》，张明德译，南京：译林出版社 2012 年版。

Parsons, T., 1951, *The Social System*, New York.

Parsons, T., 1959, "An Approach to the Sociology of Knowledge", in *Transactions of the Fourth World Congress of Sociology*, Milan & Stressa.

Parsons, T., 1965, *Structure and Process in Modern Societies*, 4th ed., New York: The Free Press.

Pindyck, R. S. & D. L. Rubinfield, 1996, *Microeconomics*, 3rd ed., Englewood Cliffs, NJ: Printice-Hall Inc.. 中译本：平狄克、鲁宾费尔德，《微观经济学》，张军等译，北京：中国人民大学出版社 1997 年版。

Plog, F. & Bates, 1980. 中译本：F. 普洛格，D. 贝茨，《文化演进与人类行为》，吴爱明，邓勇译，沈阳：辽宁人民出版社 1988 年版。

Polanyi, M., 1951, *The Logic of Liberty*, London: Routledge & Kegan Paul.

Polanyi, M., 1958, *Personal Knowledge: Toward a Post-Critical Philosophy*, Chicago: The University of Chicago Press.

Polanyi, M., 1967, *The Tacit Dimension*, London: Routledge & Kegan Paul.

Pollock, F., 1929, *A First Book of Jurisprudence*, 4th de., London.

Posner, R. A., 1992, Economic *Analysis of Law*, New York: Little Brow & Company. 中译本：波斯纳，《法律的经济分析》，蒋兆康译，北京：中国大百科全书出版社 1997 年版。

Popper, K., 1957, *The Open Society and Its Enemies*, 3rd ed., London: Routledge & Kegan Paul. 中译本：波普尔，《开放社会及其敌人》，两卷本，陆衡等译，北京：中国社会科学出版社 1999 年版。

Popper, K., 1959, *The Logic of Scientific Discovery*, London: Hutchinson.

Popper, K., 1963, *Conjectures and Refutations: The Growth of Scientific Knowledge*, London: Routledge & Kegan Paul.

Pound, R., 1926, *Law and Morals*, Chapel Hill, N. C.: The University of North Carolina Press. 中译本：庞德，《法律与道德》，陈林林译，北京：中国政法大学出版社 2003 年版。

Pound, R., 1930, *Interpretations of Legal History*, Cambridge, MA: Harvard University Press.

Pound, R., 1942, *Social Control through Law*, New Haven: Yale University Press.

Puchta, G. F., 1887, *Outlines of Jurisprudence as the Sciences of Right*, trans. by W. Hastie, Edinburgh.

钱穆，2004，《中国历代政治得失》，北京：生活·读书·新知三联书店。

Radbruch, G., 1950, "Legal Philosophy", in *The Legal Philosophies of Lask, Radbruch and Dabin*, trans. by K. Wilk, Cambridge, MA: Harvard University Press.

Rawls, J., 1971, *A Theory of Justice*, Cambridge, MA: Harvard University Press. 中译本：罗尔斯，《正义论》，何怀宏等译，北京：中国社会科学出版社 1988 年出版。

Rheinstein, M., 1954, "Introduction to Max Weber on Law in Economy and Society", in Weber (1954).

Ridley, Matt, 1996, *The Origins of Virtue: Human Instincts and the Evolution of Cooperation*, London: Viking. 中译本：里德雷，《美德的起源：人类本能与协作的进化》，刘珩译，北京：中央编译局出版社 2004 年版。

Roth, A. *et al.*, 1991, "Bargaining and Market Behavior in Jerusalem, Ljubljana, Pittsburgh and Tokyo: An Experimental Study", *American Economic Review*, vol. 81, pp. 1068～1095.

Rutherford, M., 1994, *Institutions in Economics: The Old and New Institutionalism*, Cambridge: Cambridge University Press. 中译本：卢瑟夫，《经济学中的制度：老制度主义和新制度主义》，陈建波、郁仲莉译，北京：中国社会科学出版社 1999 年版。

Russell, B., 1921, *Introduction to Ludwig Wittgenstein's Tractatus Logico-Philosophicus*, in Wittgenstein, 1921.

Samuelson, L., 1997, *Evolution Game and Equilibrium Selection*, Cambridge, MA: MIT Press.

Samuelson, P., 1947, *Foundations of Economic Analysis*, Cambridge, MA.: Harvard University Press.

Samuelson, P., 1976, *Economics*, 10th ed., New York: McGraw-Hill. 中译本：萨缪尔森，《经济学》，高鸿业译，北京：商务印书馆 1981 年版。

Sapir, E., 1921, *Language: An Introduction to the Study of Speech*, 中译本：萨丕尔，《语言论》，陆卓元译，北京：商务印书馆 1985 年版。

Sapir, E., 1951, *The Status of Lingguistics as a Science*, ed. by D. G. Mandelbaum, Berkeley, Cal.: University of California Press.

Saussure, F. D., 1949, *Cours De Linguistique Générale*, Paris: Payot. 中译本：索绪尔，《普通语言学教程》，高名凯译，北京：商务印书馆 1980 年版。

Saussure, F. de, 1993, *Saussure's Third Course of Lectures on General Liguistics*, tran. by Roy Harris, 中译本：《普通语言学教程：1910～1911 索绪尔第三度讲授》，张绍杰译，长沙：湖南教育出版社 2001 年版。

Savigny, F. C. von, 1831, *Of the Vocation of Our Age for Legislation and Jurisprudence*, trans. by A. Hayward, London.

Schotter, A., 1981, *The Economic Theory of Social Institutions*, Cambridge: Cambridge University Press.

Schumpeter, J. A., 1934, *The Theory of Economic Development: An Inquiry into Profits, Capital and Business*

Cycle, Cambridge, MA.: Harvard University Press.

Shelling, T., 1960, *The Strategy of Conflict*, Cambridge, MA: Harvard University Press.

Selten, R., 1975, "Re-Examination of Perfectness Concept for Equilibrium Points in Extensive Games," *International Journal of Game Theory*, vol. 4, pp. 25～35.

沈达明、梁仁洁，1992，《德意志法上的法律行为》，北京：对外贸易出版社。

Smith. A. 1880, *An Inquiry into the Nature and Causes of the Wealth of Nation*, 2nd ed., Oxford: Clarendon Press. 中译本：亚当·斯密，《国民财富的性质和原因的研究》，郭大力、王亚南译，北京：商务印书馆 1972（上卷）、1974（下卷）年版。

Smith, A., 1976, *The Theory of Moral Sentiments*, Oxford: Oxford University Press. 中译本：亚当·斯密，《道德情操论》，蒋自强等译，北京：商务印书馆 1997 年版。

Smith, M. J., 1982, *Evolution and the Theory of Games*, Cambridge: Cambridge University Press.

Smith, M. J. & G. Price, 1973, "The Logic of Animal Conflict", *Nature*, vol. 246, pp. 15～18.

Smith, M. J., & G. Parker, 1976, "The Logic of Asymmetric Contests", *Animal Behavior*, 24, pp. 159～175.

Starlin, I. V., 1952, *Economic Problem of Socialism in the USSR*, Moscow.

Stenius, E., 1960, *Wittgenstein's Tractatus: a Critical Exposition of its Main Lines of Thought*, Oxford: Basil Blackwell.

Stigler, George J., 1989, "Two Notes on the Coase Theorem". *The Yale Law Journal*, vol. 99, no. 3, pp. 631～633.

Sugden, R., 1986, *The Economics of Rights, Co-operation, and Welfare*, Oxford: Blackwell.

Sugden, R., 1989, "Spontaneous Order", *Journal of Economic Perspective*, vol. 3, No. 4, pp. 85～97.

Sutton, F. *et al.*, 1956, *The American Business Creed*, Cambridge, MA: Harvard University Press.

Tigar, M. E. & M. R. Levy, 1977, *Law and the Rise of Capitalism*, New York: Monthly Review Press. 中译本：泰格、利维，《法律与资本主义的兴起》，纪琨译，上海：学林出版社1996年版。

Tirole, J., 1988, *The Theory of Industrial Organization*, Cambridge, MA.: MIT Press. 中译本：泰勒尔，《产业组织理论》，张维迎总译校，北京：中国人民大学出版社1997年版。

Tönnies, F., 1991, *Gemeinschaft und Gesellschaft: Grundbegriffe der reinen Soziologie*, Darnstadt: Wissenschaftliche Buchgesellschaft. 中译本：滕尼斯，《共同体与社会：纯粹社会学的基本概念》，林荣远译，北京：商务印书馆1999年版。

Vanberg, V., 1986, "Spontaneous Market Order and Social Rules: a Critical Examination of F. A. Hayek's Theory of Cultural Evolution", *Economics and Philosophy*, vol. 2 (April), pp. 75～100.

Veblen, T., 1899, *The Theory of Leisure Class: An Economic Study of Institutions*, New York: Vanguard Press. 中译本：凡勃伦，《有闲阶级论》，蔡受百译，北京：商务印书馆1964年版。

Veblen, T., 1919a, *The Place of Science in Modern Civilization and Other Essays*, New York: Huebsch.

Veblen, T., 1919b, *The Vested Interests and the Common Man*, New York: Augustus M. Kelley (1964 reprinted).

Veblen, T., 1923, *Absentee Ownership*, New York: Augustus M. Kelley (1954 reprinted).

Vega-Redondo, F., 1996, *Evolution, Games and Economic Behavior*, Oxford: Oxford University Press。

Wallis, J. J. & D. North, 1986, "Measuring the Transaction Sector in American Economy, 1870～1970", in S. L.

Engerman & R. E. Gallman, (eds.), *Long-Term Factors in American Economic Growth*, Chicago: University of Chicago Press.

Walmsley, L., 1932, *Three Fevers*, London: Colins.

汪丁丁，1992，《制度创新的一般理论》，《经济研究》第五期，第69～80页。
汪丁丁，1996，《在经济学与哲学之间》，北京：中国社会科学出版社。
汪丁丁，1998，《回家的路：经济学家的思想轨迹》，北京：中国社会科学出版社。
王力等，2003，《中国古代文化史讲座》，桂林：广西师范大学出版社。
王治河，1999，《福柯》，长沙：湖南教育出版社。
Weber, M.，1954，*On Law in Economy and Society*，Oxford：Oxford University Press，中译本：韦伯，《论经济与社会中的法律》，张乃根译，北京：中国大百科全书出版社1998年版。
Weber, M.，1978，*Economy and Society*，2 vols.，Berkeley：The University of California Press. 中译本（根据德文版译出）：韦伯，《经济与社会》，林荣远译，北京：商务印书馆1997年版。
Weber, M.，1995，中译本：韦伯，《儒教与道教》，洪天富译，南京：江苏人民出版社2010年版。
Weber, M.，1997，中译本：韦伯，《民族国家与经济政策》，甘阳编，北京：生活·读书·新知三联书店1997年版。
Weber, M.，1998a，中译本：韦伯，《经济、诸社会领域及全力》，甘阳编，北京：生活·读书·新知三联书店1997年版。
Weber, M.，1998b，中译本：韦伯，《学术与政治》，冯克利编，北京：生活·读书·新知三联书店2005年版。
Weibull, J.，1995，*Evolutionary Game Theory*，Cambridge，MA：MIT Press.
韦庆远（主编），1989，《中国政治制度史》，北京：中国人民大学出版社。
韦森，1998，《棘轮效应与代理的动态行为》，《经济科学》第六期，第27～36页。
韦森，1999a，《产权非个量化条件下生产者联合体成员的劳动投入行为》，《经济科学》第五期，第22～38页。
韦森，1999b，《评诺思的制序变迁理论》，《中国社会科学季刊》冬季号，第146～160页。
韦森，1999c，《注意哈耶克，慎思诺思》，《经济学消息报》第二期（总第314期），第四版。
韦森，2001，《社会制序的经济分析导论》，上海：上海三联书店。
韦森，2002，《文化与制序》，上海：上海人民出版社。
韦森，2003，《经济学如诗》，上海：上海人民出版社。

韦森，2009，《英美宪政民主政制的超验之维》，《读书》第 9 期。

韦森，2014a，《语言与制序：经济学的语言与制度的语言之维》，北京：商务印书馆。

韦森，2014b，《重读哈耶克》，北京：中信出版社。

韦森，2015，《经济学与伦理学：市场经济的伦理维度与道德基础》，北京：商务印书馆。

韦森，2019，《观念体系与社会制序的生成、演化与变迁》，《学术界》第 5 期。

Whorf，B. L.，1956，*Language，Thought and Reality*，Selected Writing.

Williamson，O.，1975，*Market and Hierarchies*，New York：The Free Press.

Wittgenstein，L.，1921，*Tractatus Logico-Philosophicus*，London：Routledge & Kegan Paul (1961). 中译本：维特根斯坦，《逻辑哲学论》，郭英译，北京：商务印书馆 1962 年版。

Wittgenstein，L.，1967，*Philosophical Investigation*，trans. by G. E. M. Anscombe，3rd ed.，Oxford：Basil Blackwell. 中译本：维特根斯坦，《哲学研究》，李步楼译，北京：商务印书馆 1996 年版。

Wittgenstein，L.，1980，*Culture and Value*，2nd ed.，ed. by G. H. Von Wright，trans. by Peter Winch，Oxford：Basil Blackwell.

Wright，Georg Henrik von，1963，*Norm and Action：A Logical Enquiry*，London：Routledge & Kegan Paul.

吴敬琏，1995，《路径依赖与中国改革》，北京大学中国经济研究中心《经济学与中国经济改革》，上海：上海人民出版社。

叶秀山，1999，《海德格尔如何推进康德哲学》，《中国社会科学》，第 3 期，第 118～129 页。

Young，H. P. & Dean Foster，1991，"Cooperation in the Short and in the Long Run"，*Games and Economic Behavior*，vol. 3，pp. 145～156.

Young，H. P.，1993a，"The Evolution of Convention"，*Econometrica*，vol. 61，No. 1，pp. 57～84.

Young，H. P.，1993b，"An Evolutionary Model of Bargaining"，*Journal of Economic Theory*，vol. 59，pp. 145～168；

Young，H. P.，1996，"The Economics of Convention"，*Journal of Economic Perspective*，vol. 10，No. 2，pp. 105 ～ 122. Young，H. P.，1998，*Individual Strategy and Social Structure：An Evolutionary Theory of*

Institutions, Princeton, NJ: Princeton University Press.

张乃根，1996，《论西方法的精神：一个比较法的初步研究》，《比较法研究》第一期，第1～27页。

张曙光（主编），1996，《中国制度变迁案例研究》，第一集，上海：上海人民出版社。

张曙光（主编），1999，《中国制度变迁案例研究》，第二集，北京：中国财政科学出版社。

张小军，1998，《理解中国乡村的内卷化机制》，载香港中文大学《二十一世纪》2月号。

张雄，1996，《习俗与市场》，《中国社会科学》第5期。

张中秋，1991，《中国法律的伦理化》，《比较法研究》第一期，第3～20页。

张志雄（主编），1996，《中国经济学的寻根与发展》，上海：学林出版社。

郑秦（主编），1998，《中国法制史教程》，北京：法律出版社。

周天玮，1999，《法治理想国：苏格拉底于孟子的虚拟对话》，北京：商务印书馆。

附　录

In a free society the state does not administer the affairs of men. It administers justice among men who conduct their own affairs.[1]

——Walter Lippmann (1937, p. 267)

[1] Lippmann, Walter, 1937, *An Inquiry into the Principles of a Good Society*, Boston: Little, Brown and Company, p. 267.

附录一

哈耶克论良序社会运行的基本原理

——哈耶克《通往奴役之路》新中文版导言

天有显道，厥类惟彰。

——《周书·泰誓》

在《通往奴役之路》第一章，弗里德里希·奥古斯特·冯·哈耶克（Friedrich August von Hayek）说："观念的转变和人类意志的力量，塑造了今天的世界。"（Hayek，1944/2007，p. 66）[1] 这句话寓意甚深，也实际上道出了哈耶克本人写作这本书的初旨。

从人类社会近现代思想史上来看，19世纪之前，曾出现影响了人类社会发展进程两部伟大政治经济学著作：一部是1776年出版的亚当·斯密（Adam Smith）的《国富论》，一本是1867年出版的卡尔·马克思（Karl Marx）的《资本论》（第一卷）。前者揭示了人类社会市场经济运行的基本法则和国家富裕之道，而后者则与马克思和恩格斯的其他著作一起，构成了20世纪世界范围的中央

［1］ 见本书英文原版，F. A. Hayek，1944/2007，*The Road to Serfdom*，(*The Collected Works of F. A. Hayek*，Vol. II)，ed. By Bruce Caldwell，Chicago：The Chicago University Press，p. 66。

计划经济的巨大社会工程试验的主要思想来源。进入 20 世纪以来，也曾有两部著作对当代人类社会产生了至深和至远的影响：一部是 1936 年出版的约翰·梅纳德·凯恩斯（John Maynard Keynes）的《就业、利息和货币通论》（以下简称《通论》）；另一部是 1944 年出版的哈耶克的这本《通往奴役之路》。凯恩斯的《通论》，曾主导并影响了第二次世界大战后西方国家政府的宏观政策多年，以致在西方当代历史上曾有第二次世界大战后近 40 年"凯恩斯革命"的经济繁荣之说。尽管凯恩斯的《通论》二战后在世界范围内影响巨大，且每当世界性的商业周期和经济萧条发生时，凯恩斯的理论和政策主张总是被各国政府重拾起来并不断地加以应用，但凯恩斯的分析方法和经济理论指向，却是短期的，甚至连凯恩斯本人也公开承认这一点[1]。与凯恩斯的理论相反，哈耶克在他的《通往奴役之路》中所关注的，是人类社会发展的长期问题。这部著作 1944 年一经出版，在英美国家乃至在世界范围内即产生了巨大反响，尽管在短期中，在世界各国对哈耶克的这本书所宣讲的理念和观点有赞同之声，同时也有很多负面的评论、批评意见乃至带有情绪的攻击，然而，20 世纪以来世界各国的经济发展与制度变迁过程，尤其是 20 世纪 80 年代后期，苏联和东欧国家经济体制的巨变，以及中国经济改革的巨大成就，已经证明了哈耶克的自由市场经济理论及其所讲述的一些经济、政治与社会理念，因而从长期来看符合人类社会发展演

[1] 在 1924 年出版的《货币改革论》中，凯恩斯就明确地说："……讲长期是对处理当前事务的误导。在长期，我们都死了。如果在暴风雨的季节，经济学家们告诉人们，暴风雨在长期中会过去，海洋将恢复平静，这未免把他们自己的任务定得太过于容易和无用了。"（见：John Maynard Keynes，1924/2000，*A Tract on Monetary Reform*，Amherst，NY：Prometheus Books，p. 80）

进的大方向，或者说已经被20世纪世界历史证明基本上是正确的。

这部《通往奴役之路》，1944年由英国的老牌出版社劳特里奇（Routledge）出版。按照哈耶克本人在1974年获诺贝尔经济学奖讲演中的说法和他晚年的回忆，他于1940年至1943年在英国剑桥期间写作了这部书，而主要成稿于1941年和1942年，且“整本书花了他数年的功夫”，“一遍又一遍地阅读和推敲”[1]。这说明，哈耶克本人十分重视这本书。

这本书也是哈耶克在参与了20世纪20年代后期到40年代两次世界性经济理论大论战后写出来的。这两场世界性的理论论战，一场是由路德维希·冯·米塞斯（Ludwig E. von Mises）和哈耶克为一方，以奥斯卡·兰格（Oskar R. Lange）与阿巴·勒纳（Abba P. Lerner）等为另一方的，关于社会主义经济计算可行性的大论战；另一场是哈耶克与凯恩斯就货币、利息和商业周期理论的论争。这本《通往奴役之路》，从很大程度上来说是第一次理论论战的结果，又是在第二场理论论战的后期哈耶克所开始撰写出的。[2]

---

[1] 见：Stephen Kresge & Leif Weinar (eds.), 1994, *Hayek on Hayek: An Autobiographical Dialogue*, Indianapolis: Liberty Fund, p. 101。

[2] 在哈耶克写作《通往奴役之路》时，哈耶克刚刚花数年时间，殚思竭虑地撰写了他与凯恩斯理论论战的一本巨著《资本纯理论》。《资本纯理论》这本中间经历了第二次世界大战的磨难而写出来的450多页的煌煌巨著，几乎耗费了哈耶克近10年的艰苦思考和4年多的关门写作时间，但最后仍然是一个“未完成交响曲”。哈耶克本人在该书“前言”中就直率地承认，对现实中的许多重要的问题，他的这部纯理论著作并没有提供多少答案，因而在资本理论的研究领域中对工业波动的理论解释，“依然是一项须待努力完成的任务”（参：Hayek, 1941, *The Pure Theory of Capital*, Norwich, England: Jarrol and Sons Ltd, p. vii）。从哈耶克的传记和思想发展历程来看，几乎那边还未结束《资本纯理论》的写作，并且在他感到十分疲劳甚至有点厌倦了关于货币、资本与商业周期的纯经济学理论的思考和推理时，就开始构思和写作这本《通往奴役之路》了。

这两场世界性的理论论战，乍看起来互不相关，但在如何看待政府在市场中的作用上，二者又密切关联着。从写作这本书开始，哈耶克也改变了他本人学术研究的兴趣和理论著述的方向，即从对货币与商业周期的纯经济学理论研究，走向了更多地关注和写作经济、政治、法学和社会方面的著作，以致到后来逐渐形成了哈耶克横跨经济学、哲学、法学、政治学、伦理学、社会学和心理学等诸多学科的一个宏大理论世界。

从这本著作写作和出版的时代背景来看，其出现也可谓是适逢其时。在人类社会进入 20 世纪之后，整个世界陷入了惨烈的战争杀戮和剧烈的经济动荡之中。在经历了共有上亿人伤亡的 1914～1918 年的第一次世界大战和 1939～1945 年的第二次世界大战，以及中间发生的 1929～1933 年的世界经济大萧条之后，尤其是在 1917 年俄国十月革命后，出现了第一个社会主义国家，世界上许多国家——特别是英国——的一些政治家、哲学家、社会思想家尤其是经济学家们，均相信中央计划经济可能是未来人类社会发展的一个必然趋势。正是在那样一种世界格局和流行的思潮中，哈耶克出版了这部《通往奴役之路》，向世人和世界大声疾呼：大家先不忙努力走向计划经济之路，那是一条通往奴役之路！

这声音一发出，立即震惊了全世界。当时，英国还处在二次世界大战的后期，劳特里奇出版社出版这部书之后，几千册立即销售一空，战时的伦敦一时间变得“洛阳纸贵”。这部著作于 1944 年 9 月在美国由芝加哥大学出版社印行后，尽管开始受到了一些左派人士的抵制甚至压制，也很快成了畅销书。结果，几乎一夜之间，哈耶克被西方政界、企业界乃至一些专业人士奉为先知，随即被邀请到美国做巡回讲演。正如西方一位当代自由主义者阿瑟·塞尔登（Arthur Seldon）后来所评价的那样：在 1944 年出版《通往奴役之路》之后，“哈耶克已经成为伦敦经济学院——乃至在全世界——中最坚定地捍卫古典自由主义的人了”[1]。甚至连哈耶克经济理论的宿敌凯恩斯，在去参加“布雷顿森林会议”的途中读过这本书后，于 1944 年 6 月 28 日也写信给哈耶克，高度赞扬这部著作说：“亲爱的哈耶克，我在旅行途中拜读了大作。在我看来，这本书是一部宏伟、动人的著作！我们有充分的理由感谢你这么精彩地说出了我们想说的话。”[2]

《通往奴役之路》自 1944 年出版近 70 年来，可能在世界上已经有很多人读过或者或多或少地知道这部书了。然而，包括许多读过这本书的人可能都没有注意到，在这本书原版的内页上，哈耶克写明本书**“献给所有党派的社会主义者”**。然而，他这本书中一些尖锐、鲜明和深刻的观点，却摆脱不了被一些左派人士的商榷、批判乃至恶意攻击的命运。譬如，这本书在美国刚一出版，哈耶克就被美国一家民主派《新共和》杂志的一篇题为“可怜的哈耶克”的社论中，被斥责为“最重要的反动思想家”[3]，之后，哈耶克在苏联和其他中央计划经济国家中多年被视作“马克思主义的

[1] 见：Alan Ebenstein，2001，*Friedrich Hayek*：*A Biography*，New York：St Martin's Press.，ch. 7，note 18。

[2] 见：John Maynard Keynes，1971～1989，*The Collective Writings of John Maynard Keynes*，London：Macmillan vol. XXVII，p. 385。但是其中自然也不乏凯恩斯对哈耶克的观点的商榷与批评。

[3] “Poor Hayek”，*New Republic*，April 23，1945，p. 543.

敌人”。[1] 即使在英国和美国这些自由市场经济国家，哈耶克多年来也一直被视为右翼的思想家，不时遭受到一些左派人士的批评和攻击。据这本书 1991 年再版“导言”的作者德特马·多林（Detmar Doering）博士所言，尽管在第二次世界大战中，带领英国人民走向第二次世界大战胜利的首相丘吉尔（Sir Winston L. S. Churchill），一位对英国来说是国家的英雄人物，但却因为他在 1946 年的竞选讲演中引用了哈耶克这本书的一些话，曾部分导致他所领导的英国保守党在英国大选中惨败[2]。

尽管这本书的观点在短期内遭受一些左派人士的批评和攻击，在哈耶克出版此书之后许多年也遭受一些西方专业经济学家们的“冷处理”和冷眼对待，以至于世界上许多经济学家当时都把哈耶克视作一个“行外人”（outsider）了[3]，但是，20 世纪整个人类社

---

[1] 在计划经济时期，哈耶克理论在中国的命运相对而言要好一些。在“文革”前，国内只有时任南开大学校长、著名经济学家滕维藻先生和朱宗风一个译本，由商务印书馆作为“内部读物”出版。译者在“译序”中明确说，他们“把这本充满毒素的书翻译出来，目的也是为想供学术界了解和批判现代资产阶级反动经济理论时作为参考”（参：哈耶克《通向奴役的道路》，滕维藻、朱宗风译，北京：商务印书馆 1962 年出版，第 6 页）。由于这个中译本只是“内部发行”，大约只能在处级以上干部中传阅，且只印了 3500 册，国内学界知道哈耶克和真正了解这本书中思想的人并不多，这也使得哈耶克在中国“文革”前和“文革”中所遭到的“大批判”相对而言还比较少。

[2] 见：哈耶克，《通往奴役之路》，王明毅、冯兴元等译，北京：中国社会科学出版社 1997 年版，第 2 页。

[3] 在晚年回答加州大学洛杉矶分校经济系的 Jack High 的访谈中，哈耶克说：“在我写出《通往奴役之路》后，这本书是如此不受欢迎，以致大多数同行经济学家都不再信任我了。结果，不但我的理论影响下降了，许多大学的经济系也不欢迎我了，一直到现在我都感到这一点。很多经济学家倾向于把我看成是一个（行）外人，认为竟然有人降格写出像《通往奴役之路》这样的完全属于政治学的书。”（见：Stephen Kresge & Leif Weinar（eds.），1994，*Hayek on Hayek：An Autobiographical Dialogue*，Indianapolis：Liberty Fund，p. 143）

会的演变和发展，最后却验证了哈耶克的一些观点和预言。尤其是在1973年“石油危机”的冲击下，西方各国出现了二战后一次严重的经济衰退，哈耶克的思想和学说开始在西方乃至全世界被人们重新关注起来。在1973年的经济衰退中，西方各国出现了一种新的宏观经济现象，即“滞涨”（经济增长下滑和停滞与通货膨胀并存），随之宣告了西方国家政府所奉行多年的凯恩斯主义经济学的破产。随之，以弗里德曼（Milton Freedman）为领袖的货币主义和哈耶克所倡导的自由主义经济学在世界各国大行其道。随之，哈耶克、弗里德曼所坚持和弘扬的自由市场经济理念，也随即占领了世界经济理论和思想阵地中的“制高点”，成了美国里根（Ronald W. Reagan）政府和英国撒切尔夫人（Margaret H. Thatcher）保守主义政府执政和施政的基本信念。在1989年哈耶克90岁生日时，撒切尔夫人曾写信给哈耶克，称赞他道：“您的著作和思考所给予我们的指导和启迪，是极其重要的，您对我们功勋卓著。”[1]不仅美国的里根总统公开承认受哈耶克和米塞斯思想的影响，而且在里根政府六大部门所聘任的74位经济学家中，有20多位是哈耶克所发起创办的蒙佩尔兰学社（Mont Pelerin Society）[2] 的成员。

---

[1] 转引自：Richard Cockett，1994，*Thinking the Unthinkable*：*Think-Tanks and Economic Counter-Revolution*，1931～1983，Great Britian：Harper Collins，p. 1975。

[2] “Mont Pelerin Society”在国内之前曾被国内学界译为“朝圣山学社”或“飘零山学社”。可能因为法语中的“pèlerine”有“朝圣者”“旅行者”的意思，“Mont Pelerin Society”被国内学人翻译为“朝圣山学社”。但从欧洲地图上查，这个Mont Pelerin，是位于瑞士日内瓦湖东北岸和洛桑东南面的一个度假区的地名，附近最高山峰也只有800米高，没有任何朝圣的地方和意思，故在旅游出版物中根据法语发音被一般被翻译为“蒙佩尔兰”。由此看来，把“Mont Pelerin Society”翻译为“朝圣山学社”可能不甚合适，且有引导世人错（转下页）

1962年，在芝加哥为哈耶克夫妇举行的一次送别宴会上，经济学家弗里德曼也高度赞扬哈耶克在不同社会科学领域的巨大贡献和影响："历史上不乏试图影响公共舆论的人，但很少有人能提出足以影响科学进程且透彻、渊博而又深刻的学术思想。很少有人能像哈耶克一样不仅对美国而且对整个西方世界产生深远的影响。"另一位诺贝尔经济学奖得主乔治·斯蒂格勒（George J. Stigler）也认为，哈耶克是"20世纪对其所处时代的变化产生了深远影响的三四位学院派经济学家之一"[1]。在为1994年出版《通往奴役之路》新英文版的"导言"中，弗里德曼开篇就高度赞扬《通往奴役之路》："这一著作已成为真正的经典：对于那些广义而超越党派意见，对政治感兴趣的每一个人来说，这是必读书，因为这本书要传

（接上页）误理解该学者宗旨（表达意见自由，自由市场经济，开放社会的政治价值观）之嫌。另外，把它译为"飘零山"似乎也不合适。因为，当哈耶克、米塞斯、弗里德曼、奈特（Frank Knight）、斯蒂格勒（Jorge Stigler）以及波普尔（Karl Popper）、迈克尔·波兰尼（Michael Polanyi）、阿隆·德雷克特（Aaron Director）等39位世界著名经济学家、历史学家和哲学家于1947年4月8日在风景如画的Mont Pelerin度假区开会并在4月10日宣告成立这个学社时，个个参会学者均可谓是"意气风发"、如日中天，没有任何学者在当时有"飘零人"的境况。从该学社历史记录来看，本来在开始有学者想把这个学社定名为"阿克顿-托克维尔学社"（the Acton-Tocqueville Society），但是芝加哥大学的德雷克特（一说弗兰科·奈特）教授等提出反对意见，不同意用历史上这两位有罗马天主教背景的贵族思想家做学社的名字，米塞斯则认为阿克顿和托克维尔也有一些错误，并对当代社会产生了一些不良影响，因而也持反对意见。最后，参会者把该学社按成立大会所在地定名为"Mont Pelerin Society"。由于"Mont Pelerin"实际上只是日内瓦湖畔的一个度假区，而不是像有海拔4810.9米的欧洲最高峰"Mont Blanc"（一般翻译为"勃朗峰"）那样是一座山的名字，经反复考虑，我还觉得在中文中应按其法语比较近的发音把它译为"蒙佩尔兰学社"为好。

[1] 弗里德曼和斯蒂格勒的这两段话，原见美国斯坦福大学的收藏的《哈耶克档案》（*Hayek Archive*，Hoover Institute，114.3，116.10），转引自Alan O. Ebenstein，2001，*Friedrich Hayek*：*A Biography*，Ney York：St. Martin's Press，p. 214。

达的信息是无时限的，适用于各种具体的情况。”弗里德曼还特别强调：“在写这一导言之前，我重读了这部著作，再次为这一鸿篇巨制所铭感至深：它既精细入微、逻辑一贯，又观点明确、清晰易懂；既充满哲理和抽象，又具体和现实；既是分析的和理性的，亦由于其充满崇高理想和鲜明的布道精神而鼓舞人心。这部著作有如此巨大影响，就一点也不惊奇了。我还深深地感到，这部著作所传达出的信息，与它刚出版时相比，在今天更加需要。”由此，弗里德曼认为，在当今世界，包括美国，哈耶克这本书所表达的思想更为有用且更有意义。[1]

20 世纪 70 年代后，不但在西方世界自由市场的基本理念为绝大多数经济学家所信奉，相对而言，凯恩斯主义的政府干预主义则似乎在全世界衰落了。随着哈耶克和以弗里德曼为代表的芝加哥学派所宣扬的自由市场经济的理念在世界各国广泛传播，在 20 世纪和 21 世纪之交，在全世界经济学界中又似乎人人都成了自由市场经济的信奉者。20 世纪 80 年代后半期，苏联和东欧各国的转制，以及中国、越南等原中央计划经济各国的改革，尤其是中国、越南等原计划经济国家市场化改革所取得的巨大成功，又似乎标志着哈耶克一生所宣扬的市场经济和自由主义理念在全世界的凯旋。随之，哈耶克的经济社会理论和政治理念也在中国、东欧转型国家和俄罗斯较广泛地传播和普及开来，为大多数知识分子和经济学人所接受。现在，在中国、俄罗斯和东欧国家，知道哈耶克的名字和了

[1] 见：Hayek，1944/2007，*The Road to Serfdom*，The University of Chicago Press. p. 259。

解哈耶克学术观点和经济社会思想的学者、知识分子乃至青年学生，可能比在西方国家中还多。

为什么这本书乃至哈耶克的整个学术思想在20世纪世界范围有过如此大影响并经历了如此曲折的命运？这首先是与这部著作的论题尖锐且深刻地论述了现代社会运行的一些根基层面的理念和问题有关。这些现代良序社会——或现在可以称为“法治民主下的现代良序社会”——运行的一些基本原理和理念，虽然自近代以来经由洛克（John Locke)、休谟（David Hume)、亚当·斯密（Adam Smith)、康德（Immanuel Kant)、孟德斯鸠（Charles de Montesquieu)、托克维尔（Alexis de Tocqueville）乃至穆勒（John Stuart Mill)，等等许多政治学家、经济学家所论述过，也在“光荣革命”后英国的《权利法案》、美国宪法、法国的《人权宣言》等西方近现代国家建构的基础性制度宪章中反映出来，但是，经20世纪两次人类伤亡惨重的世界大战和1929～1933年的大萧条，从20世纪40～60年代，世界各国的许多哲学家、经济学家和其他各界的知识分子和人士纷纷认为，人类社会还需要探索新的经济社会发展道路，以致像哲学家罗素（Bertrand Russell)、维特根斯坦（Ludwig Wittgenstein)，经济学家熊彼特（Joseph A. Schumpeter)，乃至物理学家爱因斯坦（Albert Einstein)，等等，这些世界级的思想巨擘，都开始觉得中央计划经济或民主社会主义可能是未来人类社会的一种选择。对于这一情形，哈耶克在《通往奴役之路》第二章一开始就写到，到20世纪40年代，“社会主义已经取代自由主义成为绝大多数进步人士所坚持的信条”了[1]。在当时那样的时代氛围中，哈耶克独具慧眼地提出并重申一些古典自由主义的基本经济、政治和社会理念，遭到世人的一些批评、抨击、攻击和经济学界的一些冷遇，是可以理解的。

那么，在1944年出版的这本书中，到底哈耶克提出并重申了哪些基本理念和观点，而遭受如此的对待，以致到了80年代才逐渐被世界各国所理解和逐渐被接受这样一种曲折的命运？在经历了20世纪80年代末苏联和东欧国家的巨变，以及取得了伟大成就的中国30余年改革开放的今天，重读哈耶克70年前所撰写的这本《通往奴役之路》，笔者觉得至少有以下几点值得重新提出来：

第一，市场经济是人类迄今所能发现的最有效率且较为理想的一种资源配置体制。在20世纪40年代，世界刚刚经历过1929～1933年的大萧条，西方各国的经济复苏在当时依然是步履维艰、路途漫漫，但整个世界那时又卷入了由希特勒纳粹帝国和日本军国主义所发动的第二次世界大战的巨大灾难之中。当时，许多哲学家、经济学家和社会各界人士对自由市场体制产生了这样或那样的怀疑，且对中央计划经济抱有这样或那样的幻想和憧憬，以致哈耶克在1944年出版的《通往奴役之路》第一章中，就不无感叹地说：“根据目前占统治地位的见解，问题已经不再是如何才能最佳地利用自由社会中可以发现的自发力量。实际上，我们已经着手取消那

---

[1] F. A. Hayek，1944/2007，*The Road to Serfdom*，Chicago：The University of Chicago Press，p. 76. 英国著名经济学家列昂内尔·罗宾斯（Lionel Robbins）当时就指出：“‘计划’成了我们这个时代的一付宏大的包治百病的万应灵药。”（参：Lionel Robbins，1937，*Economic Planning and Economic Order*，London：Macmillan）

些产生不可预知后果的力量，并对一切社会力量加以集体的和‘有意识’的指导，借以达到刻意选择的目标，来取代那些非个人化和匿名的市场机制。”（Hayek，1944/2007，p. 73）就是在那样一个历史背景中，当时十分孤寂但却又数十年持之以恒的哈耶克坚持认为，中央计划经济会限制个人自由，摧毁人们的责任感和社会的道德基础；会阻碍财富的生产，造成社会贫困；亦会导致极权主义政府的兴起。哈耶克当时还尖锐和深刻地指出，放弃市场竞争和价格机制，用中央计划和政府行政手段干预经济过程和进行资源配置，不但会在经济上导致像诗人荷尔德林（F. Holderlin）所描述的那样“用通向天堂的美好愿望来铺设一个国家通向地狱之路”，而且必定会在政治上走向一条通往奴役之路。

第二，经济自由与政治自由密切相关且前者构成了后者基础和条件。在《通往奴役之路》第一章，哈耶克先回顾了欧洲近代史，指出人类社会发展的一般方向，是使个人从束缚他日常活动的习俗和成规中解放出来，建立起一个法治下的自由社会。哈耶克发现，西方世界的兴起和近代以来科学的巨大进步，均是建立在个人经济自由和政治自由基础上的一种复杂的市场秩序的结果。然而，哈耶克当时却发现，甚至在德国纳粹极权主义魔影变成人类真正威胁之前的 1/4 个世纪，西方社会已经出现了逐渐偏离构成欧洲近代文明之基础的经济自由与政治自由的基本理念的苗头，试图以集体主义的中央计划来取代经济的市场运行。哈耶克当时就警告说：“我们逐渐放弃了经济事务中的自由，而离开这种自由，就绝不会存在以往的那种个人的和政治的自由。”（Hayek，1944/2007，p. 67）基于这一认识，哈耶克在第八章中指出，当时德国纳粹分子和中央计划经济的倡导者对“经济与政治的人为分离”责难，以及他们对政治支配经济的共同诉求，也从反面证明了这一点。哈耶克论证道：“国家一旦负起为整个经济生活制定计划的任务，不同个人和集团的应处地位（the due station）就必不可免地成了政治的中心问题。由于在计划经济中只有国家的强制权力决定谁拥有什么，唯一值得掌握的权力就是参与行使这种命令权。”（Hayek，1944/2007，pp. 138～139）哈耶克认为，在此情况下，人们的经济自由与政治自由将会全面丧失。由此哈耶克认为，“如果‘资本主义’这里是指一个以自由处置私有财产为基础的一个竞争体制的话，那么，更要认识到，只有在这种体制中，民主才有可能”（Hayek，1944/2007，p. 110）。对于哈耶克的这一洞识，弗里德曼在1971年出版的《通往奴役之路》新德文版序中归纳到（并在1994年这本书的新英文版序中重新强调）：“自由市场是迄今所能发现的唯一能达致参与民主的机制。”（Hayek，1944/2007，p. 260）

第三，私有财产制度是自由的最重要的保障。没有保护私有财产的正式的法律制度，就没有自由。这是哈耶克一生一再宣扬的观点。在《通往奴役之路》中，哈耶克明确指出：“我们这一代已经忘记，私有财产制度是自由的最重要的保障，这不仅对有产者来说是这样，而且对无产者来说一点也不少。只是由于生产资料掌握在许许多多的独立行动的人的手里，才没有人有控制我们的全权，我们方能以个人的身份来决定做我们要做的事情。如果所有的生产资料都掌控在一个人手中，不管这是在名义上是属于整个‘社会’的，还是属于一个独裁者的，谁行使这个管理权，谁就有全权控制我们。”（Hayek，1944/2007，p. 136）这在当时是多么深刻和发聋振聩的观点和呼喊啊！其实，私有财产制度是自由的根本保障，这一点早就为马克思本人所认识到了。譬如，在 20 世纪 40 年代，一位叫伊斯特曼（Max Eastman）的老牌共产主义者曾经指出："私有财产制度（the institution of private property）是给人以有限自由和平等的主要因素之一，而马克思则希望通过废除这种制度而给人以无限的自由。奇怪得很，马克思是第一个看到这一点的人。是他告诉我们，回顾以往，私人资本主义连同自由市场的演化，是我们所有民主自由（democratic freedom）演化的先决条件。但他从未想到，向前瞻望，如果如他所说的那样，那些其他的自由，会随着废除自由市场而消逝。"（转引自哈耶克，见：Hayek，1944/2007，p. 136）

从私有财产与自由之间的这种内在联系，哈耶克也讨论了私有财产制度与平等、正义的关系问题。哈耶克发现，当时许多进步人士的理想是通过消灭私有财产来达到社会收入的平等，来缩小收入分配的差距。哈耶克认为，这是一个莫大的误识。他发现，"虽然在竞争社会中，穷人致富的可能性比拥有遗产的人的可能性要小得多，然而，只有在竞争制度下，前者才有可能致富，且才能单凭自己的努力而不是靠掌权者的恩惠致富，才没有任何人阻挠个人致富的努力"。并且，哈耶克相信，没有人会怀疑这一点："一个富人掌权的世界仍然比只有那些已经掌权的人才能获取财富的世界要更好些。"（Hayek，1944/2007，p. 135）正是基于这样的观察、推理和理念，哈耶克当时也发现，这也就可以解释当时一些西方国家的劳工社会主义运动领袖们的一个困惑不解的现象和问题："随着社会主义方法运用范围的日益扩大，广大的贫苦阶级的怨恨竟然会转而

对准他们。”（Hayek，1944/2007，p. 145）

第四，法治之下才有真正的自由。这是直接承传了西方社会中自由主义的古典传统，尤其是洛克、康德、托克维尔（Alexis de Tocqueville）、阿克顿勋爵（Lord Acton）的自由主义思想理念。哈耶克在《通往奴役之路》中较详细地阐述了法治（the Rule of Law）、法治国（the Rechtsstaat）的理念，以及自由与法治的关系。在第六章论述“计划与法治”时，哈耶克明确指出：“只有在自由主义的时代，法治才被有意识地加以发展，并且是这一时代最伟大的成就之一。法治不但是自由的保障，而且是自由的法律的体现（a legal embodiment）。”根据伏尔泰（Voltaire）乃至可能是康德的说法“如果一个人不需要服从任何人而只服从法律，他就是自由的”（Hayek，1944/2007，pp. 118～119）。哈耶克认为，只有在法治之下，人们才有真正的自由。

对法治与自由的关系，哈耶克在《通往奴役之路》中并没有做进一步的阐释。16 年之后，在《自由的构成》中，他则更明确地阐释了二者的关系：“自由的意义仅仅是指人们的行动只受一般性规则的限制。……自由意味着，也只能意味着，我们的所作所为并不依赖于任何人或任何权威机构的批准，只能为同样平等适应于所有人的抽象规则所限制。”（Hayek，1960，p. 155）在法治之下才有自由，反映了“限制政府的权力以保障人民的自由”这一西方古典自由主义的传统理念。这也意味着自由主义就是宪政主义。对于这一点，后来哈耶克曾专门论述道：“由于法治意味着政府除非实施众所周知的规则以外不得对个人实行强制，所以它构成了对政府机构的一切权力的限制，包括对立法机构权力的限制。”[1] 基于这一理念，哈耶克提出了它的自由社会之理想的第五个基本观点：

第五，法治的含义不是政府以法律来治理社会，而是且首先是政府的行为在法律约束之下。在《通往奴役之路》第六章“计划与法治”中，哈耶克明确指出：“撇开所有的技术细节不论，法治的意思就是指，政府在一切行动中均受到事前规定并宣布的规则约束——这种规则使得一切个人有可能确定地预见到当权者（the authority）在特定情况中会如何使用其强制权力，并据此知识来规划自己的个人事务。”（Hayek，1944/2007，p. 112）很显然，在20世纪30～40年代，哈耶克就明确地认识到，法治并不意指当权者或政府用法律作为手段来治理社会，即“rule by law”，而首先且必定是政府及其领导人先遵守法律；换句话说，法治首先就意味着政府本身和任何公民一样，要受预先制定的法律规则尤其是宪法所约束，这才是“the Rule of Law”（哈耶克在其著作中经常用大写这个词组来专门指称“法治”）。在这一章中，哈耶克还探究了计划经济中的法律与政府的合法性问题，明确指出，“如果说在一个计划社会中并不存在法治，这并不是说政府的行动将不是合法的，也不是说在这样的社会中不存在法律。这只是说，政府的强制权力的运

[1] 同上，p. 205。对于法治包含对立法机构的限制这一重要思想，哈耶克在《通往奴役之路》中有明确的论述：“法治因而就含有限制立法范围的意思：它把这个范围限制在公认为那种作为一般规则的正式法律，而排除那种直接针对特定人或是使任何人能够用国家的强权来达到差别待遇之目的立法。这即意味着，不是每件事都要由法律规定，相反，它是指国家的强制权力只能被用于事先由法律限制的情形之中，并按预先可知的将如何实用之的方式来行使。”（见：F. A. Hayek，1944/2007，*The Road to Serfdom*，Chicago：The University of Chicago Press，p. 120）

用不再受事先规定的规则的限制和制约。法律能够……使任何专断行动的意旨和目的合法化。如果法律规定某一政府机构或当局可以为所欲为，那么该机构和当局所做的任何事都是合法的，但是，其行动肯定不是受法治原则的约束。通过赋予政府以无限的权力，可以把最专断的统治合法化，但这与法治没有任何关系”（Hayek，1944/2007，p. 119）。

第六，“自由放任”理念是对自由与法治的最大危害。尽管哈耶克在《通往奴役之路》以及后来出版的《自由的构成》《法、立法与自由》等著作中始终一贯地宣扬自由、法治和宪政的一些基本理念，主张要用预先制定的法律规则来约束政府，但是他并不是一个无政府主义者，更不能把他的经济和政治主张理解为在现代社会中政府要简单地“无为”（inaction）。在经济领域中，哈耶克多年来主张要采取私有企业制度，主张市场竞争体制，但他并不主张经济活动中的“自由放任”（即“*laissez faire*”）。在《通往奴役之路》第一章中，哈耶克就明确地指出：“也许对自由主义事业危害最大的，莫过于某些自由主义者基于某种经验主义的粗略法则的顽固态度，而以自由放任原则为甚。”（Hayek，1944/2007，p. 71）之后，哈耶克又多次强调，不要把他对计划经济的批评与反对意见与教条主义的“自由放任”态度混淆起来：“自由主义的论点，是赞成尽可能地运用竞争力量作为协调人类活动的工具，但不是主张让事务放任自流。自由主义的论点基于这样的信念：只有能创造出有效的竞争，就是再好不过地引导个人努力的方法了。它并不否认，甚至还强调，为了使竞争有益地运行，需要一种精心考虑出来的法律框架……”（Hayek，1944/2007，pp. 85～86）故通观哈耶克的

《通往奴役之路》，可以确定地认为，哈耶克一生并不是主张无政府，也不是主张政府在管理经济、政治与社会事务上无所作为[1]，而是主张政府在自身遵守预先制定的法律框架下，制定并通过法律来管理和治理社会。对此，哈耶克在多处曾有明确的论述。譬如，在谈到过去那些使竞争体制成功运作的积极条件时，哈耶克就指出："竞争要得以运行，不仅需要组织起来某些足够的建制（adequate organization of certain institutions），如货币、市场和信息渠道，等等（其中有些是私人企业所从来未能提供的），而且尤其依赖一种适当的法律制度的存在，这种法律制度的目的，在于既要维系竞争，又使竞争尽可能有利地发挥作用。"（Hayek，1944/2007，p. 87）由此哈耶克得出他心目中理想的社会治理状态："国家应当只限于建立起适应于一般类型情况的规则，而让个人在那些根据时间、地点等情况所决定的所有事务上自由行动，因为只有与每一情况有关的个人，才充分了解这些情况，并采取适宜的行动。"（Hayek，1944/2007，p. 119）照哈耶克看来，现代法治社会的基本构架应当是，在政府遵守预先制定的规则下订立并依靠规则来管理和治理社会，而让个人和企业在市场机制中，自由地参与竞争，这才是一个良序法治社会运行的基本原理。

---

[1] 在第六章，哈耶克还特别批判了那种主张"自由放任"原则的人的一个糊涂信念："这种信念认为自由主义的典型态度是政府的无为。提出政府应当或不应当'采取行动'或'干预'这个问题，这整个就提错问题了，而'自由放任'一词，是对自由主义政策所依据的原则的非常模糊不清和常引起误导的一种描述。每一个政府当然必须要有所作为，而政府的每一行动都要干涉这样或那样的事。但这并非是问题的关键。重要的问题是个人能否预见到政府的行动，并用这种知识为依据来制定自己的计划。"（参：F. A. Hayek，1944/2007，p. 118）

第七，民主本质上是实现自由和保障社会安定的一种手段，而不是最终目的。民主是哈耶克在《通往奴役之路》一书中讨论较多的一个议题。在书的一开始，哈耶克就讨论了在当时欧洲乃至全世界所出现的“以民主手段实现并维持社会主义”的思潮，认为这只不过是“最近几代人的一个伟大的乌托邦，不仅不能实现，而且为之奋斗还会产生完全不同的东西，以至于现在对其抱希望的人中几乎无人会接受这样的结果”（Hayek，1944/2007，p. 82）。之后，在第五章哈耶克又专门讨论了民主与计划经济的关系问题。整体而言，哈耶克是基于在当时英国“民主的议会在贯彻似乎是人民明确授权方面的无能为力，将不可避免地导致对民主制度不满”（Hayek，1944/2007，p. 104）的情况下，从哲理上讨论计划经济的目标、现代国家的建构与民主制度之优长与问题的。根据阿克顿勋爵对自由的评价，“它本身就是一个最高的政治目的”这一点，哈耶克指出，民主并不是最高的目的，而是“达致这一更高目标的手段”，“是一种保障国内和平和个人自由的实用设置（a utilitarian device）”。哈耶克还警告说：“我们绝不能忘记，在一个专制统治下，往往比在某些民主制度下有更多的文化和精神的自由——至少可以想见，在一个非常整齐划一和由教条主义多数所支配的政府统治之下，民主政府可能和最坏的政府同样暴虐。”因而，哈耶克相信“民主的控制可能会防止权力变成专断，但并非仅仅存在民主的控制就能做到这一点”（Hayek，1944/2007，pp. 110～111）。

值得注意的是，尽管哈耶克并不认为民主是现代良序社会的最高目的，且民主也绝不是一贯正确和可靠无疑的，因而主张“不要把民主奉为神灵”，但他绝不是说民主不重要。哈耶克相信，“只要政府的职能是根据一种广为接受的信条，被限制在大多数人通过自由讨论，而能达成一致的那些领域中，民主政府便能成功地运行”（Hayek，1944/2007，pp. 109～111）。另外，值得注意的是，在第二章中，哈耶克曾引用了托克维尔于 1848 年 9 月 12 日在法国制宪会议上“关于劳动法问题的讲演”中的一句话：“民主扩展个人自由的范围，而社会主义却对其加以限制。民主赋予每个人以所有可能的价值，而社会主义却使每个人只成为一个工具（agent）、一个数字。民主与社会主义除了‘平等’一词外，毫无共同之处。但请注意二者的区别：民主在自由中寻求平等，而社会主义则在束缚和奴役中寻求平等”。[1] 尽管托克维尔在他所处时代所说的“社会主义”和今天人们所理解“社会主义”已经不完全是一回事了，但今天重读托克维尔 160 多年前说过的这句话，仍让人们觉得尖锐、深刻、意义深远，且令人回味无穷。

在《通往奴役之路》这本不算厚的书中，哈耶克还讨论了计划与法治、经济控制与极权主义、保障与自由、纳粹的社会主义根源、社会的物质条件与理想目标、现代社会中的道德与自由、联邦制与国际秩序等问题，其中不乏他的独到见解和洞识。限于篇幅，我就不在这篇“导言”中一一列举和讨论了。以上提出的七方面的观点和见解，已经足以说明这本书超越时限和国家疆域的理论价值和潜在影响了。我相信，只要人类社会还存在，这本《通往奴役之路》就有它的理论意义和现实意义。

最后要指出的是，在《通往奴役之路》第四章，哈耶克曾说过

[1] 转引自哈耶克（Hayek，1944/2007，p. 77）。

这样一句话："在社会演化中，没有什么是不可避免的，使其成为不可避免的，是思想。"（Hayek，1944/2007，p. 94）这句话亦寓意甚深，也许只有把它放在哈耶克的经济理论的宿敌凯恩斯的一段名言一起来读，才能理解其中的真谛。在《就业、利息和货币通论》这本世界经济名著的结束语中，凯恩斯（Keynes，1936，pp. 383～384）曾说："经济学家和政治哲学家的思想，当它们对的时候与它们错的时候，都比一般所理解的要更有力量。确实，世界就是由它们所统治着。讲求实际的人认为他们不受任何思想的影响，可是他们已经是某个已故的经济学家的（思想）俘虏。……我确信，与思想的逐渐侵占相比，既得利益的力量是被过分夸大了。……不论早晚，不论好坏，危险的东西不是既得利益，而是思想。"凯恩斯的这段话，与这篇导言第一段所引的哈耶克在《通往奴役之路》一开篇所说的那句话，又是何等的精神一致？

近些年来，随着哈耶克的著作和思想不断被译介到中国来，他的经济、政治、法律与社会理论、思想方法乃至政策主张，已较广地为中国学界、社会各界乃至青年学子们所知晓和了解。现在，冯兴元和毛寿龙教授重新审校这部 20 世纪的经典，相信这对更加准确、全面和无偏执、无偏颇地传播和理解哈耶克的学术思想和理论主张，将有着积极的和切实的作用。在经历了 30 余年的改革开放而处在大转型时期的当下中国，重读哈耶克近 70 年前出版的这部著作，无疑对我们认识人类社会发展的一般法则和大趋势有所帮助，对未来中国的一个现代良序法治民主社会的建构，乃至对未来中国经济社会的转型与发展，无疑都有着重要的理论和现实意义。

是为此书新中译本序。

韦森于2013年元旦谨识于复旦

（本文曾发表于《东方早报·上海经济评论》2013年1月15日，第11～13页）

致谢：这篇新中译本导言写出来后，曾呈送给哈耶克先生的关门弟子林毓生教授批评指正。林先生非常细致地阅读了这篇序言，提出了一些非常宝贵的修改意见，也改正了我的一些打字错误。林毓生先生的所有修改意见都已经被接纳在最终修改稿中了。这里谨志笔者对林先生的由衷谢忱！笔者也由衷感谢吴敬琏先生细读全文后所提出的一两处修改意见，已按吴老师的教诲改正了过来。然而，按照国际学术惯例，这篇导言中的所有观点、谬误和纰漏，仍全由笔者自己负责。

韦森于2013年1月29日补记于复旦

参考文献

Cockett, Richard, 1994, *Thinking the Unthinkable*: *Think-Tanks and Economic Counter-Revolution*, 1931～1983, Great Britian: Harper Collins.

Ebenstein, Alan O., 2001, *Friedrich Hayek*: *A Biography*, New York: St. Martin's Press.

Hayek, F. A., 1944/2007, *The Road to Serfdom*, Chicago: The University of Chicago Press.

Hayek, F. A., 1960, *The Constitution of Liberty*, Chicago: The University of Chicago Press.

Keynes, John Maynard, 1924/2000, *A Tract on Monetary Reform*, Amherst, NY: Prometheus Books, p. 8.

Keynes, John Maynard, 1936, *The General Theory of Employment, Interest and Money*, London: Macmillan.

Robbins, Lionel, 1937, *Economic Planning and Economic Order*, London: Macmillan.

Stephen Kresge & Leif Weinar (eds.), 1994, *Hayek on Hayek: An Autobiographical Dialogue*, Indianapolis: Liberty Fund.

附录二

哈耶克式自发制度生成论的博弈论诠释

——评肖特的《社会制度的经济理论》*

这是一篇作者近些年来在制度经济学领域中探索的初步理论总结性文章。借对美国经济学家肖特的《社会制度的经济理论》评论，作者对什么是英文的“institution”，什么是中文的“制度”，制度是如何产生的，以及制度在市场中的作用谈了一些看法。本文还对当今世界上制度经济学研究的三大流派做了一些理论评述，并对未来制度经济学的发展趋势做了一些展望。

“一个词到底是什么?”这个问题类似于“象棋中的棋子是什么?”

——维特根斯坦（《哲学研究》，§108）

在经济学的当代制度分析史上，1981年由剑桥大学出版社出

---

* 这篇文章发表于《中国社会科学》2003年第6期，故所有版权为中国社会科学杂志社所有。本文写出后，曾收到陈志武、姚洋教授和陆铭、陈钊、王小卫博士的许多评论和批评意见。陆铭博士曾阅读过本文的数次修改稿，提出过一些中肯的意见，其中一些意见已被采纳到本文的最后修改稿之中。这里谨对上述同仁和同事一并致谢。文章中的观点和纰漏，当然仍由笔者自己负责。

版的、美国经济学家安德鲁·肖特（Andrew Schotter）的《社会制度的经济理论》是最早从博弈论的研究视角探讨人类社会的制度现象的一部著作。从当代经济学的发展史来看，用博弈论方法系统的研究市场运行中的制度现象，说来有点滞后：一方面，用博弈论方法分析人类社会的经济行为，从20世纪40年代末和50年代初就开始了；另一方面，自从科斯（Ronald Coase）教授的"社会成本问题"的经典名篇于1960年在《法与经济学杂志》发表以来，经济学的当代制度分析早在20世纪70年代就已在世界范围蔚然成风。但为什么在这之间，几乎20年的时间跨度里，如此众多和精明的西方经济学家，却没想到运用博弈论这一强有力的分析工具来系统地探究"制度现象"？更为奇怪的是，在肖特的这部著作出版近5年之后，英国另一位经济学家萨格登（Robert Sugden，1986）才出版了他的用类似方法研究制度和伦理道德现象的《权利、合作与福利的经济学》的另一部小册子（同时也是一部思想极其深刻的学术专著）。大约又过了近十年，像肯·宾默尔（Ken Binmore，1994，1998）、H. 培顿·扬（H. Peyton Young，1998）、格雷夫（Avner Greif）和青木昌彦（Masahiko Aoki，2001）等这些世界经济学名家才开始营造出用博弈论方法较系统地研究起制度现象的"势头"来。

在此，我们将借评述肖特教授的《社会制度的经济理论》，对当代制度经济学领域中的一些基本问题作一些综合性评论。首先，我们将考察一下到底什么是制度，然后将分析制度是如何生成的，并接着考察制度在市场运行中的作用是什么。最后，将就博弈论制度分析对当代经济学的理论解释意味着什么谈一点笔者个人的看法。

1. 到底什么是“制度”?

从其英文题目中，我们已经知道，肖特教授的这部著作是对“social institutions”概念所涵指的现实对象性的经济分析。从这一著作的中译本中，我们也已经知道，这是研究“社会制度”的一部理论经济学著作。那么，这里首先要遇到这样几个问题：什么是英文的（实际上是均质欧洲语，即“Standard Average European Language”[1] 中所共有的）“institution”? 什么是中文的“制度”? 是否均质欧洲语中的“institution”和汉语中的“制度”是含义等价的两个概念?

西方一位当代著名哲学家曼海姆（K. Mannheim，1960，p. 245）在其名著《意识形态和乌托邦》中曾经指出：“我们应当首先意识到这样一个事实：同一术语或同一概念，在大多数情况下，由不同境势中的人来使用时，所表示的往往是完全不同的东西。”曼海姆的这一见解，实在发人深思。近些年来，在国外和国内教学实践和研究制度经济学及其相关领域里问题的经历中，笔者深深地体感到，单从对“institution”概念的理解和实际使用中，西方一些当代思想家所指的往往是不同的对象，而且各人在理解和使用这

[1] 这个词是美国著名语言学家沃尔夫（Benjamin L. Whorf，1998，参：中译本，第124页）所使用的一个专用名词，他用以指英语、法语、德语和欧洲一些其他语言。很显然，现代均质欧洲语有一个共同“祖先”拉丁语，因而有着大同小异的语法。现代均质欧洲语中所共有的“institutions”，也是从拉丁语共同中所继承下来的。

个概念时含义也差异甚大。这里且不说像当代英国著名社会学家吉登斯（Anthony Giddens，1984）曾把“institution”理解为一种活动和社会过程，因而与经济学家的理解大为不同外，[1] 就连三位诺贝尔经济学奖得主哈耶克（Friedrich A. Hayek）、科斯（Ronald Coase）和诺思（Douglass North）各人在使用“institution”一词时，所涵指的现实对象性实际上也有差异。众所周知，哈耶克倾向于把他的研究对象视作一种“order”（秩序），科斯则把“institution”视作为一种“建制结构”（有点接近英文的“structural arrangement”或“configuration”），而诺思则把“institution”视作为一种“约束规则”——用诺思本人的话来说，“institutions are rules of game”。可能正是因为这一原因，“institution”一词在中国学术各界中被翻译得很乱。在中国经济学界，大家一般不假思考地把它翻译为“制度”，而中国英语学界（如姚小平、顾曰国教授）和哲学界（特别是研究语言哲学的一些中国著名哲学家如陈嘉映教授等）一般把“institution”翻译为“建制”。另外值得注意的是，在索绪尔《普通语言学教程》的三度讲演（Saussure，1993）中译本中，我国语言学界的张绍杰教授则将所有的“social institutions”全部翻译为“社会惯例”，而将所有的“convention”全部翻译为“规约”。华东师范大学哲学系的杨国荣（2002）教授则在他的《伦理与存在》中把“institution”全部

[1] 吉登斯（Giddens，1984，参：中译本，第 80 页）在《社会的构成》中说：“我把在社会总体再生产中包含的最根深蒂固的结构性特征称为结构性原则。至于在这些总体中时空伸延程度最大的那些实践活动，我们则可以称其为‘institutions’。”从这里可以看出，吉登斯是把“institutions”视作一种社会活动的。

翻译为“体制”。“Institution”一词在中文中出现了如此多的不同译法，这一现象本身值得我们深思。

如果说一些西方论者在使用“institution”一词时，他们心目中这个概念所涵指的对象性就所见各异，因而在汉语学术各界对均质欧洲语中的这一概念的翻译和理解也差异甚大的话，那么，这里自然有这样一个问题是：这部著作的作者肖特教授心目中的“institution”到底是指什么？一个连带的问题也自然是，把这部著作及其书名中的“social institutions”翻译为“社会制度”，是否合适？

到底什么是均质欧洲语中的“institution”，什么是汉语的“制度”，以及二者是否等价，由于这类问题极其复杂，在这里我们显然不能详尽地展开讨论这些问题。我们还是看作者肖特本人是如何理解并界定这部著作中的这一核心概念的。

可能是因为已体感到把握和界定“institution”这个概念上的困难，作为一个思想深邃和治学缜密的主流经济学者，肖特不像诺思那样，简单地靠直观定义来把握这个概念所涵指的现实对象性，而是绕了个弯子，用博弈论的语言从与另一个英文概念“convention”（惯例）的区别中来力图界定“institution”这个概念。而对英文概念“convention”（惯例），肖特采用了一位当代哲学家刘易斯（David Lewis，1969，p. 58）的定义：

定义 1.1　A social convention：在一人口群体 P 中，当其中的成员在一重复出现的境势 S 下，作为当事人常规性（regularity）的 R 只有在下列条件下而成为人口 P 中的共同知识时，它才成为一种惯例：(1) 每个人都遵同（conform）R；(2) 每个人都预计到他人会遵同 R；并且 (3) 因为 S 是一个协调问题，而一致遵同 R 又是 S 中的一种协调均衡，在他人遵同 R 的条件下每个人又乐意遵同它。

很显然，刘易斯对“social convention”（社会惯例）的这种界定和把握是十分到位和准确的。那么什么是一种“social institution”呢？模仿刘易斯的这一定义，肖特（Schotter，1981，p. 11）是这样定义“social institution”的：

定义 1. 2，A social institution：在一人口群体 P 中，当其中的成员在一重复出现的境势 Γ 下，作为当事人常规性的 R 只有在下列条件下而成为人口 P 中的共同知识时，它才成为一种 institution：(1) 每个人都遵同 R；(2) 每个人都预计他人会遵同 R；并且 (3) 因为 Γ 是一个协调问题，而一致遵同又是 Γ 中的一种协调均衡，或者在他人遵同 R 的条件下每个人又乐意遵同它；或者，(4) 如果任何一个人偏离了 R，人们知道其他人当中的一些或全部将也会偏离，在反复出现的博弈 Γ 中采用偏离的策略的得益对于所有当事人来说都要比与 R 相对应的得益低。[1]

比较一下刘易斯对“convention”的定义和肖特对“institution”的界说，经济学的业内人士马上就会看出，肖特无非是对前者加了一个多人协调博弈尤其是重复囚犯困境博弈中的“帕

[1] 读过这部著作后，读者也可能会体悟出，肖特的这一定义基本上只适用那种经由哈耶克所见的自发社会秩序演进路径而生成的制度，并不能完全涵盖那种由主权者（the sovereign）强制设计和制定出来的制度，也难能涵盖像布坎南和塔洛克（Buchanan & Tullock，1962）在他们的经典著作《同意的计算》中所展示的通过参与人多边谈判而合作地创生出来的制度，更不适用于在任何社会里均大量存在的非合理（非帕累托效率甚至非纳什效率）的制度。换句话说，肖特教授的这种制度定义有点像新古典理论中的“完全竞争”一样，指向一种“理想型制度”（an ideal institutions）。当然，与新古典理论范式中的完全竞争概念不同的是，这种理想型的制度也是现实中的制度，或精确地说，在社会现实中存有的大量制度正是这种制度，但这当然不是全部。

累托条件”。只是加上这么一个简单的条件，却意义深远。这实际上意味着“institution”（的存在）就意味着对市场博弈局中人的一种行动的“（潜）规则约束”（当然，正如我们下面将要展开讨论的那样，这种理解也还有许多问题）。在对这一定义的注脚解释中，肖特对此做了说明。肖特（Schotter，1981，pp. 165～166）解释说，他的这一定义与 Blaine Roberts 和 Bob Holdren（1972，p. 120）两位论者所提供的下面的定义是一致的：

一种 institution 被定义为适用于已建立起来的惯例（practices）或情形（situation）以及为一个社会系统里的成员所一般接受的规则系统。人们相互交往的这些标识（guidelines）抑或可以为法律、宪章、宪法等等所明确界定，抑或对某一特定的文化（比如习俗、显俗、一般为人们所接受的伦理原则等等）来说是隐含着的。关键在于，an institution 标示了能被预期到的个人或群体行动的结果。给定一种业已存在的 institution，个人或群体在一定程度上知道他（们）的活动将引起如何反应。[1]

很显然，如果说从肖特对“institution”的定义中还不能明显地解读出它是指一种对一个群体和社会中所业已形成并存在的习俗和惯例加以肯定，并为其中的所有或绝大部分成员所一般接受的规则系统的话，在 Blaine Roberts 和 Bob Holdren 的定义中，已非常清楚地表露出了他的这一理解。很显然，这种肯定、界说、规约并维系着作为一种社会事态、一种情形的习俗和惯例的规则系统，就恰恰

[1] 那些熟悉哈耶克的社会理论的读者马上又会觉察出，Blaine Roberts 和 Bob Holdren 对“institution”这一界说，与哈耶克对其“自发社会秩序”的界说几乎是一样的。

对应古汉语本来意义上的“制度”。基于这一点，笔者认为，陆铭和陈钊两位译者把肖特的这部著作书名中的“social institutions”翻译为中文的“社会制度”，是合适的。换句话说，肖特心目中的“institutions”，基本上对应汉语“制度”一词所涵指的现实对象性。

然而，这里需要指出的是，肖特教授对均质欧洲语中的“institution”概念，用博弈论规范语言的理解和界定，不是没有问题的。现在看来，主要问题有以下两点：

第一，在理解什么是“institution”的问题上，肖特教授想努力区分“convention”（惯例）与“institution”，但实际上他并没有真正将二者区分开。其原因是，在以中文“制度”相等价含义上理解并依此界定“institution”时，他并没有认识到“institution”与“convention”的主要区别在于：前者是一种“formal rules”即“正式规则”（常常是以书写语言写下的规则）；而后者则是一种“informal rules”即非正式规则（至少他在这部著作中没明确地这样做）。而“正式规则”和“非正式规则”的区别，恰恰在于，后者往往是当事人自觉遵从的规则且遇到违反这种规则而侵犯了他人的权利和利益时，除了自我意识中的道德不安和受侵害方的报复外，并不存在第三方（主要是权威者如法院、政府、和其他高位的权力体或个人）对这种“规则”的强制推行（enforcement），而作为“正式约束规则”的“制度”（institution）恰恰隐含或预设了这第三方的存在。换句话说，没有第三方强制推行、支持和实施，某些“institutions”永远不会是“制度”，而只是一种“convention”，即惯例和“非正式约束”（或言“非正式规则”）。在这个问题上，美国当代著名语言学家塞尔（John Searle）对“institution”的理解，就比肖特教授前进了一步。应该说，塞尔和肖特对英文“institution”的理解在精神上是一致的，即指同一个东西：作为一种正式约束的“制度规则”和由这种正式规则支撑着的，作为一种社会生活中实存的一种建制结构的综合体。这恰好对应我们中文的“制度”或“建制”。但与肖特相比，塞尔的高明之处在于，他认为判别一种社会实存是否构成“制度”（即塞尔和肖特所理解的“institution”）的标准在于，是否能将其“法典化”和“典章化”（codified）。譬如，在《社会实在的建构》一书中，塞尔（Searle，1995，pp. 87～88）就特别指出了这一点。按照塞尔的说法，看是否有真正的“制度事实”（institutional facts）的出现之关键，在于我们能否将习俗或惯例的规则明确地法典化（codification）了。他具体举例到，像产权、婚姻、货币这些社会现象，显然已被法典化为法律，因而是“institutions”。但一些如约会、鸡尾酒会、朋友关系，则没有被法典化，因而还不能算作“制度事实”。塞尔的这一见解实际上意味着，能够并实际上已被典章化和法典化了的“custom”（习俗）和“convention”（惯例）才构成了“institutions”（制度），否则，就只是“习俗”和“惯例”而已。从塞尔的这一研究进路中，我们也可以清楚地解读出，他本人所理解的“institutions”，也恰恰相等于古汉语中本来含义的“制度”。而塞尔的这一理解，与肖特教授在“institution”博弈论定义中的第 4 条，所指向的显然是同一类社会实存。

第二，即使如果我们接受肖特和塞尔对均质欧洲语中的“institution”的这一汉语“制度”含义的理解和界定，但仍然存在这样一个问题：到底源自拉丁语的现代均质欧洲语中的“institutions”包括不包括人们的“usage”（习惯）、“custom”（习俗)、“practice”(惯行方式或惯例)以及“convention”(惯例),等等?换句话说,如果去掉定义1.2中的第4条——即回到定义1.1——,那这一定义所涵指的社会实存还是不是“institutions”?要回答这个问题,这里我们不妨先看一下*Shorter Oxford English Dictionary*(相当于汉语的《新华字典》)对“institution”这个词的界说:“an established law,custom,usage,practice,organization”(这个定义实际上取多卷本《牛津大辞典》诸多繁复定义中的一意)。这个解释最简单,却一下子道出了这个英文词的最基本含义。如果我们把这一定义拆解开来,并沿着构成这诸多含义的词序从后面往前看,也许更能体悟出这一“大众使用法”之界说的精妙。在这一界说中,“an established organization”很显然是指英语中“institution”的另外一重含义,即“组织、机构”[1]的意思。依此往前,我们可

[1] 这里也值得我们注意的是,美国一位语言学家卡罗尔(John B. Carroll)在为美国另一位著名语言学家沃尔夫(Benjamin L. Whorf)的文集所写的“前言”中特别指出,与讲霍皮语(Hopi)的人自动把土地、房屋的“占有”(occupancy)和占有的地方与用于这块地方所做的事情区别开来不同,讲英语的人则把二者混为一谈。例如,在讲英语人的心目中,“学校”既是一个建制(institution),也是一幢(或一系列)建筑(见Whorf,1956,参:中译本,第18页)。从卡罗尔和沃尔夫的这一洞见中,我们会进一步发现,正是英语思维本身的问题,在英文中的“property”一词,既是指作为一种抽象存在的权利即“产权”,又是指有物质形体或实体的“财产”或“财物”。在英文中还有其他许多类似的例子。从这里我们也会进一步认识到,从语言中的词所指的现实对象性是什么,这样一个语言哲学的本体论思考层面,进一步从语言与思维的相互关系的认识论思考层面,再进一步从对语言和人们用词(wording)行为本身对人们思维和认识的制约的反思这一语言哲学层面来看问题,就会发现,西方学术界对“institution”本身理解上的所见各异及其有关争论,原来缘起于英语语言本身。在英语中是如此,在汉语中自然也不例外。正因为这一点,美国语言学家沃尔夫(Whorf,1956,参:中译本,第28页)警示人们:“我们一生一直在不知不觉中被语言的诡计欺骗,语言结构的诱导使我们只能按某种既定的方式感知现实。”他又接着指出:“一旦意识到这一诡计,我们就有能力以一种新的眼光来看世界。”

以把它理解为一种惯例（practice）、一种习惯（usage）、一种习俗（custom）、一种法律（law）。按照《牛津英语辞典》的界定，另据笔者在英语国家十多年的生活中，对说英语的人们日常使用这个词的观察和体验，我觉得除了法律这种正式制度规则外，“institutions”概念是应该包括人们的习惯、习俗、惯例等在其中的。但是问题是，一旦把“usage”（习惯）、“custom”（习俗）、“practice”（惯行方式或惯例，这个英文词在西方人的实际使用中常常等价于另一个词“convention”，而较少指马克思主义哲学中的“实践”概念）和“convention”（惯例）等包括进“institutions”概念之中，那么像肖特和塞尔那样，只把“institutions”仅仅理解为与中文“制度”相等价的正式规则和由这种规则所界定的社会结构安排（structural arrangement）或构型（configuration）这种双重存在，就有问题了。因为，从这一理解和界定中，你很难说个人的“习惯”是一种这种意义的制度，习俗是一种制度，惯例是一种制度（但似乎说惯例是一种“非正式制度”还勉强可以，但仔细思考一下，就会发现这个说法也有问题，因为，既然“非正式”，焉能有“制度”?）。到这里，读者也许就会理解尽管肖特想努力区分开“convention”（惯例）与“institution”（制度）但实际上并没有将二者区分开的原因了。[1]

---

[1] 譬如，在该书第5.1小节谈到团队问题时，肖特（Schotter，1981，p. 145）说：“从上面4章的讨论中，我们已清楚地知道，本书中所言的经济和社会制度，就是为我们所考察的当事人所内生地创生出来的经验的行为规则（behavioral rules of thumb）。”但问题是，这经验的行为规则，是指“conventions”，还是指他所理解的“institutions”? 尽管肖特教授这里明确地说是指后者，但这一定义显然更适合前者。

经过多年的反复揣摩，我觉得最能切近或精确界定西方文字中的“institution”一词的还是《牛津英语大词典》中的一种定义：“the established order by which anything is regulated”。《牛津英语大词典》中的这一定义直译成中文是：“业已建立起来的秩序，由此所有事物均被调规着”。这一定义恰恰又与哈耶克在《法、立法与自由》中所主张的“行动的秩序”是建立在“规则系统”基础之上的这一理论洞识不谋而合（仔细思考一下，肖特教授对“institution”的把握的努力最终也是指向这一含蕴的，尽管由于他只是把“institution”看成是一种结果，而没看到它也是一个过程[1]）。到这里，也许读者能明白近几年笔者为什么一再坚持要把

[1] 如果向肖特的“institutions”的定义问“那些还没有被法典化和典章化（即变为正式规则和约束）的习惯、习俗和惯例还是不是 institutions”这样一个塞尔哲学式的问题，就会明白我为什么在这里这样说了。塞尔的回答是：不是。但大多数西方人在实际说话时却当作它们是。肖特教授将如何回答这个问题呢？在这部著作中显然是解读不出答案来的。但有一点值得我们注意的是，在肖特教授对“institution”概念的把握和定义中，他实际上不是把它视作一种正式规则和约束，而是把之视作一种“均衡行为”和“惯例”的。譬如，在谈到对于舒贝克（Martin Shubik）和赫维茨（Leonid Hurwicz）这些经济学大师把“social institutions”视作由计划者界定的决定着不同的 n 人博弈的各种行为规则，因而对于他们来说博弈的规则与它的制度结构是同义词的这一理解时，肖特（Schotter，1981，p. 155）说：“我们所言的社会制度并非是指博弈的规则，而是指从其规则所描述的博弈之中发展出来的可供选择的均衡的行为标准或行为惯例。”但问题是，肖特眼中的“institutions”，是指法典和典章化了的惯例准则呢，还是指没有法典和典章化了的惯例准则呢？他并没有进一步解释。这就回到了我们上面所讨论的他的理论解释中的第一个问题和前一个注脚所谈的问题上来了。另外，我们也必须看到，无论在西方语言背景中，还是在汉语背景中，“习俗”“惯例”和“制度”常常是很难确定。譬如，每周七天是一种“制度”，还是一种“惯例”？中国人过春节，西方人过圣诞节，这是习俗还是制度？均难能说得清楚。因而，塞尔的“法典化”标准，显然是太简单化了。一个明显的问题是，尽管每周工作六天还是五天可以是每个国家法典化了的，但一周七天这一习俗是否法典化了？塞尔该如何回答呢？

“institution”翻译为中文的“制序”（即由规则调节着的秩序）这一点了。因为，正是按照《牛津英语大词典》的界定，把英语以及均质欧洲语中的“institutions”理解为从“个人的习惯（usage）→群体的习俗（custom）→习俗中硬化出来的惯例规则（convention）→制度（formal rules，regulations，law，charters，constitution）[1]这样一个动态的逻辑发展过程”，笔者（韦森，2001，2002，2003）才在近几年一再坚持将“institutions”翻译为“制序”。这里需要说明的是，尽管对均质欧洲语中的“institutions”概念有这种个人理解，但考虑到肖特教授在这部著作中，实际上是在汉语中“制度”

---

[1] 请注意，当个人的习惯、群体的习俗和作为非正式约束的惯例，经过一个动态的逻辑发展过程变为制度时，制度本身显现为一种正式的规则和正式的约束，但这绝非意味着习惯、习俗和惯例，一旦进入制度之中，就失去了其作为一种秩序（包括博弈均衡）、一种事态、一种情形、一种状态以及一种非正式约束的自身，相反，它们均潜含于作为正式规则和规则体系而显在的制度之中，与外显的规则同构在一起。这种内涵着秩序和事态的规则，于是也就孕成了制度的另一种含蕴，即建制。因此，在制度之中，秩序与规则是同构在一起的。由此来说，在笔者看来，已制度化（constitutionalized——即已形成正式规则了的）的社会秩序中，制序等于制度（constitutions）；而处于非正式约束制约中的秩序，或者反过来说在人们行动秩序中显现出来的非正式约束本身就是“惯例”（conventions）。这样一来，制序包括显性的正式规则调节下的秩序即制度，也包括由隐性的非正式约束（包括语言的内在规则如语法、句法和语义规则，等等）所调节着其他秩序即惯例。用英文来说，“Institutions are composed of all constitutions and conventions”。并且，由于“constitutions”和“conventions”均内涵着“social orders”的含义，社会制序也自然把社会秩序（如习俗，人们的行事和交往方式即“practices”）内涵在其中了。到这里，读者也可能就明白了，尽管笔者不同意舒贝克和赫维茨以及诺思这些最优制度设计论者的“制度作为博弈规则是计划者设计出来的”这一理论观点，但却认同他们的制度是规则约束和结构安排的同一体这一认识。换句话说，制度具有（正式）博弈规则和结构安排两重性，且二者是不可分割的融合在一起的。同样，惯例也具有（非正式）规则和结构安排两重性。这就是我近来所常说的“制序（包括制度和惯例）是规则中的秩序和秩序中的规则”的精确意思。

相对应含义上来使用“institution”一词的，我赞同并支持本书的两位译者在这部著作的中译本中把“social institutions”翻译为“社会制度”。因为，肖特所理解的“institutions”，大致对应汉语本来含义的“制度”。[1]

最后，这里特提请读者注意的是，要把这部著作中译本中的“社会制度”与现代汉语中意识形态化了的“社会制度”（在英文中对应的是“social regimes”）区别开来。现代汉语中意识形态化了的“社会制度”，一般是指“奴隶制度”“封建制度”“资本主义制度”“社会主义制度”“共产主义制度”，等等。而肖特教授在这部著作中所使用的“社会制度”（social institutions）是指作为一个社会系统内部成员认可和遵同、并作为映照着人们社会博弈中均衡选择的一种“规则系统”和“构型安排”，因而与现代汉语中意识形态化了“社会制度”根本风马牛不相及。

2. 制度是如何产生的？

在对中文的“制度”和肖特教授所理解的“institutions”（二者

[1] 肖特教授在这部著作中的许多地方总是把“convention”和“institution”并列使用，本身就意味着在他（以及在塞尔）心目中，后者是不包括前者的。而根据《牛津英语大词典》的定义和西方人的实际使用，我觉得“institutions”的概念是包括“conventions”的。另外，从韦伯（Weber，1978）在其巨著《经济与社会》中曾使用过的“conventional institutions”和“legal institutions”两分法来看，韦伯显然也是把惯例视作一种“institution”的，且我觉得韦伯的这一两分法非常精确。因为，很显然，韦伯所说的“conventional institutions”，显然是指肖特所言的“convention”；而他所言的“legal institutions”，显然就是指肖特尤其是塞尔所理解的与中文“制度”意义等价的那些“institutions”。

是等价的）的含义做了上述考究之后，我们再来讨论一下这部著作的主旨之所在。很显然，这部著作的主旨并不是在考究和界定什么是“制度”（尽管这是任何一个想认真思考制度现象的作者在自己的理论话语中均自然会做的一项工作，包括肖特教授本人），而是探讨制度是如何产生的，以及制度在人们的社会交往尤其是市场运行中的作用是什么。这里，我们先来看肖特教授是如何运用博弈论的分析工具来回答制度是如何生成的这个问题的，毫无疑问的是，肖特教授围绕这个问题的回答而展开的理论言诠（discourse），是本书最精彩和最有价值的地方。

在本书第1章一开始，肖特就辨识出了经济学说史上对制度产生机制认识上的两种进路：一是亚当·斯密—门格尔的演化生成论传统，二是康芒斯的“制度是集体行动控制个体行动”的制度设计论传统。在其后的分析中，我们又会解读出，前一种传统在哈耶克的“自发社会秩序理论”，以及诺齐克（Robert Nozick）的“最小国家理论”中得以集大成；而后一种传统，则在当代新古典主义经济学家们如赫维茨（Leonid Hurwicz）的激励经济学的机制设计理论，布坎南（James Buchanan）的以“同意的计算”为核心的宪政理论，甚至像舒贝克（Martin Shubik）这样的博弈论大师的数理制度分析中隐含地承传下来了。[1] 对探究人类世界（the social world）的制度实存（institutional reality）这一复杂的社会现象的进路做了

［1］ 正如肖特（Schotter，1981，p. 155）教授所见，对于舒贝克和赫维兹这些经济学家来说，“社会制度是由计划者界定的各种行为规则，这些界定决定了不同的n人博弈。因此，对于这些作者而言，博弈的规则与它的制度结构是同义的”。由美国MIT出版社出版的舒贝克（Shubik，1999）教授的毕生之作《货币和金融机构理论》（两卷本），由上海人民出版社出版了中译本。

这样的区分之后，肖特教授在这部著作中一再坦言，在制度的生成机制和变迁路径中，他是一个哈耶克式的演化论者，而他的这部《社会制度的经济理论》从整体上来说，正是对斯密—门格尔—哈耶克—诺齐克这种制度演化生成论的逻辑展开。

现在，我们就来简略回顾一下，肖特教授是如何用博弈模型来展示制度的生成（他较多地使用"creation"即"创生"一词）机制的。在第2章一开始，肖特就先沿着诺齐克的国家创生理论，假设了一个洛克式的"自然状态"（state of nature），在此基础上来用博弈模型再现制度的出现情形，从而来验证哈耶克的"自发社会秩序"理论。按照肖特的博弈分析理路，制度的出现，主要是为了解决人们社会生活中普遍存在的"囚犯困境"弈局和其他协调博弈问题。首先，如果一个社会反复地面临某种囚犯困境博弈弈局，那么，一个有效率的做法自然是，它应该演化出某种行为的规则，以避免反复出现的非效率的均衡策略的采用。另外，这样一个规则应成为一个社会惯例，它规定了在重复博弈情况下当事人的行为，并且将被他们所遵循。当博弈重复出现时，这一制度的规则将界定某些被反复实施的非均衡的 n 维数组的使用。然而，如果这种博弈是囚犯困境类型的，在每次重复的时候，均存在博弈者偏离制度规则的激励。这样约束人们不做占优策略均衡的制度规则就会出现了。

现在看来，肖特教授对制度规则创生机制的这种认识，应该是一个略知现代经济学的人的普通常识了。但肖特教授的理论贡献在于他在20年前就意识到并明确地用博弈模型规范地展示出了这一制度生成机制的演化情形。更为可贵的是，他（Schotter，1981，p. 24）在提出这一点之后还深刻地指出，强调囚徒困境弈局的反复出现（即重复博弈）这一点非常重要，“因为，社会制度最好是被描述为由某种特定成分博弈的反复进行而形成的超博弈（supergames）的非合作均衡，而不是一次性博弈的特征”。接着，肖特又按照这一思路考察了维系不平等的博弈，即具有一个原状的协调博弈，进一步论证了他的这一观点。这样，通过考察囚犯困境博弈和协调博弈，肖特（Schotter，1981，p. 28）得出了以下哈耶克式制度自发生成论的结论：“它们通过人类行动而不是人类的设计而有机孳生地（organically）出现的，因而是个人行为的结果，而不是人类集体行为的结果。”

在得出上述结论后，肖特又指出，在当今世界，当然有很多社会制度是被社会计划者设计出来，或者是被社会当事人以面对面的方式，就他们想要看到的将被创造出来的制度类型，进行讨价还价而一次性创生出来的。这样所产生的制度的确定形式，显然是人类设计的结果（在计划者专权意志的情况下），或是多边讨价还价（在立法的情况下）的结果。肖特教授还特别指出，后一种制度型构路径为布坎南和塔洛克（Buchanan & Tullock，1962）在他们的经典著作《同意的计算》中所展示出来。因为，按照他们在那本书里的描述，制定宪法博弈是在有交流的条件下以合作的方式进行的。尽管肖特认识到人类社会的制度可以是经由计划者有意识地人为设计出来的，也可以通过参与人多变谈判而合作地创生出来，但他明确说明，在他自己的研究中排除了考察这两种类型的制度。据他自己所言，这出于两个原因：首先，如果所考察的社会制度是由社会计划者创造的，那么，他的设计就可以由最大化计划者本人脑海中已经存在的某个目标函数的值来解释。这样一种做法，正如哈耶克（Hayek，1955）在《科学的反革命》一书中所已经指出的那样，是没有多少理论意义的，且从经济学上来说，这还将涉及显示性偏好问题。其次，如果一个被创生出来的社会制度是一个多边谈判过程的结果，那么就需要一个谈判理论。肖特说，后一种工作最好留给他人去做。

在排除了经由上述两种路径所创生出来的社会制度而不加以研究外，肖特认为，那些用以帮助我们解决社会问题的大多数制度，抑或是有机地孳生出来的，抑或是自发地创生出来的。[1] 这包括今天在大多数社会中正在实行的星期（天）制度、货币制度、产权制度，甚至战争的规则，等等。按照肖特的博弈模型分析，之所以一周七天，之所以采取某种货币形式，之所以出现某种产权安排，甚至之所以在现代战争中有善待俘虏和不使用核武器的国际公约，等等，都是经由自发惯例而来的某种制度。在这部著作中，肖特分别用博弈模型把上述制度的创生机制一一展示出来。因此，如果说哈

[1] 肖特教授这里可能没有认识到，一些经由自发生成路径而产生出来的制度在该制度产生的那一瞬间，可能也是多变谈判的结果，因而也是制订的或设计出来的。因而，从微观上来看，哪些制度是设计的，哪些制度是自发创生的，哪些制度是谈判出来的结果，是难以区分的。实际上，从微观上和制度创生的那一瞬间来看，人们所能区分的只能是制度是他人为当事人“外在”制定或强加的呢？还是当事人经过讨价还价即双边或多变谈判而自己制定的呢？当然，在一群当事人为约束每个人的行为，而制定某些制度规则时，可能会参考已经形成和存在的行为和社会选择中的常规性（regularities），而只有这种行为和选择中的常规性，才可能是真正意义上的“自发生成”（包括当事人模仿他人的行为和选择）的。在这种意义上，我们甚至可以得出这样一个重要的结论：只有习俗和惯例才能是自发生成的，而制度只能是制定的。到这里，我们也就能理解为什么哈耶克一生特别讨厌“institution”这个词——譬如在《自由的构成》中，哈耶克（Hayek，1960，p. 33）就曾使用“自发型构”（spontaneous formation）一词。哈耶克还接着在注脚中说：“使用‘formation’一词，比‘institution’一词更妥切。”到这里，我们也就能明白和理解为什么诺思一谈到这个“institution”词时就说它是人们“设计”和“制定”出来的了。

耶克的自发社会秩序理论还仅仅是停留在他的直观观察和判断，因而人们还存疑甚多的话，肖特则用博弈论的理论工具将这些自发社会机制规范地变成了一些博弈模型，因而更加能让人接受和信服了。所以，如果今天还有任何人对哈耶克的自发社会秩序理论的可能性以及可行性还存有疑虑的话，认真研读一遍肖特的这部著作，也许自己就会找到了答案。

更为可贵的是，在这部著作里，肖特教授不但非常精美细致地用博弈模型展示出了哈耶克自发社会秩序的生成机制，而且在一个假定的自然状态的背景下，通过一个精美的博弈模型展示了诺齐克的国家创生理论，即令人信服地模型出了一个没有任何个人甚至集体的设计而创生出来的最小国家的出现及其演化机制，且非常深刻地洞察出国家的实质无非是自然状态下偷窃博弈的一个“核”(core)。[1] 正如肖特（Schotter，1981，p. 46）所见：“国家的产生，正如我们所将要看到的那样，仅仅代表一个合作博弈的均衡解（核的解），并且是从人们最大化个人利益的行为意图中产生出来的。它是一个没有当事人计划的结果，但却是当事人或当事人的集体所不愿意放弃的。它的存在是被一致地接受的。”在此基础上，肖特

[1] 按照诺齐克的国家理论，当一个社会里的当事人为了裁决他们相互之间的相互争端，以相互保护并避免外部人对自己利益的伤害时，他们便形成了某种保护性的联盟。这时，国家就产生了。如果在这样的保护性联盟的形成中，存在任何对集体的规模递增收益的话，一个稳定的“巨大的保护性联盟”将会形成，所有的当事人将归属于它，并且它具有裁决所有争端的力量。这个巨大的保护性联盟，就是诺齐克所称的“最小的国家”。结果，当事人并不需要抱着创造一个国家以使之出现的明显目的而坐在一起。它可以作为个人的保护行为的均衡结果而被无意识地创生出来（参：Schotter，1981，p. 46）。请注意，诺齐克和肖特所说的“国家”，在英文中是“state”，而不是“nation”。这里区别开这两者，是十分重要的。

(Schotter，1981，p. 51）发现，一个正式的制度创生是一个马尔可夫式的扩散过程（a Markovian diffusion process），其状态空间是所有可能的规范空间，其均衡则是这个过程的收敛状态。

在研读肖特的制度演化论的博弈分析时，有一个问题特别值得我们注意，这就是，由于20世纪90年代中后期才在西方成型的演化博弈论（evolutionary game theory）的始作俑者是西方一位生物学家和博弈论理论家梅纳德·史密斯（Maynard Smith），如果从演化博弈（在这部著作写作时演化博弈论还未成型，尽管史密斯的“演化稳定性”即ESS概念已经提出，并且已引起了肖特的注意）的视角来看待制度的生发与型构，一方面会自然取向于赞同或追随哈耶克“自发社会秩序”的理论分析进路，另一方面也很容易滑入社会有机论的理论巢臼中去。在这种格局下，熟悉并沿着哈耶克思想理路进行博弈论制度分析的肖特，接受门格尔的社会有机论的理论进路，并多处使用“organically”（有机孳生地）这个形容词来意表制度的生成路径，就不足为怪了。

那么，肖特教授所用的“organically”一词是指什么？这个词翻译到中文中如何翻译？要理解这一点，先让我们看一下，肖特是如何划分在制度创生问题上的不同理论进路的。如上所述，在本书的第1.1节的第2自然段中，肖特就把门格尔的社会有机论（organic theory）与康芒斯的制度集体决定论（collectivist explanation）这两条研究进路明确地区别开来。根据这一点，本书的中译者陆铭博士曾认为，前者认为制度的生发是一个没有计划的过程，是由个体分散决策而演化出来的；而后者指制度是由集体决策和设计出来的。根据这一点，陆铭最初主张把“organically”译为“分散地”或“以个体方式决定地”。在为这部中译本做序而阅读他们的译稿时，我发现陆铭的这一理解显然是有道理的。但是，经反复琢磨，我觉得由此就将“organically”翻译为“分散地”，显然有点个人引申之嫌。因为，许多读者可能会问，原来就是“organically”这个词，其中文意思非常简单，即“有机地”，把它用到制度的创生过程上，怎么就被翻译成“分散地”了呢？更何况，近代以来，“社会有机论”在社会科学的各个领域中都大有人在，包括近代英国著名社会学家和哲学家斯宾塞（Herbert Spencer，1820～1903）和德国社会学家舍夫勒（Albert Schäffle，1831～1903），等等。从某种程度上讲，门格尔（Karl Menger）曾或多或少地受这种社会有机（体）论思想的影响。如果能意识到这一思想背景，就能发现，沿着门格尔—哈耶克的制度演化论的理论进路，肖特探究制度的生成机制时经常用“organically”这个词就不足为怪了。但是，在把“organically”这个词用在制度的生成上，把它直译为汉语的“有机地”，显然不甚合适。基于这些思考，我曾一度建议陆铭用“自然地”“自生地”“孳生地”等词，但后来觉得均不甚切意。最后，我想，不如累赘一点，把肖特所用的“organically”一词翻译为“有机孳生地”。后来，陆铭和陈钊博士接受了我的这一建议，故在这个译本中，凡肖特用“organically”一词的地方，我们一致把它译为“有机孳生地”了。但这里需要呈请读者要注意的是，尽管笔者青年时期也曾是个社会有机体论者，并就此发表过几篇甚长的学术论文，但现在看来，在当代社会科学的话语语境中，如果说像斯宾塞那样，在近代所提出的社会有机（体）论的观点不是错误的话，这种观点至少也是肤浅的。因为，在当代各门社会科学缜密、实证和平实的研究世风中，一些思想深邃的学者不必甚至也不屑于借用生物学、物理学、化学和其他自然科学的术语来隐喻社会现象。由此来判断，在当代的知识背景中，像肖特教授这样思想缜密和深邃的现代博弈论经济学家，用“organically”这个词来诠释他的制度演化论，看来也是经考虑后而勉强借用的。这也是我决定在“有机”后面又加上“孳生”二字的另一重考虑。因为，我觉得这个处理法，可能较切近肖特使用这个形容词的初衷。

3. 制度在市场运行中的作用是什么?

在初步理解了制度现象的实质，并用数理博弈模型对制度的自发型构和演化机制进行了一些理论展示之后，一个必然连带的问题是，制度在市场运行中的作用是什么？实际上，肖特教授在第 1 章中，用博弈论语言界定制度之前，就提出这个问题来了。譬如，这部著作中的第一个博弈模型就是“交通博弈”，而“交通博弈”的理论映射，恰恰在于昭示制度的功用。

		司机甲 等待	司机甲 前行
乙	等待	−3，−3	−2，7
乙	前行	5，0	−4，−4

矩阵 1　交通博弈

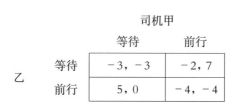

肖特教授是这样提出他的交通博弈模型的：假如甲、乙两个人靠右驾车到了一个十字路口，甲要左转，而乙则保持直行，他们将如何做？是甲让乙先直行呢？还是乙让甲先左转呢？在回答这个如

此简单的问题上，按照新古典主义主流学派的分析理路，一个显见的答案是，应该建立一个市场，以出卖使用路口的权利。新古典主流经济学家们还会认为，这个权利应该在拍卖中被出售。道理很简单：由于这里问题出现的唯一原因是市场失灵，因而要达到帕累托最优配置，新古典经济学家就会想象有一个站在路口中间的拍卖者，这位拍卖者快速地从两个司机那里接受出价，然后将优先使用路口的权利卖给出价较高者。从矩阵1的博弈模型中，我们会知道，拍卖者可将价格定在5和7之间，结果向左转的甲将得到先使用路口的权利。然而，在现实中，这是一种非常难以出现的情形。即使这是可能的，而且拍卖的过程也是极端有效率的，但这种机制也显然是既麻烦，又成本甚高。但是，如果按照经济学的制度分析理路，这个问题就比较简单了。因为，你可以想象存在一条交通规则——这里且不管这一交通规则是计划者颁布的，还是驾车者经由自发形成的驾车惯例而出现的（参：韦森，2001，第6章）——并且强迫每个人都在被允许上街开车之前就学习并掌握了它。一旦有一条经验性的或制定出来的交通规则——如“拐弯必须让直行”——的存在，那么在路口要左转弯的甲就必须等待迎面开来的乙先通过后再左转，这里也不必再产生任何协调成本了。

肖特的这个例子很简单，在现在的生活中也很常见[1]，但所映

［1］ 这里值得一提的是，据笔者来上海这几年的实际观察，尽管中国存在“拐弯让直行”的交通规则，大多数司机却在这种情况下抢道而左拐，特别是在有红绿灯控制的交叉路口红灯刚过时，更是如此。由于几乎每个司机都这样干，似乎目前在上海形成了“直行让拐弯”这样一种有违交通制度规则的交通惯例。这一现象值得深思。实际上，这也反映出我们中国人不大注意遵从规则的文化传统，这甚至成了我们中国人的一种民族秉性。

射出的道理却颇深。这就是，制度安排常常是市场价格机制的一种替代物。由此看来，制度（规则）之所以出现和存在，其主要功能就在于降低人们经济和社会活动中的协调成本。

在制度经济学的基本理论观点已成了目前大学本科生的基本常识的今天，读肖特教授二十年前所提出的这些观点也许会感到不新鲜了，但如果读肖特（1981，p. 109）沿着这一分析理路所提出的以下一段话，读者也许会感到其见解的独到之处了：

> 当竞争性价格不能为完全分散化和需要协调的经济活动提供足够的信息时，社会的与经济的制度就成了为经济系统增添信息含量的一些信息装置（informational devices）。更精确地说，我们知道，虽然价格传递着反映资源稀缺程度的信息，并由此创生出了对当事人经济行为的激励体系，而社会制度则向其他当事人传递着那些不能由价格所完美协调的可预期行动的信息，并且产生对诸如此类协调活动的激励。此外，我们也发现，制度有助于为经济中的当事人“将记忆编码”，并因此将他们所参与的博弈由非完美记忆的博弈转变成我们称之为“制度支持的完美记忆”（*institution-assisted perfect recall*）博弈。这一转换大大提高了信息的效率，因为，它使经济当事人能够在博弈中采取稳定的行动策略，而这些策略在信息上是高度有效率的。

肖特的这段话非常精彩。但是，对那些不熟悉现代博弈论的读者来说，初读这段话时可能会觉得有点云里雾里。如果把肖特这段话与哈耶克于 1945 年在《美国经济评论》上发表的那篇“知识在社会中的运用”名作中所提出的观点放在一起来解读，就会发现肖特教授的博弈论制度分析的理论意义之所在了。

熟悉哈耶克这一经典名篇的人均知道，在哈耶克看来，由于在市场和社会活动中每个人的知识都是分散的和分立的，每个市场参与者可能都“掌握着可能极具助益且独一无二的信息”，因此，只有当基于这种信息的决策是由每个人作出的，或者是经由他的积极合作而作出的时候，这种信息才能得以运用。基于这一认识，哈耶克发现，正是价格体系（the price system）才构成了具有分立、分散甚至独一无二的私人知识的市场当事人之间交流和沟通信息的有效率的社会机制。也正是从这一深刻的认识出发，哈耶克否定了完全经由中央计划进行资源配置的可能行和可行性，并为他在 20 世纪 60 年代后才逐渐成型的自发—扩展秩序理论奠定了方法论基础，并确定了逻辑起点。

20 世纪的世界历史实践证明了哈耶克的理论判断。到今天，可能已很少有人置疑价格体系是现代人类社会中人们在资源配置上交流和沟通信息的一种主要的且非常有效率的市场机制了。然而，问题在于，尽管价格机制是一种市场活动的有效率的信息传递机制，但它毕竟不是市场运作的唯一协调机制。正如肖特教授所见的那样，社会惯例和社会制度无疑也是市场运行的一些重要的和主要的信息传递机制。而市场惯例和制度作为一种信息传递机制的主要作用，则是补充在竞争性价格不能充分协调人们的经济活动时价格机制所内含的那些信息所不具有的内容。这样一来，市场中的惯例和制度，就给原来可能处于无序状态中的策略相互依赖的情形添入了结构与秩序。沿着这一论辩理路，肖特（Schotter，1981，p. 143）总结道：“一言以蔽之，我们之所以如此行事，是因为在我们的许多社会与经济遭遇中，我们知道我们自己以及他人会被预期到采取何种类型的行为，即正是按‘要干均衡的事’那样的方式来行事。”从这一点来看，市场惯例和制度作为一种信息传递机制的重要性，绝非亚于价格机制。因为，只是当有承载着某种确定和已知信息的某种惯例和制度的存在时，人们的社会活动和选择才是可以预期的，人们在市场博弈中的策略选择才是稳定的。这里更深一层的含义在于，如果没有市场惯例与制度，价格机制可能就不能形成，这就更谈不上其运作了。更严格地说，价格机制只是市场惯例和制度演化过程的一个伴生结果。从这种意义上我们也可以进一步说，市场运行以及其中的价格机制的工作（working）是建立在种种社会惯例和制度规则基础之上的。没有价格机制，就无所谓市场。同样的道理是，没有惯例和制度，也同样没有市场，更不可能有价格机制。从历史上看，这一逻辑判断也应该是对的。因为，人类社会演进的逻辑清晰明了地展示了这样一个轨迹：从霍布斯丛林到物物交换，再到货币的出现，才出现了真正意义的市场，才有了哈耶克所见的那种作为信息装置的价格体系。由此看来，人类社会中的习俗、惯例和制度，是作为现代市场秩序之轴心的价格机制得以运行的条件，而后者只是种种社会制序（包括习俗、惯例和制度）演进的结果。由此我们说，市场中的习俗、惯例和制度，构成了任何市场运行的基础甚至市场体系本身。由此我们这里又可以得出一个似乎是同义反复（tautology）的结论：市场是建立在种种“institutions”基础之上的，以至于市场体系本身就构成了一种“institution”。[1]

---

［1］ 这里应该注意，当我们说市场本身作为一个复杂的社会运行体系是一种“institution”时，也许这一说法与《牛津英语大词典》对“institution”一词的界定有些矛盾。因为，说市场是一种“形成的秩序”（established orders），（转下页）

到这里，我们也就能初步领悟到肖特的理论贡献了。很显然，从其博弈论制度分析的研究进路，肖特不仅具体展示了哈耶克的自发社会秩序理论和制度生成的自发机制，而且补充或者说发展了哈耶克的思想。这即是说，肖特不但认同哈耶克所言的价格机制是一种市场运行的信息装置，而进一步发现市场惯例和制度本身，也是一种为经济活动当事人提供大量信息的有效率的信息装置。对于这一点，肖特（Schotter，1981，p. 118）自己总结道："哈耶克将完全竞争经济形容为一种信息系统，……然而，……经济包含有比任一价格体系所描绘的远为丰富的信息网络，这正是我们的主要观点。这一信息网络正是由制度、经验规则、习俗以及信念所构成的一个复杂的整体；当经济中的当事人不能依照价格来分散地行动或当管理价格机制的成本过高时，这一网络有助于传递有关当事人可预期行为的大量信息。"

这里应该指出的是，尽管肖特这里认为他自己的工作补充和发展了哈耶克的思想，但公正地说，一生坚持弘扬自发社会秩序理论的哈耶克并不是没有认识到惯例和制度在市场运行中的作用的，尽管哈耶克还没有像肖特那样明确和规范地表述出这一点。譬如，早在 1945 年发表的那篇《知识在社会中的运用》名作中，哈耶克

（接上页）似乎没问题，但市场作为一种"秩序"以及其内部的秩序，却并不意味着其内部所有的活动都是符合正式和非正式规则的。毋庸置疑，在市场秩序中会常常出现大量违反正式规则和非正式约束的"违（常）规行为"（irregular behaviors）。而正是因为有许许多多的这种非常规、违惯例和反制度的行为并大量存在人们违规博弈选择的可能性和机会，才产生了市场这种特殊的"institution"内部种种其他"institutions"（包括规制市场运行的法律、法规、条例、产权、契约、商业惯例、同业行规，等等）来约束市场当事人的活动和选择。常规性存在于常常有违常规的选择之中，惯例存在于反惯例的行为之中，制度正是为不按制度行事的人所制定的，这正是现实，也正是市场内部的各种制度创生出来并持存的原因或理由（*raison d' être*）。

（Hayek，1947，参：中译本，第 132 页）就曾明确指出："人类最初是在并不理解的情况下偶然发现了某些惯例和制度的，只是到后来才慢慢学会了如何运用它们，尽管到今天还远远没有学会如何充分运用它们；需要指出的是，价格体系只是这些惯例和制度当中的一种而已。[1] 正是通过价格体系的作用，劳动分工和以分立知识（divided knowledge）为基础的协调运用资源的做法才有了可能。"在研读过肖特教授的这部《社会制度的经济理论》之后，再重读哈耶克的这一名篇，我们方能真正体会出哈耶克这位 20 世纪的思想巨擘的远见和深刻。肖特教授的《社会制度的经济理论》这整部著作，难道不可以被视为哈耶克自发社会秩序理论的一些规范的博弈论诠释？由此看来，自肖特开始，后来的大多数演化博弈论制度经济学家——如英国 East Anglia 大学的萨格登（Robert Sugden）教授，美国约翰·霍普金斯大学的扬（H. Peyton Young）教授——均把自己标榜为哈耶克思想的当代诠释者，这不是没有理由的。

4. 博弈论制度分析对现代经济学的理论解释意味着什么？

在沿着肖特教授的博弈论理论分析进路对惯例和制度以及它们

[1] 现在看来，哈耶克在 20 世纪 40 年代的这些说法并不确切。从这句话中，我们可以解读出来，在哈耶克的眼中，对市场的参与者而言，惯例与制度好像是某种"先在"的东西。亦即是说，人们只是在参与市场活动之后才发现、经历因而方知道种种惯例和制度，而不是在参与市场活动的过程中，通过相互交往和博弈而自发生成和创生它们。从对这句话的解读中，我们也可以看出，在 20 世纪 40 年代，哈耶克本人还没有完全形成他后来在《自由的构成》和《法、立法与自由》中才基本上成形的自发社会秩序理论和自发制度生成论的思想。当然，这里哈耶克所提出的"价格体系只是市场运行中惯例和制度中的一种"的洞见是非常深刻，并在当时是极富开创意义的。

的生成路径和在市场运行的功用进行了上述评论之后，让我们再回到博弈论制度分析方法本身的理论意义上来。要理解这一点，我们还是从当代制度分析三大流派的相互关联和差异中来审视这个问题。

自 20 世纪 60 年代以来，经济学的制度分析逐渐成了当代经济学的一种主流意识，影响并逐渐渗透了新古典主流学派和当代各主要经济学流派的理论思维。目前，我们仍然可以说经济学的制度分析在西方和中国当代经济学中如日中天，且大有方兴未艾之势。正如林毅夫教授在本丛书总序中所指出的那样，自 20 世纪 60 年代以来，在当代国际经济学界的制度分析中，实际上有三大潜流：

第一大潜流是以科斯、诺思、阿尔钦（Armen A. Alchian）、德姆塞茨（Harold Demsetz）、威廉姆森（Oliver E. Williamson）、张五常以及巴泽尔（Yoram Barzel）等为代表的"新制度经济学派"（New Institutionalism）。这一学派，在 20 世纪 90 年代前，是西方当代经济学中制度分析的主流。到 20 世纪 90 年代前后，一些主流经济学家如奥利弗·哈特（Oliver Hart）、格罗斯曼（Sanford J. Grossman）、莫尔（John Moore）以及后来的杨小凯，又把新制度学派的主要理论给数学程式化了，从而已部分地把这一学派的观点融入当代经济学的主流理论中。然而现在看来，新制度学派的观点不是没有问题的。其主要问题在于，尽管这一学派的整个理论框架是建立在科斯教授所提出的"交易费用"这个核心概念基础之上，或者说围绕着这个核心概念而展开的，但在到底什么是交易费用以及交易费用到底包括哪些费用诸如此类的问题上，人们目前仍争议甚大。甚至直到今天，还有学者认为"交易费用"这个概念本身就有问题，因而主张应该废弃这个概念。如果是这样的话，整个新制度学派的理论大厦本身好像只是建立在一片沙滩之上。也正是因为这一原因，不能不说这一学派从20世纪90年代中期已开始式微，或至少可以说到目前已成了强弩之末。

当代制度分析的第二大潜流是指自20世纪70年代以来以阿罗（Kenneth Arrow）、哈恩（Frank Hahn）、尼汉斯（Jürg Niehans）等一批当代新古典主流经济学家对一般均衡模型中交易费用可能的位置的研究。众所周知，在新古典一般均衡理论的框架中，有一个致命的弱点，那就是“制度空缺”（institutions free）。按照肖特（Schotter，1981，pp. 149～150）教授见解，通过假设一个虚拟拍卖人的存在，该理论有一些极端的制度假定：经济中唯一存在的建制就是竞争性的市场，并且经济中所有的信息必须由市场上形成的价格来传递。加之，在新古典一般均衡理论模型的极端的抽象理论假设中，经济中没有货币、没有政府、没有法律体系、没有产权制度、没有银行——简言之，不存在社会创生出来的，通过提供竞争性价格中所没有的信息，来帮助协调经济与社会活动的许多社会惯例和社会制度。为什么在新古典框架中有制度空缺现象？按照诺思（North，1994）的解释，这主要是因为在一般均衡的效率市场中，是容不下交易费用的。正是因为新古典一般均衡理论的框架中，假定了市场交换中的交易费用为零，并假定市场体系在一个非常理想（以至于理想到在现实中根本不存在）的环境（包括完全排除了生产和消费函数的非凸性、非连续性，以及不存在外部性和不确定性，等等）中运作的，作为现实市场运行约束的惯例和制度在理论上就变得可有可无的了。科斯教授的“交易费用”和“社会成本”

理论在20世纪60年代初的提出和传播，从某种程度上，使当代主流经济学家从一般均衡的数理推理迷梦中惊醒了过来。因为，如果市场中的交易费用不为零——正如现实世界的真实实情那样——那制度分析可就真的重要了。这就是新制度经济学家们所常言的“Institutions do matter”。如果说新制度经济学中的“科斯定理”以及“科斯猜想”（即“Coase Conjecture”，下面我们将会马上谈到这个概念）还没有像博弈论的发展那样，曾引发了当代经济学的一场悄悄的革命的话，它至少改变了人们对现实经济世界的看法，使当代理论经济学更进一步接近反映社会现实。

20世纪60年代之后，经济学家们围绕交易费用概念和科斯定理的广泛讨论和新制度经济学崛起，自然不能不引起西方主流经济学家的广泛注意和自我反思。因此，从20世纪70年代初开始，以阿罗为代表的一些新古典主流经济学家，就想致力于在瓦尔拉斯—阿罗—德布鲁均衡中引入“交易费用”这一概念，从而形成了到今天还仍然不大为西方和中国经济学家们所注意的，第二个制度分析流派（就连这“第二个流派”本身也是笔者自己给他们命名的），即新古典主流经济学家的交易费用分析。这一流派的理论探讨所主要致力的方向，就是考察在惯序经济（sequence economies）中引入“货币”（也称“阿罗证券”）这个变量后“交易费用”对“一般均衡”的影响。这一流派多是一些当代主流经济学中的顶尖数理模型技术分析和建模高手，文章又多发表在世界顶尖七大经济学期刊之中的 *Economica*，*Econometrica*，*Review of Economic Studies*，*American Economic Review* 等刊物之上。经济学制度分析中的第二个流派的最终理论探索目标，是想把“交易费用”引入“一般均衡”之中。虽然到目前为止，这一理论进路从总体上来看还进展甚微，但这却无疑有着极其广阔的发展前景。因为，一个理论直观是，只有能在“一般均衡模型”中容下了“交易费用”并随即把“科斯世界”与“新古典世界”融合起来，当代（未来）理论经济学的精美数学模型，才会成为映照真实世界的失真较少或扭曲较小的理论镜像。耶鲁大学“数量制度经济学研究所”的当代经济学大师舒贝克（Shubik，1999）三十年磨一剑的《货币理论与金融制度》三巨卷，基本上也是属于这一方向的最新力作。而笔者最近将要译出的，曾接替肖特教授任过上一届美国纽约大学经济系系主任的盖尔（Douglas Gale）教授的《一般均衡的策略基础：动态匹配与讨价还价博弈》（Gale，2000），[1] 也是沿着这一研究方向出现的一部新作和力作。然而，尽管这一流派的经济学家几乎全是一些数理模型分析和建模高手，但迄今这一流派的实质性理论进展却甚微。直到近一两年，这一研究方向的绝大多数文献均还是发现，要么引入交易费用一般均衡不存在，要么坚持一般均衡存在而没有交易费用。因而至少从目前来看，这一学派要致力于把交易费用引入一般均衡框架的努力似乎是“此路不通”。

当代经济学中制度分析的第三大潜流就是笔者所称的，由肖特教授在这部著作中所引发和拓辟出来博弈论（尤其是 20 世纪 90 年代中后期以来才发展起来的演化博弈论）的制度分析了。除了肖特教授的这部著作外，我也把当代一些著名博弈论大师如海萨尼

[1] 盖尔教授的这部力作已被笔者和自己的学生们译出，由上海人民出版社出版。

(John Harsanyi)、宾默尔（Ken Binmore），以及扬（H. Peyton Young)、萨格登（Robert Sugden)、格雷夫（Avner Greif）和青木昌彦等一批国际上一些运用博弈论进行自己理论建构的著名经济学家的著述，视作这一流派的主要理论文献。这一流派的理论工作目前看来已成为，并将进一步发展成最富理论活力且最具广阔研究前景的经济学的制度分析。如上所述，这一制度分析流派目前所做的主要工作是在三个探索方向上的研究：第一个研究方向是由本书作者肖特（A. Schotter）所始作俑，经由萨格登（Robert Sugden）和扬（H. Peyton Young）教授而主要发展起来的。这一组博弈论制度分析经济学家目前所主要努力的方向，是用博弈或其他数理模型把哈耶克的"自发社会秩序"规范化，即用现代博弈模型尤其是演化博弈模型，把哈耶克式的社会秩序和制度的自发生成机制在理论上展示出来。目前，这一研究方向也可谓蓬勃发展，理论步步深入，且不断有新的成果和理论发现出现。估计随着演化博弈和学习博弈的理论新进展，这一研究方向还会有新的理论发现陆续涌出。因此，笔者也估计，这一研究方向在未来一段时期内将成为博弈论制度分析的主流并继而成为未来经济学的制度分析的主流。第二个探讨方向，是以美国斯坦福大学为基地的两位比较制度分析经济学家格雷夫（Avner Greif）以及青木昌彦教授在近些年所拓辟出来的。由于国内经济学界对他们的研究工作已比较熟悉，这里笔者就不再赘言评论了。博弈论制度分析的第三个研究方向则是沿着道德哲学、政治哲学，把休谟（David Hume）、卢梭（Jean-Jacques Rousseau)、康德（Immanuel Kant）到罗尔斯（John Rawls）的思想和理论程式化，从而致力于回复经济学的亚当·斯密的古典传统，即从审慎推理（prudential reasoning，即目前经济学家所言的理性最大化推理）和道德推理（moral reasoning）两个维度研究人们的经济与社会行为，并从中折射出制度的伦理维度和道德基础来。据笔者目前管窥所见，在这个研究方向上的经济学家主要有已过世的诺奖得主哈森伊、宾默尔以及萨格登（国际上的一些新制度经济学家同行可能不尽同意我把这些学者的工作视作为经济学的制度分析）。笔者也发现，由一些谙熟现代博弈论分析工具的一些当代思想家——如美国加州大学洛杉矶分校的人类学家博伊德（Rob Boyd）、美国麻省大学的经济学家金蒂斯（Herbert Gintis）、慕尼黑大学的经济学家费尔（Ernst Fehr），以及麻省理工学院的著名博弈论大师弗登博格（Drew Fudenberg）等——最近从文化、互惠合作（reciprocity）、利己和利他行为的产生及其在社会选择中作用等相关领域的探索，非常值得我们注意。笔者这里贸然推断，这些文化人类学、经济学和博弈论的跨学科的合作研究，也许在不久的将来会汇合海萨尼、宾默尔以及萨格登在伦理与社会选择探索方向上的已有理论探索。这一研究方向的理论从任何当今一门社会科学的学科视角来看均无疑代表了人类认识社会和自身的目前最前沿思考，且与经济学的制度分析的最深层基础密切相关联（这是我把他们的工作也视作为经济学的制度分析的主要理由）。笔者目前甚至乐观地估计，如果在这一研究方向中，以海萨尼、宾默尔所代表的“经济学—伦理学—政治哲学—博弈论的交叉分析”与另一方面的“文化人类学—经济学—博弈论”的跨学科研究汇融起来的话，这又将会在21世纪谱写并演奏出一首宏大与辉煌的“理论交响曲”，从而极大地推进人类对自身所处的社会和人本身的认识和理解。

除了上面谈到的当今国际上博弈论制度分析领域中群星灿烂、百花初放的既存三大探索方向外，我觉得目前还要注意另外一个乍看来与制度分析无关但未来也许对经济学的制度分析的命运来说可能是生死攸关的一个博弈论探索方向。这就是沿着纳什要价博弈（Nash demand game），到鲁宾斯坦（Ariel Rubinstein）讨价还价博弈再到盖尔（Douglas Gale）一般均衡框架中“动态匹配与讨价还价博弈”（dynamic matching and bargaining games）基础的研究进路。熟悉这一研究领域里文献的学者会知道，鲁宾斯坦讨价还价博弈与纳什要价博弈的一个根本区别在于，前者引入了一个时间贴现因子（time discount）。鲁宾斯坦 1982 年发表的那篇题为《讨价还价模型中的完美均衡》的经典文献的价值就在于，如果考虑到博弈者（players）意识到讨价还价还要花费时间因而是有代价的话，那就不会出现纳什讨价还价博弈所呈现讨价还价的解，只是取决于讨价还价博弈局中人的风险偏好这一理论格局了。鲁宾斯坦教授的 1982 年关于讨价还价模型论文的发表，应该说是讨价还价博弈理论发展史上的一块里程碑。尽管鲁宾斯坦讨价还价模型的主要思想斯塔尔（Stahl，1972）早在十年前就已经提出了，但鲁宾斯坦对无限次讨价还价问题的成功分析，还是大大推进了讨价还价博弈理论的进展。众所周知，斯塔尔-鲁宾斯坦模型的基本情形（更一般的版本可以参：Binmore，Rubinstein & Wolinsky，1986）是，假如两个人要分一块蛋糕，博弈者 1 将分得蛋糕的 x 份额（$x \geqslant 0$），博弈者 2 将得到 $1-x$ 的份额（$1-x \geqslant 0$）。在此安排下，按照鲁宾斯坦讨价还价博弈模型，两个博弈者进行轮流出价。首先，博弈者 1 提出一个划分方法（x，$1-x$），博弈者 2 可以接受或拒绝这个提议，如果他接受了，则博弈结束，他们按照这种划分去切割蛋糕；如果博弈者 2 拒绝这个提议，那么他会提出一个划分方法（y，$1-y$），博弈者 1 可以接受或者拒绝，博弈过程将这个方式持续进行下去，直到他们达成一个协议。若他们最终没有达成协议，那么他们什么也得不到。假设这些博弈者没有耐心，每当协议的达成拖延时，他们的得益会有一个折扣（贴现），博弈者的贴现因子由 $\delta_i(0<\delta_i<1)$ 表示。若在 t 期博弈者们同意（x，$1-x$）的分法，那么博弈者 1 的得益就是 $\delta_1^{t-1}x$，博弈者 2 的得益是 $\delta_2^{t-1}(1-x)$。这种折扣代表了讨价还价的成本。其他条件相同，对参与者而言，达成一个协议所需的时间越长，蛋糕就会越小。鲁宾斯坦在这一经典文章中证明，有时间贴现因子（discount factor）讨价还价博弈会有惟一的子博弈精练均衡：$\left(\frac{1-\delta_2}{1-\delta_2\delta_1}, \frac{\delta_2(1-\delta_1)}{1-\delta_2\delta_1}\right)$。很显然，这一结果是不对称的，因为不同的博弈者有不同的贴现率，并且博弈者会有先行者优势。沿着这一思路，鲁宾斯坦 1982 年的经典文章进一步发现，如果假定 $\delta_1=\delta_2=\delta$ 的话，上述讨价还价博弈的唯一的均衡结果将会是（$1/(1+\delta)$，$\delta/(1+\delta)$）。然而，在这样的博弈安排中，仍会存在先行者优势。现在，假设通过缩短相继的讨价还价回合中的时间间隔而使讨价还价过程加速了。当每一期的长度变得无穷小，先行者优势就会消失了。例如，以 τ 表示每一期的长度，那么贴现因子 δ_i 就由 $e^{-\rho\tau}$ 所给出，ρ 是时间偏好的瞬时比率。保持 ρ 不变，当 $\tau\to 0$ 时 $\delta\to 1$，然后就可以很容易得出，鲁宾斯坦讨价还价博弈的均衡解会趋于一次且瞬间性的与“对称的纳什讨价还价解”亦即“Kalai-Smorodinsky 解”相等价的（1/2，1/2）均分了。

现在我们不妨问这样一个问题：鲁宾斯坦讨价还价博弈与以科斯为代表的新制度学派以及与阿罗为代表的新古典的交易费用和一般均衡关系的理论探索有没有关系？目前乍看来博弈论的讨价还价理论与这两个流派的理论建构还相去甚远，甚至好像还扯不上任何关系。这主要是因为，尽管鲁宾斯坦在其讨价还价博弈模型中引入了时间贴现因子，但这个时间贴现变量还只是讨价还价人心理中的一次估价，还没有在讨价还价博弈过程中真正实现出来。因而我们仍然可以说，在鲁宾斯坦1982年的讨价还价博弈模型中，还是没有“现实时间花费”的。但是，这显然与人们现实生活中的讨价还价过程不相符。因为，“讨价还价”（bargaining）一词无论在英语中还是在汉语中，均是涵指一个过程，而显然不是鲁宾斯坦1982年讨价还价博弈模型中的那种“一张口就结束”（因为 $\tau \rightarrow 0$ 的缘故）的瞬间情形。[1] 为什么在鲁宾斯坦讨价还价博弈模型中会出现这样一种理论与现实的差异？笔者目前初步估计，问题还是出在鲁宾斯坦的1982年讨价还价博弈是建立在那种新古典——经典博弈论理论世界中的理性超人（super-rational），以及完美信息的假定基础之上的。另外，以盖尔（Gale，2000，p. 25）教授的话来说，迄今为止的绝大多数有关市场讨价还价博弈的理论文献，均是建立在一个“市场是由一个非原子型行为者的闭联集（a non-atomic continuum of agents）所组成的”这一基本假设之上。笔者翻译的

[1] 即使是如此，这绝非意味着鲁宾斯坦讨价还价不“花费”什么。作为鲁宾斯坦讨价还价中的超理性（hyper rational——培顿·扬语）计算人，博弈双方在鲁宾斯坦讨价还价博弈开始之前要计算出均衡点的脑力活动过程（用马克思主义经济学的术语来说，要花费“脑力劳动”）难道不是一种“cost”？这种“cost”难道不是一种“成本”或科斯“交易费用”？

盖尔教授的这部《一般均衡的策略基础：动态匹配和讨价还价博弈》一书，较详细地讨论了鲁宾斯坦讨价还价博弈的局限及其随后的进展，并进一步放松了一些假设条件，从而拓展了作为一般均衡策略基础的动态匹配与讨价还价博弈理论。然而，盖尔教授在该书前三章所建构出来的动态匹配与讨价还价博弈，仍然是建立在市场行为者是“理性超人”并具有“完美信息”这些理论假定之上来展开讨价还价博弈均衡与“瓦尔拉斯—阿罗—德布鲁”一般均衡的关系的。在第四章，盖尔教授放松了这一假定，从而把有限理性（bounded rationality）引入了动态匹配和讨价还价博弈，从而使理论向现实的接近更进了一步。但是，如果考虑到现实中人们的知识和信息是不完备因而人的理性是有限的，正如现实中的真实情形那样，如果再考虑到参与博弈的人常常是非理性的并会有时是感情冲动的，再进一步，如果还考虑到参与讨价还价的博弈者不具同样性（“identical”——即自然或生性禀赋不同——譬如一个是虎背熊腰、青目獠牙的壮汉，一个是瘦小孱弱、腼腆文静的文面书生；一个是天真无邪、柔弱可欺的孩童，一个是深谙世故、老谋深算的市侩；或一个生来争强好斗和斤斤计较，一个生性温顺和与世无争，等等）的，或者再进一步考虑到人们在讨价还价中常常会故意隐蔽自己的禀赋、欲望、想法以及对某一商品和劳务的估价等等相关信息（只要你在任何一个集市上待一分钟，你就会发现这些因素对人们现实市场讨价还价博弈的影响是多么普遍了），一言概之，如果考虑到讨价还价博弈中信息是常常是不对称的，那真实的讨价还价就不可能尽是像鲁宾斯坦 1982 年博弈模型所展示的那样，一种一次性且瞬间的与“Kalai-Smorodinsky 解”相等价的对半均分了。即使是如此，现实的讨价还价也是一个有真实时间贴现因子的过程了。

为什么在这里无关痛痒地讨论与目前的经济学的制度分析好像无任何干系的讨价还价博弈问题？这主要是因为，笔者目前模模糊糊地感觉到，如果说市场和价格体系运行中确有交易费用的话，那么，真正的交易费用可能与鲁宾斯坦讨价还价博弈模型中所假设的"时间贴现"因素有关——如果说现在还不能全把交易费用归结为讨价还价博弈中的时间贴现因素的话。实际上，新制度经济学的理论奠基人科斯教授也早就猜想到了这一点，只不过到目前为止这还没有引起大多数经济学家——尤其是新制度经济学家——们的注意。譬如，在1972年发表的一篇《耐性和独占》的论文中，科斯教授（Coase，1972）就曾天才地猜想到，只有当讨价还价博弈的出价时间间隔为0时，此时贴现因子趋于1，均衡的结果才会出现。这一情形被一些经济学家（Gul，Sonnenschein & Wilson，1986；Fudenberg & Tirole，1991，第10章）称作为"科斯猜想"（Coase Conjecture）。因此，如果把科斯教授的这一至今仍为制度经济学家们所常忽视的、极其重要的文章，与鲁宾斯坦（Rubinstein，1985）教授后来的一篇题为《一个具有时间偏好上不完美信息的博弈模型》这篇文章放在一起读，我们也可许会得出这样一个初步的断想来了：如果把鲁宾斯坦讨价还价博弈中的贴现因子δ，视为决定人们交易过程中内生交易费用的一个系数，那么，讨价还价博弈可能是在通向摘取内含着交易费用的一般均衡模型这一未来"经济学皇冠上的明珠"探究路径的入口。如果这条路是通的，那在这一探索路径的尽头才可能是目前已彰显出来的、经济学的制度分析中的三大流派，以及博弈论制度分析内部几大既存潜流汇合和握手的地方。

5. 结论

以上讨论已经写得很长了，且超出了肖特教授这部书所覆盖的讨论范围。然而，这样的讨论可能并不是没有意义的。因为，研究任何一位学者的思想，如果只是仅限于讨论作者本人的理论话语和话题的话，常常会使研究者本人迷失在已被研究者建构出来的思想迷宫中。尤其是在研究像休谟、康德和哈耶克这些人类历史上的思想巨人的理论世界时，更经常会是如此。研究像肖特这样一位思想深邃的当代经济学家的思想，研究他的这部《社会制度的经济理论》，又何尝不是如此？因此，只有当进入了一个人的思想世界，然后又走了出来，才会能清点一下“到此一游”后自己手中还留下了点什么。

在粗略地漫游了肖特教授的博弈论制度分析的理论世界后，我们手中留下了什么？读一下肖特（Schotter，1981，p. 164）教授这部小册子最后的这段话吧：“归根结底，通过制度的演化，人类世界（the social world）从一种无序的自然状态演变为有序的现代社会。这是一个随机过程，以至于我们所观察到的实际发生的一切仅仅是制度转轮的一次轮回而已。唯一的问题是，这个转轮是否偏斜。”我读过许多伟大的著作，但是我好像不记得有哪部著作的结论有像肖特的《社会制度的经济理论》结束得如此干净利落、如此深刻，而又如此的发人深思！

2003 年 5 月 23 日于复旦，7 月 22 日修改

（本文原为肖特《社会制度的经济理论》中译本序

并曾摘要发表于《中国社会科学》2003 年第 6 期）

参考文献

Aoki, M. , 2001, *Towards a Comparative Institutional Analysis*, Cambridge, Mass. : The MIT Press. 中译本：青木昌彦，《比较制度分析》，周黎安译，上海：上海远东出版社 2001 年版。

Binmore, 1994, *Game Theory and Social Contract*, *Vol. I*, *Playing Fair*, Cambridge, MASS. : The MIT Press.

Binmore, 1998, *Game Theory and Social Contract*, *Vol. II*, *Just Playing*, Cambridge, MASS. : The MIT Press.

Binmore, K. , A. Rubinstein & A. Wolinsky, 1986, "The Nash Bargaining Solution in Economic Modelling", *Rand Journal of Economics*, 17: 176～188.

Coase, R. , 1960, "The Problem of Social Costs", *Journal of Law and Economics*, 3: 1～44.

Coase, R. , 1972, "Durability and Monopoly", *Journal of Law and Economics*, 15: 143～149.

Fudenberg, D. & J. Tirole, *Game Theory*, Cambridge, Mass. : The MIT Press. 中译本：弗登博格、梯若尔，《博弈论》，姚洋等校译，北京：中国人民大学出版社 2002 年版。

Hayek, F. A ., 1949, *Individualism and Economic Order*, London: Routledge & Kegan Paul. 中译本：哈耶克，《个人主义与经济秩序》，邓正来译，北京：生活·读书·新知三联书店 2003 年版。

Hayek, F. A. , 1960, *The Constitution of Liberty*, Chicago: The University of Chicago Press. 中译本：哈耶克，《自由秩序原理》，邓正来译，北京：生活·读书·新知三联书店 1997 年版。

Giddens, A. , 1984, *The Constitution of Society*, Cambridge: Polity Press. 中译本：吉登斯，《社会的构成》，李康，李孟译，北京：生活·读书·新知三联书店 1998 年版。

Gul, F. , H. Sonnenschein & R. Wilson, 1986, "Foundations is Dynamic Monopoly and the Coase Conjecture", *Journal of Economic Theory*, 39: 155～190.

Lewis, D. , 1969, *Convention*: *A Philosophical Study*, Cambridge, MA: Harvard University Press.

North, D., 1994, "Economic Performance through Time", *American Economic Review*, 84 (3): 359～368.

Roberts, B., & B. Holdren, 1972, *Theory of Social Process*, Ames, Iowa: University of Iowa Press.

Rubinstein, A., 1982, "Perfect Equilibrium in a Bargaining Model", *Econometrica*, vol. 50, pp. 97～109.

Rubinstein, A., 1985, "A Bargaining Model with Incomplete Information about Time Preference", *Econometrica*, 53: 1151～1172.

Saussure, F. de, 1993, *Saussure's Third Course of Lectures on General Linguistics*, ed. & trans. by Eisuke Komatsu & Roy Harris, Oxford: Pergamon Press. 中译本：索绪尔，《〈普通语言学教程：1910～1911〉索绪尔第三度讲授》，张绍杰译，长沙：湖南教育出版社2001年版。

Searle, J. R., 1995, *The Construction of Social Reality*, New York: Free Press.

Schotter, A., 1981, *The Economic Theory of Social Institutions*, Cambridge: Cambridge University Press. 中译本：肖特，《社会制度的经济理论》，陆铭、陈钊译，上海：上海财经大学2003年版。

Schotter, A., 1984, *Free Market Economics: A Critical Appraisal*. 1st. ed., (2nd ed. 1991) New York: St. Martin's Press.

Schotter, A., 1993, *Microeconomics: A Modern Approach*, 1st ed. (2nd ed., 1996; 3rd 2001, Addison Wesley), Harper Collins.

Shubik, M., 1999, *The Theory of Money and Financial Institutions*, vol. I & II, Cambridge, Mass: The MIT Press.

Stahl,. I., 1972, *Bargaining Theory*, Stockholm: Economics Research Institute, Stockholm School of Economics.

Sugden, R., 1986, *The Economics of Rights, Co～operation, and Welfare*, Oxford: Blackwell.

Weber, M. 1978, *Economy and Society*, 2 vols., Berkeley: The University of California Press. 中译本（根据德文版译出）：韦伯，《经济与社会》，林荣远译，北京：商务印书馆1997年版。

韦森，《社会制序的经济分析导论》，上海：上海三联书店2001年版。

韦森，《经济学与伦理学——探寻市场经济的伦理维度与道德基础》，上海：上海人民出版社2002年版。

韦森，《文化与制序》，上海：上海人民出版社 2003 年版。

Whorf，B. L.，1956，*Language*，*Thought and Reality*，*Selected Writings of Benjiamin Lee Whorf*，Cambridge，Mass.：The MIT Press. 中译本：沃尔夫，《论语言、思维和现实：沃尔夫文集》，高一虹等译，长沙：湖南教育出版社 2001 年版。

Wittgenstein，L.，1967，*Philosophical Investigation*，trans. by G. E. M. Anscombe，3rd ed.，Oxford：Basil Blackwell. 中译本：维特根斯坦，《哲学研究》，李步楼译，北京：商务印书馆 1996 年版。

杨国荣，《伦理与存在》，上海：上海人民出版社 2002 版。

Young，H. Peyton，1998，*Individual Strategy and Social Structure*：*An Evolutionary Theory of Institutions*，Princeton University Press.

附录三

知识在社会中的运用与误用

——从哈耶克的知识分工理论看当代经济学的局限与根本问题

在1937年发表的《经济学与知识》和1945年发表的《知识在社会中的运用》两篇经典文章中，哈耶克构建了他的经济学理论的知识论基础：在具有细密劳动分工的现代市场经济中，人们的知识是分立的，因而只有用市场价格机制进行资源配置才是有效率的。正是通过价格体系的作用，劳动分工和以人们分立知识为基础的协调运用资源的做法才有了可能。然而，在哈耶克的这一理想市场经济模型中，只有市场竞争和价格机制，而并没有货币的因素在其中。现代市场经济的核心和实质是价格机制，但是市场价格是一个货币标量，有价格必须有货币。一旦把货币因素考虑进来，即无论是有一个外在的政府机构或央行从事制造和注入货币，还是完全采取金属货币，亦或是“货币内生”，就没有完全理想的完美市场价格决定机制。如果把货币的因素考虑进来，无论是新古典主流经济学的市场价格决定，还是哈耶克所提出的，具有私人信息和分立知识的人们进行市场交易的非完美市场的理想模式，都要重新进行思考。如何发行和管理货币，就成了与维护市场价格竞争机制一样的、现代市场经济运行的中心问题了。

在研究市场这样一种极其复杂的现象时，我们必须明白，它取决于众多个人的行动，对决定着一个过程之结果的所有情形，几乎永远不可能被充分认识或计算。

——F. A. 哈耶克《知识的僭妄》（1978，p. 24）

1. 知识在市场中的运用：哈耶克经济学的知识论基础

作为20世纪世界最伟大的经济学家和社会思想家之一，哈耶克对当代经济学理论最重要的贡献莫过于他的知识分工理论了。哈耶克在1974年与瑞典经济学家贡纳尔·缪尔达尔（Gunnar Myrdal，1898～1987）一同获得诺贝尔经济学奖，主要是表彰他们“在货币理论和经济波动上的开创性研究，以及对于经济、社会和制度现象之间相互依存关系上的深刻分析”。从20世纪40～80年代，哈耶克所出版的《通往奴役之路》（1944）、《自由宪章》（1960）、《法、立法与自由》（1973～1979）等著作也曾在世界上产生了巨大影响。尽管哈耶克对人类社会的理论贡献是多方面的，但是在经济学领域最广为人知的还是他的两篇文章：一是1937年发表在伦敦经济学院的*Economica*上的《经济学与知识》（“Economics and Knowledge”），二是1945年发表在*American Economic Review*第4期上的《知识在社会中的运用》（“The Use of Knowledge in Society”）。

到了晚年，在1974年获得诺贝尔经济学奖时所做的题为“知识的僭妄”（Hayek，1978，pp. 23～34）的讲演中，哈耶克又重新阐述了他的《经济学与知识》（1937）以及《知识在社会中的应用》

（1945）两篇文章的观点和理论发现，并对他自己一生的经济学理论及其知识论（epistemology）基础做了总结，并试图在他的知识分工理论与他的货币与商业周期理论的知识论基础之间架上一座桥梁。换句话说，哈耶克在这三篇时间横跨30余年的文章中的思想和理论逻辑是一致的，且一贯的，三篇文章共同奠定了他的整个经济学理论和社会理论的知识论基础。对此，哈耶克在晚年不止一次地说过："是1937年在伦敦经济学俱乐部的演说——我的就职讲演即'经济学与知识'，使我踏上了自己的思考之路。……有时我私下里说，我在社会科学中，有一个发现，两项发明：这个发现就是利用分散知识的方法。这是我对它简单的表述；我取得的两项发明则是货币的非国家化和我的民主理论。"（转引自Caldwell，2004，p. 206）

下面我们先看看哈耶克在这三篇文章中到底讲了什么。

在1937年11月10日于伦敦经济学俱乐部所做的主席就职讲演中，哈耶克发表了《经济学与知识》这篇重要文章（收入哈耶克《个人主义与经济秩序》英文版，参：Hayek，1949，pp. 33～56，下同），其核心思想是批评当时在经济学界十分流行的"均衡分析"，指出这种"均衡分析"的症结就在于："必须把整个经济系统都假设成为一个完美市场（perfect market），在这种完美市场中，每个人都同时知道每一件事情。这样一来，有关完美市场的假设就仅仅意味着，即使社会的所有成员没有被假设为无所不知，也至少应当被认为是自然而然地知道所有与他们的决策相关的事情。"（同上，p. 46）对这种建立在"全知全能"知识观基础之上的经济均衡论，哈耶克提出了尖锐的批评和商榷，从而提出了"知识分工"的概念："显而易见，这里存在一个知识分工（the division of knowledge）问题：这个问题不仅与劳动分工问题颇为相似，而且至少和劳动分工问题一样重要。的确，自我们所研究的这门学问创始以来，劳动分工问题一直是论者们研究的主要论题之一，但是知识分工却被完全忽略了，尽管在我看来，知识分工这个问题乃是经济学中真正核心问题。我们宣称要解决的乃是这样一个问题：若干人（其中每个人都只有一点知识）之间所发生的互动关系，究竟是如何实现价格与成本相符合这样一种状态的，——从另一个角度来看，这种状态却惟有经由某个拥有所有这些个人之全部知识的人的刻意指导才可能得以实现。"（同上，p. 51）

根据人们的分立知识和知识分工，哈耶克得出了他的市场经济中个人的自发行动可以达致较理想资源分配结果这一结论，并且他在这期间和米塞斯一起，与奥斯卡·兰格（Oscar Lange）以及阿巴·勒纳（Abba P. Lener）等进行了一场有关社会主义经济的大论战，彻底否定了运用中央计划经济进行资源配置的可行性。哈耶克认为："个人所采取的自发行动，将在我们能够加以定义的那些条件下，实现对资源的分配；尽管对资源的这种分配并非出于任何人制定的计划，但是我们却仍然可以按照这样一种方式来理解它，就好像人们是根据某项单一的计划而达成这种结果似的。"（同上，p. 54）由此，哈耶克得出了他一生经济学和社会理论的知识论基础："究竟什么方式才是运用最初由个人分散掌握的那些知识的最佳方式的问题，至少在一定程度上也是经济政策——或者是设计一种有效的经济制度——方面的主要问题之一。"（同上，p. 79）

实际上，这就牵涉到经济体制的合理选择了：是采取竞争的市场经济体制，还是实行计划经济体制？这取决于哪种体制更可能使个人分立的知识得到最佳和充分利用。哈耶克发现，只有竞争的市场机制或言价格机制，才是最有效地利用市场中具有无数个人的分立和分散知识的资源配置体制，从而也否定了中央计划经济的可行性（feasibility）。哈耶克的原话是：“如果我们想理解价格体系（the price system）的真正作用，那么我们就必须把价格体系视作这样一种交流信息或沟通信息的机制。当然，价格越僵化，价格体系所具有的这种作用也就越有限。……就价格体系而言，最具重要意义的一个事实是，它的运行所凭借的知识很经济，即是说，参与这个体系的个人只需要掌握很少信息便能采取正确的行动。”（同上，p. 86）

由此，哈耶克也得出了他于20世纪六七十年代在《自由宪章》《法、立法与自由》以及在1988年出版的《致命的自负》中所提出的“自发秩序”和“人类合作的扩展秩序”的基本思想和基本主张。哈耶克说：“如果这种价格机制是人类刻意设计的产物，又如果受价格变化之引导的人们懂得他们的决策有着远远超出其即时性目的的重大意义，那么这种价格机制早就被赞誉为人的心智所达至的最伟大成就了。然而颇为遗憾的是，一方面价格机制并不是人之设计的产物；而另一方面，那些受价格机制指导的人，通常也不知道自己为什么如此行事。……这里的问题恰恰在于如何才能把我们运用资源的范围扩展到任何人的心智所能控制的范围以外；因此，这也是一个如何才能摆脱刻意控制之必要以及如何才能激励个人不用别人告诉他能做什么的情况下去做可欲之事的问题。”（同上，pp. 87～88）

基于人类的分散和分立的知识以及知识的分工，哈耶克得出了他在20世纪40年代最为深刻的洞见和他自己认为最重要的理论发现："人类最初是在并不理解的情况下偶然发现了某种惯例和制度的，只是在后来才慢慢学会了如何运用它们，尽管人类直到今天还远远没有学会如何充分运用它们。需要指出的是，价格体系只是这些惯例和制度中当中的一种而已。正是通过价格体系的作用，劳动分工和以分立知识（divided knowledge）为基础的协调运用资源的做法才有了可能。……人类之所以能够发展起我们的文明赖以为基础的劳动分工制度，实在是因为人类碰巧发现了一种使劳动分工成为可能的方法。……迄今为止，还没有人能成功地设计出一种替代性的体制。"（同上，pp. 88～89）

在《经济学与知识》和《知识在社会中的应用》发表30多年之后，哈耶克在他的获诺贝尔经济学奖的讲演中，继续重复强调他在三四十年代的伟大理论发现："我们的理论所要说明的是，在一个良序市场中相对价格和工资体系是如何自发决定的。就这一理论而言，以上所言尤其正确。市场过程的每个参与者所拥有的特殊信息，都会对价格和工资的决定产生影响。这方面的全部事实，是科学的观察者或任何单一头脑均无法全部掌握的。这当然就是市场秩序的优越性之所在，也是在不受政府权力压制的情况下，为什么它会逐渐取代其他秩序，并且在由此产生的资源配置中，可使更多有关具体事实的知识得到利用的原因，这些知识散布在无数的个人中间，是任何一个人都无法全部掌握的。"（1978，p. 27）

把哈耶克20世纪40年代两篇经典文章的思想汇集起来，可以认为，个人分立和分散的知识和知识分工理论构成了贯穿他一生经济学思想和社会理论的基础。其核心思想有以下几点：(1) 在具有细密劳动分工的现代市场经济中，人们的知识是分立的，因而只有用市场价格机制进行资源配置才是有效率的；(2) 正是通过价格体系的作用，劳动分工和以人们分立知识（divided knowledge）为基础的协调运用资源的做法才有了可能；(3) 市场只能是一种自发秩序，而不是一种人为设计的资源配置体制；(4) 哈耶克从人们分散和分立的知识和劳动分工以及知识分工的角度来看待现代社会，从根本上否定了运用中央计划进行资源配置的可行性。

2. 市场竞争与价格机制：货币因素在哪里？

哈耶克对竞争的市场机制的认识和阐释无疑是极其深刻的。人类社会大范围的历史变迁也告诉人们，市场经济是人类社会迄今为止所能发现的唯一能带来快速经济增长和人民福祉增进的资源配置体制。相比而言，在人类社会历史上，无论是存在数千年的自然经济的国家，还是 20 世纪持存实验七八十年的计划经济体制，都被历史证明是低效率和无法带来经济快速增长的资源配置方式。

然而，今天看来，哈耶克对竞争的价格机制认识和把握，与新古典经济学的均衡分析一样，实际上也是论证一个"'不完美的'理想市场"，我们在这里暂把它称作"哈耶克的理想自发市场经济"。正像哈耶克在《经济学与知识》第 7 部分批评经济学的"均衡分析"所假定的"完美的市场"一样，他对市场价格体系乃至市场"自发秩序"的弘扬、论述和憧憬，也是一种理想的理论模式，因而导致他从知识分工的角度对市场经济的理论弘扬，与他在货币与商业周期理论研究中所描述的世界现实市场经济运行，还有一定的距离。用他自己在《经济学与知识》中批评经济学中的“均衡分析”时所说的：“我们‘橱柜中的那个骷髅架’（that skeleton in our cupboard），亦即我们用祈祷和禁食的方式才驱赶出去的那个‘经济人’（the economic man）妖魔，又扮成一个全知全能的人从后门溜了回来。”（同上，p. 46）

为什么今天可以这样认为？这主要是因为，在“哈耶克的理想自发市场”中，有竞争，有价格体系，却没有货币。尽管哈耶克获诺贝尔经济学奖，是表彰他“在货币理论和经济波动上的开创性研究”，但是在他讨论经济学与知识以及知识在社会中的应用时，却像新古典的微观经济学乃至宏观经济学中的大部分理论分析一样，只是研究了竞争决定价格，但并没有把货币的因素考虑进来。换句话说，在现实中，决定市场价格的，不仅有生产者之间竞争和市场需求因素，还有货币的因素。因此我们也可以认为，哈耶克一生并没有把他的“货币与商业周期”研究，与他对中央计划经济的和主流经济学的均衡理论的批判，以及与他从分立的知识和知识分工的视角所提出的市场经济理论整合在一起，从而形成一个整体的经济学理论体系，换句话说，哈耶克的两大经济学理论体系是分离着的。在竞争的市场经济中引入货币，从而把他的市场经济理论与他的货币与商业周期理论整合在一起，这无疑是一项极其艰难的工作。晚年哈耶克似乎也意识到了这一问题，但他晚年好像已经没有时间和精力去这么做。这里的关键问题是：到目前为止，还没有一个国家能完全管理好货币从而实现完全有效率的市场竞争，因而西方发达的经济体至今也没有避免经济繁荣与衰退的交替的商业周期。

把货币的因素引入竞争的市场价格机制，将会发生什么？无论从经济学理论上说，还是现实的经济运行来分析，一旦把货币增减的因素引入市场竞争，那就不可能再完全是竞争和市场需求决定价格，而且还有一个货币增减（或言货币的“注入”或“撤出”一个经济体系）对市场价格的影响因素。

这里，我们可以考虑把货币增减的因素加入到对市场价格形成机制所产生影响的四种情形：(1) 央行外生地向经济体注入或抽出货币；(2) 按照凯恩斯、后凯恩斯学派和熊彼特的货币理论，商业银行内生地创造货币；(3) 假设没有中央银行和现代银行，一个经济体内部完全自发地采取金银货币制度；(4) 按哈耶克晚年提出的“货币的非国家化”的思路，私人商业银行竞争发行货币。

先看第一种情形。哈耶克在晚年批判当时盛行的凯恩斯主义时，曾大量讨论政府或中央银行向经济体注入货币后的通货膨胀效应。譬如，在1974年的诺贝尔经济学奖获奖讲演中，哈耶克曾指出：“向经济系统的一些部门不断投入增量货币，使它们创造出一时的需求……加上人们期待着价格将不断上涨，这两者会使劳动力和其他资源得到利用，但只有在货币数量以不变的速率增长，甚至是以一定比率加速增长时，才能把这种状况维持下去。这种政策所导致的，不是用其他方式无法达到的一定就业水平，而是一种难以无限期维持的就业分布状况；过一段时间之后，如果还想让它继续下去，就只有靠一定的通货膨胀率了。但是，以这种速率发展下去，会使一切经济活动迅速解体。事实上，错误的理论观点已把我们引向一种危险的境地，使我们无法阻止结构性失业的一再出现；其原因不在于——像这种观点时常胡说的那样——这种失业是为了减缓通货膨胀而特意造成的，而是因为它现在注定会发生，加速度的通胀一旦停止，过去的错误政策必定会导致这种令人深感遗憾但又无可避免的后果。”（Hayek，1978，pp. 29～30）

值得注意的是，按照哈耶克本人的经济学理论，央行向经济体外在地增投货币总量，并不只是引起物价的普遍上涨，还会扭曲价格结构和扰乱市场价格体系。譬如，在1976年出版的《货币的非国家化》一书中，哈耶克就曾批评弗里德曼的货币数量论，认为它的主要问题是过于“简陋”：这种理论“没有说明，货币供应量到多少才算是恰当的”。哈耶克还特别指出：“在我看来，货币主义理论在所有情形下都会面临到的主要缺陷是，它突出强调货币数量的变动对价格总水平的影响，因而使人们过分地只是关注通货膨胀和通货紧缩对债权—债务关系的有害影响，却忽略了向流通中注入和撤出货币数量对相对价格结构所产生的更重要、危害也更大的影响。因为这会扭曲资源配置，尤其是会导致投资向错误的方向配置。”（1976，p. 80）

但是，在哈耶克批评弗里德曼的货币数量论太过简陋的同时，他自己或许并没有意识到，有一个央行外生地向经济体注入或抽出货币，也会挑战他在《经济学与知识》以及《知识在社会中的运用》两篇经典文章中所提出的市场价格理论的基础。[1] 因为，如果

[1] 实际上，在20世纪30年代研究货币与商业周期问题，哈耶克已经开始注意到了央行外生注入货币对市场价格体系的扰乱。譬如，在1980年的一次讲演中，哈耶克说：“我在我以前有关货币与商业周期的著作中已经指出过，货币数量的变化必然导致相对价格结构的紊乱。增发货币必然会临时拉高那些吸收了这些货币的商品的价格。只要货币数量的增加持续下去，由此导致的相对价格的变动就会持续下去。”（Hayek，1984，p. 34）

有一个外在机构（如央行）从外部向一个经济体“注入”或“抽出”货币，这个经济体内部市场的价格，就不完全取决于市场供求关系和生产商之间的竞争了，而政府的货币政策和银行信贷所造成的货币数量增多，也会对市场价格和竞争机制产生重大和多重影响，且照哈耶克看来，其影响更多是负面的。[1] 换句话说，考虑到

[1] 根据美国制度经济学家阿尔钦（Alchian & Allen，1973，p. 40）在《大学经济学》中提出的一个命题“竞争从来就不是‘买者对卖者’，而总是买者对其他买者，卖者对其他卖者”，厦门大学的赵燕菁（2016）教授提出了一个消费者和生产者分别竞争的定价机制（他因而将这称作“阿尔钦规则”），即市场竞争被分为消费者竞争和生产者竞争两种状态：（1）当市场上某一商品供不应求时，竞争会发生在消费者之间（他将其称作“维克瑞竞争”，即“the Vickreyian competition”，见：Vikrey，1961），这时产品的价格等于边际消费者所愿意支付的最高价格。（2）当市场上商品供大于求时，竞争发生在生产者之间（斯蒂格利茨将其称作“熊彼特竞争”，即“the Schumpeterian competition”，参：Stiglitz，1997，中译本，第386页），价格等于边际生产者能够获得正利润时的最低价格。赵燕菁（2016）教授还指出，按照哈耶克的观点，潜在的商品品种被认为是一个连续不同的闭联集，相邻的产品可以互相替代。任何一种产品周围都存在由一系列连续不同的产品组成的潜在的产品集。这种邻近的替代产品被赵燕菁定义为“哈耶克产品”。竞争发生在两个相邻产品的生产者之间，最优的生产者通过降低价格或提高效用（增加种类），来移动市场的边界。这种不同种类产品之间的竞争，被赵燕菁称作“哈耶克竞争”（“the Hayekian Competition”）。赵燕菁（2016，第70页）教授还认为，“在现实中，哈耶克竞争非常普遍，无处不在。如果考虑到产地不同、品牌不同、时间不同，我们甚至可以说，所有的产品都是哈耶克产品，所有厂商都是不同程度上的垄断生产者。生产者的熊彼特竞争和消费者的‘维克瑞’竞争，乃是相邻‘哈耶克产品’，在供大于求和供不应求两种市场状态下的近似描述。以往我们担心无法被市场约束的垄断行为，都逃脱不了哈耶克竞争的约束”。赵燕菁认为，根据这种复杂的价格形成机制，一个经济的全部均衡必定是由商品的“价格—规模—种类”三者同时决定的。然而，现在看来，这种理论分析还是在没有考虑货币而只考虑价格的纯理论上的分析。在现实经济运行中，任何经济中的价格总是由货币来表示的，且货币在任何经济体中均是一个变动不居的量，即有增、有减，且在大多数情况下都是增加——乃至迅速膨胀——的量。无论是在卖者和卖者竞争之间，还是在买者和买者竞争之间，如果考虑到卖者和买者之间的货币突然增加了，这均会影响到市场中的商品价格和需求数量。因而，无论是在“维克瑞竞争”“熊彼特竞争”，乃至“哈耶克 （转下页）

市场价格是一个“货币标量”，市场价格和竞争机制就不可能是一个哈耶克所理想的完全的“自发秩序”了，而总有政府的“干预之手”在其中。换句话说，**即使这里我们完全否定中央计划机构通过行政命令和政府投资来进行全社会的资源配置的做法，但是只要有政府“创造货币”的因素在，市场就摆脱不了政府（央行）的干预，且政府不可能像哈耶克在《自由宪章》《法、立法与自由》乃至《致命的自负》所主张的那样，只是一个制定抽象规则和提供法治环境的机构，而必定且必须是市场经济的一个参与者。**这里且不考虑只要有国家存在，政府的税收和财政收入总是影响市场价格机制的运行，乃至影响单个商品价格的制定。即使不考虑这个因素，如果有一个叫“央行”的政府机构外生地向经济体注入或抽出货币，那么政府对市场价格机制，乃至单个商品的定价的扰动和干预总是存在的。如果我们再相信德国历史学派的经济学家克纳普（G. F. Knapp，1842～1926）所提出的“货币国定论”，即“货币是法律的一种造物”（Knapp，1914，p. 1），那人类社会大范围演变的历

（接上页）竞争”机制中，如果市场中用于交易的货币数量发生变动了，商品供求、价格和生产都会发生变动。且特别是在前现代社会中，货币主要是用于皇帝建豪华宫殿、皇室个人奢侈消费，甚至用于战争扩张和支付大臣及军队的薪金和军饷而发出来的，这实际上会增加和创造“消费者”方面的需求，在产品供应不足时又会引起整个社会的通货膨胀。即使考虑到一个经济体中使用金属货币（黄金、白银、金银铸币），金属货币的增减，也自然会影响到商品价格和市场的需求。如果考虑到现代社会中央银行通过商业银行任意增发、创造或减少货币供应量，只要货币到了（或减少而离开了）生产者手中和消费者手中，都会影响商品价格和市场竞争，那市场的均衡——如果有的话——会不断被打破和扰动。尤其是考虑到一国政府突然向全社会所有居民普发一定的货币（如消费券），这样的增发货币行为，会使一些市场竞争的格局从“维克瑞竞争”跳到“熊彼特竞争”，当然又会导致“哈耶克竞争”，从而也会扰动所有的市场“出清”和市场价格。这样，建立在市场一般均衡基础上的现有经济学原理又将如何写？

史证明，无论是在金属铸币时代、金银块货币时代乃至纸币时代，尤其是到了今天的电子货币时代，政府总是在创造和外生地向经济体注入货币，因而总是在市场之中。这几乎没有例外。由此，完全按照现代微观经济学教科书所说那样，认为市场供求关系和市场竞争决定商品的价格，或者说如哈耶克在1937年和1945年的两篇经典论文中所认为的那样，在完全自发的市场竞争秩序中，价格作为一种信号，进行资源分配和协调人们之间的劳动分工和知识分工，均是一种经济学理论分析的抽象的理想状态。换句话说，政府或央行向经济体注入或撤出货币，总是在一定程度上会扭曲市场中的价格信号，影响劳动分工和知识分工。但问题是，市场价格是一种货币标量，市场经济又不能没有货币。下面我们将谈到，按照哈耶克的货币与商业周期理论，央行向经济体注入货币，人为降低市场利率，可能正是现代市场经济出现商业周期的根本原因。

现在让我们再来考虑第二种情形。假设人类社会的市场交易完全处在金属货币时代，且假设没有政府法定的货币形式，市场交易者完全用金块、银块来做货币（Bullion）。即使在这种情况下，黄金和白银的供给也会影响市场的价格决定机制。如在欧洲近代历史上，欧洲殖民者15～19世纪在美洲发现黄金、白银，黄金大量流入欧洲，其中白银大约有一半直接流入欧洲，还有一半被欧洲人用于交换亚洲的商品，但这也会引起欧洲市场中商品价格的波动，即道格拉斯·诺思（Douglass North）所说的“欧洲的价格革命”。由此看来，金银货币的自然增减，也会影响市场的价格配置资源、物价水平乃至单种商品的价格。换言之，即使在完全的金银货币制度下，任何一种商品的价格，也不完全取决于市场供求关系和生产者之间的价格和技术竞争，甚至是消费者之间的需求竞争，还会取决于（金银）货币供给的增减。

当然，在大范围的历史研究中，我们完全可以排除这种情形。因为，在人类历史长河中，用金块或银块（粒）等金属货币做称量货币，只是较短的历史现象［然而在中国却是另外一种情形，在南宋和金元时期，就出现了元宝和锭银，但元代和明初，曾大量使用纸币和铜铸币。自明英宗正统元年（公元1436年）到清末，中国用称量白银做货币竟长达400多年，但是中国民间的元宝实际上可以看作一种铸币］。金银数量一旦多了起来，为了市场交易的便利，大多数国家便会出现金银铸币。一旦出现了金银铸币或铜铸币，就又有国家和政府的干预及“货币国定”的因素在其中了。那种认为商品的价格完全取决于市场竞争，也只能是经济学教科书上的纯理论假定了。

再看第三种情形。如果我们相信凯恩斯和后凯恩斯主义的“货币内生论”，即在现代社会中货币的主要存在形式是“记账货币”（即“money of account”），而在实行记账货币的货币制度中，货币的产生主要是通过商业银行的“贷款创造存款”而“内生地创生货币”，那市场商品价格的一般水平，乃至任何单种商品的价格的决定，除了市场竞争（包括生产者之间和消费者之间的竞争）的因素外，还要取决于一个经济体内部的银行信贷规模，或者至少会为市场的信贷规模乃至货币供给的多寡所扰动。在这种情况下，市场价格的决定是远比哈耶克在《经济学与知识》和《知识在社会中的运用》，以及现在流行的微观经济学教科书所普遍讲的市场竞争决定价格的情形，要复杂得多。

第四种情形。作为一个深刻的思想家，正是哈耶克认识到了大多数国家在现代社会均实行“货币国定论”的问题，他在晚年提出了“货币非国家化”的改革设想：商业银行竞争性地发行私人货币。这里先不考虑哈耶克所提出的“货币的非国家化”的主张到目前为止被世界大范围的历史证明是根本不可行的，即无论是历史上苏格兰 18 世纪到 19 世纪实行的“自由银行”制度，还是中国晚清和民初官办和官商合办银行、商业银行、外国银行、各省银钱票号，乃至钱庄、钱铺、商号任意发行纸币和钱票的历史，均证明私人或私人银行发行货币更会给一国经济带来混乱并造成破坏性的影响。[1] 即使按照哈耶克的《货币非国家化》的制度设计，也仍然会出现市场价格机制被货币增减所扰乱的情形。按照哈耶克私人银行竞争发行货币的理想模式，如果假定每一个银行都是短期财富和利益最大化者，一些商业银行竞争性地发行货币，可能会使整个社会更无法控制货币的数量，更有可能导致普遍的货币乱发和普遍的通货膨胀。且从理论可以推知，任何私人银行发行的货币在货币竞争中失败退出，都会使一些持这些银行货币的存户遭受财富损失。这样货币非国家化的制度设计，更可能会使市场的价格决定变得更加

[1] 可能正是看到了这些事实，哈耶克在《货币非国家化》一书中，也没有举这两个例子。甚至奥地利学派经济学家罗斯巴德，在 1988 年发表的一篇《苏格兰自由银行之谜》一文中也认为，在 18 世纪到 19 世纪的所谓的“苏格兰自由银行”时期，“(1) 苏格兰的银行业并不是自由的，事实上，它们同样受制于英格兰银行；(2) 苏格兰的银行运作得并不比英格兰的银行要好”。从 18 世纪 60 年代到 19 世纪 40 年代，“苏格兰体系与它的近邻英格兰银行体系一样，都是不稳定的，它们都有推动商业周期的行为”。因此，罗斯巴德得出结论说，“苏格兰的银行体系在 18 世纪和 19 世纪上半叶既不自由，也不优越” (见 Rothbard，1988，pp. 229～230，p. 233)。中国近代的铸币、银币和纸币制度的混乱，参：千家驹、郭彦岗（2014，第六章，近代中国货币）。

混乱和扑朔迷离，更会远离用价格信号来进行人们知识和劳动分工的理想市场经济。尤其是考虑到市场竞争中的“斯密困境”[1]，即市场竞争会自然产生垄断，那么商业银行竞争发行货币的最后结果，可能是一家银行最后垄断发行货币，而这无疑又意味着一个“中央银行”又会在竞争中自发出现。这里关键的问题是，尽管哈耶克在《货币的非国家化》中有注意到，但最终还不是像凯恩斯和熊彼特那样，完全认识到从古到今货币的一种存在形式是“记账货币”（money of account）。尤其是到今天的电子货币时代，可以认为货币的主要存在形式（大部分国家超过95%以上）都是“记账货币”了，即电脑网络中的数字货币了。[2] 譬如，在美国，90%以上的货币已经没有实物形态了，在英国这一比例则为97%。而按照中国目前的M0和M2总量来计算，中国也有超过95%的货币没有任何实物形态了，而只是个商业银行账户中的银行卡—电脑存款数字。这样，如何管理货币就成了现代市场经济的一个根本性的问题了。

综上所述，市场经济的核心和实质是价格机制。但市场价格是一个货币标量，有价格必须有货币。无论新古典的微观经济学理

［1］ 见斯蒂格勒（George J. Stigler）1951年发表在《政治经济学杂志》上的《劳动分工受限于市场的范围》一文。

［2］ 在《货币的非国家化》一书中，当哈耶克谈到货币的四种用途时，哈耶克认为，其四种用途分别是：第一，用于购买商品和劳务；第二，持有，以作为满足未来之需；第三，用于契约规定的延迟支付；第四，用作会计单位，尤其是在记账（keeping books）之时（Hayek，1976，p. 67）。从这里可以看出，尽管哈耶克认为货币是一种记账单位，但是他好像还没有认识到，货币的一种主要存在形式，在近代乃至现代和当代诸社会中，主要是一种记账数字了，或今天看来是银行账户中的纯电脑记账数字了。

论，还是哈耶克在论知识分工的两篇经典文章中所提出的“理想市场经济模型”中，均只有市场价格和价格决定，而没有货币因素在其中。一旦把货币因素考虑进来，即无论有个外在的政府机构或央行从外边创造和注入货币，还是完全采取金属货币，抑或是“货币内生”，就没有理想的完美市场价格决定机制和市场均衡。如果把货币的因素考虑进来，无论是新古典主流经济学的市场价格决定模式，还是哈耶克所提出的人们具有私人信息和分立知识而进行市场交易的非完美市场的理想模式，都需要重新进行理论思考。尤其是考虑到在人类历史上，基本上是政府和现代社会的央行在决定增发和减少货币，那么即使我们否定掉有一个中央计划局进行全社会资源的计划配置的经济模式，但政府总是在市场中，总是会通过增减货币量的多少来干预市场，扰动市场的价格决定机制，而在人类历史上，这又常常是以通货膨胀的形式来扰动的。由此看来，离开政府干预的完全自由的自发市场秩序，在人类历史上几乎不存在。

在现代和当代社会，各国央行无不随时通过货币政策向市场经济体注入和抽出货币来调节和干预市场的运行。如果说政府对市场的运行的知识不是完备的，那么进一步的问题是：作为一个独立机构的央行及其央行的经济学家们对市场经济运行的知识就是完备的？就是全知全能的？如果央行行长们和央行的经济学家们，以及内生创造货币的商业银行经理们的知识不是完备的和全知全能的，那么，央行通过向经济体注入或抽出货币来扰动和干预市场经济运行，照哈耶克看来可能就是“知识的僭妄”。但这种知识的僭妄，又是现代市场经济中一种不可避免和必须的选择。最终的问题是，人类社会还有其他的选择来创造和管理货币么？

3. 知识的僭妄：哈耶克的货币与商业周期理论

上述的理论探讨和追问，绝不是否定哈耶克的经济学知识论基础，也不是否定他的货币与商业周期理论（当然目前我们还不能同意哈耶克的“货币的非国家”理论，因为还没有成功的先例，实行起来可能问题更多）。事实上，哈耶克在 20 世纪 30 年代所做的货币与商业波动的研究，是他对现代经济学理论分析伟大的贡献之一，他也由此获得了诺贝尔经济学奖。纵观哈耶克一生的学术探讨轨迹，我们可以发现，哈耶克的经济学理论基本上是逻辑一贯的。譬如，在 1976 年出版的《货币非国家化》一书中，哈耶克还坚持认为：“货币政策更可能是经济衰退的原因，而不是解药。因为，货币当局很容易屈从于廉价发钞的诉求，从而将生产引向错误的方向，这必然产生一些不良后果，而不是有助于经济从某些方向的过度发展中解脱出来。”（Hayek，1976，p. 102）

但是，今天我们要看到的是，哈耶克在 1937 年和 1945 年关于市场经济运行的两篇文章中所提出的，知识分工的市场和价格机制理论，与他的“货币与商业周期理论”是分离着的。我们今天的理论研究和思考，在于探索在这二者之间构架一个桥梁的可能性。

从思想史上来看，哈耶克 1921 年从维也纳大学获法学博士后，受到米塞斯的影响，开始研究货币商业周期问题。当哈耶克开始著述生涯时，正好赶上 1929～1933 年的世界经济大萧条。实际上，早于 1929 年大萧条开始前，哈耶克就出版了他的第一本专著《货币理论与商业周期》。在这本著作中，哈耶克分析了信贷扩张与资本结构的影响，从这一视角出发，研究现代市场经济的商业周期产生的机理。这本书出版后，即被时任伦敦经济学院经济系系主任的罗宾斯（Lionel Robbins）发现，并大为赞赏，随即罗宾斯邀请哈耶克到伦敦经济学院举办了系列讲座，并之后直接聘任哈耶克为图克经济科学和统计学教授。这次系列讲座的结果，就成了哈耶克的第二本经济学学术专著《价格与生产》，并于1931年用英文出版。1929～1933年大萧条后，哈耶克在1937年出版了一本小册子：《货币国家主义与国际稳定》，并在1939年出版了《利润、利息和投资：兼论工业波动》一书。经过数年的深入思考，哈耶克出版了这一时期他付出极多研究精力的重要著作《资本纯理论》（1941）。可以认为，哈耶克的纯经济理论，大致完成于早期这五本经济学专著和论文集，后来他在1974年获得诺贝尔经济学奖，完全是因为他在这几本著作中所做的“货币与商业周期”理论研究上的贡献。

要理解哈耶克的货币与商业周期理论，我们还要回顾一下他提出的“哈耶克三角”的生产理论。

基于“货币中性”和魏克赛尔的“自然利率”的理论假说，哈耶克在《生产与价格》中提出了他的著名的“哈耶克三角”理论：根据庞巴维克的“迂回”（roundabout）生产理论，哈耶克把社会生产结构看作从最终消费品到各种“中间产品”（哈耶克有时也称之为“生产者物品”，即“producers' goods”）生产的一个时序生产阶段的三角形。三角形的一边代表生产结构的时间维度，即生产的迂回程度，三角形的另一个直边，代表生产阶段，而每个阶段的垂直高度代表尚待完成的生产过程的货币的价值；而三角形的斜边，则代表整个生产过程产生出最终消费品的货币价值。按照这一

“哈耶克三角”，生产越迂回，即生产最终消费品所需要的中间产品阶段越多，越需要投入更多的资本，因而也会有更大的货币总量。

按照哈耶克这个复杂的货币、利息、投资和整个经济的生产结构理论，如果一个社会的消费者时际偏好发生了变化，即人们更偏向于未来消费，储蓄会增加，利率会下降，这样会刺激企业家增加投资，社会资本会投向更“高阶资本品”（high-order capital goods）的生产，即对接近于生产最终消费品和耗时较短的“低阶资本品”（low-order capital goods）生产阶段的投入减少了。结果，整个社会的生产结构链条更长了，因而社会生产就像庞巴维克说的那样，也更加“迂回”。相反，如果人们的时际消费偏好率上升了，即对当下金属货币的消费看得更重，储蓄会减少，利率会上升，企业家的反应则是减少生产的迂回程度，资本会投向用于直接消费品的生产和“低阶资本品”的生产，生产的链条会减短，从而生产的“迂回”程度也会自然降低（见图 1）。

由此，哈耶克认为，在一个不为政府和央行的货币政策人为扰动的市场经济中，人们对当下消费和未来消费的时间偏好率的变动，会自发地引致利率的变动，这种利率的变动，会引致迂回生产阶段的自然调整，并不会造成“工业波动”和“商业周期”。

根据上述认识，哈耶克还特别强调指出，要把一个社会的消费者时际消费偏好所引起的利率的变化，与政府所主导的信用扩张所引起的利率变化严格区别开来。如果通过央行扩大货币供给而干预市场过程，会人为地降低利息率，把实际利息率人为地压低在自然利率之下，这样会给投资者一些虚假信号，激励他们增加资本投入，并把资金投向远离最终消费的“高阶资本品”的生产，使整个

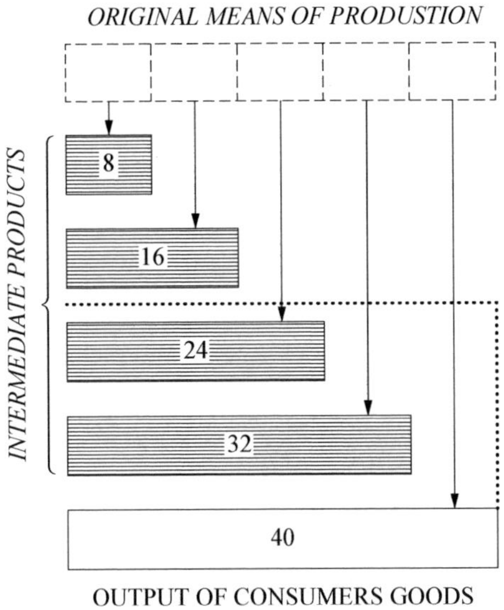

图1　哈耶克在《价格与生产》中对“哈耶克三角”的描述1：没有外在干预的市场经济的自然运行

社会的生产过程更加迂回，从而导致资源的“错配”，创造一个人为的经济繁荣（参：Hayek，1935）。

哈耶克还认为，尽管通过央行扩大货币供给而人为地压低利率的做法，短期内会降低失业率，增加产出，但是这个过程是不可持续的，从而这种繁荣也是不可持续的。因为，当利率被人为地压低到自然利率之下时，原来不可行的项目变得可行了，这会导致投资过度扩张，资源被过多地错配在生产高阶资本品的项目上。这样短期会造成生产资料价格的上涨（现在世界各国则用PPI来衡量），这些行业的工人工资也会上涨。但是，在这个过程中，人们对消费的时际偏好并没有改变，等人们获得这些新增货币时，发现利率已被人为地压低，会增加社会对直接消费品的需求，减少而不是增加储蓄。人们消费需求的增加，又会导致消费品物价（现在为CPI）的上涨，从而造成全面的物价上涨（见图2、图3）。

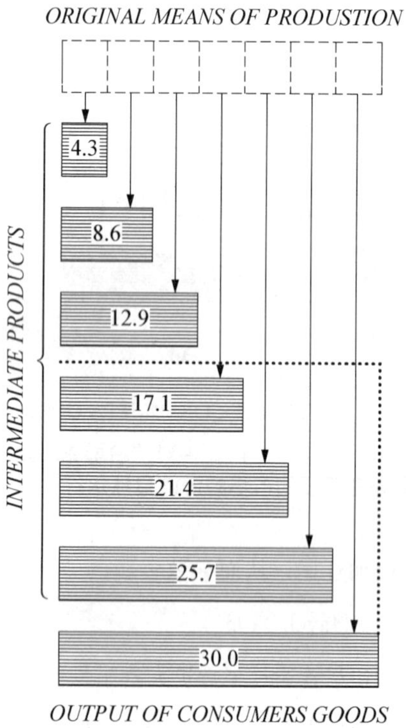

图2 哈耶克在《价格与生产》中对哈耶克三角的描述2：政府的外在干预增加了生产的迂回阶段

哈耶克认为，这种认为低利率下的“虚假信号”所造成的资源错配，迟早会翻转过来：即期消费品不足，而迂回生产阶段则过长，资本品的投资不是“过度投资”，而是“不当投资”。这种不当投资的结果，是因为投到“高阶资本品”生产阶段的资本过多，导致产品过剩。最后，到这些不当投资企业的产品滞销，经营亏损

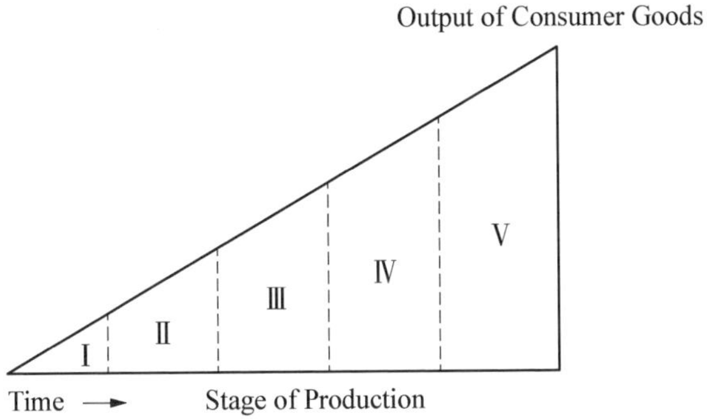

图 3　罗杰·加里森（Roger Garrison）在 2001 年出版的《时间与货币》（*Time and Money*）一书中对“哈耶克三角”的简单描述

时，最后就不能偿付银行的贷款了。这样一来，待到银行贷款需要进行“清算”的时候，整个金融系统和生产过程就会突然断裂，大萧条随即就会到来（Hayek，1935）。

很显然，哈耶克的“货币与商业周期理论”提出了一个非常深刻的理论解释，也提出了一个逻辑自洽的商业周期理论。之后，哈耶克又在《经济学与知识》和《知识在社会中的运用》两篇文章中，提出了一个非常深刻的市场经济运行的基本原理。但是，哈耶克在 1950 年后，开始转向研究心理学、法学和社会哲学，撰写了论自由和法治的几本政治学、法学和社会理论的著作（其现实意义更深远），而他本人并没有时间打通他的货币与商业周期理论与他的关于知识分工的市场价格机制理论。且他在 1976 年出版的那本《货币非国家化》，本来应该打通这两个理论，但实际上他晚年却急急忙忙地去设计一个目前看来不可能实现的货币非国家化制度，从而实际上并没有把这两个重要理论整合到一起，形成一个逻辑自洽的哈耶克经济学理论框架。从哈耶克的经济学理论的这一理论分岔，今天我们至少发现有以下几个问题需要进一步思考：

第一，市场经济是通过价格机制进行资源配置的一种经济制度。价格是一种货币标量，因而有货币才有竞争性的价格机制。但是，货币的本质是什么？货币又是如何产生的？货币在市场中的作用是什么？这些是经济学中的最基本问题或核心问题，但也是常常为经济学家们所忽视的问题。

第二，即使我们相信哈耶克在《经济学与知识》和《知识在社会中的应用》这两篇文章中所提出的，由于人们知识分立和知识分工而导致只有通过市场价格机制进行资源配置才是有效率的，即使我们相信中央计划经济是不可行的，但是，由于在市场运行中要用货币来制定价格，货币是由央行和政府来决定和投入的，而哈耶克所提出的商业银行竞争性地发行货币又不可行，那么这就不能排除央行和政府运用货币的手段来调控经济。如果因为知识的分立和分工导致央行也不是全知全能的，如果我们在相信哈耶克所说的“货币政策更可能是经济衰退的原因，而不是解药”的话，那是否意味着市场经济就根本不可能摆脱和消除“商业周期”？

第三，因为价格是一个货币标量，有货币才有价格，才有市场经济。由于市场参与者的理性是有限的，信息是不完备的，知识是分立的，但劳动分工和知识分工是靠市场交易来完成的，一国的经济增长和社会繁荣也是通过市场交易来完成的，这就产生了一个致命的悖论：由于货币在人类社会历史上总是由“国家和政府来定的”，或者按克纳普的《货币的国家理论》中第一句话“货币是法律的造物”，且政府或中央银行又不断“注入”或“抽出”货币，商业银行也内生地创造货币，那么，完备、完美和完全有效率的市场几乎就是不可能存在的了。

第四，由此看来，任何想消除“经济周期”的努力，以及设计乃至建构完美的“决定论”的一国宏观经济（“一般均衡”或“市场出清”）模型，都只能是如马克思批评蒲鲁东所说的那样，只是一种“形而上学和法学的幻想”，或者如哈耶克所说的，是一种“致命的自负”（fatal conceit）或“知识或理性的僭妄”（pretense of rationality）。[1] 既然如此，理论经济学的功用和作用又在哪里？我们学习和研究经济学的意义又在哪里？人类社会经济运行有没有最优选择？

4. 个人知识分立下的市场竞争：央行如何管控货币？

市场经济是以货币为媒介进行商品和劳务交换的一种经济制度。市场竞争，即是价格竞争，而价格则是一个货币标量。市场经济不能没有货币，离开货币，就没有价格，也就没有市场（物物交换在人类早期社会中即使存在，但那还不是一种市场）。然而，问题是，货币作为市场交换的一种价值尺度、支付手段、债务清偿手段乃至价值储藏手段，在任何社会中都不是一个常量，而是一个变动不居的量。货币供给的增减，不但会影响一国经济的价格水平，也会如哈耶克所发现的那样，影响和决定商品的价格结构，或者说影响不同商品和劳务的价格。假设，金属货币和商品货币已不能适

---

[1] 对此，哈耶克晚年有专门论述。在1980年12月2日一次讲演中，哈耶克说：“我早年所期望的在形成价格时完全中性的货币，实际上是一个永远无法完全实现的希望。我们所能期望的是，货币数量的增加被控制在最小的幅度，从而尽可能地不扰乱货币在决定价格时的引导功能。”（参：Hayek，1984，转引自哈耶克《货币的非国家化》中译本，第202页）

应今天复杂和分工细密的人类现代社会的经济运行了，而哈耶克所设计和提出的私人商业银行竞争发行货币目前看来还是一个天真的幻想；因为，如完全实行的金本位制或银本位制，无论是单一银行（可以是央行）发行货币，还是竞争性的商业银行发行货币，从理论上应该是等价的。但这里的问题是，目前全世界的GDP已经超过80万亿美元，全球各国货物贸易总量已经超过16万亿美元，在目前全世界黄金大约只有17万吨（2013年统计数字）的情况下，且大量黄金是作为不流通的财富和装饰品而为人们所储藏和使用，今天显然已经不再可能恢复金本位制了。1929～1933年的大萧条也证明，实行金本位制不仅不能阻止和避免经济衰退，而且可能会加深经济萧条。另外，如果相信后凯恩斯和后凯恩斯主义的“内生货币”理论，目前各国货币的主要存在形式已是记账货币，尤其是目前货币的存在形式主要是电脑网络中的数字，在这样的情形下，商业银行竞争发行货币与商业银行通过竞争发放贷款的差别又在哪里？二者是否是一回事？如果靠百分之百的黄金储备发行货币已经不可行，而比特币那种靠纯技术程序约束货币发行的“货币”，目前成本（“挖矿”）也甚高，且还很难普遍适用于现代复杂的市场经济运行的债务清算乃至全球的日常大量支付，那么，目前看来，人类现代社会似乎只有靠一个中央银行来发行基础货币这一条“华容道”了。这样一来，进一步的问题自然是，央行如何“增投和收回”货币？这就成了今天我们唯一所能考虑的现代经济运行的体制设计选择了。从这个角度来看，目前的选择似乎只有：

第一，正如弗里德曼与施瓦茨（Friedman & Schwartz，1986）以及晚年他与古德哈特（Friedman & Goodhart，2003）所发现的那样，在央行的货币发行和管理上，有一个货币的“宪政约束”(constitutional constrains) 问题。从美国历史上来看，在金属铸币时代，1787 年制定的《美国宪法》中，除了第一条第八款规定国会控制税收外，还有一个条款：国会负责“铸造货币，厘定国币和外币的价值，并确定度量衡的标准；制定关于伪造合众国证券和通货的罚则”；并在第一条第十款明确规定，任何州政府“不得铸造货币；不得发行信用券；不得将金银币以外的任何物品作为偿还债务的法定货币”。这样，美国宪法一开始就明确把征税权、铸币权和货币发行权完全掌控在美国联邦议会手中。但是后来由于美国财政部开始发行纸币，这一宪政条款实际上并没有落实。后来经过一百多年的演变，到 1914 年，成立了由在华盛顿的联邦储备局 (Federal Reserve Board) 作为政府机构，并在 12 个城市设置非盈利型联邦储备银行（the Federal Reserve Banks），共同构成了美联储系统，简称美联储（FED）。美联储从而成了一个在制定货币政策的过程中拥有自主独立性而不完全受美国总统、议会和美国财政部影响的独立机构。关于这一独立性，在美国《联邦储备法案》中有一项明文规定：“美联储制定货币政策时不受包括总统在内的任何行政政府部门干预。”即使实现了央行货币政策的完全独立性，但如何约束和制衡各国央行的货币发行和收回，仍然是个绕不过去的问题。当然，也许人们会相信，外在的人不会比央行的经济学家更了解经济运行，从外在约束央行的货币政策，只会束缚央行制定合意的货币政策。但是，又如何保证央行不寻租并制定错误的货币政策？就此而论，如何从制度上约束和管控发行基础货币的央行，从而如何管控一国货币的发行，就成了一个绕不过去的现代社会的基本制度设计问题。

第二，必须有一个独立于财政收入最大化的政府的央行，像美联储的制度设计一样，“关键是设计一个既能约束这种无限造币权的制度，不能让央行成为政府的提款机，随心所欲地印发货币。目前美联储和世界其他（国家的）主要央行采取的以通货膨胀为锚的货币发行模式和强调央行独立于政府，正是为了约束央行的无限造币权”（王健，2013，第63页）。事实上，1995年通过实施的《中华人民共和国中国人民银行法》第二十九条，也明确规定：“中国人民银行不得对政府财政透支，不得直接认购、包销国债和其他政府债券。”这一条款实际上限定了作为中央银行的中国人民银行，不得通过发行货币来弥补财政赤字，是一项非常超前和重要的货币发行的宪政条款。但是，尽管《中国人民银行法》第七条有“中国人民银行在国务院领导下依法独立执行货币政策，履行职责，开展业务，不受地方政府、各级政府部门、社会团体和个人的干涉”，但这一法律却没有规定中国人民银行不受中央政府和党政部门的干涉。《中国人民银行法》第六条有“中国人民银行应当向全国人民代表大会常务委员会提出有关货币政策情况和金融业运行情况的工作报告”，但是《中国人民银行法》并没有具体设定人大有专门货币或金融委员会，以对应监督和制衡中央银行的货币政策的制定和实施。

第三，假定央行不寻租，央行的经济学家在既有的知识和信息的基础上，会为社会的最优选择而注入和抽出货币，且央行的货币政策必须是稳定的。央行的货币政策应该使用得越少越好，尽量不干预和扰动经济运行。央行必须有单一的货币目标，这可以尽量减少央行增收货币对市场价格机制的扰动，或者说尽量维持货币中性

(neutrality of money)。这样，也许我们就能理解米尔顿·弗里德曼提出的货币主义的政策主张了：要年复一年稳定地确保货币供应的增长速率。当然，由于一国的经济增长，总不可能是平均和平滑的，那么，就要有一个央行货币政策的单一目标的选择问题：到底是确保一定的通胀率，还是保就业，或按照一定比例同时保就业和一定通胀目标？

这实际上就预设了央行货币政策对市场价格机制的干预和扰动。在技术上，这无疑又预设了央行当遵守"泰勒规则"（Taylor Rule），即中央银行当将利率设定为通货膨胀和产出对其自然水平的偏离的函数。

但是，如果我们相信后凯恩斯主义的商业银行贷款创造存款因而内生地创造货币的逻辑，而任何商业银行都是利润最大化的，那么，又如何规范约束、限制和监管以利润最大化为导向的商业银行的信贷活动？这又是经济学当深入研究的一个根本性问题。这实际上又回到了哈耶克经济学的一个核心命题：在现代市场经济社会中，任何人的知识和信息都是有限的，都不是无所不能的。在现代市场经济中，除了有一个发行和抽减市场中的基础货币的央行的存在，再加上有制造和创造记账货币的商业银行系统的存在，特别是有复杂的进行货币交易的金融市场的存在，那么，全社会要有一个最优的货币量就几乎是不可能的，因而市场经济的波动也将是任何一个现代经济体所秉有的。[1] 也正是因为这一点，有价格而实际上

---

〔1〕 这也恰恰是哈耶克刚开始研究经济学所相信的。譬如，在1933年出版的《货币理论与贸易周期》一书中，哈耶克就明确地说："只要我们用银行信贷作为促进经济发展的手段，我们就得忍受作为其结果的贸易周期（trade cycle）。在此意义上，贸易周期是我们为那种超出人们自愿储蓄所导致的发展速度所付出的代价，因而是人们不得不付出的。"（Hayek，1933，pp. 189～190）

没有货币的瓦尔拉斯—阿罗—德布鲁一般均衡理论为基本构架的新古典经济学，实际上是经济学家们脑子里的一种纯理论建构。有充分研究货币在市场中作用的经济学，才是有接近描述和解释市场经济运行真实图景的经济学。

5. 余论：现代经济学是一门科学？

自20世纪初以来，经济学家们从古典的“political economy”（政治经济学）话语体系逐渐转向了“economics”（经济学）的话语体系，随之，经济学家们的主要理论诉求是要构建像“physics”（物理学）等自然科学那样，一种关于人类经济社会运行内在法则的带有“ics”词缀形式的“economics”的“科学”。尤其是在第二次世界大战以来，国际上的现代经济学从整体上逐渐走向了一个高度形式化和技术化的演化发展路径，以致几乎所有经济学家们都致力于把自己的学术研究和理论观点用数学语言来表述，用数学模型来构建，以数学模型来证明，并且以为这才是真正的科学研究，才是真正的“社会科学”。然而，由于任何经济学从本质上说是研究市场经济运行基本法则的一种理论学科，而现实中乃至在人类历史上任何时期，市场经济中必须且必定有货币在其中，且货币在任何人类社会和任何经济体中均是一个能人为创造、改变且变动不居的量，而在任何经济体中，货币增减、流入流出、窖藏又会影响价格水平、市场波动、收入分配、财富占有，以及更重要的是影响经济增长，因而可以认为，不研究货币，就不能有且不会有真正的经济学。然而，当今世界的现实格局却是：现有的林林总总的微观经济学，都只研究供给和需求，都会研究市场竞争决定价格，价格决定生产和供给，价格也决定人们的消费；但几乎所有的微观经济学教科书实际上均只谈价格形成和价格竞争，而没有货币的影子，且均没有考虑货币增减的因素对市场竞争和价格形成机制的无时不在的影响。即使在第二次世界大战后逐渐发展起来的主流宏观经济学中的凯恩斯主义的 IS—LM 解释框架，尽管乍看是在解释货币、利息、投资和储蓄在一国经济增长中的作用，但由于其基本假定是：货币完全是由一个外在于经济体的、一个叫“央行”的机构“外生地”投放和收回并任意创造出来和任意毁灭的，而不是解释货币到底是如何创造出来的，货币自身的创造机制到底是怎样的，更忽略了如下事实：商业银行和金融机构通过贷款创造存款从而“内生地创造”经济运行中的货币。因此可以认为，现代宏观经济在整体上也仍然是“货币分析缺位”（absence of money）的。在微观经济学和宏观经济学同时处于“货币缺位”的情况下，现代经济学在此前提下研究价格竞争、市场出清和一般均衡的条件及可能，研究经济增长和经济波动，乃至用高深精密的数学模型来论证一般均衡和市场出清的存在及其理论上的可能性，并自认为这才是科学的，这难道不是一个“形而上学的理论幻想”？这样的经济学到底是更“科学”了，还是离“科学”更远了？现实市场经济和社会交往是有货币的，且现代社会几乎须臾离不开货币，但理论经济学中却存在着实际上的“货币缺位”。这种理论经济学无疑在整体上是脱离经济和社会运行现实的。脱离人类社会的经济运行现实，而靠一些经济学家头脑中所创造的公理化“经济学原理”，并用精美的数量工具和数学模型来推导现实经济的运行应当是怎样的，这是前进，还是后退？这样的经济学是科学，还是“伪科学”？

2016 年 7 月 18 日初识于复旦

（本文主要部分发表于《学术月刊》2018 年第 2 期；

2018 年 2 月 5 日再增补于复旦，此稿是最后修订稿）

参考文献

Alchian，Armen A. and William R. Allen，1973，*University Economics*，3rd ed.， Wadsworth Publishing Company， Inc. Belmont， California， 1973，p. 40.

Bruce，Caldwell，2004，*Hayek's Challenge*，Chicago：The University of Chicago Press.

Friedman，Milton & Charles. A. E. Goodhart，2003，*Money*，*Inflation and Constitutional of the Central Bank*，London：The Institute of Economic Affairs. Friedman，Milton & Anna J. Schwartz，1986，“Has Government any Role in Money?”，*Journal of MonetaryEconomics*，January，pp. 37～62.

Hayek，F. A.，1933，*Monetary Theory and Trade Circle*，trans. by N. Kaldor & H. M. Croome，New York：Sentry Press.

Hayek，F. A，1935，*Price and Production*，2nd ed.，London：Routledge.

Hayek，F. A.，1937，*Monetary Nationalism and International Stability*，London：Longmans.

Hayek，F. A.，1939，*Profits*，*Interests and Investment and other Essays on the Theory of Industrial Fluctuations*，Clifton，NJ：Augustus M. Kelley Publishers.

Hayek，F. A.，1941，*The Pure Theory of Capital*，Nowrwich：Jarrold and Sons.

Hayek，F. A.，1944，*The Road to Serfdom*，London：Routledge.

Hayek，F. A.，1949，*Individualism and Economic Order*，London：Routledge & Kegan Paul.

Hayek，F. A.，1960，*The Constitution of Liberty*，Chicago：The University of Chicago Press.

Hayek, F. A., 1967, *Studies in Philosophy, Politics and Economics*, London: Routledge and Kegan Paul.

Hayek, F. A., 1976, *Denationalization of Money*, London: The Institute of Economic Affairs.

Hayek, F. A., 1978, *New Studies in Philosophy, Politics, Economics and the History of Ideas*, London: Routledge and Kegan Paul.

Hayek, F. A., 1984, "The Future Unit of Value", in Paccal Salin (ed.), *Currency Competition and Monetary Union*, The Hague: Martinus Nihoff Publishers, pp. 29～42.

Hayek, F. A., 1988, *The Fatal Conceit: the Errors of Socialism*, Chicago: The University of Chicago Press.

Knap, Georg Friedrich, 1924, *The State Theory of Money*, trans. by H. M. Lucas and J. Bonar, London: Macmillan. 中文版:《中国货币演变史》，千家驹、郭彦岗译，第二版，上海：上海人民出版社 2014 年版。

Rothbard, Murray N. 1988, "The myth of free banking in Scotland", *The Review of Austrian Economics*, December 1988, Volume 2, Issue 1, pp. 229～245.

Stigler, George, J., 1951, "The Division of Labor is Limited by the Extent of the Market", *Journal of PoliticalEconomy*, vol. LIX, no. 3., pp. 185～193.

Stiglitz, Joseph E. 1997, *Economics*, 2nd, New York, W. W. Norton & Co. 中文版：梁小民、黄险峰译，北京：中国人民大学出版社 2000 年版。

Vickrey, W. S., 1961, "Conterspeculation, Auction and Competitive Sealed Tenders", *Journal of Finance*, vol. 16, pp. 1～17.

王健，2013，《还原真实的美联储》，杭州：浙江大学出版社。

赵燕菁，2016，《范式转变：从均衡到竞争》，《学术月刊》第 9 期，第 59～72 页。

附录四

再评诺思的制度变迁理论*

——道格拉斯·C. 诺思教授的《制度、制度变迁与经济绩效》新中译本代译序

本文部分取自道格拉斯·C. 诺思教授的《制度、制度变迁与经济绩效》的新中译本代译序。第一节对诺思的生平著作做了简短的介绍。第二节对《制度、制度变迁与经济绩效》的基本思想和理论结构进行了较全面的评述。第三节则对 20 世纪 90 年代之后，诺思在制度研究和制度变迁理论方面的主要贡献做了一些介绍和评论，尤其是对诺思的最新著作《理解经济变迁过程》和他与一些合作者的新作《解释有记载人类历史的一种概念框架》中的一些观点做了一些解读、评论和商榷。从诺思 2000 年之后的一些新近文著中，可以清楚地发现，他越来越注重经济制度变迁与政治体制变迁内在关联机制研究，且越来越重视研究人们的信念、认知、心智构念和意向性在人类社会制度变迁中的作用。

---

* 本文原为道格拉斯·C. 诺思教授的《制度、制度变迁与经济绩效》（杭行译，韦森译审校，上海：格致出版社 2008 年版）新中译本代译序。

> 经济学家们已经正确地认识到经济学是一种选择理论。然而，要改善人类的前景，我们必须理解人类决策的来源。这是人类生存的一个必要条件。
>
> ——诺思（North，2005，p. 170）

（一）

对于诺贝尔经济学奖得主之一道格拉斯·诺思（Douglass C. North——一译“诺斯”）以及他的制度变迁理论，国内经济学界以及其他社会科学界的许多人目前应该说都比较熟悉了。这主要是因为，诺思的几本主要著作——包括这本《制度、制度变迁与经济绩效》——以前都有过数种中译本，以至于诺思本人的一些理论洞见，业已成了许多高校的经济学教师、经济学专业的高年级学生和研究生们耳熟能详的现代经济学常识了。另外，除诺思本人的文著大都有了中译文本之外，自 1995 年以来，诺思教授也曾多次来过中国，并曾在北大、复旦、清华等高等学校做过讲演，宣讲他的制度变迁理论的一些主要观点；国内一些经济学人（包括笔者自己，见：韦森，1999a，1999b，2001；Li，2003）也在过去的十多年中对诺思的理论做了一些介绍和评论。随着新制度经济学（New Institutionalism）前些年在中国经济学界大行其道，尤其是在诺思与罗伯特·福格尔（Robert W. Fogel）于 1993 年获诺贝尔经济学奖之后，诺思的一些理论发现比较快地在国内经济学界得到传播，因而诺思本人也已经成为在中国经济学界被引用率最高的当代经济学家之一。

诺思于1920年11月5日生于美国马萨诸塞州的剑桥，父亲是一家城市人寿保险公司的经理。少年时期，诺思曾随父母在美国的康涅狄格州、加拿大的渥太华、瑞士的洛桑以及美国纽约居住过，并在这些城市和地方读过小学和中学。后来，诺思进入加州大学伯克利分校学习，并在此期间成了“马克思理论的一个笃信者”（a convinced Marxist）。1942年，诺思从加州大学伯克利分校获学士学位。据诺思自己讲，他在加州大学读本科期间，选的是“政治学、哲学和经济学三学位”（a triple major）。从加州大学伯克利分校毕业后，诺思加入了美国海军（U. S. Merchant Marine），曾作为导航指挥官（Instructor of Celo-Navigation）到过澳大利亚和一些太平洋岛国。在此期间，诺思开始喜欢上摄影，并在业余时间继续读书，随之逐渐确立了未来成为一个经济学家的志向。二战结束后，诺思回到了加州大学伯克利分校，并于1952年获加州大学伯克利分校的经济学博士学位，其博士论文是有关美国人寿保险史方面的研究。毕业后，诺思先在加州大学伯克利分校留校任教，之后于1950年转到华盛顿大学西雅图分校执教，历任助理教授、副教授，并于1960年升任为教授。1959年至1961年期间，诺思曾担任华盛顿大学经济研究所执行所长。1979年秋，诺思转教于美国赖斯大学（Rice University）。1981年至1982年，诺思曾任教于英国剑桥大学，被聘为美国制度研究Pitt讲座教授（the Pitt Professor of American Institutions）。1983年，诺思重新回到华盛顿大学圣路易斯分校，任该大学经济系法律、自由和经济史Luce讲座教授。1984年，诺思在华盛顿大学圣路易斯分校创建了政治经济研究中心，并在其后的6年中一直担任该中心主任。自1996年起，诺思荣任华盛顿大学圣路易斯分校的艺术和科学奥林（Spencer T. Olin）讲座教授。自 20 世纪 80 年代以来，诺思曾兼任斯坦福大学行为科学高级研究中心的研究员，以及美国胡佛研究所（Hoover Institution）的 Bartllett Burnap 高级研究员。

诺思的主要著作有：《1790 年至 1860 年美国的经济增长》（North，1961），《美国过去的增长与福利：一种新经济史》（North，1974），《制度变迁与美国的经济增长》（North & Davies，1971），《西方世界的兴起》（North & Thomas，1973），《经济史中的结构与变迁》（North，1981），《制度、制度变迁与经济绩效》（North，1990a），以及《理解经济变迁过程》（North，2005）等。除上述著作外，自 20 世纪 50 年代以来，诺思教授还在一些国际学术刊物上发表了大量学术论文，从而逐渐形成了他的新经济史理论和大视角的制度变迁理论。1993 年，诺思与福格尔一起，获诺贝尔经济学奖，以表彰他“用经济理论和数量方法来解释经济和制度变迁从而在经济史方面的新的研究”。

（二）

《制度、制度变迁与经济绩效》是诺思教授最主要的理论著作之一，该书于 1990 年由英国剑桥大学出版社出版。这部著作既是诺思本人最重要的理论著作，也业已成了当代制度经济学理论中的一部经典文献。美国前政治学会会长和任美国斯坦福大学政治学系系主任多年的温格斯特（Barry W. Weingast）教授，曾对这部著作予以甚高的评价，说它曾“引起了主导（20 世纪）90 年代的理解制度的一场革命”［参温格斯特对诺思的《理解经济变迁过程》（North，2005）的评介语，载于该书封底］。诺思教授的这部英文著作，在1994年差不多同时出版了两个中译本：一个是台湾时报文化出版公司的译本，译者为诺思自己的学生，目前在台湾“清华大学”经济系执教的刘瑞华教授[1]；另一个是上海三联书店出版的刘守英博士的一个中译本。“刘瑞华译本”目前只有在中国大陆的少数大型图书馆中偶有藏书；而“刘守英译本”最初也只是印行了3000册，且在中国大陆的许多大学的图书馆中已经很难查得到了。由于诺思教授这部制度经济学经典著作的“二刘译本”目前在中国大陆均已很难查到，上海世纪出版集团格致出版社的同仁邀请我和我的同事杭行教授，重新翻译这部学术名著。很显然，这个“杭译本”已经是诺思教授的这部学术专著的第三个中译本了。作为译者、校审者和出版人，我们诚挚地希望，诺思教授的这部《制度、制度变迁与经济绩效》的新中译本，能够达及对社会制度现象与制度变迁问题感兴趣的中国学人的书架和案头，并提供一本较为可信的中译本。

为了让读者对诺思教授的这部制度经济学的经典名著有一个大致的理解，请允许笔者在此对这部著作的逻辑架构及其重要的理论发现，做一些概要性的介绍和评述。

正如这部学术专著的题目“制度、制度变迁和经济绩效”所表示的，这部书的内容也分为三个部分：第一篇探讨了制度研究的方法

［1］ 2005年，笔者应邀到台湾“清华大学”经济系讲演时，曾与刘瑞华教授一起吃过饭。席间，刘瑞华教授曾对我说起过诺思教授是他在美国华盛顿大学读经济学博士时的导师。

基础并随之解释了制度的基本概念；第二篇阐述了制度变迁的一般理论；第三篇则着重分析制度对经济绩效（economic performance——一译“经济实绩”“经济表现”或“经济成就”）的影响。

在第一篇第1章，诺思（North，1990a，p. 1）就开宗明义地道出他对制度（institutions）概念的基本理解：“制度是一个社会的博弈规则，或者更规范一点说，它们是一些人为设计的、型塑人们互动关系的约束。”诺思还接着指出，制度变迁（institutional change）决定了人类历史中的社会演化方式，因而是理解历史变迁的关键。在之前和之后的文著中，以及在这部文著中的其他地方，诺思（North，1993，p. 62）也曾一再指出，按照他自己的理解，“institutions”[1] 基本上由三个基本部分构成：“正式的规则、非正式的约束（行为规范、惯例和自我限定的行事准则）以及它们的实施特征（enforcement characteristics）[2] ”。有了对人类社会的制度现象的这样一个基本认识，在这部著作中，诺思首先讨论了制度分析方法论基础中的三个基石性问题，即人类合作、制度分析中的行为假定，以及人类交换中的交易费用（transaction costs）问题。在

[1] 在《社会制序的经济分析导论》（韦森，2001）以及在后来的许多文著（譬如，韦森，2005）中，我都反复指出，西方语言中的“institution”一词的含义要远比汉语中“制度”一词的含义宽泛得多。但是，鉴于国内学界的翻译惯例和人们较普遍的习惯用法，我们在这个中译本中还是把它翻译成了“制度”。

[2] 在诺思的话语中，“enforcement characteristics”是一个很难用准确的中文词汇来表达或对译的英文词组。这里既可以把它直译为“实施特征”，又可以把它简洁地译为“强制性”。在《社会制序的经济分析导论》一书中，我（韦森，2001，第84页，注1）曾指出，在诺思的制度变迁理论的话语中，这个英文词组实际上涵指这样一种社会现实对象性：正式规则和非正式约束在社会现实中得以实现的一种社会机制或一种社会过程，或者更精确地说，它是指介于一种社会机制和社会过程中间的一种社会状态、一种现实情形和现实结果。

对新古典经济学中人的最基本的行为假设——即在一个无制度存在的（institution-free）假设环境中做理性选择——进行了一些讨论后，诺思（North，1990a，p. 20）主张，“我们必须深入分析人类行为的两个具体方面：(1) 动机；和，(2) 对环境的辩识（deciphering）”。照诺思看来，人类行为要远比蕴涵在新古典经济学范式内部的个人效用的“理性最大化”来得复杂。在许多情况下，人们不仅有财富最大化行为，还有利他主义（altruism）和自我约束的行为，而这些不同的动机，会极大地改变人们实际选择的社会结果。诺思还认为，人们是通过某些先存的心智构念（preexisting mental constructs）来处理信息和辩识环境的，因而这些现存的心智构念对制度的形成、维系和变迁，都有着重要影响。诺思（North，1990a，p. 25）深刻地指出，由于在人类的社会互动过程中，每个人所拥有的有关他人行为的信息均是不完全的，因而每个人在社会选择中处理、组织以及在利用信息上，均存在着一定的心智能力上的局限，而“这种人的心智能力与辩识环境时的不确定性结合在一起，便演化出了旨在简化处理过程的规则和程序。由此而形成的制度框架则通过结构化（structuring）人们的互动，限制了行为人的选择集合”。结果，在人类社会历史的发展长河中，便形成了各种不同的制度，并产生了人类社会变迁中的路径依赖（path dependence）[1] 和锁入（lock-in）效应，等等。

在谈到交易费用范式在制度研究中的意义时，诺思认为，由于

[1] 在《理解经济变迁过程》一书中，诺思（North，2005，p. 21）把“路径依赖”简单地解释为“从过去衍生而来的制度和信念影响目前的选择”。

人们在市场交换和社会交往中的信息不完全，因而人类总是存在于各种各样的“institutional matrix”[2] 之中，或者换句话说——人类不是生活在一个“制度缺失”的世界之中，那么，按照科斯(Ronald Coase)的交易费用（transaction costs）理论，制度问题就极其重要了。根据这一点，在第3章一开头，诺思（North，1990a，p. 27）就明确指出：“我的制度理论是建立在一个有关人类行为的理论与一个交易费用的理论相结合的基础之上的。当我们将这二者结合在一起时，就能理解诸种制度何以会存在，以及它们在社会运行中发挥了何种作用。”

在对自己的制度变迁理论研究进路的基本方法论基础——即人类行为理论和交易费用理论——进行较为深入的解说之后，诺思在第一篇的后面三章中分别探析了他所认为的人类种种“institutions”的三个基本构成部分，即正式规则、非正式约束以及二者的实施特征。值得注意的是，诺思在这本书中是先从“非正式约束”开始他所理解的制度构成的理论剖析的。为什么研究制度问题要从分析非正式约束开始？对此，诺思（North，1990a，p. 36）在第5章中还给出了他自己的理由：即使在像当代西方国家这样法治比较健全的发达经济体中，正式规则也只是型塑社会中人们进行选择之约束的很小一部分（尽管非常重要），而人们在社会交往和经济交换中面对的非正式约束则普遍存在。诺思还认为，在人类社会诸种文化传统中所逐渐形成的一些非正式约束，包括人们的行事准则（codes

［2］ 这是诺思在后期的著作中所常用的一个词组，我们在这部著作中把它翻译为“制度矩阵”。

of conduct)、行为规范(norms of behavior)以及惯例(conventions),等等,无论是在长期,还是在短期,都会在社会演化中对行为人的选择集合产生重要影响。加之,由于从文化中衍生出来的非正式约束,往往并不会对正式规则的变化作出时反应,因而这些非正式约束嵌套在(nested in)其中的文化,则会在“制度的渐进演化方面起着重要作用,从而成为了路径依赖的根源”(North,1990a,p. 45)。

在对人类社会交往中的一些非正式约束做了较详尽的探讨和文献回顾之后,诺思在第6章接着探讨了正式约束及其在经济运行绩效中的作用。按照诺思(North,1990a,p. 47)的理解,“正式规则包括政治(和司法)的规则、经济规则和契约。这些不同层次的规则——从宪法到成文法、普通法,到具体的内部章程,再到个人契约——界定了约束,从一般性规则直到特别的界定”。诺思还认为,一般而言,政治规则决定经济规则,或者换句话说,产权以及由此产生的个人契约,一般是由政治决策过程所界定并实施的。当然,诺思也认为,经济利益结构也会对政治结构产生影响,因而他提出,“规则是来源于自利(选择)的”,从而“规则的设计通常是将服从成本(compliance costs)考虑在内的”(North,1990a,p. 46)。根据这一思路,诺思提出了一个正式规则的理性设计思路:规则制订者就像一个歧视性垄断者(discriminating monopolist)那样行事,他为不同的选民群体提供一定程度的保护与正义,并设计和保护产权;而作为回报,统治者将获得税收收入。诺思还指出,人们通常认为,政体从只有单个、绝对的统治者到民主政府的演化,会提高政治效率。持这一思路的人相信,民主政府能使民众越来越多地参与到政治决策的过程当中，从而剥夺了统治者任意敛财的权力，并且建立起了一个独立的司法机构，作为契约实施的第三方，其结果确实是提高了政治效率。但是，诺思也认识到，尽管正式的政治规则与正式的经济规则一样，均是为促进交换而被设计出来的，但却不能把政治体系中的民主等同于经济体系中的竞争性市场。另外，选民的理性无知（rational ignorance）和政治市场上高额交易费用，“似乎更容易产生那些无法引致经济成长的产权，而随之产生的组织则可能根本没有创造出一些更具生产性的经济规则的动力”（North，1990a，pp. 51～52）。根据上述认识，诺思（North，1990a，p. 53）得出了以下重要结论：“尽管明确的规则能向我们提供一个检验在不同条件下经济体绩效的实证数据的基本来源，然而这些规则与绩效之间事实上并不存在严格的一一对应关系。”

在对非正式约束和正式规则进行了一些探讨之后，诺思在第 7 章专门探讨了契约的实施问题。在第 7 章一开始，诺思（North，1990a，p. 54，ft. 1）就特别指出，他的研究思路与威廉姆森（Oliver Williamson）的交易费用研究进路是有着重大区别的。这主要是因为，尽管威廉姆森也假定实施是不完美的（否则机会主义的选择就不值得），但在他的研究中却并未将其处理为一个明确的变量。诺思认为，像威廉姆森这样对“实施”问题的处理方法，根本不能帮助人们理解人类社会历史的演化问题，——因为，在历史演化中，制度变迁、契约以及经济绩效，等等一些关键性的问题，都取决于在多大程度上契约能够低成本地得以实施。既然在制度构成的三个主要部分中实施问题是如此重要，但如何才能确当地把握实施问题并给予令人信服的解释？为了解决这些问题，诺思特别介绍了在20世纪80年代博弈论制度分析中的一些当时的研究成果，并提出，在参与社会博弈各方的信息不完全且在非重复博弈的情况下，“那些能使人们在非人际化交换（impersonal exchange）条件下从贸易中获取收益的复杂契约，必须伴随着某种形式的第三方实施”。在看到这一点后，诺思也同时认识到，尽管政治组织作为第三方且在其动用强制力量来监管与实施契约方面，确实存在着巨大的规模经济效应，不过这里却又暗藏着经济发展的一个根本性的两难困境：“如果说我们不能没有国家（state），那么同样，有国家也未必是件什么好事。”诺思认为，这里面的要害问题在于，如何才能确保“国家像一个不偏不倚的第三方”那样来行事（North，1990a，p. 57）。很显然，这一论辩理论的一个逻辑结论自然是（尽管他没有言明），没有现代宪政民主（the constitutional democracy）政制，又如何能确保国家——或言政府的政治企业家——来公正无偏地制定各种确保非人际化交换经济效率的种种契约，实施第三方的“enforcer”？按照政治学的基本原理，只有有了良序的现代宪政民主政制，一个社会的法律体系和司法程序才会正常工作。正是因为这一点，一些发达市场经济国家的法律制度与一些第三世界国家的法律制度，在确保经济运行的绩效方面存在着根本的差别。正如诺思（North，1990a，p. 58）所见，正是有了宪政形式的保障和支撑，在一些发达国家存在着有效率的法律制度和司法系统（包括完善的各类法律以及各种各样的律界人士——如律师、仲裁人和调解人等），从而人们一般会相信影响人们之间经济与社会纠纷处理结果的，是法律依据，而非私下的贿金。与此相反，在第三世界的一些经济体中，法律的实施则是不确定的。这不仅是因为法律条文本身所存在的疑义（一种衡量成本），还主要是因为由于缺乏法治和宪政民主政治，法律界人士的行为也存在着诸多不确定性。据此，诺思（North，1990a，p. 63）提出，人们在市场交易中种种权利保障方面的不确定性，“乃是区分现今高收入国家相对有效率的市场与过去以及当今第三世界经济体之间差别的关键因素”。到这里，诺思的理论探索实际上就触及了制度经济学和比较制度分析的一个无法回避的根本性问题了：如何才能促进并保障不断出现的且极其复杂的非人际化交换的市场经济秩序的成长？诺思（North，1990a，pp. 59～60）指出，正如美国宪政之父麦迪逊（James Madison）在《联邦党人文集》（*The Federalist Papers*）以及一位当代宪法学者奥斯特朗（Vincent Ostrom）所认为的那样，只有像17世纪之后的英国那样，逐渐演化生成或构建起了某种合宜的宪政体制（constitutional forms），才能有效防止政治权力被政府粗暴地滥用，才能随之建立起有效的法制和司法体系，从而确保存在大量非人际化交换的现代市场经济中的各种复杂契约的实施。

从人类行为理论和交易费用理论相结合的分析视角，对制度的复杂构成进行一些理论探讨之后，诺思接着在第二篇中用三章篇幅，专门探讨了人类社会制度变迁的一些基本理论问题。在第9章，诺思先是从讨论经济组织与种种制度约束之间的关系开始，对人类社会制度变迁的内在机理进行了探讨。诺思教授之所以这样做，似乎有他自己独特的“匠心”在其中。自20世纪80年代以来，诺思对组织（organization）与制度（institutions）之间的关系的理解一直是，“组织及其企业家（entrepreneurs）……是制度变迁的主角（agent），他们型塑了制度变迁的方向”（North，1990a，p. 73）；“制度是社会博弈的规则，是人所创造的用以限制人们相互交往的行为的框架。如果说制度是社会博弈的规则，那组织就是社会博弈的玩者”（North，1995，p. 2）。由于把组织以及组织中的企业家视为制度变迁的主角，诺思在第9章“组织、学习与制度变迁”中，深入分析了企业家、组织与制度变迁之间的关系，并一再指出，“（政治的或经济的）企业家会运用他们的才能或默会知识（tacit knowledge）来搜寻获利的机会，估计成功的概率，用组织的资源来冒险，以获取潜在收益”。诺思还认为，是组织及其企业家通过学习和有目的的活动，来“型塑了制度变迁的方向”（North，1990a，p. 73）。在其后的分析中，诺思（North，1990a，p. 78）还分析了经济组织的最大化行为型塑制度变迁方向的三个具体途径：“（1）派生出了投资于各种知识的需求；（2）有组织的经济活动、知识存量与制度框架之间的持续互动；以及，（3）作为组织的最大化行为的副产品，非正式约束也会有渐进性的改变。”

在对制度变迁的主角以及其型塑制度变迁方向的可能途径进行了一番探讨之后，诺思又接着在第10章中，对制度变迁的内容和路径做了一些解释。诺思（North，1990a，p. 83）首先指出，制度变迁“通常由对构成制度框架的规则、规范和实施的复杂结构的边际调整所组成”。之所以是如此，诺思认为，这是因为正式规则与非正式约束之间常常存在着复杂的互动，且二者与它们的实施方式一起，型塑了我们的日常生活，指引着我们生活中的大部分日常活动，也是制度的稳定性和持存的根源。诺思（North，1990a，p. 87）发现，“非正式约束的主要作用是修改、补充或扩展正式规则。因此，正式规则或其实施的变迁，将导致一个非均衡状态的出现，因为构成稳定选择理论的基础的，是一个包括正式与非正式约束以及各种实施在内的综合因素”。可能正是基于对制度构成之间的复杂关系和内在关联互动的这种认识，诺思（North，1987，p. 422）在1987年发表的一篇《制度、交易费用与经济增长》重要文章中，曾具体解释说：“理解制度以及制度变迁之困境（dilemma）的关键，就在于人们能认识到，他们生活在其中的那些构成行事准则和规则的东西是在长时期中逐渐演化而成的（will only gradually evolve over a lifetime）。制度分析从根本上来说并不是研究博弈规则，而是研究个人对这些规则的反应。尽管这些规则可以即时改变（may change overnight），但个人对规则变化的反应却是一个极其复杂和缓慢的适应过程。规则的变化要求规范、惯例和非正式准则的演进。”尽管在正式规则、非正式约束以及二者的实施方式之间存在着复杂的内在互动，从而制度本身就常常秉有一种内在的稳定性，但是，在人类社会的历史发展长河中，制度本身确实是在不断地演化变迁着。那么，是什么因素导致人类社会的种种制度不断变化？在第10章，诺思从经济学的角度提出了他的一个独到的看法：“相对价格的根本性变化，乃是制度变迁的最重要来源。”（North，1990a，p. 84）为什么会如此？诺思认为，相对价格的变化，不仅能改变“个人在人类互动中的激励”，而且能改变人们的口味（tastes）和偏好，从而改变人们的行为方式和一些“先存的心智构念”（preexisting mental constructs）（North，1990a，pp. 84～85），并最终引致制度的变迁。那么，在什么情况下，相对价格的变化才会最终导致制度变迁呢？诺思（North，1990a，p. 86）认为，只有一种相对价格的变化，能使交换的一方或双方（不论是政治的还是经济的）感知到通过改变协定（agreement）或契约（contract），将能使一方甚至双方的处境能得到改善时，人们才有重新定约、签约的动力。然而，由于“契约是嵌套于规则的科层结构之中的，如果不能重构一套更高层面的规则（或违反一些行为规范），再协商或许就无法进行。在此情况下，有希望改进自身谈判地位的一方就极有可能投入资源去重构更高层面的规则”。这样一来，改变现存的制度安排就必不可免了。另外，诺思（North，1990a，p. 89）还认为，在人类社会发展的历史长河中，除了一些战争、革命、政府这些“非连续”的制度变革外，重大的制度变迁往往是通过无数次具体且微小的非正式约束的变化累积而成的：“这些微小变化在整体上构成了根本性的制度变迁。”

在对制度变迁的主角、动力、来源进行一定的探讨和解说之后，诺思在第 11 章专门探讨了制度变迁的路径。诺思（North，1990a，p. 92）自己解释道，他之所以关注制度变迁的路径问题，是想回答两个根本性的问题：（1）随着时间的推移，是什么决定了社会、政治或经济的演化的不同模式？（2）我们该如何解释那些持续绩差的经济体的长期存在？根据是保罗·戴维（Paul David）那篇著名的文章《克利俄[1]与键盘的经济学》（*Clio and the Economics of QWERTY*，1985），以及布莱恩·阿瑟（W. Brian Arthur，1988）的研究，诺思认为，“路径依赖”（path-dependence）可能是一个非常重要的历史解释变量，这即是说，一些微小的历史

[1] 克利俄，在希腊神话中为主管历史的女神。

事件可能导致某些制度产生并沿着某种路径长期沿存下去。但是，诺思（North，1990a，p. 101，p. 95）也认识到，尽管决定社会与经济演化之关键的技术变迁与制度变迁都常常会呈现出“路径依赖”的特征，但是，无论是阿瑟的技术变迁中的路径依赖故事，还是戴维的键盘经济学，在被运用到制度变迁理论的研究中时，均有其局限。这主要是因为，他们二人均没有注意到型塑了制度变迁的路径的两种力量，即“报酬递增，以及以明显的交易费用为其特征的不完全市场”。诺思还具体解释道，在报酬递增的情况下，制度是重要的，它将型塑经济的长期演化路径。然而，尽管存在着报酬递增，但只要市场是竞争性的，甚至只要市场交易大致接近于零交易费用的模型，那么，经济增长的长期路径就是有效率的。然而，如果市场是不完全的，信息回馈又是断断续续的，并且在交易费用十分显著的情况下，被不完美信息回馈与意识形态所修改了的行为人的主观模型，就将型塑制度变迁的路径。这样一来，不仅不同的路径会出现，低绩效的制度安排也会长期驻存，而且行为人由历史过程得来的感知，也将反过来型塑他们的选择。讲到这里，诺思（North，1990a，pp. 95～96）不无感慨地说：“在一个制度报酬递增的动态世界里，行为人的不完美的或笨拙的努力所反映出来的是：以现有的心智构念（mental constructs）——观念、理论和意识形态——来辨识复杂的环境是多么的困难!”通过将制度渐进性变迁的路径依赖特征与持续成长或持续衰退经济模式的长期驻存结合到一起来分析，诺思（North，1990a，p. 99）得出了如下洞识：“发展路径一旦被设定在一个特定的进程（course）上，网络外部性（network externalities）、组织的学习过程，以及得自于历史的主观模型，就将强化这一进程。”

在第一和第二篇中对制度、制度的构成以及制度变迁过程进行了较详尽的理论探讨之后，诺思在第三篇，一方面对前两篇的理论分析不断进行总结和复述，另一方面则尝试用经济史的史实材料来验证他的理论发现。在第 12 章一开始，诺思（North，1990a，p. 107）就总结道，前两篇的研究表明，“制度在社会中具有更为基础性的作用，它们是决定长期经济绩效的根本因素”。在对他的制度及其制度变迁的理论阐释做了一些总结性的评论之后，诺思转而对欧洲近代经济史上两个鲜明的国家实例进行了对比分析。诺思发现，在欧洲近代历史上，一个成功的例子是英国。在英国，相对价格的变化曾引发了政治与经济体系的演进，导致了一系列法律制度和宪政民主政制的生成，从而解决了财政危机，并于 19 世纪在工业革命和西方世界近代兴起中成了领头羊。另一个相反的例子则是西班牙。尽管西班牙的初始条件比较英国更为优越，但是，其内部相对价格的变化所带来的，却是无法解决的财政危机、破产、资产充公，以及无保障的财产制度，最后所导致的历史结果是，西班牙经济在长达三个多世纪中相对停滞了。是什么因素导致这两个国家在近代走上了截然不同的路径?[1] 这一问题非常值得从制度经济学和经济社会史的理论角度进行反思。接着，诺思还列举了在美洲近

［1］ 在后来出版的《理解经济变迁过程》一书中，诺思（North，2005，pp. 137～138）还指出，除了西方近现代历史上荷兰和英国的成功例子，以及西班牙和葡萄牙失败的例子外，“法国则处于这两种极端的例子之间”。接着，诺思总结道，西方世界兴起的关键“在于路径选择的多样性以及不断增加的促进经济增长的可能性（相对于单个的统一政策而言）”。诺思还独具慧眼地指出，“即使西欧的相对失败者，也对欧洲的发展起了至关重要的作用”。

现代史上的两个截然不同的例子：处在北美大陆的美国的经济社会的演变历史，是以联邦政制、政治制衡（checks and balances）以及作为经济运行的一个基础性结构的私有产权制度为其特征的，这些基础性制度结构鼓励人们建立资本市场，并促进了经济成长所必须的长期契约行为。反观拉丁美洲近现代经济史，人们会发现，这些国家一直保持着从西班牙和葡萄牙那里所继承来的集权与官僚传统，结果导致其经济表现一直并不令人满意（用诺思的话说，“这套制度和组织既不能产生可持续的经济增长，也不能维护政治与公民自由”——见：North，2005，p. 144）。结果，在南北美洲的近现代历史上，不同的制度安排也演化出了两种不同社会发展路径，并在经济表现和绩效方面也产生了巨大的反差。为什么在人类近现代历史上出现了这么鲜明的两条社会演化路径？其原因到底何在？诺思（North，1990a，p. 117）发现，“在前者（指英国和后来的美国——引者注），一种促进非人际化交换的制度框架演化生成了，而非人际化交换是政治稳定以及获取现代技术的潜在经济收益所必需的。在后者（指西班牙和拉美国家——引者注），人情关系依然是许多政治与经济交换的关键。产生这种人情关系的制度框架在演化中既不能带来政治的稳定，也不能使现代技术的潜力得到持续的发挥”。在谈到非人际化交换在现代经济增长中的关键作用时，诺思（North，2005，p. 112）还在后来的著作中一再强调：“英国的制度遗产为非人际化交换制度的生成（the development）创造了一个有利环境，而非人际化交换制度是美国经济长期增长的基础。”

根据对近代历史上的这些经济绩效迥异斐然的国家实例的对比分析，诺思（North，1990a，p. 118）在第 13 章中再一次强调他这本书的一个核心观点，“制度是理解政治与经济之间的关系以及这种相互关系对经济成长（或停滞、衰退）之影响的关键”。为了进一步说明这一观点，诺思还在第 13 章较为详细地考察并分析了人类社会不同发展阶段上，法律、契约制度与市场贸易发展之间的关系，从早期的部落之间的交换、北非的集市贸易（suq）、威尼斯的地中海贸易（Venetian Mediterranean）、位于欧洲中心地带的香槟集市（Champagne fairs）[1]，到欧洲中世纪的远程贸易，再到现代资本市场、金融和公司制度，以及其他复杂的非人际化的交换（interchange）形式的出现，等等。在这一章中，诺思还分析了欧洲近代市场的发展与法律和政治制度的互动关系。通过对欧洲历史的分析研究，诺思（North，1990a，p. 122）发现，“有些经济体演化出了能促进第三方实施的发展的政治结构，还催生了象征着现代西方世界的复杂的制度结构。但即使是在西欧，也并不是所有的经济体都以同样的方式演化。有一些国家——如西班牙——就走入了死胡同，这是其政治—经济政策所造成破产或抑制生产性制度创新的结果”。诺思最后认为，正是制度变迁中的路径依赖效应，使欧洲各国在截然不同的初始条件的背景之下，经济绩效表现迥异，并使英国与西班牙走上了不同的历史演化道路。

那么，为什么英国在近代史上的经济绩效表现会如此突出？在

[1] 12 至 14 世纪时欧洲最著名的国际贸易集市。“香槟”为当时法兰西北部的一个伯爵领地，位于意大利和佛兰德斯以及德意志和西班牙之间两条交通要道的交叉点上。由于来自意大利和东方的货物以及从北欧来的商品要在该领地中完成其交换，因而香槟地区曾一度成了当时欧洲的贸易中心。香槟集市在 13 世纪后半期达到了鼎盛。后来，随着欧洲海上贸易的发展，加上英法百年战争的打击，香槟集市在 14 世纪衰落了。

最后一章，诺思（North，1990a，pp. 138～139）再次强调指出，这主要是因为自13世纪初英国《大宪章》的签署到光荣革命（Glorious Revolution）时期的英国政治体系的根本性变革对英国的经济发展起了关键性的作用。诺思具体解释道，光荣革命的结果是“……议会的崇高地位，中央（议会的）控制财政事务，对皇权的限制，司法独立（至少脱离王室而独立），普通法法庭的崇高地位，均相应地建立起来了。这一系列变革的一个主要成果，是增强了产权的保障”。结果，“产权保障以及公共与私人资本市场的发展，不仅导致了英国后来快速的经济发展，还成就了其政治上的霸主地位，并最终使英国雄霸世界”。在后来出版的《理解经济变迁过程》一书中，诺思（North，2005，p. 85）又进一步从理论上总结道：“良序运作的市场需要政府，但并不是任何政府都能做到这一点。必须存在一些限制政府攫掠市场的制度。因而，要解决这类发展问题，就需要设计一些政治制度，从而为良序运作的经济所必需的公共物品的供给奠定基础，同时亦能限制政府及其政府官员的自由裁量权及其权威。”

这样，通过对人类社会的制度概念及其构成以及制度变迁过程的思路清晰、逻辑严密、结构完美，且既有理论论证也有翔实史实材料印证的多视角、大范围的分析，诺思在这本不厚（只有十几万字）的“小册子”中，向人们展示了一个完整的制度分析及制度变迁的理论框架。自这部著作1990年出版到现在，已经十几年过去了，但即使在今天，当我们再研读这部著作时，仍然感到他的一些理论发现的前沿性和前瞻性，仍然会从文本的解读中不时发现诺思的一些真知灼见在那里，且直到今天仍然发人深思。因此，我们完全有理由说，这部著作不仅已经是一部公认的研究制度和制度变迁问题的经济学经典名篇，而且是社会科学各学科的学者研究人类社会历史演变过程中所不能忽视的理论文献。正是在这种意义上，我们说诺思教授的这部《制度、制度变迁与经济绩效》是人类社会制度变迁理论研究的一部集大成之作。

当然，我们今天也必须认识到，人类社会的制度现象及其生成机制、内在构成、演变路径、影响因素实在太为复杂，以致到目前，对人类社会制度的变迁机理、动力和原因，我们仍然有许多并不十分清楚的地方。正如诺思（North，1990a，p. 140）教授在这部著作的最后一段话中所言："对于制度的严谨研究，我们才刚刚开始。"就此而言，诺思教授的制度变迁理论的分析框架，尽管已经是非常精密细微且气势恢弘了，但是，与哈耶克的"自发—扩展秩序理论"一样，也均是在基于这些伟大思想家自己的知识秉赋、理论进路以及语言文化背景下，所讲述的各自的不同"故事"，所述说的他们个人的理解。因而，对任何思想家所讲出的人类社会制度变迁的故事和理论解释——包括像哈耶克和诺思这样的思想巨人的制度理解和制度变迁理论，我们一方面要认真地学习、细心地思考，并虚心地接纳其言之成理的部分，另一方面也同样有必要抱着一个开放的心态去怀疑、去反思，甚至去争辩、去批评、去做进一步的探索。我想，这也是诺思教授自己的主张和意思。譬如，在这部著作最后一章的开头，诺思（North，1990a，p. 131）教授就明确地说："将制度分析清楚而直接地融入到经济史以及一般历史的书写（以及因而改变的阅读）之中，会产生些什么不同呢？书写历史，就是将随时光流转的人类状况的某些方面构建成一个连贯的故事。这种构建只存在于人类的心智（human mind）之中。我们不重建过去，我们只是构建一个关于过去的故事。然而，一部好的历史，其故事就必须要能给出一个一致的、合乎逻辑的解释，并且它还应能紧守已有的证据与理论。对上面这个问题的一个简短回答便是：制度与历史的结合，比之其他方式，将能使我们讲出一个更好的故事。”

制度研究，不能离开历史材料的印证和历史的反思。反过来说，历史的研究若离开制度分析和制度变迁理论的引导，将会是盲目的。诺思教授的制度变迁理论的历史印证与他的历史比较制度研究的理论分析的精心结合，已经为学界的未来制度理论探索树立了一个耀眼的标杆。用诺思（North，1990a，p. 140）教授这部著作结束语的英文原话来说：“The promise is there. We may never have definitive answers to all our questions. But we can do better.”[1]

（三）

以上，我们对诺思教授的《制度、制度变迁与经济绩效》一书中的主要观点做了简要的评述。从诺思的思想演变发展过程来看，这部著作从整体上来说是 20 世纪 90 年代前他自己对制度和制度变迁问题理论研究的一个阶段性总结。作为视野宽广、思维活跃且为探索人类社会制度变迁机理数十年锲而不舍的一个理论经济

[1] 在新译本中，我们将这段话翻译为：“前景是美好的。我们也许永远也无法确切地回答所有问题，但我们可以做得更好一些。”

学家和经济史学家，自20世纪90年代以来，甚至在他于1993年荣获诺贝尔经济学奖之后，诺思并没有满足于自己理论探索的已有成就和理论发现，而是不断阅读并吸纳与制度与制度变迁问题研究相关领域的最新文献，探讨新的问题，并不断加深他本人对人类社会制度变迁机理的理解，进一步改进和精细化了他的制度变迁理论。90年代以来，诺思及其一些合作者在社会制度的经济分析和制度变迁理论研究方面，又大致做出了以下几个方面的重要贡献：

（1）20世纪90年代以来，诺思致力于研究人类历史上交易费用水平变动的一般趋势和演变机理。在题为《历史上的交易费用》一文中，诺思（North，1997b，pp. 149～152）提出，在历史上，有三个关键因素导致了交易费用的降低。它们分别是：那些使非人际化交换（“impersonal exchange”——这个词在一些地方可以理解为“非熟人的交换”）得以可能和可行的市场制度的出现，政府保护和实施产权的信念的确立，以及现代科技革命所带来的收益的增加。照诺思看来，从12到14世纪，在欧洲历史上的商业革命曾引致了贸易的兴起和经济的增长，而导致这一商业扩张的最关键的要素就在于，在欧洲社会内部自发衍生出了一系列法律和贸易制度，从而使得一些非人际化的交换能在大范围、跨地区且历时地得以进行。跨地区和跨族国（nations）的信用市场、保险市场、期货交易合约以及规约贸易和交换的商人法、城市法和海商法的通行和实施，等等，这些都构成了西欧近代商业革命的制度特征。然而，依诺思（1990b，pp. 126～128）个人所见，从人际化交换向非人际化的交换的社会转型，也给人们之间的合作关系带来许多根本性的问题。交换的非人际化，熟人关系的超越和断裂，不仅意味着在欧洲中世纪普遍存在且互相分隔的封建领主庄园经济中的一些本地交往和熟人关系网络的断裂，也意味着有共同意识形态的共同体的逐渐分化和解体，这自然伴随着在欧洲中世纪所普遍存在的一个个“布罗代尔钟罩”（the Braudel Bell Jar）[1] 下，人们所共同遵循的一些世俗惯例和共同信仰的瓦解。随之，交易费用和交易的不确定性也大大提高了。为了降低不断上升的交易费用，新的商贸和生产组织的创建和一些新的交易制度的形成和演变，就变成了近代西方世界社会变迁的一个动态过程。结果，在西欧社会内部经历了大约 500 年左右的制度创新和组织形式的演化，这才有可能在西方中世纪封建社会的母体上型构而成了我们今天所观察到的分工世界（North，1990b，p. 127）。

（2）随着分工的增加和非人际化交换的不断扩展，交易费用也

[1] “布罗代尔钟罩”是秘鲁经济学家德·索托（Hernando de Soto，2000）在其名著《资本的秘密》中所提出的一个概念。按照哈耶克的见解，市场经济是一种不断自我生长和自发扩展的人类合作秩序（the extended order of human cooperation）。在人类历史上，这一合作与扩展秩序常常被一些未知的社会因素和社会机制所制约，致使这一扩展秩序不能自我扩张而占据整个社会，因而历史上的市场经济就好像被困在一种与世隔绝的“钟罩”内。那么，到底是什么因素制约和阻碍了人类合作秩序的自发扩展？这一问题曾被法国著名历史学家布罗代尔（Fernand Braudel）视作一个一直没有解开的历史之谜。布罗代尔的原话是：“关键问题是要弄清楚那种我毫不犹豫地将之称为资本主义的社会部门为什么好像生活在一个与世隔绝的钟罩里？它为什么无法扩展而占领整个社会？……（为什么）资本快速形成只可能在某些部门中发生，而没能在发生在当时的整个市场经济中？”（Braudel，1982，p. 248）根据布罗代尔的这段话，德·索托（de Soto，2000）把那种被哈耶克所称作“人类合作的扩展秩序”的市场经济被种种社会因素和机制所阻断和隔膜的社会安排，称为“布罗代尔钟罩”。对于这个概念的具体论述，请参笔者（韦森，2006）的一篇长文《斯密动力与布罗代尔钟罩——研究西方世界近代兴起和晚清帝国相对停滞之历史原因的一个可能的新视角》。

增加了。其主要原因是，交换各方所拥有的信息是有代价的和非对称的。结果，诺思发现，从企业层面上来看，转形费用（transformation costs）随着时代的进步而降低了，但交易费用却增加了（North & Wallis，1994）。因而，按照科斯（Coase，1937，1960）的交易费用与制度安排内在关系的理论，在给定技术水平的条件下，人们创生或选择某种制度来降低交易费用，从而导致一些市场制度安排的出现和改变。这一点已经成为了新制度经济学的常识。然而，照诺思看来，问题到这里并没有结束。在90年代之后，诺思和瓦利斯（North & Wallis，1994，p. 610）提出了这样一个问题：假如技术不是给定的，而是在不断变化着，那将会是一种什么样的情形？假使人们同时需要选择技术和制度时，结果又将会如何？沿着这一思路，诺思和瓦利斯（John J. Wallis）发现，在交易费用与技术变迁和制度变迁之间的互动关联上，还有一块未开发的研究领域，而且迄今为止，大部分新制度经济学家都还未认识到这一点，并实际上假定制度变迁与技术变迁二者是相互独立的。沿着这一研究思路，诺思和瓦利斯在20世纪90年代提出了一个在经济史分析中把交易费用、制度变迁与技术变迁整合在一起的新的理论框架。

为了弄清制度变迁与技术变迁的内在关系，诺思和瓦利斯（North & Wallis，1994，p. 617）提出了四种交易或转形“增进”（augmenting）或“消弱”（attenuating）的制度变迁或技术变迁：交易增进（抑或削弱）的**制度变迁**是指那种能提高（或降低——下同）交易投入效率的制度变迁；交易增进的**技术变迁**是指那些能提高交易投入效率的技术变迁。依此类推，转形（生产）增进的**技术变迁**（a transformation augmenting technical change）是指那种能提高转形投入（生产要素）生产率的技术变迁；而转形增进的制度变迁是指那种能提高转形投入（要素）的制度变迁。基于上述区分，诺思和瓦利斯（North & Wallis，1994，p. 618）发现，在交易与转形过程中，中间物品在理解历史上的技术变迁和制度变迁相互关联中，起到一个关键性的作用。例如，拿电话来说，诺思和瓦利斯认为，电话在通信工业之外的企业作为中间物品的大量购买和广泛使用，就曾大大地降低了交易费用。很显然，20 世纪 90 年代以来，互联网技术和网络通讯的全世界范围的普及，极大地降低了一些行业或厂商的交易费用。同样，在一个工业内部的制度变迁也会通过中间物品传导给其他工业。诺思和瓦利斯曾举例说，投资银行的出现，可能会通过使其他行业的人们使用金融服务，进而引致金融行业之外一些行业内部的组织、制度甚至技术变迁。

根据他们对技术变迁和制度变迁之间相互作用以及交易费用和转形费用（或言“生产成本”）之间关系的考察，诺思和瓦利斯提出，要通过进一步的研究来解开在交易费用、制度变迁以及技术变迁与历史上经济增长的复杂关系的纽结。他们认为，在他们的分析框架中，关键在于，制度安排之所以存在，并不仅仅是为了降低交易费用：“理性经济人希望在各方面尽可能地降低交易费用。技术创新能使我们较容易地降低交易费用，正如它能导致降低转形费用一样。同样，制度变迁也会降低交易费用，或降低转形费用”（North & Wallis，1994，p. 622）。诺思和瓦利斯的这一洞识，既是对科斯交易费用经济学的一个新的诠释，也显然是一个重要的理论推进。对理论界继续深入探讨人类近现代历史上乃至当代历史上的经济社会变迁过程，以及对未来制度分析和制度变迁问题的理论研究，显然都具有十分重要的理论意义。沿着诺思和瓦利斯的这一思路进一步进行理论探索，也许会拓展出一片非常有理论发展前景和应用价值的研究空间或研究领域。

（3）基于对欧洲、北美近现代历史上动态社会变迁过程的历史考察，20世纪90年代以来，诺思与他的一些合作者一起，从历史博弈的视角，展开了对欧洲历史上近代市场秩序以及其制度规则的自发型构过程的理论分析和模型建构。据诺思和他的一些合作者所言，他们这样做的目的，旨在要弄清这样一个理论问题：在没有国家强制力量参与或干预的情况下，一些确保近现代市场运行的制度规则和制度安排，最初是如何自发型构而成的？在1995年发表的《西方的吊诡》（*The Paradox of the West*）一文中，以及在他与米尔格罗姆（Robert Milgrom）和温格斯特（Barry W. Weingast）1990年合作撰写的文章中，诺思等人对中世纪后期荷兰以及英格兰最初商业制度的型构进行了历史的考察，并在理论上对这些处于他所说的“第二次经济革命”国家的产权结构型构和演进的历史过程进行了博弈论模型——尤其是“历史博弈”的——分析。照诺思和他的合作者（North，1995b；Milgrom，North & Weingast，1990）看来，在中世纪晚期的荷兰，由一些私人法官（private judges）来强制实施的支配商业交易的一些商法和法规（legal codes），最先是在商人们的生意交往即市场博弈中自发型构出来的，然后在欧洲近代早期的市场发育中不断演进而逐渐完善的。譬如，在荷兰近代市场秩序的最初型构过程中，合约的实施机制最早是以“基尔特商人的行会秩序”（fraternal orders of guild merchants）之中商人们的内在行为准则形式出现的。在这些基尔特商人行会中，一旦发现有人有欺诈、违约和失信行为，人们就会把他排挤出行会的商业圈子，从而使他无法再在圈内做生意。诺思（North，1995b，p. 15）曾对他们的这种历史博弈分析做过这样的归纳："这些行为准则逐渐演变成商法，并逐渐遍及欧洲的贸易地区。它们也逐渐地与普通法和罗马法融合起来，最后由国家来强制实施。"根据上述历史博弈分析，诺思进一步指出，辨识出西欧一些国家的法律制度的自发形成和演进过程以及经济制度的结构是政治体制演进之结果，是十分重要的，因为，正是在这一政治体制与经济制度之间互动发展的社会历史演进过程中，法律框架以及其实施机制也相应生成了。[1]

（4）基于他们对欧洲历史上商人交往秩序的自发生成过程以及对正式制度规则——如法律制度——历史演进过程的上述理解，在他的一些晚近文著中，诺思进一步梳理并探讨了在经济增长和政治体制演进之间的相互作用。诺思（North，1995c）发现，经济增长和政治自由在欧洲近代社会的动态发展中是一个互补的过程：一方面，经济增长为支撑更为复杂的社会（或用哈耶克术语"人类合作的扩展秩序"）的运行提供了资源；另一方面，如果没有政治自由和公民权益的充分发展，经济增长也不可能长期持续。根据这一推论，诺思（North，1995c）指出，在作为经济增长源泉的劳动分工和专业化的社会中，会自发孕育民主政治和个人自由。

在西欧近现代历史上，在经济增长和政治自由的发展之间，确

---

[1] 对于这一点，在笔者（韦森，2007）发表的一篇关于近现代欧洲宪政史的长篇论文中，也给出了一些历史证据和理论解释。在正在撰写的《斯密动力与布罗代尔钟罩：西方世界近代兴起与明清时期中国市场经济兴衰的制度经济学反思》一书中，笔者也将会对欧洲近现代历史上市场秩序的自发型构、成长、扩展与法律制度以及宪政民主政制之间的互动发展过程予以进一步的探讨和解释。

实存在某种互利共生的相依关系（用英文讲，即某种“symbiotic relations”）。正如诺思所见，欧洲最早发轫现代经济增长的两个先驱国家荷兰和英国，同时也是代议制政府和公民自由的先驱。与之形成鲜明对照的是，在欧洲近代经济社会发展中落后的西班牙和葡萄牙，在同一时期也没能发展出公民的政治自由和民主政制。照诺思（North，1994c）看来，其原因在于，西班牙和葡萄牙均因某种独特的历史发展路径而衍生出一个中央集权的官僚结构，而这种官僚结构同时对这两个国家的经济政治有着超强的控制。相反，先从荷兰，接踵英国，这两个国家在市场经济的自发成长中，逐渐衍生出一些经济和贸易制度，这些经济和贸易制度又孕育了分权的政体，并反过来导致了有效率的市场的不断演进。基于这一历史观察，诺思（1995b，p. 7）认为，作为经济增长必要条件的明晰界定且能被有效实施的产权结构，只有在政治自由和公民权利能得到确保的情况下，它本身才能得以良序工作。反之，王室或政府公权力对公民财产的任意没收，将始终是个威胁。这也充分说明在经济增长和公民的政治自由之间，存在着某种深层的内在关联，且至少近代欧洲历史上荷兰和英国社会的历史演变的例子已经说明了这一点，而西班牙和葡萄牙的近代经济社会发展史则给出了一些反例。

对于人类近现代社会中宪政民主政制与长期经济增长的关系，诺思在后来出版的《理解经济变迁过程》一书中又做了更加深入的探讨。基于西方政治学传统中对政府本质的一般认识，即政府实际上是一个“kleptocracy”（即“利用权力盗窃国家资源的统治者”，见：North，2005，p. 67），诺思认为，必须制定宪法性典章来有效约束政府及其政府官员的行为以及他们的行政自由裁量权。诺思（North，2005，pp. 107～108）指出，宪政民主政制在四个方面可以确保一个市场经济的良序运作（well-functioning）："第一个命题意味着……对政治官员行为的限制。政治秩序的关键就在于对政治官员的可信限制。公民权力及其所隐含的对政府的限制，必须对政治官员来说是能自我实施的，即违背这些限制就会危及一个政治领导人未来的政治生命。""第二，成功的宪法可以通过赋予公民权利以及对政府决策施加一些其他限制来部分减少政治舞弊（the stacks of politics）。第三，产权和个人权利必须得以很好地界定，以致这些权利被侵犯时，公民们能清楚地知道。第四，国家必须提供尊重这些权利的可信承诺，以保护人们不受公共官员的机会主义以及剥夺行为所侵害。"

（5）尽管自20世纪90年代以来，诺思本人及其与他的一些合作者一起对人类社会的经济发展与政治体制的变迁过程之间的关系做过一些考察，但是，在最近撰写的一篇题目为《解释有记载人类历史的一种概念框架》的长文中，诺思、瓦利斯和温格斯特（North，Wallis & Weingast，2007）还是明确地指出，到目前为止，无论是经济学，还是政治学，均还不能完全解释人类现代社会的发展过程。因为，当今世界的格局是："发达社会总是具有发达的经济和发达的政体（polities）。"诺思等认为，这一事实表明，经济和政治的关联必定构成了整个社会发展过程的深层基础。因此，要解开近现代历史上这一仍然充满诸多困惑的历史之谜，必须构建出一个把经济学与政治学的理论分析整合在一起的分析框架。为此，诺思、瓦利斯和温格斯特最近创造了两个新术语："受限进入的社会秩序"（limited access social orders）、"开放进入的社会秩序"（open access social orders)。[1] 他们还认为，理解现代社会发展的关键在于弄清从“受限进入的社会秩序”向“开放进入的社会秩序”的转型，因为，在第二次世界大战后，只有少数国家（在一个地方，他们甚至明确地说目前在世界上只有“8 个国家”）完成了这一社会转型（见：North，Wallis & Weingast，2007，p. 72）。

---

[1] 在这篇长文中，诺思、瓦利斯和温格斯特提出，在人类历史上曾存在过（着）三种社会秩序：“原始社会秩序”（the primitive social order）、“受限进入的社会秩序”和“开放进入的社会秩序”。他们还认为，“原始社会秩序”是指人类以狩猎捕鱼和采集野生食物为生阶段的早期社会；而“受限进入的社会秩序”在人类历史上已经存在了 1 万多年，并且目前世界上大多数国家仍然处于这个社会发展阶段。他们认为，与“受限进入的社会秩序”相匹配的政治体制是一种“自然国”（natural states）。他们还认为，迄今为止，世界上只有一些少数国家发展到了“开放进入的社会秩序”，而与这种“开放进入的社会秩序”相匹配的政制形式则是一种稳定的宪政民主政体（尽管他们没有明确提出这样一个概念，但我觉得他们的实际论述似乎已接近于认识到这是一种“宪政国”，用英文来说就是“constitutionalized states”。他们在这篇长文中确曾使用了“a system of constitutional government”这一概念，（见：North，Wallis & Weingast，2007，p. 41）。在这篇文章中，他们主要讨论了第二种和三种社会秩序的运作原理。事实上，诺思、瓦利斯和温格斯特的这种对人类社会发展阶段的三分法，恰恰与笔者在《社会制序的经济分析导论》（韦森，2001，第 7 章），以及《从习俗到法律的转化看中国社会的宪制化进程》（韦森，2003）的长文中所提出的人类经济社会发展阶段的三分法——即“习俗经济”（customary economies）、“惯例经济”（conventional economies）和“宪制化经济”（constitutionalized economies，或言“制度化经济”）——几乎完全一致。按照笔者对人类经济社会历史发展阶段的三分法，新石器时代的原始部落，西欧中古时期的村社经济，以及近现代在世界的许多边缘地区仍残存的部落共同体，可以被视作是一种“习俗经济”；在中国延续一两千年但却能未型构成完整的民法系统并因而缺乏刚性的产权结构的宗法自然经济，以及在西欧近现代市场经济未型构成型之前的封建庄园领主经济，则可以被视作一种典型的“惯例经济”；而在西方现代由完备的法律、法规、规章以及行政、工商和企业制度所规约并调控着的成熟的市场经济体系——即法国历史学家布罗代尔所理解的“资本主义经济”，以及哈耶克所说的“人类合作的扩展秩序”（the extended orders of human cooperation）的成熟阶段，则是一种“宪制化经济”。现在看来，诺思、瓦利斯和温格斯特在 2007 年的长文中所提出的“原始社会秩序”“有限进入的社会秩序”和“开放进入的社会秩序”的三分法，恰恰与笔者在 2001 年至 2003 年间所提出对人类经济社会发展阶段的三分法几乎完全重合，唯一的区别也仅仅在于名称不同而已。

在这篇长文一开始，诺思、瓦利斯和温格斯特（North，Wallis & Weingast，2007，p. 3）就提出，“对经济史中最根本的问题，可以从两个方面进行追问：为何在18世纪末和19世纪只有少数几个国家取得了可持续的经济增长和发展？为什么在过去300多年中，大多数国家均无法实现可持续的经济增长？”与之相关联的一些深层问题是：为什么在20世纪只有在少数国家中，产生了一些制度安排来确保经济的可持续发展，而世界上大多数国家均不能衍生出繁荣的市场、竞争性的和稳定的政治，以及一些能促进深层人力资本积累的文化？这一历史过程到底是如何发生的？诺思他们认为，这其中问题的关键就在于世界上大多数国家均未能成功地完成从“受限进入的社会秩序”向“开放进入的社会秩序”的转变。[1]在这篇新近的长文中，诺思及其合作者还对他们所认为的“受限进入的社会秩序”以及“开放进入的社会秩序”的各自特征及其运作机理分别做了一些描述和分析。他们的研究发现，在“受限进入的社会秩序”以及与之相匹配的“自然国”（natural states）[2] 中，政

[1] 在《理解经济变迁过程》一书中，诺思（North，2005，p. 104）解释道：“秩序是长期经济增长的必要（但非充分）条件。秩序同样也是建立和维系个人自由和产权的各种条件的必要（但非充分）条件，而我们将个人自由和产权与一致同意的或民主的社会联系在一起。不断增进我们对秩序和无序之根源以及从一种秩序向另一种秩序转型的理解，对于理解经济变迁来说是必需的。”从这段论述中，我们可以看出，诺思晚年转而重视对“社会秩序”的研究。这说明晚年诺思的思想进路更加接近哈耶克，或言更多地受哈耶克思想的影响。在《理解经济变迁的过程》中，诺思曾多处引用哈耶克的观点，也佐证了这一点。

[2] 在这篇文章中，诺思和他的合作者（North，Wallis & Weingast，2007，pp. 70～71）还明确地解释说：“我们之所以把这种有限进入的秩序的政治与经济结构称作自然国，原因是：它是人类社会的自然形式。”他们还认为，这种“有限进入的社会秩序”作为人类社会的一种“默认选择”（default option），并在历史上已经存在了1万年。他们甚至认为，“自然国中任何东西都是自然的。（转下页）

治与经济紧密地绞缠在一起（intimately intertwined），国家设定受限的进入而创造经济租，而这些租金又被社会的精英阶层（elites）用来支撑现存政治制度（regime）和维系社会秩序。因而，在这种具有"有限进入的秩序"的"自然国"中，政治体制对经济体制而言不是外生的，因为在经济中政府是一个首要的和最重要的参与者；同样，经济体制对政治体制来说也不是外生的，因为正是"经济租的存在建构了政治关系"（North，Wallis & Weingast，2007，p. 14）。正因为这样，"有限进入的社会秩序"的特征是不断创生出有限地进入一些有特殊价值的权利和活动的特权，而这些特权又为国家内部的一些政治和军事精英及其集团所维系和享有，从而"产权的发生和法律制度亦为精英的权利所界定"（North，Wallis & Weingast，2007，p. 32）。这样的社会安排，必然导致在这种"自然国"中"国家控制贸易"（同上，p. 33）。由于在这种"有限进入的社会秩序"中，"一个自然国的维系并不依赖于非精英阶层（non-elites）的支持，他们并不能有效威胁国家和特权阶层"的统治，反过来他们也"无法信任国家所做出的保护他们权利的承诺"。诺思、瓦利斯和温格斯特（North，Wallis & Weingast，2007，p. 15）的研究还发现，尽管这种自然国"能提供一种长时段的社会稳定，并能为经济增长提供某种环境条件，但是总存在蕴生社会动乱的可能性"，从而"暴动和内战经常是一种可能的结果"。

在这篇长文中，诺思、瓦利斯和温格斯特还提出了一个特别深刻的观点：尽管在具有"有限进入的社会秩序"的"自然国"中，

（接上页）并且，由于自然国不是病态的，政策药方将是无用的"。

可以像“开放进入的社会秩序”一样有法律，甚至有“法治”（the rule of law），但是，这些法律和“法治”只对一些精英来说才有实际意义。正如德·索托（de Soto，2000）在《资本的秘密》一书中所发现的那样，在当今许多第三世界国家中，亦即在诺思、瓦利斯和温格斯特这里所说的“有限进入的社会秩序”中，普通民众实际上是享受不到一些法律、制度和特权组织（如豪华俱乐部）的好处的，因为，同样的法律和制度“在有限进入的秩序中与在开放进入的秩序中的运作是不同的”（North，Wallis & Weingast，2007，p. 27）。诺思等人的研究还发现，正是这一区别，使得经济学家们在对制度的经济绩效影响方面的经验研究中，陷入了极大的困惑：为什么同样的法律和制度在不同国家和社会中有不同的社会功能和社会作用？为什么有些法律和市场制度在一些国家和社会中作用良好，而在另一些社会中就不怎么工作？为什么形式上相同或相类似的制度在不同社会体制中的经济绩效不同？很显然，照诺思、瓦利斯和温格斯特看来，这主要还是在于社会秩序是“有限进入的”，还是“开放进入的”。对此，诺思、瓦利斯和温格斯特（North，Wallis & Weingast，2007，p. 46）曾明确地说：“答案在于开放进入和竞争：所有这些机制在开放和竞争存在的条件下在运作上会有差异。自然国受限进入和排斥竞争者。这使一些组织的形成变得非常困难，以至于使那些能协调民众反对政府的组织极大地受限。”相反，在一个“开放进入的社会秩序”中，“政治竞争实际上要求众多大的、复杂的和良好组织的利益群体的存在，以至于不论在任何政治制度存在的条件下，他们均能有效地相互竞争”（North，Wallis & Weingast，2007，p. 38）。由此，诺思、瓦利斯和温格斯特

(North, Wallis & Weingast, 2007, p. 39）得出了如下一个尤其重要的结论："只有在经济竞争存在且复杂的经济组织出现的前提条件下，可持续的竞争民主才有可能。"

（6）如果说世界各国要达致可持续的经济增长和社会发展，均要求从一种"有限进入的社会秩序"转型为一种"开放进入的社会秩序"，那么，世界上的许多国家——尤其是第三世界国家以及所谓的"转型国家"——如何才能完成这种从一种"自然国"向"宪政国"的转型？对此，诺思、瓦利斯和温格斯特（North, Wallis & Weingast, 2007）在《解释有记载历史的一个概念框架》一文中，并没有给予更多的且令人信服的解释，[1] 倒是在 2005 年出版的

［1］ 我们注意到，在这篇长文的结论中，诺思、瓦利斯和温格斯特（North, Wallis & Weingast, 2007, p. 71）曾深刻地指出："由于自然国具有建立在排他（exclusion）、特权、租金创造之上的内在力量，它们是稳定的秩序，因而，要完成其转型极度困难。"尽管如此，在这篇长文中，诺思及其合作者（North, Wallis & Weingast, 2007, pp. 53～63）还是给出了从一种有限进入的社会秩序向一种开放进入的社会秩序转型的三个门槛条件（the three doorstep conditions）：（1）在精英阶层中实行"法治"（rule of law for elites）；（2）建立包括国家在内的一些精英组织的恒存体制（perpetual forms of organization for elites）；（3）对军队的政治控制（political control of the military）。诺思等人还具体解释道，第一个门槛条件可以有利于建立个人可以利用法律和法院的司法制度，且至少对社会的精英阶层来说是如此；第二个门槛条件可以衍生出恒存的合作组织，从而创生出非人际化交换；第三个门槛条件能够让一些非军事精英不必依靠在军队中的强大的关系网就能维持人际关系。现在看来，诺思、瓦利斯和温格斯特这种把从一种"自然国"向一种"开放进入社会秩序"转型的所有希望都寄托在这种国度中"精英阶层"内部的"法治""恒存组织"和"政治控制军队"的改革思路是非常有问题的，且从某种程度上来说显得有些荒唐和天真。受文章篇幅所限，这里我们就不将他们所提出的这三个门槛条件一一展开讨论了。但这里至少有一点值得特别提出，诺思、瓦利斯和温格斯特在这篇长文中对"法治"（the rule of law）的理解本身就是很有问题的。因为，无论是从宪法学上来说，还是从政治学的基本原理来看，仅想在社会精英阶层中推行"法治"，这本身就已经不再是"the rule of law"了，而必然且必定是一种"人治"和"全能政治"（the totalitarian government）。

《理解经济变迁过程》一书中，诺思提了许多发人深思的观点和思路。

从人类社会制度变迁的基本分析理路上来看，要弄清从一种社会秩序向另一种社会秩序的过渡或转型，关键还是在于理解制度变迁机制的动力源在哪里。在这个问题上，似乎在诺思晚年的思想发展过程中发生了一个较明显的渐进性转变，那就是他越来越重视人们的信念（beliefs）、认知（cognition）、心智构念（mental constructs）和意向性（intentionality）在人类社会制度变迁中的作用。譬如，在《理解经济变迁过程》一书的“前言”中，诺思（North，2005，pp. viii-ix）就明确指出：“人类演化变迁的关键在于参与者的意向性（the intentionality of the players）。……人类演化是由参与者的感知（perceptions）所支配的；选择和决策是根据一些人们旨在追求政治、经济和社会组织目标的过程中的不确定性的感知中做出的。因而，经济变迁在很大程度上是一个为行为人对自身行动结果的感知所型塑的一个刻意过程（a deliberate process）。”在其后的分析中，诺思（North，2005，p. 3）又一再指出：“理解变迁过程的关键在于促动制度变迁的参与者的意向性以及他们对问题的理解。”“人们所持的信念决定了他们的选择，而这些选择反过来又构造（structure）了人类处境（human landscape）的变化。”（同上，p. 23）由此，诺思认为，“信念是构建理解经济变迁过程之基础的关键”（同上，p. 83）[1]。基于上述认识，诺思（North，2005，

[1] 值得注意的是，诺思在这部著作中所讲的信念，不仅仅是指行为人个人的信念，也包括形成一个社会的信念体系的一些“共享信念”（shared beliefs）。（见：North，2005，p. 83）

p. 36）相信："对个人信念如何与社会背景（social context）内在关联的深入探析，将展示出用作直接解释经济变迁的一整套文化与社会制度的关联机制。"为什么会是如此？诺思（同上，p. 49）具体解释道，这是因为，"在信念体系和制度框架之间存在着密切的联系。信念体系体现了人类处境的内在表诠（internal representation）[1]。制度则是人类施加在所处环境之上以达致合意结果的结构。因而，信念体系是内在表诠，制度则是这种内在表诠的外在显现（manifestation）"。

如果说制度的维系和变迁均取决于人们的信念或人们的意向性，尤其是取决于如当代著名语言哲学家塞尔（John R. Searle）所见的那种"集体意向性"（即"collective intentionality"——参：Searle，1983，1995），那么，人们的信念又是如何形成的？作为"制度事实"（institutional facts——塞尔的《社会实在的建构》一书中的一个核心概念）的人们的"集体意向性"又是如何达致——或言生成——的？照诺思看来，这部分取决于人们的心智构念

---

［1］ 这里的"representation"是一个很难翻译为中文的英文概念。这个词在英文语境里是很清楚的："a description or statement as thing true or alleged"，或"the expression or designation by some term，character，symbol or the like"。在中文中有通过运用语言陈述、说明而确定下来的意思。这里把它翻译为"表述"，显然有些勉强和生硬，这里又显然不能把它翻译为"代表"，把它翻译为"表现"，更是错得离谱。经反复推敲，我决定用"表诠"一词来对译英文的"representation"。这里应该说明，"表诠"不是笔者自己生造的一个新中文词汇。因为，在古汉语中就有这个词。据考，这个词源自佛学文献，在佛教中意指"从事物的正面做肯定的解释"，因而与"遮诠"（从事务的反面做否定的解释）相对。譬如，在《禅源诸诠集都序》卷三中有言："遮谓遣其所非，表谓显其所是。……如说盐，云'不淡'是遮，云'咸'是表"。

(mental constructs)[1]。那么进一步的问题是，人们的一些先存的心智构念（preexisting mental constructs）又是从何而来？诺思（North，2005，pp. 61～62）对此解释道："个人所形成的用来解释周围世界的心智构念部分是从他们的文化遗产中产生的，部分从他们所面临和必须解决的'局部的'（local）日常问题中所产生，还有一部分是'非局部的'（non-local）学习的结果。"照诺思看来，除上述三个来源外，人类的基因在其中也起到一个非常重要的作用："人类的基因特征提供了心智的初始建构（initial architecture）；心智与文化遗产和个人经验之间的相互作用型塑了学习"，从而，照诺思看来，基因、文化遗产和个人经验便构成了学习的"三个来源"。

从哲学的知识论背景来看，受塞尔心灵哲学的影响，诺思把人类社会视作人类心智的某种建构[2]，由此他认为："人类所创造的这种建构便成了人们心智的一个主观函数。"（同上，p. 83）基于上述认识，尽管诺思在晚年大量接受了哈耶克社会理论中的一些洞识，但他最终还是得出了与哈耶克的自发社会秩序生成论完全不同的一种理论进路："即使我们完全赞同哈耶克在与社会主义计划者辩论中已经大获全胜的论证，即价格体系相对于其他可选择的资源配置方式更有效率，但是，哈耶克并没有认识到，我们别无选择，

[1] 诺思这里显然又回到了他在《制度、制度变迁与经济绩效》一书中所提出的一些先前见解中去了。

[2] 譬如，在该书第二篇的"导言"中，诺思（North，2005，p. 83）就明确指出："我们所建构并试图去理解的这个世界是人类心智的建构物。它不能在人的心智之外独立存在……"

而只能从事社会工程（social engineering）。”（North，2005，p. 162）这句话，可谓是诺思一生锲而不舍地探究人类社会制度变迁机理所达致的一个最后结论。是也？非也？这也只有留给每个人去自己判断和未来人类社会发展的历史实践去进一步验证了。尽管如此，今天这里我们似乎仍然可以猜测到，如果诺思这里所说的“社会工程”是指与良序市场运行体系相配套的宪政民主政体的未来建设而言的，那么他的这一结论也许多半是对的，或者说至少是可接受的。

（四）

最后，请允许我谨就诺思教授的这一制度经济学学术名著中文翻译的“杭译本”的来龙去脉做些交代。

从时间上来说，笔者是在20世纪90年代初最早接触到诺思教授的文著和思想的。1992年初，笔者从澳大利亚的莫纳斯大学（Monash University）转到悉尼大学（The University of Sydney）攻读经济学的博士学位。刚到悉尼大学后不久，在一次偶然的制度经济学文献的查阅中，我发现了那时刚刚出版的这部《制度、制度变迁与经济绩效》。记得当时在悉大的图书馆的书架上找到这部著作时，如获珍宝。一口气读下来之后，当时真有一种醍醐灌顶、茅塞顿开的感觉。现在摆在我案头的这部著作的复印稿上，仍然留下我在当年研读这部著作时所写下的密密麻麻的英文批注。读过这部名著后，我又从图书馆中借阅了诺思的另外两本主要英文学术著作《西方世界的兴起》（North & Thomas，1973）和《经济史上的结构与变迁》（North，1981），并且还从大学的图书馆中复印了几乎所有我能找到的诺思的论文。20 世纪 90 年代初期到中期，笔者对诺思的思想和理论是如此痴迷，以致几乎到了谈制度问题时言必称诺思的地步。

这里应该说明的是，尽管自 20 世纪 90 年代初以来，笔者就对诺思教授的思想和制度变迁理论如此痴迷，但自 1998 年 9 月回国执教复旦大学，并开始细致且全面地研读哈耶克的一些著作后，曾对诺思教授——尤其是他早期思想发展阶段上——的建构主义的制度设计论进行了一些反思，并在一些文著中进行了不乏言辞激烈的批评与商榷（见韦森，1999a，1999b，2001 第 3 章）。对于这一点，熟悉我前几年研究思路的学界朋友大都比较清楚。2000 年 9 月到 2001 年 3 月间，笔者有幸到英国剑桥大学经济与政治学院做访问研究。在此期间，笔者又尽可能地收罗并复印了自 20 世纪中期以来诺思教授所发表的新文章，并在剑桥写了一篇很长的文献回顾性的英文论文:《评诺思的制度变迁理论》（见：Li，2003）。从剑桥回来后，我曾发邮件给诺思教授，告诉他我在剑桥写了一篇“a comprehensive literature review on your theory of institutional change”，并问可不可以发给他听听他的评论意见。邮件发出后，立即收到诺思教授自己的肯定答复，我亦随即把这篇很长的英文文稿和另一篇关于哈耶克自发社会秩序理论的英文稿一块传给了他。2003 年 3 月，当诺思教授随华盛顿大学圣路易斯分校的访问团来复旦时，我曾有机会参加了校方的接待，第一次有机会与诺思教授面谈。记得当我最初见到诺思教授走进复旦大学逸夫科技楼的二楼大厅时，我迎了上去，自我介绍说：“Professor North，I am Weisen Li”。听到这话，诺思教授略有些惊讶，接着笑了，并和蔼地拍了拍我的肩膀，说的第一句话就是：“Ah! You are Weisen! You know my thoughts than I did!”由于在我传给诺思教授的那篇英文文章仍然不乏有从哈耶克的社会秩序演化论的观点，对他早期思想中的新古典主义的制度设计论的善意批评，在与诺思教授的交谈中，他特别告诉我说：“韦森，你可能还不知道，我与哈耶克是好朋友。在哈耶克 1974 年获诺贝尔经济学奖之后，他还曾到我在伊利诺伊州的农场中住了 3 天呢!”

正因为笔者与诺思教授的理论、思想以及他本人有这样的一段不短的“历史故事”，所以，当在 2006 年上半年，上海世纪出版集团的谷雨女士与我联系，并问我愿不愿意重新翻译诺思教授的这部著作时，我几乎不假思索地答应了下来。然而，由于这些年在复旦大学经济学院分管的行政事务实在太过繁忙，以致在国内根本就没有“整块时间”来从事翻译之事，故我原本打算在 2006 年 5 月至 9 月在美国哈佛大学哈佛——燕京学社访学研究期间集中精力把它翻译出来。在 2006 年 5 月底初到波士顿的一个星期中，我也确实立即开始着手翻译这部著作了，译出了“作者出版前言”和第 1 章的一大半。本来，我想，这部著作我已经读过多遍，其中的许多观点都比较熟悉，书中的一些英文文句甚至都能背得出来，加上自己在以前的著作中已经把很多文句翻译介绍到中文中来了，并且手上又有“二刘译本”，我开始预计，在一个月甚至更短的时间里，就能完成这部书的重译工作。但是，当我在波士顿真正坐下来着手翻译此书时才发现，将这部学术名著翻译成中文，绝非一件容易和快速的事。这主要是因为，尽管诺思教授的制度理论和制度变迁思想并不难理解且自己已经比较熟悉，但他的英文语言表达实在是太拗口[1]，因而要把他在英文语境中所表达的非常明白的意思，用通顺流利的中文文句再表达出来，实在不是件易事。在最初的翻译中，我切身地感觉到，要真正做到这部学术专著中文翻译中的“信、达、雅”，几乎每个句子都要反复推敲大半天，要思前想后，搜肠刮肚，以致费尽思量，才能翻译成通顺的中文文句。结果，当我把这本书的“前言”和第1章大半部分翻译下来之后，我竟然发现在自己的中文翻译文本中，几乎没有一句话与“二刘译本”中的任何一句话是相同的！（也许这对国内有些经济学人完全根据国外某位学者的某本学术专著的国内翻译本中的某一句话，就确信某一学术信念或进行学术争论的做法，是一个警示吧！）随后，我马上意识到这部学术名著的中文翻译是一件非常艰巨、头痛和麻烦的任务，而绝非是自己原来所设想的那样一个月、半个月的事。在此情况下，我开始有些慌乱起来了：是在哈佛访学研究的短暂时间里继续翻译这本书，还是不在哈佛从事翻译，从而把短短“分秒如金”的时间主要用在为自己目前和今后的学术研究收集资料上？经反复斟酌，我选择了后者。但是，问题并没有解决：如果在哈佛都没有整块的时间来翻译这本书，9月份回国后可能就更没时间了。在此“两难困境”之中，我突然想到了当时也在哈佛—燕京做访问研究的复旦大学经济学院的同事杭行（副）教授。因为，据我

［1］ 正如诺思（North，1990a，p. viii）在前言中对他的第二任妻子、也曾是他的著作的编辑伊丽莎白·卡斯（Elisabeth Case）女士致谢时所说的那样：“Last but certainly not least，Elisabeth Case has translated my inelegant prose into English language。”（这段话的意思是：“最后，但绝不是最不重要的，我要感谢伊丽莎白·卡斯，是她将我的一些笨拙的字句修改成了可读的语言。”）这句话也说明，诺思教授本人意识到了自己“蹩脚的英文语言”表达问题。

所知，杭行教授不但中英文俱佳，尤其是中文文字功底极其老道和优美，而且在制度经济学理论研究方面也甚有造诣。当我问杭行教授愿不愿意从我手中转接过这个翻译工作时，她愉快地答应了下来。我随即把这个意思传达给了格致出版社的谷雨女士和何元龙社长，告诉他们将由杭行教授来主译这本书，而由我来审校，并立即得到了他们的同意。故此，杭行教授自 2006 年 8 月中旬回国后，就接下我留下来的半拉子翻译文稿，独立翻译起这部著作来。

在做学问和学术著作的翻译上，杭行教授均是个完美主义者。尽管她中英文功底均很深，且诺思的这部著作在英文文本上并不甚难懂，但是，杭行教授在整个翻译过程中，还是几易其稿，反复推敲。直到 2007 年 11 月她去奥地利萨尔斯堡参加一个国际会议之前，才传给我她所翻译的前 8 章。在 2007 年年底和 2008 年 1、2 月份，她又再次要回先前传与我的初译稿，反复进行修改，在 2008 年春节前才最后给了我整本的翻译稿。

收到杭行教授的译稿后，随即利用寒假和春节的一点“闲暇”时间，审校了一遍全稿。在审校此稿时，我处处感觉得到，在她的整个译稿中，几乎每个字——甚至每个标点符号——都留有她反复推敲斟酌过的辛劳和匠心。由于对诺思的这部著作的英文原版我数年前就读过不止一遍，一些英文文句还残留在自己“笨拙”的记忆中，加上杭行教授本人又花费了如此多的心神和精力，在最后的审校过程中，我基本上没有对照英文原文一字一句地审校，而是通篇盲读中译文本，只是在读到有的地方觉得有疑问或感觉到与我以前在引用诺思教授的原话时的翻译有些出入时，才回过头去查对英文原文。因此，目前这个中译本，除前言和第一章前半部分是我译的之外，后面的整个译本大致只是改译了个别字句。当然，在整个翻译过程中，在许多关键词语的翻译上，杭行教授还是经常与我保持联系和沟通，以至于一些“关键词”和文句，都是经过我们反复讨论和斟酌后才最后决定下来的。譬如，像诺思在这部著作原文中所经常使用的“impersonal exchange”一词，到底是把它翻译为“非个人化交换”，还是把它翻译为“非个人关系化交换”、“非人格化交换”（我以前在《社会制序的经济分析导论》中对该词的译法）、“非亲临的交换”（我以前有时也这样译）？经过多次讨论，还是定不下来。在初译稿中，杭行教授主张把它译为“非人际化交换”，开始我一直觉得也不甚合适。在 2008 年上半年，对于这个词的译法，我甚至较广泛征求了一些学界朋友的意见，收到了不同的意见和建议。譬如，邓正来、孙广振教授仍主张把它翻译为“非人格化交换”[1]，刘军宁研究员主张把它译为“非面对面的交换”，秋风研究员提议把它“无人情味交换”。根据在财政学中翻译界一般把“impersonal tax”翻译为“间接税”的惯常译法，冯克利教授建议可考虑把“impersonal exchange”翻译为“间接交换”。经过反复考虑，觉得这些学友的提议和建议均有一些道理，但均还不甚到位。最后，由于考虑到这个词在英文中实际上是指在匿名社会或大群体里非人际的、非个人化的、非面对面的、非关系型的交换，最后觉得杭行教授原来的想法可能是个最优选择。故在看这个译本的校样

[1] 这一译法的问题在于理清到底中文中“人格化”一次的含义是什么？按照《现代汉语词典》，“人格化”的含义是：“童话、寓言等文艺作品常有的一种创作手法，即对动物、植物以及非生物赋予人的特征，使它们具有人的思想、情感和行为。”从这个含义来看，把“impersonal exchange”翻译为“非人格化交换”显然不行。

时，我们才最后商定一律把“impersonal exchange”翻译为“非人际化交换”，而相应地把所有的“personal exchange”翻译为“人际化交换”。

最后要指出的是，尽管我在这个译本中只是翻译了前面的一小部分，并且大致只是通过盲读最后审定了全书，但这个译本中的任何误译和纰漏之处——我相信其中定有不少，我亦难辞其咎。由于诺思教授的这部学术名著的英文原版在国内的许多大学图书馆中均有藏书，若学界的任何朋友发现这个译本中的任何误译之处，或认为有些文句可以翻译得更确切，或觉得有更到位或更优美的中文表达法，还祈请能不吝赐下高见，以便在本书的重印中得以改正。就此，这里谨先致以译者、审校者和出版社编辑者的衷心谢忱！

韦森于 2008 年 2 月 27 日谨识于复旦

2008 年 8 月 12 日定稿

参考文献

Arthur, W. Brian 1988, “Self-Reinforcing Mechanisms in Economic Theory”, in P. W. Anderson, K. Arrow & D. Pines (eds.), *The Economy as an Evolving Complex System*, Reading, MA.: Addison-Wesley.

Braudel, Fernand, 1982, *Civilization and Capitalism*, 15*th*～18*th Century*, *Vol*. 2: *The Wheels of Commerce*, trans. from the French by Siân Reynolds, London: Collins. 中译本：布罗代尔，《15～18 世纪的物质文明、经济和资本主义》，第二卷，形形色色的交换，顾良译，北京：生活·读书·新知三联书店 1993 年版。

Coase, Ronald. H., 1937, “The Nature of the Firm”, *Economica*, vol. 4 (Nov.), pp. 386～405.

Coase, Ronald. H., 1960, "The Problem of Social Cost", *Journal of Law and Economics*, vol. 3 (Oct.), pp. 1～44.

David, Paul, 1985, "Clio and Economics of QUERTY", *American Economic Review*, vol. 75, pp. 332～337.

de Soto, Fernando, 2000, *The Mystery of Capital*, *Why Capitalism triumphs in the West and Fails Everywhere Else*, New York: Basic Book.

Li, Weisen, 2003, "Douglass North's Theory of Institutional Change and China's Economic Reform", in H. Yamamoto, ed., *China's Economic Development and Structural Change in East Asia*, Kyoto: Kyoto University.

Milgrom, Robert, Douglass C. North & Barry Weingast, 1990, "The Role of Institutions in the Revival of Trade: The Law Merchant, Private Judges, and the Champagne Fairs", *Economics and Politics*, vol. 2, pp. 1～23.

North, Douglass C., 1961, *The Economic Growth of the United States*, 1790～1860, Englewood Cliffs, N. J.: Prentice Hall, 1961.

North, Douglass C., 1974, *Growth and Welfare in the American Pas*: *A New Economic History*, Englewood Cliffs, N. J.: Prentice-Hall.

North, Douglass C., 1981, *Structure and Change in Economic History*, New York: Norton. 中译本：诺思，《经济史上结构与变迁》，陈郁、罗华平等译，上海：上海三联书店、上海人民出版社 1994 年版。

North, Douglass C., 1987, "Institutions, Transaction Costs and Economic Growth", *Economic Inquiry*, vol. 25 (July).

North, Douglass C., 1990a, *Institutions*, *Institutional Change and Economic Performance*, Cambridge University Press, 1990. 中译本：诺思，《制度、制度变迁与经济成就》，刘瑞华译，台北：时报文化出版公司 1994 年版；诺思，《制度、制度变迁与经济绩效》，刘守英译，上海：上海三联书店 1994 年版。

North, Douglass C., 1990b, "Ideology and Political/Economic Institutions: An Historical Introduction," in: T. Dye (ed.), *The Political Legitimacy of Markets and Government*, Greenwich, Conn.: JAI Press.

North, Douglass C., 1993, "Toward a Theory of Institutional Change", in W. Barnett *et al* (eds.), *Political Economy*, *Competition and Representation*, Cambridge: Cambridge University Press.

North, Douglass C., 1994a, "Institutions and Economic Performance", in U.

Mäki *et al* (eds.), *Rationality, Institutions and Economic Methodology*, London: Routledge.

North, Douglass C., 1994b, "Economic Performance Through Time", *American Economic Review*, vol. 84, pp. 359～367.

North, Douglass C., 1994c, "The Evolution of Efficient Market in History", in: J James and T. Mark (eds.), *Capitalism in Context: Essays on Economic Development and Cultural Change in Honor of R.. M. Hartwell*, Chicago: University of Chicago Press, pp. 257～264.

North, Douglass C., 1995a,《制度变迁理论纲要》，北京大学中国经济研究中心，《经济学与中国经济改革》，上海：上海人民出版社，第 1～10 页。

North, Douglass C., 1995b, "The Paradox of the West", in: R. Davis (ed.), *The Origins of Modern Freedom in the West*, Stanford, Cal.: Stanford University Press, pp. 1～34.

North, Douglass C., 1995c, "The New Institutional Economics and Third World Development", pp. 17～26 in J. Harris, J. Hunter and C. Lewis (eds.), *The New Institutional Economics and Third World Development*, London: Routledge.

North, Douglass C., 1995d, "Review of: Rationality and Coordination", Journal *of Economic Literature*, vol. 33, pp. 821～822.

North, Douglass C., 1997a, "Prologue", in J. Drobak and J. Nye (eds.), *The Frontiers of the New Institutional Economics*, London: Academic Press, pp. 3～12.

North, Douglass C., 1997b, "Transactions Costs through Time", in C. Menard (ed.), *Transaction Cost Economics: Recent Development*, Cheltenham, UK: Edward Elgar, pp. 149～160.

North, Douglass C., 1997c, "Cliometrics — Forty Years Later", American *Economic Review*, vol. 87, pp. 412～414.

North, Dougalss C., 2005, *Understanding the Process of Economic Change*, Princeton, NJ.: Princeton University Press. 中译本：诺思，《理解经济变迁过程》，钟正生、邢华等译，北京：中国人民大学出版社 2008 年版。

North, Douglass C. & Lance Davis, 1971, *Institutional Change and American Economic Growth*, Cambridge: Cambridge University Press.

North, Douglass C. & Robert Thomas, 1973, *The Rise of the Western World*:

A New Economic History, Cambridge: Cambridge University Press. 中译本：诺思、托马斯，《西方世界的兴起》，厉以平、蔡磊译，北京：华夏出版社 1999 年版。

North, Douglass C. *et al* (ed.), 1996, *Empirical Studies in Institutional Change*, Cambridge University Press, 1996. 中译本：诺思，《制度变迁的经验研究》，罗仲伟译，北京：经济科学出版社 2003 年版。

North, Douglass C. & John J. Wallis, 1994, "Integrating Institutional Change and Technical Change inEconomic History: A Transaction Cost Approach", Journal *of Institutional and Theoretical Econom*ics, 150, pp. 609～624.

North, Douglass C., John J. Wallis & Barry R. Weingast, 2007, "A Conceptual Framework of Interpreting Recorded Human History", George Mason University: *Mercatus Center Working Paper*, No. 75.

Searle, John R. 1983, *Intentionality*: *An Essay in the Philosophy of Mind*, Cambridge: Cambridge University Press.

Searle, John R. 1995, *The Construction of Social Reality*, New York: Free Press.

韦森，1999a，《注意哈耶克，慎思诺思》，《经济学消息报》第二期（总第 314 期），第四版。

韦森，1999b，《评诺思的制序变迁理论》，香港：《中国社会科学季刊》冬季号，第 146～160 页。

韦森，2001，《社会制序的经济分析导论》，上海：上海三联书店。

韦森，2003，《从习俗到法律的转化看中国社会的宪制化进程》，《制度经济学研究》第 2 辑，第 187～226 页。

韦森，2005，《经济学与哲学：制度分析的哲学基础》，北京：世纪文景出版公司。

韦森，2006，《斯密动力与布罗代尔钟罩——研究西方世界近代兴起和晚清帝国相对停滞之历史原因的一个可能的新视角》，《社会科学战线》第 1 期，第 72～83 页。

韦森，2007，《欧洲近现代历史上宪政民主政制的生成、建构与演进》，《法制与社会发展》第 5 期，第 101～118 页。

附录五
法治化的市场经济才是人类社会合宜的制度选择
——道格拉斯·诺思和兰斯·E. 戴维斯《制度变迁与美国经济增长》中译本序言

这本《制度变迁与美国经济增长》，是1993年诺贝尔经济学家纪念奖得主之一道格拉斯·C. 诺思（Douglass North，1920～2015）和美国加州理工大学的经济史学教授兰斯·E. 戴维斯（Lance E. Davis，1928～2014）合著的著作，于1971年由英国剑桥大学出版社出版。这本著作应该是诺思教授的第二本学术专著（包括与他人合著）。之前，诺思教授曾出版过《美国的经济增长：1790～1860》（1961），并随后又与罗伯特·托马斯（Robert Thomas）合著了享誉世界的名著《西方世界的兴起：一种新经济史》（1973），以及《美国过去的增长与福利》（1974）、《经济史上的结构与变迁》（1981）、《制度、制度变迁与经济绩效》（1990）、《理解经济变迁过程》（2005）和《暴力与社会秩序》（2009）等。在1972年，诺思教授被评选为美国经济史学会会长。

在当代经济学中和诺思教授的学术思想演变史上，这本常常被人们所忽视的著作，今天看来尤为重要。这本著作标志着诺思的研究已经从美国经济史的研究，转向了从制度（institutions）和制度变迁的视角研究大范围的世界经济史，之后使诺思教授成了誉满全球的理论经济史学家和有着深厚经济史知识的理论经济学家，而其制度和制度变迁理论，恰恰在于探索和复述人类社会的现代化过程的内在机理。诺思教授于 1993 年与福格尔（Robert W. Fogel）一起获诺贝尔经济学奖，就在于他“用经济理论和数量方法来解释经济和制度变迁从而在经济史方面的新研究”。

这本著作之所以重要并在今天具有特别重要的理论和现实意义，并不在于诺思像他后来的理论进展一样，在世界范围的历史研究中特别提出了他的世界范围的现代社会的制度变迁理论，而在于他和戴维斯教授一起，具体研究了从美国建国后，这个在人类近现代社会历史上才产生的一个全新的市场经济国家的法制建设与经济增长的相互关系。实际上，在写作这本书的时候，诺思和戴维斯教授对“制度”和“制度变迁”的理论分析的框架还不是太成熟，如使用了“制度环境”“制度安排”“制度工具”“制度创新”“制度结构”“制度层次”“初级行动群体”“次级行动群体”等概念，且对“制度”及其相关概念的界定也不是很清楚，一些在这本书中所使用的概念，在后来的著作中诺思也不再使用了。但是，诺思和戴维斯教授这一研究的理论的、历史的和现实意义在于，他们不仅仅研究了这些抽象的社会制度变迁的理论概念，而且具体研究了在近 200 年的经济成长和社会发展中，美国的宪法以及其法律制度的制定、修订和演变，政府的组织安排、规模、构成方式，以及政府对企业的监管规则的变化，这些对美国经济成长的影响，并把这些美国历史上的制度创新和变迁理论，具体应用到分析美国的土地政策和农业的发展，美国的金融业如商业银行、证券市场、保险公司，以及钢铁企业、铁路、运河、石油、电力、制造业和交通运输业发展的历史变迁过程。诺思和戴维斯指出："美国法律制度起源于英国普通法，因此在1800年时，这两个国家的法人（公司）地位非常相似就不足为奇了。在英国，法人的经营期限只能由国王许可批准，而美国则是政府有同样的垄断权限。因此，直到19世纪之前，所有的公司执照都是由立法机构通过专门的法令特许同意的，根据美国宪法，特许公司成立的立法机构通常是国家立法机关的组成部分。在18世纪，公司特许权大部分限于城镇、大学，或与公共利益密切相关的其他类似企业。到了19世纪早期，越来越多的人认识到，如果交通业想要不断发展，就需要在'超越个人'（super personal）层面上进行组织，因而企业形式发生了大范围的创新。"（见该书第125页）在美国的宪法和法律制度的基本框架下，诺思和戴维斯在这本著作中，回溯和分析了美国企业内部的创新和重组的历史过程，并具体分析了美国的土地出让法案与美国铁路网络、公路网络的建设以及运河的开挖，乃至美国公司制度和制造业发展之间的关系。除此之外，诺思和戴维斯教授还分析了美国的法制与美国服务业发展的关系，并具体论述到，美国的一些行业协会（如美国医学协会、律师协会），其行业行规和自律在经济发展中的作用。最后，两位作者还分析了劳工组织和工会制度的发展，以及1935年通过的《国家劳动关系法》（即《瓦格纳法案》）在美国经济社会发展中的作用，并研究了一些行业内部收入分配，就业保障制度，教育、科研、职业培训方面的制度安排，及其在美国经济社会发展中的作用。这些具体的美国历史上的"制度创新和变迁"与经济增长（实际上这本书并没有具体讲美国的经济增长）之间关系的研究，实际上开辟了一个美国社会经济制度史研究的领域。

从这本著作的研究中我们发现，美国这个只有200多年历史的国家，在其成为世界第一经济大国的经济成长过程中，正是在其法制建设中不断完成其经济崛起的。不但美国本身就是在制定了宪法后并依此而构建起来的一个现代国家，而且在其200多年的经济成长过程中，美国国会不断制定各种法案（如在美国历史上著名的1890年由国会立法通过的《谢尔曼反托拉斯法》，1911年通过旨在保护通航河流和航道的允许政府购买全国性林地的《维克斯法案》，1924年通过的有关森林保护的《克拉克—麦克纳瑞法案》，1956年通过的《联邦税污染控制法案》，等等，见该书第8章）来确保和护航国家的经济运行和经济成长。在当代美国社会历史上，如果发现一些法案和政府的机构创新不能有利于美国的经济发展，或者发现某些时期制定的法案违宪，也会被及时废除［如1933年美国在《国家产业复兴法案》（NIRA）下政府发起的卡特尔化实验，以及依据该法案成立了国家复兴局（NRA），在通过两年后均被废除，见该书第165页］。当然，随着美国经济社会的发展，美国也出台了多起宪法修正案（到目前为止，已经有27项修正案经国会三分之二的多数投票而批准通过，尤其是有重大影响的关于公民权利的美国宪法前10条修正案），从而确保了美国经济社会的良序发展。而这本《制度变迁与美国经济增长》，正好部分展示了美国建国200多年来这一社会动态的制度变迁与经济增长过程。

虽然这部著作没有进行进一步的理论总结，但这本著作恰恰向世人展示了这样一个基本道理：只有一个国家的法治化，建立法治化的市场经济秩序，才有经济增长和人民福祉的快速增进。美国从一个在17世纪之前还是一个印第安人的聚居地，到18世纪末由西班牙、荷兰、法国、英国等国相继移民至此而构建起来的一个全新的移民国家，一个1776年依据宪法而构建起来的联邦共和立宪制国家，在短短的200多年的时间里，成长为世界第一经济大国（2007年美国的GDP总量高达19.363万亿美元，人均GDP也高达59496美元），且在如此高的GDP总量和如此高的人均GDP的发展水平上，美国每年大致还能保持3%上下的经济增长，恰恰是一个法制与市场秩序的良序互动发展的一个范例。美国这个只有200多年历史的一个现代化国家的经济成功，恰恰展示了法治化的市场经济才是人类社会发展的最为合宜的社会制度选择。

自1978年改革开放以来，中国也把建立起法治化的市场经济体制作为未来经济社会发展的基本目标，并把建立起社会主义法治国家写入了宪法。1978年改革开放以来40余年中国经济的高速增长，也实际上正在验证建立法治化的市场经济才是未来中国经济社会发展当走的道路。在中国改革开放40年的这个经济社会发展的历史关头，诺思和戴维斯教授的这本《制度变迁与美国的经济增长》中译本的出版，也有着巨大和深远的历史和现实意义。

是为中文版序。

韦森于2018年11月11日谨识于复旦

后记

He has made everything beautiful in its time. He also set eternity in the hearts of men. Yet they cannot fathom what God has done from beginning to end.

——Ecclesiastes，Chap. 3，§11

自 1998 年 9 月回国初在复旦大学教授比较经济学，2001 年从剑桥回国后正式执教复旦大学，转眼近 20 年已经过去了。我 1987 年出国去澳大利亚国立大学读书，到 1998 年才第一次回国到大上海。离开故土十几年后，当时就被中国经济改革开放后的巨大变化所震惊了，更为中国经济学界前辈同仁和社会各界为推动中国进一步的改革开放的热情和献身精神所感动。回国后十几年来，自己又亲身经历并目睹了中国加入 WTO 后十几年的高速经济增长。因此，多年来我一直对中国渐进性地走向一个法治社会并建立一个现代市场经济国家充满了殷切的期盼和乐观的希望。这本小册子虽然是纯抽象的“制度经济学”的思辨理论研究，其中很少谈到中国经济和社会的现实问题，但是在最终理论指向上，我还是讲出了这一由衷的期盼和希望。而本书的整个理论解释，也正是旨在讲出自己所理解的人类社会发展的一般法则和大趋势。

到目前为止，中国仍处在深化经济和社会改革的半路上。《中华人民共和国宪法》第五条提出了“中华人民共和国实行依法治国，建设社会主义法治国家”的长期发展目标。但是，目前我们还只能认为，中国在建设一个法治国家的道路上还路途漫漫，中国的改革开放还仍然是“进行时”——如果说还没走多少回头路的话。如何在中国建立一个法治化的市场经济制序，仍然是摆在14亿中国人面前的一个待深入思考和探索的问题。在此情况下，笔者重版这本小册子，也旨在为此提供一些思想资源和理论思考。

本书能够出版和这次出版修订版，要感谢的机构和个人太多。这里要首先感谢商务印书馆和上海三联书店的大力支持，为我规划和出版了这套作品集。这里特别是要感谢这本书的两位责任编辑：第一版上海三联版的责任编辑忻雁翔女士，和这一修订版的责任编辑李英女士。这里也特别感谢复旦大学出版社的谷雨女士，感谢她策划了我的这套文集和相关译丛。她们都是我的数本书的责任和策划编辑，曾分别为我的几本著作和文集的出版付出过艰辛的编辑和筹划工作，因而她们都是我和我的家人多年且终生的好朋友。这里也谨志我1998年来复旦所教过的数千名学生——包括本科生、硕士生、博士生和博士后——以及同事、学界友人的谢忱，也感谢多年来在全国许多大学和各种场合听过我讲座的众多听众和“编外弟子”。在过去20多年中，他们在课堂上听讲、在我办公室聊天，以及在听完我的学术讲座后曾提出的许多问题、观点和建议，有些学生和朋友我可能都记不清楚了，甚至很多人都忘记了名字，但一些建议、观点和ideas，可能已被汇集到这本著作的修订版中了。这本小册子本身是在复旦教学和研究整体环境和氛围中，在各种学术讲座中与朋友们互动中蕴生的，这也自然带着这些同学、同事、学界友人（包括一些外国学界专家朋友）、报刊媒体和网络媒体诸多编辑友人的思想火花冲击和碰撞。最后，这里也特别谨志陶丽君女士在这部书稿修订过程中所做的工作。丽君阅读了这部书修订版全部书稿的最后定稿，提出了许多修改意见，一字一句地修改了许多文句，甚至连许多标点符号都改了，从而使整个文本读起来更加顺畅、思想更加清晰。这里谨表衷心的感谢！

这里也特别谨志笔者两位已经过世的诺贝尔经济学家奖得主罗纳德·科斯和道格拉斯·诺思先生以及交往多年的张五常先生的鼓励和谢忱。在2010年芝加哥大学法学院本书的理论故事中这两位主角的超过一周的交往中，亲耳聆听两位先生的发言和讲演。在告别宴会上，科斯先生曾谆谆叮咛我："你们中国经济学人要为未来理论经济学的发展做出你们的贡献。"在与多位制度经济学的大师交往中，使我亲身感知他们为人类经济社会的进步进行理论思考和探索的无私献身精神。近两年，我曾多次向科斯和诺思二位先生默祈：二位先生请安心，我们中国经济学人会为理论经济学的发展和中国的社会进步而尽自己的最大努力。

最后，请允许我再次引用本书第一版序言中所引的马克斯·韦伯在其《以学术为业》的著名讲演中的最后一段话来作为本书的结语："我们应当去做我们的工作，正确对待无论是为人处世还是天职（calling）方面的当下要求。如果每个人都找到了握着他的生命之弦的心魔，并对之服从，这其实是平实而简单的。"

2018年7月15日晨韦森谨识于复旦

2019年2月14日增补

图书在版编目（CIP）数据

社会制序的经济分析导论/韦森著．—2版．—上海：上海三联书店，2020.7

ISBN 978-7-5426-6842-4

Ⅰ．①社…　Ⅱ．①韦…　Ⅲ．①制度经济学-研究　Ⅳ．①F019.8

中国版本图书馆CIP数据核字（2019）第239852号

社会制序的经济分析导论（第二版）

著　　者／韦　森

特约编辑／谷　雨
责任编辑／李　英
装帧设计／徐　徐
监　　制／姚　军
责任校对／张大伟　王凌霄

出版发行／上海三联书店
（200030）中国上海市漕溪北路331号A座6楼
邮购电话／021-22895540
印　　刷／上海南朝印刷有限公司

版　　次／2020年7月第2版
印　　次／2020年7月第1次印刷
开　　本／640×960　1/16
字　　数／450千字
印　　张／35
书　　号／ISBN 978-7-5426-6842-4/F·792
定　　价／98.00元

敬启读者，如发现本书有印装质量问题，请与印刷厂联系 021-62213990